Schamanismus und Psychotherapie

param

Winfried Picard

Schamanismus
und
Psychotherapie

param

Bibliografische Information Der Deutschen Bibliothek

Die Deutsche Bibliothek verzeichnet diese Publikation in der Deutschen Nationalbibliografie; detaillierte bibliografische Daten sind im Internet über http://dnb.ddb.de abrufbar.

© Copyright 2006 by Param Verlag, Ahlerstedt

Alle Rechte vorbehalten

Umschlaggestaltung   ComGraphiX, Ahlerstedt
unter Verwendung eines Fotos des Autors
Satz und Gestaltung   ComGraphiX, Ahlerstedt

Die eingerückten Bildzitate sind der Symbolsammlung des Autors entnommen.

ISBN 3-88755-**245**-8 / 978-3-88755-245-9

www.param-verlag.de

Inhalt

Vorwort 7
Vorwort des Autors 9
Einleitung 11

1	Bausteine schamanischen Erlebens	19
2	Die Wiederbelebung des Schamanismus	25
3	Die Metapher der Reise	31
4	Schamanische Reise und andere Wirklichkeit	37
5	Hilfreiche Erklärungen der Neurophysiologie	41
6	Schamanenkrankheit – kranke Schamanen?	51
7	Verborgene Initiationen	63
8	Die Helfer	71
9	Inge und der Baum	75
10	Die Nähe zu den Kräften der Natur	79
11	Eine Buche spendet Kraft	83
12	Krafttiere	87
13	Personale Helfer	97
14	Die Reise in die untere und obere Welt – eine Hilfe für die Psychotherapie	107
15	Frau Holle	111
16	Die Helfer und die Psychotherapie	115
17	Therapien auf dem Weg	121
18	Schamanisches Counseling	127
19	Mit Helfern – ohne Helfer	131
20	Familienschamanismus	135
21	Die Hilfe der Symbole	145
22	Die schamanische Praxis der Seelenrückholung	157
23	Seelensuche und Seelenrückholung in der Psychotherapie	167
24	Die Geschichte einer Seelenrückholung	181
25	Über Honorar, Kraft und Gleichgewicht	191
26	Der schamanische Kreis	199

Literatur 203

Vorwort

Alles Angelegte strebt nach Verwirklichung, nach Entwicklung. Jede Seele strebt nach Vollständigkeit. Auch in der Psychotherapie geht es darum. Das durch Abwehr überbeanspruchte, eingeschränkte Seelenleben soll wieder vollständiger werden, heiler als es ist. Vollständigkeit bedeutet auch Balance. Nicht nur Patienten leiden unter Seelenbeschränkung, Seelenverlust. Je stärker dieser Verlust, desto größer das (unbewusste) Streben nach Seelenrückholung wie Winfried Picard das nennt. Gesucht wird das Heil und der Weg aus dem Un-Heil. Um weiter und tiefer zu kommen, müssen innere Barrieren überwunden werden. Das ist eine schwierige Reise, die den kundigen Begleiter braucht, den Heil-Kundigen.

Jahrtausende haben Menschen nach dem gesucht, was hinter den Erscheinungen steckt. Freud war der große Wieder-Entdecker der Tiefe mit der Frage, was »unter« dem Bewussten steckt. Das Unbewusste ist nicht leicht zu ergründen. Der Mensch schützt sich immer wieder aus »gutem« Grund: vor alten persönlichen Gefahren, aber auch vor der Urangst, vor dem Unbekannten, dem Fall ins Unermessliche. Tragischerweise wird oft Wichtiges, Vitales, Volles, Tiefes, Schönes und Gefühlhaftes abgedrängt, ausgeklammert. Die Abwehr bannt negative Gefühle wie Angst, Ohnmacht, Schuld. Sie wird über Jahrzehnte eingeübt. Sie bindet das Lebendige, zehrt es auf. Wichtige Teile der Seele gehen verloren. (Wieder-) Entdeckung und Seelenrückholung machen Angst. Das Abgedrängte wird als das Dämonische, gar als das Böse bekämpft, und wer auch immer die Abwehr in Frage stellt, ebenfalls.

Auch wir Heil-Hilfs-Personen schützen uns vor allzu großer Tiefe durch Konzepte, Theorien und Ideologien. Stets braucht es Mut, Denk- und Fühlgewohnheiten neu anzusehen und als Konstrukte zu verstehen, Mauern zu durchdringen. Lange beherrschte die Psychoanalyse mit ihren Schulen selbstbewusst das Feld. Sie konnte zunächst Köpfe begeistern und Herzen erobern, doch der emanzipatorische Schwung offenen Forschens ermattete nur allzu oft im Streben nach Geltung und auch Geld. Heute finden auch in der tiefenpsychologisch orientierten Psychotherapie zunehmend andere Ansätze Gehör. Die Perspektiven weiten sich. Es wird freier gedacht.

Winfried Picard denkt und arbeitet vom Grunde her, aus dem Anfang der Heilkunde. Er stellt sie beharrlich, mit großem Ernst und großer Herzlichkeit. Er geht über die gewohnten Gleise hinaus und fragt nach den noch tieferen Gründen der Seele. Er knüpft an uraltes Heilwissen an. In eindrucksvollen Beispielen zeigt er, wie er arbeitet. So wie die Heilpersonen, wie die Schamanen in alten Zeiten schon gearbeitet haben. Doch er ist ein moderner Schamane. Er hat Jahrzehnte Erfahrung in tiefenpsychologisch fundierter Psychotherapie und verliert nie den Bezug zur heute üblichen Therapie, kennt die Modelle und Techniken, kennt den Rahmen. Er holt den Leser ab beim zeitgenössischen Verständnis von Heil-Kunde. Er schlägt Brücken zwischen uraltem Wissen und dem Vorgehen in der heutigen Psychotherapie. So am Beispiel von Verhaltenstherapie, tiefenpsychologisch fundierter und analytischer Psychotherapie, Hypnose und Symboltherapie. Es gibt immer wieder Parallelen. Therapeut und Schamane sind Mittler zwischen den heilenden Kräften und dem nach Heilung Suchenden. Der Weg führt so gut wie immer über das Reich der Imaginationen. Dabei nutzt der schamanische Therapeut sehr konsequent die eigenen Bilder als Mittel, arbeitet mit seiner Gegenübertragung. Zentral für den Prozess des Heil-Werdens ist die Trance. Wichtig das unbedingte Vertrauen in die helfenden Kräfte. Wie besonders in der Traumatherapie wieder entdeckt, werden die inneren Helfer aktiviert. Die Beachtung von Stabilität und Ich-Stärke und auch des sozialen Systems sind selbstverständlich.

Keine therapeutische Richtung wird verteufelt, diesem Schamanen ist nichts fremd. Die Seele wird in einer ungewohnten Weise ernst genommen mit ihren Erd- und Himmelswurzeln. Es besteht eine deutliche Affinität zu Jung und seiner Lehre von den Archetypen und Symbolen. Symbole zeigen uns den Weg zu den Kellern unter den Kellern. In diesen finden sich Kräfte, die zuzulassen gut tut, hilfreiche Wesen und die jedem innewohnenden Möglichkeiten. Eine weitere Affinität besteht zur existenziellen Psychotherapie. Anders als in manchen zu pragmatischen Vorgehensweisen bleibt die Frage nach dem Sinn stets präsent. Existenzielles wie etwa den Tod zu verleugnen, kostet Kraft, wird Teil der Neurose. Tod bedeutet symbolisch aber auch Tod überlebter Konzepte und damit Neubeginn.

Was wirkt in der Psychotherapie? Wir haben erst einiges verstanden, vieles jedoch liegt immer noch im Dunklen. Dies Buch hilft erweitern, er-gründen, pumpt altes Wissen in die Gegenwart therapeutischen Tuns. Schon mit Basistechniken der Tiefenpsychologie wie Arbeit mit freien Assoziationen und Träumen gelangt man in Bereiche, die genau besehen seltsam sind, ungewohnt und fremd, aber auch faszinierend. Immer wieder gab es Tauchversuche am Mainstream vorbei. Die meisten Konzepte gab es schon früher, einige schon sehr lange. Sie verschwinden hinter Denk- und Fühleinschränkungen, werden jedoch immer wieder aus der Verdeckung gehoben, neu ent-deckt.

Ein kluges Buch, das den Grund auslotet, ein bewegendes Buch, das in Bewegung bringt. Ein beglückendes Buch sogar. In den vielen anschaulichen Fallbeispielen wird deutlich: Winfried Picard ist in seinen Begleitungen unaufdringlich, eindrucksvoll und eindrücklich. Aufmerksam und präzise wird der tiefenpsychologische Focus erarbeitet. Er bleibt stets abgewogen, dabei tief herzlich und zugetan und sehr authentisch. Er eröffnet eine neue Dimension der Einfühlung, die Tiefe unter der gewohnten Tiefe. Die Seele kann sich weiten in neue Tiefe, in neue Welt- und Herz-Verbundenheit. Ungewohntes wird bewohnbar, Heimat wird dort erworben, wo vorher Angst drohte.

Mir hat das Lesen des Buches viel gegeben. Es hat mich erweitert und auch ein wenig demütiger gemacht. Seine Herzlichkeit und Menschenliebe haben mich angerührt. Ich bin sicher, es wird anderen ebenso gehen, seien sie Patient, Therapeut oder der ›normale‹ Mensch auf dem Weg zum eigenen Heil, der Suche nach sich selbst. Wir Therapeuten sind Vermittler, öffnen Kanäle. Vielleicht sind wir ja mehr den Schamanen verbunden als wir ahnen.

Lutz Rosenberg
Bremen, November 2005

Vorwort des Autors

Die Beziehung von Schamanismus und Psychotherapie beschäftigt mich seit vielen Jahren. Zuerst war es die Frage, ob und wie die Kernelemente des Schamanismus dem Denken und Erleben im psychotherapeutischen Erfahrungsraum vermittelbar sind. Dann entstand die Frage, ob und wie die Psychotherapie – als Erklärungsgefüge wie als Praxis – im Schamanismus Wurzeln hat. Und schließlich bekam die Frage Oberhand, wie schamanische Praxis das psychotherapeutische Bemühen befruchten kann. Das schließlich entwickelte eine eigene Dynamik und führte dazu, dass ich bemerkenswerte Annäherungen beider, Schamanismus und Psychotherapie, feststellen konnte.

Ich will nicht so tun, als wäre die gedankliche Auseinandersetzung mit dem Schamanismus ein leichtes Unterfangen, zumindest nicht für Kopftätige. Diese nämlich begegnen zunächst einmal ihren rationalen Konzepten der Beschreibung unserer Welt und unseres Lebens. Gleichwohl meldet sich eine andere Stimme zu Wort, die ich metaphorisch als die des Herzens bezeichnen möchte. Sie kann bisweilen schwach, wenn auch auf Dauer unüberhörbar sein. Sie kann laut rufen und quälend nach Kreativität und Phantasie verlangen. Von der Kopfseite könnte dann ein scharfer Vorwurf erfolgen, etwa: »Schäme dich, dass du auf diese kindliche Ebene (des Animismus nämlich) zurückfällst! Wie soll dich ein aufgeklärter Mensch unserer Zeit ernst nehmen?«

Dann entsteht tiefe Betroffenheit und ein Riss geht durch die Persönlichkeit. Dies kann durchaus den Charakter der psychischen Verletzung an sich haben, die schmerzt. Einem starken und gesunden Herzen ist es allerdings gegeben, geduldig und zäh zu sein. Schließlich kommt auch der Mut aus dem Herzen. Damit sind wir beim Thema: Der Schamanismus wird auch Weg des Herzens genannt. Die Werkzeuge des Kopfes bekommen vornehmlich die erfüllende Aufgabe, sich in den Dienst des Herzens zu stellen.

Da ich in der psychodynamischen Form der Psychotherapie, also auf der Grundlage psychoanalytischen und tiefenpsychologischen Denkens zu arbeiten gelernt habe, ist mein Gesichtsfeld in Sachen Psychotherapie etwas eingeengt. Dessen ungeachtet hat die Behandlungspragmatik Vorrang, was der Lektüre dieser Ausführungen zu Gute kommen soll. Zudem fühle ich mich integrativen Bemühungen in meinem Beruf sehr verbunden.

Der in der Psychotherapie unkundige Leser soll jetzt das Buch aber nicht weglegen. Die fachlichen Darstellungen nehmen wenig Platz ein. Einen Hauptteil des Buchs beanspruchen Geschichten aus meiner Praxis. Trockene Theorie zu verbreiten, wäre sehr unschamanisch. Durch den Erzählcharakter kommt die inhaltliche Systematik aus der

Sicht strenger Ordnung natürlich zu kurz. Es ergeben sich assoziative Verbindungen und Erklärungen und somit thematische Überschneidungen. Sie folgen in manchem den Windungen eines komplizierten Psychotherapeuten-Hirns. An anderen Stellen wollte aber auch der Schamanengeist noch Wichtiges beitragen.

Für die Erlaubnis, ihre Geschichten zu erzählen, danke ich ganz herzlich den betreffenden Personen. Die Namen sowie einige Einzelheiten sind in der Darstellung verändert, um die Personen zu schützen. Die Zitate selbst und die Protokollausschnitte sind dagegen weitgehend authentisch. Im Gebrauch von Vornamen will ich Respekt vor der persönlichen Motivation und Kraft der Protagonisten ausdrücken. So vermeide ich das neutralisierenden »Fall A, B, C...« und das distanzierende »Frau X, Herr Y«. Den Vorteil einer beabsichtigten Neutralität allerdings nutze ich im Gebrauch der herkömmlichen (männlichen) Redeform. Ich spreche also von »dem Therapeuten«, »dem Klienten« oder »Patienten« und »dem Schamanen«. Bisweilen nenne ich beide Geschlechter, um flexibel zu bleiben, insgesamt aber wäre das zu sperrig.

Dieses Buch hat viele wichtige Paten. Ich möchte sie am Ende würdigen. Eine persönliche Widmung aber sei hier zum Ausdruck gebracht. Das Buch ist ein Dank an meine Eltern im Gedenken ihrer Herzlichkeit und Verantwortungsbereitschaft.

Im Sommer 2005, Winfried Picard

Einleitung

*I*n den achtziger Jahren arbeitete ich als klinischer Psychologe auf einer psychiatrischen Aufnahme- und Akutstation. Dort begegnete ich vielen psychisch schwer Erkrankten. Sie therapeutisch zu betreuen, war ein wunderliches Geschehen, denn ich fühlte mich zu ihnen hingezogen und wegen mancher ihrer Widerständigkeiten auch wieder abgestoßen. Nicht wenige von ihnen berührten mich in ihrem Ausgeliefertsein, in ihrer Verletzbarkeit und in ihrem eigentlich kaum erklärbaren Leid. Es gab Momente des gegenseitigen Wissens von tiefgründiger Not und Sehnsucht nach Heilung.

Die Kranken versteckten sich häufig vor der Welt, und wir, die wir für ihre Versorgung und Betreuung zuständig waren, taten es mitunter auch. Natürlich motivierten wir sie zu Erprobungen eines Lebens in der Welt der Normalität. Wir fassten sie an der Hand und gingen mit ihnen spazieren, schlenderten über den Weihnachtsmarkt, begleiteten sie zum Frisör und vieles mehr. Hakte sich eine Patientin im Spazieren gehen bei mir ein, spürte ich dieses aufgeregte, ängstliche, nach Vertrauen suchende Wesen in ihr, mit dem ich gerne sichernd, ermutigend mitschwang. So machte ich viele Spaziergänge auf dem Krankenhausgelände und in der waldreichen Umgebung. Es entstanden Beziehungen, die über die Rollenfunktionen hinaus mit vorsichtig vorgetragenem, empathisch tiefem Interesse für einander angereichert waren.

Der Erfolg einer psychiatrischen Behandlung ist allerdings nur an den funktionsorientierten Besserungen des Krankheitsbildes ausweisbar, einhergehend mit der Milderung oder dem Verschwinden beklagter Zustände, die Symptome genannt werden. In unzähligen obligatorischen Behandlungsberichten an die öffentlichen Träger der Behandlungskosten oder weiterbehandelnden Ärzte und Einrichtungen übte ich mich notgedrungen in Sprache und Wirklichkeit der Institution und ihres Zwangs zur Legitimation des Aufwandes. Darüber hinaus erlebte ich Mitarbeiter und Mitarbeiterinnen in bemerkenswerter Vielfalt. Am liebsten waren mir die Humorvollen, Warmherzigen und entschieden Handelnden. Sie sparten etliche Medikamente ein, denn die echte, direkte Haltung ist machtvoll und hilft bei der Besänftigung der Angst, die das Erleben des Ich-Verlustes begleitet.

In jenen Tagen übernahm ich die therapeutische Betreuung einer Frau im Alter zwischen dreißig und vierzig Jahren. Sie war schon einige Zeit hospitalisiert und ohne Erfolg neuroleptisch und sozialtherapeutisch behandelt worden. Ihr Leiden im Formenkreis der Schizophrenie blieb wegen seiner eigendynamischen und nicht irritierbaren Entwicklung allen ein Rätsel. Die Patientin und ich gingen ein Bündnis ein, das ich heute am ehesten als träumend charakterisieren würde. Unter dem Schutzmantel des geregelten Stationsablaufs durchschritt sie verschiedene Phasen innerer Erfahrungen mit vielfältigem Bestand einer blühenden Psychose.

In der Symptomsprache der Psychiatrie beschrieben, halluzinierte sie tagaus und tagein auf allen Sinnesebenen. Manchmal gab Sie mir über das momentane Erleben Auskunft, und ich ordnete es für mich deutend ihrer bisherigen Biographie bzw. ihrer seelischen Bearbeitung zu. Sie war von einem Mann geschieden worden, der mit ihr über lange Zeit beruflich in einem arabischen Land gelebt hatte. Dort hatte sie viel Einsamkeit erlebt, denn der Mann war wenig an der Ehebeziehung interessiert.

Aufgewachsen war sie nach dem frühen Tod des Vaters in einem Frauenhaushalt bei Mutter und Tante. Häufig klang in unseren Gesprächen die Sorge um die beiden durch. Die erschließbare Familiendynamik wies für mich darauf hin, dass sich diese Frau im seelischen und geistigen Dienst an ihren Angehörigen wie auch ihrem geschiedenen Mann aus der Normalität zurückgezogen hatte. Sie war buchstäblich krank, um diesen zu helfen.

Manchmal wurde ich ungeduldig, wenn sie vor allem für den Mann halluzinatorisch Rettungen erarbeitete. Dann hörte, fühlte und sah sie ihn in schwierigen Situationen, um Hilfe bittend oder aggressiv reagierend. Ähnliches erlebte sie mit und für Mutter oder Tante. In langen Spaziergängen durch den Wald redeten wir vertrauensvoll über ihre Kindheit und Jugend. Bisweilen wollte sie nicht darüber sprechen und ihr Erleben respektiert und nicht verstandesmäßig zugeordnet wissen. Statt dessen hatte sie hellwaches Interesse an der Natur. Wir genossen den Wechsel der Jahreszeiten, bewunderten das Wachstum der Pflanzen oder die Vögel, vor allem die Eichelhäher, oder sie sprach mich auf mein Leben und meine Familie an. Darauf reagierte ich nicht mit therapeutischer Distanz, was eine Nähe schuf, die uns beiden gut tat. Ihr Interesse war nicht oberflächlich und zielte auch nicht darauf, eine eifersüchtige Ausnahmebeziehung herzustellen, wie es in langfristigen Behandlungen vorkommen kann und vom Therapeuten Zurückhaltung fordert.

Später noch, als sie schon länger in einem Reha-Zentrum* betreut wurde und wir einige Zeit nichts von einander gehört hatten, schien sie erlebt zu haben, wie lebensgefährlich krank ich geworden war, denn in einem besorgten Brief schrieb sie mich an und forderte mich zu Konzentration auf Ruhe und Genesung auf. Heute vermute ich, dass sie vielleicht gerüchteweise etwas erfahren und halluzinatorisch an meiner Genesung mitgeholfen hat. Es scheint mir aber auch nicht ausgeschlossen, dass sie gar nichts über mich gehört hat, sondern direkt im Traum oder in Halluzinationen von meinem Zustand Kenntnis erhielt.

Im zweiten Sommer unserer Beziehung war sie in einer überaus verschreckten Verfassung. Überall nahm sie Gefahr für ihr Leben wahr, es wimmelte von Spionen und Agenten. Auch Mitpatienten sah sie bedroht. Es gab aber auch ›gute‹ Wesen, die sich um sie sorgten und sie beschützten. Sie musste ihnen zuliebe bestimmte Anweisungen befolgen, z. B. ob und wann sie sich von ihrem Bett entfernen durfte. Damals wollte ich mit meiner Familie in Urlaub fahren und saß mitfühlend an ihrem Bett. Auf meine Frage, ob ich ihr etwas von mir dalassen könnte, was meine Betreuung symbolisiert, erbat sie einen Haarbüschel von meinem Kopf, den ich ihr ohne Nachdenken gab. Später erst dachte ich an die mythologische Bedeutung der Vitalkraft im Kopfhaar, das in manchen Kulturen deswegen besonders beachtet wurde.

Dann war sie etwa ein Jahr lang meist zurückgezogen und lag häufig im Bett. Vor sich an der Wand erlebte sie eine parallele Welt, die uns anderen nicht zugänglich war. Der Stationsarzt witzelte, sie hätte ihr Heimkino mit vollem Programm. Sie war über

*Rehabilitationszentrum

Wochen nicht zur Teilnahme an den Tagesabläufen zu bewegen. Alle Variationen in Medizin, ob oral, intramuskulär, intravenös oder infundiert verabreicht, fruchteten nicht. Der Oberarzt vertraute der Kraft der Beziehung zwischen der Patientin und mir und ließ mich als Bote seiner Behandlungsintentionen fungieren. So sollte sie auch ein Medikament infundiert bekommen, dessen Wirkung als weniger spezifisch galt als die der Neuroleptika. Ich erinnere mich, wie sie mich zweifelnd ansah, als ich ihr auftragsgemäß den Vorschlag machte. Sie willigte mit dem Hinweis ein, es geschehe mir zuliebe und zur Erhaltung ihrer bisherigen Rückzugsmöglichkeiten.

Im dritten Jahr unserer respekt- und liebevollen Beziehung litt sie unter einer starken Anhäufung von Auflösungs- und Zerstückelungserfahrungen. Sie wurde von fremden Wesen, darunter Soldaten und bewaffnete Männer, in Stücke geschnitten, die dann zum Teil gekocht oder pulverisiert wurden. Teile wurden in den Wind geworfen, der sie über die ganze Erde verteilte. Hin und wieder ließ sie durchblicken, dies geschehe für ihren Mann oder die Angehörigen. Das ging über Wochen. Ich bot ihr zur Bewältigung der begleitenden Angst Beruhigungsmedikamente an. Sie lehnte meist ab, mit klarem Verstand und entschieden. Überhaupt bin ich im Nachhinein erstaunt, dass ihr Ich-Bewusstsein, die Kontinuität des Ich-Erlebens, im Kern kaum gestört war. Sie schritt allerdings durch tiefe Täler der Ratlosigkeit und Angst. Mitunter lag sie zitternd im Bett und traute sich nur noch zu flüstern.

Eines Tages stand sie auf und war fortan wie ausgewechselt. Sie war an der stationären Umgebung interessiert und arbeitete im therapeutischen Programm mit. Sie gab mir wichtige Hinweise zur Soziodynamik auf der Station, warnte mich vor Suizidtendenzen mancher Mitpatienten und trat im Stillen selbst beruhigend, zuhörend oder beratend auf. Es ging ihr gut genug, dass sie in eine Reha-Einrichtung verlegt werden konnte. Sie wollte das aber nicht.

Nach Wochen des Zögerns und nachdem der Kostenträger Druck gemacht hatte, besuchte sie mit mir das infrage kommende Haus, das etwa hundert Kilometer entfernt lag. Wenige Tage später war die Patientin verschwunden. Drei Tage war sie fort, wir hatten eine Vermisstenmeldung aufgegeben und waren in größter Sorge. Ich war sicher, sie rang mit dem Selbstmord. In meinem eigenen Schrecken angesichts dieser Dramatik sagte ich dem Oberarzt im persönlichen Gespräch, dass ich meinen Beruf aufgeben würde, wenn sie sich umbringen sollte. Er sah mich überrascht und scharf an, als wollte er mir sagen: Ein Mensch, der sich entschieden hat, Leidende zu behandeln, jammert nicht, sondern tut seine Arbeit. Wir waren beide sehr nachdenklich.

Während einer Team-Sitzung der Station platzte sie herein, rief mich laut beim Namen und sagte freudig: »Ich hab's geschafft. Ich wollte mich umbringen und ich konnte es nicht tun. Ich hab mich durchgesetzt. Jetzt kann ich auch nach X [Ort des geplanten Reha-Aufenthalts] gehen.«

Wie sich herausstellte, hatte sie alles sorgsam vorbereitet, Geld abgehoben und sich mit gehorteten Medikamenten in einem Hotel einquartiert. Dort hatte sie mit dem Tod gerungen, der sich ihr mit Suizidimpulsen genähert hatte. Ihre Lebensglut war zu Hilfe gekommen und hatte sie gestärkt. Sie wollte das Leben akzeptieren. Mit geistiger Klarheit hatte sie entschieden, die Entlassung aus dem Krankenhaus zu akzeptieren und in die vorgeschlagene Reha-Einrichtung umzuziehen. Sie hatte ihr Hotelzimmer bezahlt und war mit dem Bus ins Krankenhaus zurückgekehrt. Wie ein Triumphator kam sie auf die Station zurück und strahlte uns an.

Viele Jahre später, als ich damit begonnen hatte, auf schamanischem Wege Erfahrungen zu sammeln, wurde ich in vielen Erkenntnissen an diese Frau erinnert, ganz so, als wäre sie eine Lehrerin für mich gewesen. Im tiefsten Sinne war sie es allein dadurch, dass sie mich durch das, was sie durchlebt und mit mir in Gesprächen geteilt hatte, an mein Mitgefühl herangeführt hat. Sie war eine Lehrerin auch, indem sie meinen Möglichkeiten der Interpretation, wie sie mir durch die klinisch-psychologische Ausbildung an die Hand gegebenen worden waren, deutliche Grenzen aufgezeigt hatte. Ihr Heilungsweg war im Grunde nie abhängig von meinen Deutungsanliegen, etwa wenn ich sie auf ihre emotional schwach abgegrenzte, symbiotische Haltung gegenüber den Mitmenschen aufmerksam machte bzw. wenn ich sie ermutigen wollte, sich auf gefühlsmäßige Abgrenzung gegenüber Mitmenschen zu konzentrieren, deren Erleben ihr so nahe ging. Es war ihr auch nie wirklich wichtig gewesen, wenn ich die psychologischen Symbole ihrer Halluzinationen zu deuten versuchte. Sie hatte mich einfach gewähren lassen, weil ihr meine ehrliche Sorge und Anteilnahme wichtig gewesen waren.

Im Nachhinein betrachtet hatte ich wohl die Rolle eines Bundesgenossen oder besser noch eines Assistenten, der zur sozialen Umwelt vermittelte und ihr Erleben im visionären Raum in eigener Gültigkeit nicht anzweifelte, der also den Erfahrungsprozess, dem sie unterlegen war, nicht wirklich gestört, sondern vielmehr respektiert hat. Ein bedeutsamer Ausdruck dafür, dass ihr Erleben in einem der klinischen Sichtweise überlegenen Sinne unumgänglich war, zeigte sich in der Erfolglosigkeit der hochdosierten neuroleptischen Behandlung. Die Medikation konnte den Erfahrungsprozess bestenfalls aufhalten oder im schlimmsten Fall verfälschen, der beobachtbare Drang zu jenen Erfahrungen aber, die wir psychotisch nennen, war eigentlich nicht zu stoppen.

Anhand dieser Ausführungen kann ich versuchen, einige Aspekte des traditionellen Schamanismus anzudeuten. Im nachfolgenden Kapitel werden die einzelnen Punkte systematischer betrachtet. Es soll nicht behauptet werden, dass die Geschichte dieser Frau eine missverstandene oder unverstandene schamanische Initiation gewesen sei. Hierfür fehlt in unserer Kultur der entsprechend anerkannte Interpretationsrahmen. Es mag durchaus sein, dass diese Frau in einem zugehörigen kulturellen Rahmen eine Schamanin gewesen oder geworden wäre. Aber es erscheint mir nicht richtig, menschliche Leiden, die wir als psychotisch bezeichnen, generell in die Nähe schamanischen Erlebens zu rücken. Gleichwohl steht außer Frage, dass psychotisch erlebende Menschen eine nichtreale Wirklichkeit betreten, um reale Vorkommnisse und Beziehungen im Rahmen ihrer problematischen Bedürfnisse und Wahrnehmungen psychisch zu verarbeiten. Auch im Rahmen der Psychose reicht das Erleben über Realitätsgrenzen hinaus. Mir geht es darum, allgemeine Züge schamanischen Wesens zu verdeutlichen, wodurch in der Betrachtung des eigenen Lebens und der persönlichen Erfahrungsgeschichte manches plausibel werden kann, was ohne die Kenntnis des traditionellen Schamanismus meist nur nach gängigen Erklärungsmustern etwa der Psychologie, Psychiatrie, Neurologie und natürlich gemäß alltagstauglicher Interpretationen verstanden würde. Die schamanische Sicht ersetzt nichts davon, sondern ergänzt diese und verhilft zu einem größeren Blickfeld in unserer klinischen wie auch mitmenschlichen Wahrnehmung.

Imponierend ist der lange Leidensweg dieser Frau, die ich hier Mechthild nennen möchte. Ebenso imponierend sind ihre Kraft und ihr Durchhaltevermögen. Weiterhin bemerkenswert ist die im wesentlichen festzustellende Unbeeinflussbarkeit ihres Erlebens angesichts der damals verfügbaren Batterie an Psychopharmaka. Hervorzuheben ist auch die immense Realitätsdichte in einer Wirklichkeit, die von keinem Mitglied des Personals geteilt werden konnte, also das, was Psychiater eine blühende psychotische Symptomatik nennen würden. Im Unterschied zu vielen anderen Patientinnen und Patienten, die ich in meinem Wirkungsbereich derart krank erlebte, war Mechthild eben nicht mit Medikamenten von ihren andersartigen Erfahrungen abzubringen. Blühende Psychosen werden von Psychiatern prognostisch eher positiv beurteilt, weil sie sich gewöhnlich unter neuroleptischer Behandlung schnell abschwächen und gut kontrollierbar bleiben.

Auffallend war auch ihre immer wieder mögliche Zugänglichkeit. Mechthild reagierte, wenn ich sie am Krankenbett besuchen kam, selbst wenn sie gerade mit der Bewältigung von Halluzinationen beschäftigt war. Sie konnte diese sehr wohl von Vorgängen unterscheiden, die mit der Stationsumgebung zusammenhängen. Wenn sie diese Visionen erlebte, redete sie oft leise mit mir, so als ob sie nur mit einer Hälfte ihrer Stimme anwesend war. Sie sagte mir auch, sie müsste leise reden, damit »die uns nicht hören«, damit also die Gestalten ihres halluzinierten Erlebens nicht auf uns aufmerksam würden. Ich hatte das Gefühl, sie wollte mich damit vor den destruktiven Kräften schützen, die sie wahrnahm.

Ihre Gefühlswelt wirkte auf mich allerdings wenig geschützt. Sie litt mitunter heftig und weinte dann auch. Sie war oft sehr depressiv, kraftlos und bewegte sich wie ein gebrechlicher Mensch im Alter. Trotz ihrer Angst und dem Schrecken, dem sie sich ausgesetzt sah, nötigte sie mich nicht, bei ihr zu bleiben. Sie klammerte sich nicht an mich. Wenn in den Visionen gute Entwicklungen geschahen, z. B. wenn ihre Verbündeten, die Soldaten oder andere hilfreiche Wesen, darunter auch Engel, einen Sieg gegen Leiden stiftende Kräfte erringen konnten, dann erzählte sie es bisweilen und lachte über das ganzes Gesicht, freute sich wie ein Kind.

Den Anforderungen der Station versuchte sie, so gut es ging, gerecht zu werden. Aber es geschah auch, dass sie kein Essen zu sich nehmen konnte. Wenn ihr Erleben schlimmer Vorgänge die subjektive Toleranz überstieg, dann erbat sie sich eine Tablette Tavor,* vielleicht auch zwei, um die Angst meistern oder einschlafen zu können. Sie wurde allerdings nicht medikamentenabhängig, denn sie achtete bewusst darauf, dass die Tabletten nicht die Bewältigung ersetzten, die sie selbst vollbringen wollte.

Ihre Mitpatienten konnten sie gut leiden, denn sie gab kaum Anlass für Konflikte. Sie wollte niemanden beleidigen. Aber es kam vor, dass sie sich ihrer Haut zu wehren hatte. Das war nicht ihre Stärke. Da ich sie darin zu motivieren suchte, sich notfalls entschieden zu wehren, z. B. wenn jemand an ihre wenigen Habseligkeiten ging oder ihr abwertende Vorwürfe machte, wusste sie, dass ich ihr beistehen würde. Ich würde ihre Schuldgefühle, die sie wegen eines aggressiven Tons hätte, zu entschärfen versuchen. Die Verarbeitung von zwischenmenschlichen Konflikten, die bei ihr Angst auslösten, floss während der schlimmsten Phase ihrer Halluzinationen in die visionäre Wahrnehmung ein und vermischte sich mit solchen Abläufen.

Meine Leseart solcher halluzinierter Ereignisse bestätigte mich natürlich darin, ihr Leiden unter dem Gesichtspunkt der Abspaltung zu interpretieren. Abspaltung ist eine häufige, auch bei gesund wirkenden Menschen zu beobachtende Selbsthilfe. Sie wird dazu benutzt, ein erschreckendes, zutiefst kränkendes oder Angst machendes Ereignis aus dem Wachbewusstsein fernzuhalten. Der wahre Zusammenhang mit den verursachenden Umständen oder Personen, dem Täter also, wird sinnhaft zerstört, um ihn nicht bewusst wahrzunehmen und sich so vom Unglückserleben und seinem Schmerz zu entlasten. Spiegelbildlich kann dann im halluzinatorischen Vorgang die Verletzung und die Auseinandersetzung mit der Verursachung von Leid wiederbelebt sein, aber für den psychotisch verarbeitenden Menschen ist der Zusammenhang mit dem wirklichen Vorgang nicht mehr gegeben. So kann eine Kränkung oder Verletzung verarbeitet werden, ohne sich mit den wirklichen verletzenden Quellen direkt und bewusst auseinan-

*ein Medikament zur emotionalen Beruhigung und Angstminderung

dersetzen zu müssen. Sonst nämlich würde der ursprüngliche Schmerz wahrgenommen und die Beziehung zur verletzenden Person würde sehr problematisch.

Mechthild aber ließ sich auf den Zusammenhang zwischen halluzinatorischen Inhalten und den Kränkungen ansprechen und wies mich nicht ab. Allenfalls sah sie mich ebenfalls gefährdet, und im Nachhinein betrachtet könnte ich nicht mit Sicherheit sagen, sie hätte in diesem Punkt übertrieben. Es scheint mir eher, dass sie personalpolitisch verursachte Spannungen spürte oder vielleicht auf ihre Weise erkannte, die aus der von der Klinikleitung angeordneten Herabsetzung psychologischer Kompetenz hervorgingen. Sie deutete manchmal an, sie würde sich Sorgen um mich machen. Heute und jetzt könnte ich dies direkt akzeptieren, sie hatte Grund dazu.

Trotz der allgemein gesehen befremdlichen Art und Weise, wie sie sich halluzinierend um ihre Verwandten und ihren geschiedenen Ehemann kümmerte, ist es in unserem thematischen Zusammenhang wichtig, den inhaltlichen Ablauf ernst zu nehmen. Mechthild telefonierte ab und zu mit ihrer Mutter oder Tante, wobei sie Kommentare zur deren beileibe nicht einfachen Beziehung sowie beider gesundheitlichen Zustand erfuhr. Mechthild war schnell beeindruckt, wenn es den beiden nicht gut ging. Ihre Sorge und ihre Absicht zu helfen waren dann Eingang in weitere halluzinatorische Abläufe, die zum Teil heftige Ausmaße mit Kämpfen zwischen guten und destruktiven Parteien annahmen. Im Zentrum des Geschehens ging es um die Hilfe für die Verwandten, und im erlebten Drama traten auch die zwiespältigen Gefühle von Tante und Mutter in Gestalt sich bekämpfender Kräfte auf.

Wie gesagt war Mechthild von meinen Deutungsversuchen wenig berührt. Ihr visionäres Drama selbst war ein absichtsvoll helfender Weg, in dem Wesen und Gestalten auftraten, die das direkte Erleben der seelischen und geistigen Kräfte zugänglich machten, die in der Beziehung von Mutter und Tante wirkten. Zu diesen Kräften traten dann noch jene, die Mechthild ins Geschehen einbrachte. Die nur von ihr selbst wahrgenommenen Helfer nahmen Einfluss, und es war keineswegs so, dass sie vorhersagen und bestimmen konnte, was geschah.

Noch befremdlicher mag sein, dass sie sich im Geiste um ihren schon vor Jahren geschiedenen Mann kümmerte, der berufsbedingt vielleicht in fernen Ländern weilte. So jedenfalls erlebte es Mechthild. Mit unabweisbarer Gewissheit nannte sie mir Land und Region, wo sie ihn gerade begleitete. Sie suchte Unheil von ihm abzuhalten oder seinen gesundheitlichen Zustand zu überwachen. Dies war mir wirklich fremd. Ich konnte es als unaufgelöste Bindung und halluzinierte Bedürfnisbefriedigung erklärend einordnen. Vielleicht dachte ich auch daran, dass Mechthild diese vom früheren Ehemann erzwungene Scheidung nie akzeptiert hatte und sich deswegen halluzinatorisch an ihn bzw. an ein phantasiertes Bild von ihm klammerte. Auf die Idee, sie könnte seherisch an seinem Leben teilnehmen, wäre ich nie gekommen. Ich kann heute allerdings nicht beurteilen, was von den Erklärungen tatsächlich stimmte. Immerhin würde ich den Aspekt des Hellsehens jetzt nicht mehr abweisen.

Hervorhebenswert bleibt Mechthilds Bemühung um den seelischen und körperlichen Zustand ihrer Verwandten und ihres früheren Mannes, diese Bemühung wirkte durch das psychotische Erleben zwar übertrieben, aber dennoch echt und glaubwürdig auf mich. Diese sorgende, mitfühlende Seite ihres Wesens nahm in der letzten Phase des beschriebenen Leidens konkrete Gestalt an. Sie realisierte ihre Umwelt immer deutlicher und verzichtete zunehmend auf Erleben im Rahmen psychotischer Darstellung. Ihre Wahrnehmungsfähigkeit war erstaunlich. Sie ahnte Suizidtendenzen von Mitpatienten voraus oder wies mich auf schwelende Konflikte in den alltäglichen Beziehungen auf der Station hin. Insbesondere äußerte sie Mitgefühl für entkräftete, deprimierte Mitpatienten und erbat für sie auch medikamentöse Hilfen, wenn die gerade verabreichte Medizin kaum half oder schlimme Nebenwirkungen hatte. Sie trat selbstbewusster auf und suchte nicht zu verbergen, wenn sie enttäuscht oder verärgert war. So hatte sie, ohne deswegen aufzufallen, einen gruppendynamisch wichtigen Platz in der Stationsgemeinschaft.

Mechthild wirkte eher im Hintergrund. Sie tröstete, machte Mut, konfrontierte gegebenenfalls andere mit deren unsozialem oder beleidigendem Verhalten. Aber das tat sie nicht mit Öffentlichkeitswirkung. Da sie mir auf unseren Spaziergängen davon erzählte, bekam ich einiges davon mit.

Bestürzend war für mich, als sie ohne irgendeine Ankündigung verschwunden war. Ich wusste, sie setzte sich mit der Entscheidung zum Suizid auseinander. Die damalige Erklärung war einfach, sie wollte nicht die Station verlassen müssen, die Menschen dort waren ihre Familie geworden. Sie war ein sinnvoller, vielleicht sogar unverzichtbarer Teil des ›Clans‹ geworden. Sie hatte unter der Hand Aufgaben im Rahmen der Entschärfung von Konflikten, der Vermeidung zusätzlicher Leiden in ihrer Umgebung, der direkten seelischen Hilfe, der aufmerksamen Wahrnehmung von sozialen und psychischen Entwicklungen auf der Station und manches mehr übernommen.

Neben die Erklärung, dass sie diesen Platz in der Gemeinschaft durch die geplante Verlegung verlieren würde und dies nicht verkraften konnte, möchte ich heute noch eine andere stellen. Die Auseinandersetzung mit dem Tod, mit dem Sterben und so auch mit all dem, was den Verlust einer erworbenen Identität ausmacht, war für Mechthild vielleicht unumgänglich gewesen. Ob sie dies so gesehen hat, weiß ich nicht. Ihr Ausruf war sicherlich ein Siegesruf des gesundenden Ichs gegenüber den Kräften, die sie so lange in Beschlag genommen hatten: »Ich hab's geschafft. Ich wollte mich umbringen und konnte es nicht tun. Ich habe mich durchgesetzt.« Aber erwähnenswert scheint auch, dass eine archaische Dramatik ablief, in der sich das menschliche Ich den *Todeskräften* aussetzt bzw. diesen ausgesetzt erlebt. Und dies wirkt gegenüber dem Betroffenen wie der Umwelt, als ob eine existenziell unausweichliche Erfahrung gemacht wird und eine Art Prüfung bestanden werden muss, als ob sich das individuelle Ich in den denkbar problematischsten Zustand begibt und beides tut, sich opfert und sich in einer durch die seelischen Vorgänge gewandelten Form schließlich behauptet. Der Prozess wirkt wie eine Initiation, also wie der Übergang von einer Bewusstseinsverfassung in eine andere, die mehr Kraft, mehr Wissen und vertiefte Wahrnehmungsfähigkeit beinhalten könnte.

1
Bausteine schamanischen Erlebens

Wir brauchen räumlich und zeitlich gar nicht so weit zu gehen. Wir brauchen vielleicht nur genauer hinzusehen, in unser eigenes Leben, auf das Leben von Mitmenschen, auf Kranke und in einer Lebenskrise Stehende, auf solche Menschen, die dem Tode nahe oder vom klinisch festgestellten Tod noch mal zu uns zurückgekehrt sind. Wir sollten dabei unser Selbstgefühl und unser Mitgefühl für wahr nehmen.

Wir brauchen es wohl auch, den Weg unserer psychischen, physischen und geistigen Kraft aufmerksamer zu achten, ihr Auf und Ab mit Einflüssen unseres Lebens, ob innerer oder äußerer Natur, in Verbindung zu bringen. Und wir brauchen es vor allem, unsere Seele anzuerkennen, mehr und mehr beseelt zu sein, und bisweilen die Gnade zu erleben, eins mit uns selbst zu sein. Nicht wenige stellen ja auch fest, wie sie zeitweilig eins sind mit ihrer Umgebung, ob der menschlichen oder der naturgegebenen. Dann nämlich fällt die Anerkennung des Beseeltseins nicht schwer und es öffnet sich das persönliche Wissen um Harmonie, deren Herstellung bzw. Einstimmung die Kernabsicht jeder Heilbemühung ist.

Aus der einleitenden Geschichte über Mechthilds Erkrankung und Genesung, über ihre Erlebnisse, über ihre inneren und äußeren Handlungen lässt sich schon Vieles beschreibend erschließen, was in den schamanischen Erfahrungsraum gehören kann. Ich sage absichtlich kann, weil die folgenden Betrachtungen von der Wahrnehmung und Interpretation des Betrachters abhängen und dies hier kein klinisches oder objektiv-wissenschaftliches Interesse in Reinform, sondern ein Erkunden im Erfahrungsbereich, also subjektiv gestaltet ist.

❖ Es mag aufgefallen sein, dass Mechthild und ich im Park der Klinik spazieren gingen oder durch den nahe gelegenen Wald streiften. Dort erlebten wir, sie und ich, Ruhe und ein Nachlassen von Ängsten und Anspannung. Diese Einkehr in die Natur wirkte auf Mechthild entlastend und kräftigend. Die Atmosphäre war von menschlichen Problemen unbelastet. Dem entspricht die sicherlich von vielen teilbare Erfahrung, dass die Einkehr in die Natur auch eine Rückkehr zu Kräften ist, die dem geschäftigen und mehr oder weniger anstrengenden Alltag häufig abgehen. In der Natur können wir leichter die Wiederherstellung unseres psychischen Gleichgewichts erleben. Der Natur werden auch die Wildnis, die wilden Kräfte zugeordnet, also solche Kraftformen, die nicht oder wenig dem Gestaltungs- und Kontrollwillen der Menschen unterworfen sind. Dadurch ergibt sich ein Spektrum von Erwartungen, das von panischer Angst vor Unberechenbarem über Neugierde und Abenteuerlust bis hin zu intimer, einfühlender Vertrautheit reicht. Der Schamanismus achtet alle

Formen der Kraft, strebt aber eine solche Verbindung zur Natur an, die ihn zum Beteiligten der erlebbaren Kraft macht und als Medizin im weitesten Sinne dienlich ist.

❖ Weiterhin ist deutlich geworden, dass Mechthilds Halluzinationen trotz aller zur Verfügung stehenden Mittel nicht zu stoppen waren. Sie wirkten wie eine *selbständige Kraft*, der sie nicht ausweichen zu können und zu wollen schien. Hierbei *sah* sie Vorgänge, die andere nicht wahrnehmen konnten. Für die Mitmenschen war dies also eine *nichtreale* Wirklichkeit, in der sich Mechthild zeitweise aufhielt.
Im normalen Bewusstseinszustand erlebt sich der Mensch so, als könne er auf seine Ich-Fähigkeiten vertrauen. Er lebt in der Überzeugung, die Wirkkräfte seines Lebens einigermaßen kontrollieren zu können. Wie Mechthilds Geschichte zeigt, kann diese Überzeugung durchlöchert werden. Es treten dann Zustände auf oder es geschehen Dinge, die sich der Kontrolle durch das erlebende und handelnde Ich entziehen. Zugleich sind sie in rationaler und alltagspraktischer Sicht fragwürdig, verunsichernd oder sogar bedrohlich. Auch die menschliche Umwelt kann diese Veränderungen, denen sie im Erleben und Handeln des Betroffenen begegnet, nicht sinnhaft verstehen und sieht sie als Abartigkeit oder Krankheit. Für den, der dies erleidet, ist das meist sehr problematisch. Es löst seine psychische Stabilität auf. Die erworbene Fähigkeit, sich in und mit seinem Ich behaupten und abgrenzen zu können, wird nun zu einem schicksalhaft anmutenden Mangel. Er ist mit ich-fremdem Erleben nicht bewandert und fühlt sich in eine existenzielle Verlorenheit geworfen. Dies geschieht, wenn kein erweitertes Spektrum an Interpretationen und Wertschätzung vorhanden ist, das einräumt, Kräfte jenseits der Ich-Grenzen seien zum einen Tatsache und zum anderen psychisch nutzbar oder beeinflussbar. Und so kann die psychotische Entfremdung zu schwersten Traumatisierungen führen. Die Selbsthilfe besteht häufig darin, mit eigenen psychischen Mitteln gegen die psychisch erlebte Bedrohung anzukämpfen. Eine weitere Methode sich zu schützen liegt darin, die Quelle der eigentlich innerlich erfahrenen Bedrohung ganz nach außen (auf Menschen, Institutionen u. ä.) zu verlagern und dort zu bekämpfen. Und schließlich ist auch die körperliche und psychische Erstarrung eine Methode, sich zu schützen. Mechthild konnte sich offenbar im Ich-Kern behaupten, da sie ihre Visionen bestimmten Zwecken zu widmen verstand und dem begleitenden psychischen Zustand standhielt.

❖ Bemerkenswert ist also, welch schwere psychische Arbeit Mechthild ausübte, und zwar in ihrer Anschauung deshalb, weil sie Mitmenschen *beistehen und helfen* wollte. Sie ergriff Partei für Hilfsbedürftige, suchte auf Streitende Einfluss zu nehmen oder Bedrohungen schicksalhafter oder leidensbezogener Art abzuwenden. Die Hilfe, die wir Menschen einander geben, verlangt unseren Einsatz. Vielleicht ist dieser viel mehr psychischer Art, als uns normalerweise bewusst ist. Demnach müssten wir gegebenenfalls intensiver und effektiver erkunden, wie und mit wem wir uns psychisch in Helferbeziehungen befinden oder von wem wir psychische Hilfe erhalten. Unsere Fähigkeit zur Aufmerksamkeit und Konzentration macht es möglich, psychische Kraft zu bündeln. Das ist psychische Arbeit. Ihre Wirkung ist im Wesen nicht abhängig von der körperlichen Erfahrung von Raum und Zeit. Man sagt auch, dort, wohin unsere Aufmerksamkeit gerichtet ist, befindet sich unsere Kraft.
Offenbar gibt es einen Standpunkt von Erleben und Handeln, von dem aus Disharmonien und Bedrohungen für normale Verhältnisse ungewöhnlich deutlich wahrgenommen werden können und von wo aus Einsicht in die Art und Weise gewonnen

werden kann, wie das Gleichgewicht wieder hergestellt werden sollte und was hierfür beizutragen wäre.

- ❖ Mechthilds halluzinatorische Zustände wurden von Figuren und Mächten einer nichtrealen Wirklichkeit initiiert, so jedenfalls erlebte sie es. Ihr schien nur die Möglichkeit zu bleiben, sich diesen Vorgängen anzupassen, vielleicht so, dass sie das Minimalziel des Überlebens erreichte. Die Leidenszustände griffen zudem ihre körperliche Integrität an und lösten schließlich – in ihrer Wahrnehmung – den Körper und seine Organe auf. Diese Erfahrung schritt von geringeren Ängsten, nämlich vorausschauenden Befürchtungen, bis zur Beobachtung der eigenen, nicht aufzuhaltenden Pulverisierung voran.

Wir sind mit dem Körperdasein identifiziert. Ohne Körper gibt es kein entsprechend abgegrenztes Lebensgefühl. Die mit der inneren Wahrnehmung erlebte Auflösung des Körpers greift uns also unmittelbar an und kann, wenn die Identifikation mit ihm unser ganzes Dasein ausgefüllt hat, zu schlimmster Verunsicherung führen. Die visionäre Entkörperung, Zerstückelung oder Auflösung des eigenen Körpers wird in vielen schamanischen Kulturen als für die Initiation unerlässlich angesehen. Dies geschieht dem Betroffenen und wird allseits sehr gefürchtet, weswegen die so erfolgte Berufung und die Ausübung der Verantwortung äußerst unattraktiv sind. Die aktiven, die Auflösung ausführenden Gestalten haben oft den Charakter von dämonischen Geistern. Nach dieser ›Prüfung‹ wird der Körper meist von den gleichen Kräften wieder zusammengesetzt und dem Betreffenden zurückgegeben. Fortan ist der Betreffende innerlich gedrängt oder verpflichtet, das Schamanenamt auszuüben.

- ❖ Gleichzeitig war Mechthild wach und bewusst genug, um sich ihres Aufenthalts auf der Station und ihres Kontakts zu den Mitmenschen gewiss zu sein. Wenn die Sonne durch die Fenster schien, konnte sie es wahrnehmen und darüber Freude ausdrücken. Wenn sich Mitpatienten angifteten, stellte sie dies kummervoll oder ängstlich fest. Auch die Behandlungsstrategien des Arztes durchschaute sie ohne ernsthafte gedankliche oder emotionale Hemmung. Wie zu folgern ist, konnte sich Mechthild zwischen der psychotisch geprägten Wirklichkeit und der Alltagsrealität hin- und her bewegen. Das heißt, sie konnte beide Erfahrungsebenen unterscheiden und brauchte nicht die eine gegen die andere ankämpfen zu lassen, das heißt, auch, dass ein Mindestbezug zur Realität stets vorhanden war.

In der schamanischen Aktion werden das Überschreiten der Realitätsgrenze und das Betreten einer anderen Wirklichkeit *beabsichtigt*. Das Erleben wird dann von Formen gestaltet, die dort in der persönlichen Wahrnehmung vorherrschen. Gegenüber den Erlebnisformen der Alltagswelt können diese Formen übersteigert, zum Teil abstoßend oder erschreckend wirken. Die Fähigkeit zur Unterscheidung der Realität von einer anderen Wirklichkeit ist im Interesse der heilerischen Aufgabe und der psychischen Integrität des Schamanen zwingend.

Mechthild hatte unterstützende Verbündete und Helfer in ihrer halluzinierten Wirklichkeit. Sie sah sie auch mit offenen Augen, sprach mit ihnen aber nur innerlich. Diese Wesen konnten Bedrohungen entschärfen oder neutralisieren, die Mechthild für Mitmenschen oder für sich selbst geschehen oder kommen sah. Sie konnten aufklärende Hinweise und Ratschläge geben. Sie konnten aufbauende Kraft vermitteln und Mut machen. Und manches mehr.

Diese Wesen sind Teil solcher Wirklichkeit, die für die Mitmenschen im Alltagsbewusstsein nicht sinnlich erfahrbar ist. Sie folgen der Aufgabe, dem Menschen in der Bewältigung seines schwierigen Anliegens zu helfen. Hierbei zeigen sie sich oft ähnlich motiviert wie die Person, die sich um Hilfe an sie wendet. Die Aktionen dieser Helfer gestalten sich unterschiedlich. Sie können darin fremdartig, skurril, überraschend und seltsam bis unverständlich wirken. Es können sich Kraftdemonstrationen und Kampfszenen ebenso wie einfache, sofort durchschaubare Handlungen ereignen. Sie können auch sehr kreativ sein.

Die Zusammenarbeit mit Verbündeten und (Geist-) Helfern ist in der schamanischen Bemühung eine generell gültige Erlebnisweise. Der Schamane ist deren Vermittler in die menschliche Realität und zu den Menschen, welchen zu helfen ist, bzw. zu den Umständen, in denen Probleme anwesend sind. Der Schamane ist also ein *Kanal* für seine Helfer.

- ❖ Auffallend war die sensitive Erlebnisweise Mechthilds und zwar besonders für zwischenmenschliche Konflikte und problematische Situationen, in denen sich Mitpatienten befanden. Ihre Kunst schien darin zu bestehen, zwischen ihren psychotischen, im Grunde ›übersinnlichen‹ Erfahrungen und den realen Vorkommnissen und Problemen *angemessen sinnhaft zu vermitteln*. Aus der Alltagssicht würden die wahrgenommenen Inhalte zwar dramatisiert wirken, bekommen aber durch die Einordnung in einen effektiv gestalteten Sinn den Charakter eines erklärbaren Bezugs und lösen darüber hinaus – bei entsprechend einfühlender Wertschätzung – den Eindruck aus, dass hier jemand eine notwendige Aufgabe im Dienst der Gemeinschaft übernommen hat. So gesehen handelt es sich um die Integration *hellseherischer Fähigkeiten und des sich daraus ergebenden Erfahrungsspektrums* in die Gesamtpersönlichkeit. Und noch ein Merkmal ist hierbei wesentlich: Aufgrund der zu ertragenden bzw. durchgestandenen Leiden werden soziale Absichten von einem verstärkten *Mitgefühl* getragen. Die Wahrnehmung für ähnliche Leiden der Mitmenschen und mögliche Hilfemaßnahmen ist sensibilisiert.

- ❖ In der Behandlung von sozialen und persönlichen Konflikten in ihrer Umgebung war Mechthild auf praktische Hilfe konzentriert. Und sie stellte sich nicht in den Vordergrund.
Die niedrige Bewusstseinsschwelle für die Wahrnehmung von Disharmonien und Gefährdungen begünstigt eine Einstellung zur praktischen Handhabung, damit etwas zur Abhilfe getan werden kann. Die Aufmerksamkeit widmet sich deutlich dem Erkennen der Störung wie auch der Möglichkeit der Ent-Störung des sozialen Gleichgewichts. Das Gleiche gilt auch für die inneren Leidenszustände von Mitmenschen und deren inneres Konflikterleben bzw. innere Disharmonie. Grundlegend für eine verlässliche Wahrnehmung von Disharmonien und für wirksames Mitfühlen ist eine Loslösung von persönlicher Wichtigkeit. Das heißt, Störungen durch übermäßig eitle, wir würden heute sagen narzisstische Bedürfnisse (z. B. nach Anerkennung, Macht etc.), machen die Wahrnehmung des anstehenden Problems und seiner Lösung ›unrein‹. Der hellsehende Blick trübt sich mit den eigenen Bedürfnissen, aber auch mit den Gefühlen und Gedanken, also auch Ängsten und von ihnen angeleiteten psychischen Schutzmaßnahmen.

- ❖ Und schließlich setzte sich Mechthild mit der Todeserfahrung auseinander.
Der Tod ist die Herausforderung des Bewusstseins schlechthin. Je direkter sich ein Mensch mit der persönlichen Sterblichkeit befasst, desto mehr kann er der *Begrenztheit* seines Daseins und deren Verdrängung in einer den Tod verleugnenden sozialen Realität gewahr sein. Damit ist meist große Verunsicherung des Ichs verbunden. Dies vermag tiefes seelisches Leiden hervorzurufen, das nur dort Widerhall und

Verständnis findet, wo das Bewusstsein unter Einbeziehung der Sterblichkeit angeordnet ist. Wie in der Geschichte Mechthilds deutlich, kann die Auseinandersetzung mit dem persönlichen Tod eine Erfahrung auf Messers Schneide sein. Wenn wir die Begegnung mit dem Tod verarbeiten, sind wir nicht mehr die gleiche Person wie zuvor. Die wirksame Erweiterung und Neuordnung des Bewusstseins durch Achtung der Sterblichkeit führt mehr oder weniger auch zu Gefühlszuständen, die in den Metaphern Wiedergeburt, Erneuerung oder Transformation gedeutet werden.

Die Begegnung mit der Vergänglichkeit des körperlichen Lebens und des ihm dienenden Bewusstseins liegt vielen Initiationen des schamanischen Lebens zugrunde. Hierbei wird die Todeserfahrung meist als Berufung verstanden. Die Nahtod-Erlebnisse, in denen Menschen bereits klinisch gestorben sind, aber wieder in ihren Körper und somit ins Leben zurückkehren, können auch heute und in Zukunft zur inneren Neuordnung mit tiefgehenden Folgen für das persönliche Leben führen.

2

Die Wiederbelebung des Schamanismus

Mit meinen Erlebnissen mit Mechthild und ihrer psychischen Erkrankung wollte ich in die Thematik einführen und nicht gleich mit wissenschaftlichen Konzepten und Zitaten einsteigen. Michael Harners Klassiker »Der Weg des Schamanen« ist mir darin Vorbild. Harner war ordentlicher Professor für Anthropologie in den USA. In seinem Forschungsdrang machte er sich 1956 und 1957 auf den Weg in die ecuadorischen Anden, wo er Informationen über die dort lebenden ursprünglichen (indigenen) Einwohner und deren Kultur sammelte. Dem ließ er 1960 und 1961 weitere Forschungsreisen in dieselbe Gegend folgen. Er besuchte wieder den gleichen Volksstamm, die Jivaro, und zudem den Stamm der Conibo. Auf jener Forschungstour dann erlebte er Erstaunliches, da er sich auf die Wirkungen des »heiligen Schamanentrunks« einließ, der aus Ayahuasca hergestellt wird, einer Lianenpflanze, welche die Ortsansässigen Liane des Todes nennen. Sie warnten ihn, »dass die Erfahrung schrecklich sein würde«, und so war es auch.

Harners Reise hier zu schildern, wäre zu weitschweifig. Sie wirkt auf mich so, als sammelte er unwillentlich psychotische Erfahrungen über Ausgeliefertsein an unmenschliche Kräfte wie etwa Dämonen, über Todesbedrängnis und Todeskampf und vieles mehr. Und zugleich tragen sie mystischen Charakter mit Informationen über Schöpfungskräfte bei der Erschaffung der Welt und ihr Wirken, das noch in allem (verborgen) vorhanden ist. Der Anspruch jener Kräfte, oder besser Wesen, auf das Leben der Menschen nahm während der Visionen Harners zu, bis sie zu ihm sagten, die Menschen seien »nur (ihre) Behälter und Diener« und deshalb könnten sie zu ihm aus seinem Inneren sprechen. Aber Harner war sich der Gefährdung seines Lebens bewusst, da jene »Urformen« ihn zwar faszinierten, dann aber bösartiger wurden. Das trat merklich damit in Verbindung, dass sich Harner als Mensch, also als Vertreter seiner Art, unterschieden erlebte von den »uralten reptilförmigen Vorfahren«, wie sich die Wesen nun darstellten. Mit seinen letzten Kräften gelang es Harner schließlich, die Umstehenden um Medizin zu bitten, die dann ein Gegengift brauten und ihm einflößten.

Harner hatte weiterhin persönliche Erfahrungen im schamanischen Bewusstsein gesammelt, wissenschaftliche Quellen zum Schamanismus studiert und festgestellt, dass er hiermit eine Erfahrungsebene erschloss, die dem westlichen Menschen abhanden gekommen war. Hinfort fühlte er sich motiviert, nach Wegen Ausschau zu halten, wie seine Mitmenschen in den USA eben solche Erlebnismöglichkeiten erhalten und für sich und andere in heilender und Erkenntnis fördernder Weise nutzen könnten. Seine stetigen Forschungen führten ihn zu einem inneren Erkundungsschema, das Kernelemente des weltweiten Schamanismus erfasst und von Harner deshalb *Core-Shamanism* (core, *engl.:* Kern) getauft wurde. Die hierin enthaltenen Methoden sind für westliche Menschen gut praktikabel, bedürfen zu ihrem Erfolg keiner Drogen und enthalten Schutzelemente bzw. die Konzentration auf innere Schutzkräfte, die das Einbrechen einer psychischen Regression, wie Harner sie erlebte, im Normalfall verhindern. Der Fokus des Core-Schamanismus ist eindeutig auf das Erleben von Kraft und Heilung gelegt. Er ist damit von anderweitigen Beschäftigungen mit Bewusstseinsmanipulationen zu unterscheiden, die auch mit schamanischen Methoden arbeiten, aber schädliche oder magische Absichten tragen.

Ein zweiter Protagonist in der Wiederbelebung schamanischer Erlebnisweise ist Carlos Castaneda, der durch seine zahlreichen Veröffentlichungen bekannt ist. Auch er war (eigenen Berichten zufolge) in forschender Absicht unterwegs, und zwar im Süden der USA und in Mexiko. Er lernte einen mexikanisch stämmigen Schamanen kennen, der sich selbst als Zauberer bezeichnete und Castaneda zuerst mit pflanzlichen Mitteln ›behandelte‹, damit dessen starres, wissenschaftlich geprägtes Bewusstsein gelockert und für die »andere Wirklichkeit« geöffnet wurde.[1] In der Folge wurde er immer tiefer und differenzierter in die Welt seines Lehrers Juan Matus, respektvoll Don Juan genannt, eingeführt. Hierbei handelte es sich *nicht* um Heilungsschamanismus, sondern um die ebenso alte Absicht des Menschen, die Begrenzungen gesellschaftlich und historisch vorgegebener Erfahrungsstrukturen zu überschreiten. Vieles erinnert dabei an mystische Traditionen anderer Kulturen. Die Veröffentlichungen Castanedas sind in einigen Passagen sehr hilfreich, wenn man sich ernsthaft in die Welt der Zaubererschamanen einfühlen und daraus Nutzen für die persönliche Entwicklung ziehen will. Castaneda wäre ganz sicher missverstanden, würde man sein Bemühen als Reklame für Drogenkonsum, als unterhaltsame Phantastereien, als narzisstische Idealisierung eines spirituellen Lehrers oder manipulative Überhöhung des Selbst abtun.

Es sind noch weitere herausragende Persönlichkeiten zu nennen, unter ihnen Joan Halifax, Sandra Ingerman oder Paul Uccusic, letztere beiden Schüler von Michael Harner, der auf Drängen von Studenten die Foundation for Shamanic Studies (FSS) gegründet hat. Es ist das Verdienst Uccusic', die Lehrinhalte der FSS in Europa verbreitet zu haben, so dass auch in unserem Lebensraum bereits über Erfahrungen im schamanischen Wirken gesprochen werden kann. Und schließlich sind all die aktiven Forscher, Reisende und Missionare zu würdigen, die über Jahrhunderte ihre Beobachtungen des Brauchtums nativer Völker schriftlich festhielten[2] und so auch einen umfangreichen Grundstock für die systematische, auch wissenschaftliche Erschließung des Phänomens Schamanismus bildeten. Letzteres steht wiederum in Verbindung mit bekannten Namen wie Mircea Eliade, Aake Hultkrantz oder Mihály Hoppál.

Ist dies alles ein Zeichen für eine Erneuerung des alten Schamanenwegs, der in unseren Breiten schon lange ausgestorben scheint. Es gibt genügend ablehnende oder skeptische Haltungen dazu. Aber ein Trend zur Wiederentdeckung des Schamanismus, der sich nicht mehr verleugnen lässt und bemerkenswerte Ausmaße anzunehmen scheint, spricht für eine differenzierende Wahrnehmung. Die Erklärungen hierfür laufen häufig auf die Bedeutung der Spiritualität für Sinngestaltung und Selbsterleben des Menschen hinaus, verbunden mit Klagen über den Verlust an Integration des Einzelnen in einer religiösen Gemeinschaft oder in einer spirituellen Tradition. Empirische Untersuchungen unter schamanisch aktiven Menschen könnten ergeben, dass der religiöse Bezug eine besondere Motivationskraft beinhaltet und zwar sowohl bei solchen, die areligiös aufgewachsen sind, als auch bei solchen, welche in ihrer Herkunft besonders religions-

---

[1] Castaneda, 1975 [2] z. B. K. Rasmussen, S. M. Sirokogorov, W. Bogoras, W. Radloff, W. Jochelson, H. Findeisen, F. Boas, A. L. Kroeber, A. Skinner, W. Thalbitzer, A. P. Elkin

gebunden waren oder sind. Bei letzteren dürfte es eine wesentliche Rolle spielen, ob sie entschieden christlich erzogen und von welchem christlichen Glaubensmuster wie auch rituell Gewohntem sie geprägt sind. Hierfür mag der Hinweis hilfreich sein, dass gerade die zeremoniellen Inhalte und Formen einen starken psychischen Nachhall durch Mittun und Gemeinschaftserleben haben und in der individuellen Reifung Berücksichtigung einfordern, selbst wenn die Betreffenden der Institution Kirche den Rücken gekehrt haben. Aus dieser Sicht bietet der Schamanismus in seiner Ritualität, Formensprache und transzendierenden Orientierung nicht nur *Ersatz* an, sondern ist zudem undogmatisch, weil er keine Glaubensinhalte als doktrinäre Tatbestände zulässt.

Ein weiteres Schlüsselwort ist *Gleichgewicht*. Der moderne Mensch habe die Verbindung zur Natur und zum Geist der Schöpfung verloren und er suche nun eine innere Haltung, wie er dieses Gleichgewicht zwischen sich selbst, dem Reich des Geistes und dem Reich der Natur wieder herstellen kann. Dieses Gleichgewicht sei entscheidend für die Gesundheit des Einzelnen, für die Gegebenheiten der Natur, auf deren Zustand der Mensch ja angewiesen ist, und für die Sphäre des Geistes, dessen Wirken in Wechselwirkung zu allem steht.[1]

Weitere Schlüsselwörter sind *Harmonie* und *Ganzheit*. Ersteres klingt längst an, wenn wir von der »einen Welt« sprechen und unsere gegenseitige Verantwortung auf dem Globus betonen. Das zweite ermahnt uns auch schon seit längerem, dass wir uns aus den inflationären Detailanalysen und dem unverbundenen Spezialistentum lösen und die Erkenntnisse und Handlungen in der Dynamik des Ganzen betrachten sollten. Ob dies im globalen, im national-kulturellen, im regionalen oder familiären Rahmen geschieht, bildet dann nur eine jeweilige Ebene. Alles Lebende ist Gemeinschaft, im Konstruktiven wie im Destruktiven. Harmonie und Ganzheit sind im individuellen Leben genauso präsent – oder auch nicht – und wirken in ihrer subjektiven Dynamik auf die anderen Ebenen zurück. In der schamanischen Sichtweise ist die Betrachtung und harmonisierende Beeinflussung des Ganzen auf allen Ebenen ein Hauptanliegen.

Der ungarische Schamanismusforscher M. Hoppál weist darauf hin, dass sich die öffentlich wirksame Hinwendung zum »Phänomen Schamanismus ... auf den Sektor des Heilerischen« konzentriert. Treffend, wenn auch zu dramatisch ausgedrückt, formuliert er dann weiter: »Die ganze westliche Medizin, die auf einer *methodischen Trennung* nicht nur von ihren *priesterlich-kultischen* Anfängen, sondern auch von der Jahrtausende alten *weisheitlichen Erfahrung* der Heilkundigen beruht – diese westliche Medizin ist in die bedeutendste Krise ihrer Geschichte geraten. Immer mehr Menschen betrachten das System ihrer überzüchteten Apparate und ihrer hochdifferenzierten Chemie mit Misstrauen.«[2] Allerdings darf ich etwas wertschätzender hinzufügen, dass wir unsere Medizin brauchen, und auch ihre Kritiker nehmen sie in Anspruch, wenn es darauf ankommt.

Es scheint, als lernen wir an und in unserem beforschten »Phänomen Schamanismus«, um wieder in ein erstrebtes Gleichgewicht zu kommen, dessen erlebter Verlust mit der Technisierung und Institutionalisierung unseres sogenannten Gesundheitswesens zusammenhängt. Die Herstellung des subjektiven Gleichgewichts scheint wirklich etwas mit dem Komplex Spiritualität zu tun zu haben, wenn wir ihm die Wirkung des Geistes einräumen und offen lassen, inwieweit der Mensch *seinen* Geist wirksam zu machen in der Lage ist. Die kritische Betrachtung der Medizin gilt im Übrigen auch der Psychologie und der Psychotherapie, die sich ebenfalls zur Technikveranstaltung und Institutionalisierung gemausert haben, auch in Imitation der medizinischen Erfolgsrhetorik.

[1] s. a. Pattee, 1989, S. 41 ff [2] Hoppál, 1994, S. 7 f

Bemerkenswert im traditionellen Schamanismus sind seine weltweit vielgestaltigen Erscheinungsformen, wie sie in der einschlägigen Literatur berichtet werden. Aber seine Grundstruktur ist derart einfach, dass sie fast in einem Satz zusammengefasst werden kann. Zum einen nämlich gliedert sich das schamanische Erfahrungsspektrum in drei Welten (sogenannten obere, mittlere und untere Welt) und zum anderen sind alle Welten von verschiedenen Geistern und göttlichen Mächten besiedelt. Zur Erledigung schamanischer Aufgaben nimmt der oder die Betreffende absichtlich eine Beziehung zu den Geistwesen auf, die sich ihm oder ihr bisher bereits als hilfreich erwiesen haben oder sich nun als Helfer anbieten. So wird der Schamane zum Mittler zwischen dem Wissen bzw. der Kraft der Geistmächte und den Menschen oder anderen Lebewesen, für die Hilfe gebraucht wird. Dieses Grundmuster auf unsere Welt zu übertragen, wirkt auf den ersten Blick abenteuerlich, da wir Menschen der westlichen Hemisphäre fast alle von klein auf mit dem ›Wissen‹ ausgestattet werden, dass es keine Geister gebe und die Wahrnehmung anderer Welten eine Sache des Glaubens sei.

Für jene, die sich von schamanischen Erfahrungen angezogen fühlen, mag attraktiv sein, dass sie in der entsprechenden Bewusstseinsverfassung die Enge der materiell gegebenen Grenzen zumindest im subjektiven Erleben hinter sich lassen können. Wiederum kann der Schamanismus in seiner Vielgestaltetheit eine Unzahl kreativer psychischer wie sozialer Erscheinungsformen hervorrufen, in denen der Einzelne eine Verbindung aus Interessen, Begabung und Identität zu finden hofft.

Schließlich spricht uns angesichts sich schnell ablösender Trends und Moden das Angebot an Bleibendem, Erprobtem und Verlässlichem an. Da unser Weltbild untrennbar mit unserem Selbstbild verbunden ist, wirken sich fordernd und teilweise auch missionierend vorgetragene Erklärungen und Anweisungen, die unser Wohlergehen betreffen, verunsichernd aus. Wir sollen uns demnach zwischen den vielen psychologischen, medizinischen, religiösen, spirituellen und anderen Interpretationsangeboten entscheiden. Dies fällt insbesondere dann schwer, wenn wir darauf stoßen, dass diese sich gegeneinander zu profilieren, anstatt einander zu verbinden scheinen.

Werden wir mit dem »uralten« Mythos namens Schamanismus konfrontiert, der sich angeblich greifbar erkunden ließe, dann kann sich die Sehnsucht nach einem zeitlos gültigen, all die modischen Angebote transzendierenden Bezugsrahmen zu Wort melden. Ähnliches geschieht ja, wenn wir uns von einem religiösen Erfahrungsbereich angesprochen fühlen und unsere Alltagswelt für begrenzte Zeit in Meditation, Kontemplation, Gebet usw. hinter uns lassen, um etwa innere Ruhe, Kraft und Abgrenzung zum täglichen Leben zu suchen.

In der schamanischen Tradition finden wir die älteste transzendierende Erfahrungsform aus einer Zeit wieder, die nach unseren Maßstäben ein nur primitives menschliches Leben aufwies und deshalb nicht im Verdacht stehen kann, dekadente, korrumpierende oder entfremdende Lebensmuster ermöglicht oder gefordert zu haben. Zudem stammt der Schamanismus aus einer Zeit, in der es noch keine Religionssysteme nach unseren heutigen Maßstäben gegeben haben kann. Und was letztlich zählen mag, der Schamanismus hat alle geschichtlichen Perioden trotz zwischenzeitlicher Ausgrenzungs- und Verfolgungsaktivitäten überstanden. Er war sich selbst treu geblieben und zugleich in seinen Formen sehr anpassungsfähig. Das geht nur bei entsprechender inhaltlicher und sinnhafter Substanz.

Diese Betrachtungen möchte ich mit Harners ermutigenden Worten schließen: »Besonders aufregend und die schamanische Einstellung zu Gesundheit und Heilung unbedingt unterstützend ist der neue medizinische Beweis, dass man in verändertem Bewusstseinszustand willkürlich das körpereigene Immunsystem durch den Hypothalamus in Aktion zwingen kann. Möglicherweise wird die Wissenschaft einmal herausfinden, dass der Patient eines Schamanen unter dem Einfluss von Schallunterstützung[1] durch das Ritual ›programmiert‹ wird, das Immunsystem des Körpers gegen Krankheit zu aktivieren.« Schon in der Zeit der Abfassung seines Buchs in den Siebziger-Jahren konnte Harner feststellen: »Das aufkeimende Feld der Ganzheitsmedizin zeigt eine ungeheure Menge von Experimenten, welche viele bereits lange im Schamanismus praktizierte Techniken wieder erfindet, wie beispielsweise Visualisierung, veränderte Bewusstseinszustände, Aspekte der Psychoanalyse, Hypnotherapie, Meditation, positive Einstellung, Stress-Abbau und mentaler und emotionaler Ausdruck des persönlichen Willens zur Gesundung und Heilwerdung. Im gewissen Sinne wird Schamanismus im Westen wiederentdeckt, weil er gebraucht wird.« Und schließlich kann ich Harners Hoffnung teilen, dass die Praktiker der westlichen Medizin und Praktiker, die aus dem Schamanismus gelernt haben (und durchaus selbst wissenschaftlich Ausgebildete sein können), »bei gegenseitiger Achtung ... dazu beitragen, die ganzheitliche Einstellung zu Heilung und Gesundheit zu verwirklichen, die so viele Menschen suchen.«[2]

Die eingangs erzählte Geschichte spielte sich ja in dem kritisch beäugten Raum der Medizin und Psychologie ab und zeugt dabei von einer bemerkenswerten Autonomie der Erkrankten. Vielleicht sollten wir uns erlauben, in dieser geistigen Selbständigkeit, die natürlich auch von körperlichen Kräften sowie mitmenschlicher Begleitung mitgetragen wurde, ein wohl seltenes und dennoch nicht zu verleugnendes Lebensmuster zu sehen, das in seinem Kern schon über unzählige Generationen immer wieder zum Vorschein kommt und von großem Wert für die Gemeinschaft ist. Vielleicht handelt es sich um die Archetypologie heilerischer Einweihung (Initiation), mithin des Schamanentums. Diesem Aspekt soll weiter unten noch nachgegangen werden.

---

[1] z. B. das schamanische Trommeln; *Anm. d. A.* [2] Harner, 1994, S. 185–187

3

Die Metapher der Reise

Die Geschichte von Mechthild schrieb ich in maßgeblichen Teilen einige Jahre vor Abfassung dieser Betrachtungen. Im praktischen und studierenden Kennenlernen schamanischer Erfahrungsmöglichkeiten begegnete ich unweigerlich den Erinnerungen an Mechthild und sah sie natürlich in einem anderen Bedeutungszusammenhang als damals auf der psychiatrischen Station. Die Metapher Reise klingt für mich passend, um diesen längeren und tiefen Leidensprozess zu würdigen.

»Die Reise des persönlichen Wachstums, auf die jene Menschen gehen, die eine schwere Krankheit durchmachen, erinnert stark an die Einweihungsreise des Heilers«, vermutet Jeanne Achterberg, eine amerikanische Ärztin, die sich um unser heutiges Heilungswesen sehr verdient machte, weil sie die körperlichen und seelischen Wirkungen der menschlichen Vorstellungskraft kreativ und für uns alle fruchtbar untersuchte. Diese Reise ist auch wahrzunehmen als »ein Fortschreiten auf dem ebenso schmerzhaften wie beglückenden Weg der Bewusstseinserweiterung und Selbstfindung als auch eine Hingabe an die Mission des Dienens«.[1]

Mechthilds Geschichte hat so viele Vorläufer und wird so viele Nachfolgende haben, dass wir in ihrem Zusammenhang von einer Begegnung mit einem unschätzbar alten Muster menschlichen Leidens, Lernens und psychisch-spirituellen Wachstums ausgehen können. Eine im Grunde sehr ähnliche Geschichte hatte mich schon in meiner Studienzeit beeindruckt und meine spätere therapeutische Haltung vorgeprägt. Es war ein Buch, das in der kurzen Blüte der englischen *Antipsychiatrie* Ende der Sechziger-Jahre entstanden war. Es schilderte das Durchleben einer psychotischen Erkrankung aus dem schizophrenen Formenkreis und zwar aus der Sicht der betroffenen Frau und des sie begleitenden Psychiaters. Die Geschichte trug den Titel: »Meine Reise durch den Wahnsinn«[2] Zum Ende des Buchs findet sich die schlichte Bemerkung jenes Psychiaters (Joseph Burke): »Nichts, was Mary erlebte, nichts, was sie durchgemacht hat, unterscheidet sich grundlegend von dem, womit wir alle fertig werden müssen. Dass Mary sich ihren physischen, psychischen oder geistigen Dämonen stellte, mag bedeuten, dass sie mit ihnen vielleicht ein bisschen näher in Berührung gekommen ist, als die meisten von uns.«[3]

Die Reise der Mary Barnes von Leiden und Hilfe, von innerer Kraft und Einsicht, von Integration widersprüchlicher psychischer Gegebenheiten und heilender Kreativität war vornehmlich unter psychologischen Vorzeichen geschildert worden. Zugleich war sie ein individuelles Zeichen in einer allgemein zur Veränderung neigenden Kultur, deren junge Leute es wagten, »the times, they are a-changing« (Bob Dylans Vision)

[1]Achterberg, 1989, S. 175 [2]Barnes, 1973 [3]S. 336

ernst zu nehmen. Es war auch die Zeit beeindruckender Impulse zur Reformierung der Psychiatrie und ihrer erstarrten, unmenschlichen Behandlungspraxis. Es war auch die Zeit, als der Schamanismus im Westen wieder zur Welt kam. Und es war die Zeit, als der Schamanismus im Osten, nämlich vornehmlich in den Weiten Sibiriens und der Mongolei, durch seine sowjetische Verfolgung beinahe zu Grabe getragen wurde. Es war eine Zeit, von der so vieles an Veränderungen zu berichten wäre.

Also dürfen wir über die Psychologie hinaus Wirkmechanismen beachten lernen, die kollektiver, ja sogar weltumspannender Natur sind und uns ermutigen können, die Wahrnehmungsfähigkeit des Menschen für kleinste, kleine und größere Strömungen in seiner Welt zu erkunden, mögen sie rein menschlicher, animalischer, organischer oder geophysischer Natur sein, mögen sie die Wirkungen von Machtstrukturen, von Institutionen und so vielem mehr sein, was der Mensch im Laufe seiner Geschichte unserer Welt auferlegt hat. Was aufgrund der begrenzenden Definition von Realität an Wahrnehmungen, Gefühlen und Spannungen unter den Tisch fällt und nicht dem Wachbewusstsein zugänglich wird, kleidet sich – wenn es sich nicht mehr zurückhalten lässt und aus dem Unterbewusstsein kommend in unsere Realität drängt – in befremdliche bis zerstörerische Formen, Formen, welche wir ebenfalls schon lange kennen und voller Angst zu kontrollieren suchen.

Viele psychisch Erkrankte ertragen in sich die kollektiven Ängste, ob vor Umweltzerstörung und -katastrophen, vor einem Atomkrieg, alltäglicher Gewalt, Arbeitslosigkeit, Armut, vor Sinnentleerung, Krankheit und Tod, vor Einsamkeit oder Verlust an Anerkennung, Zuneigung oder menschlicher Beziehung. Das Ertragen kollektiver Ängste spielt im Leben des Einzelnen eigentlich eine große Rolle, wird aber durch das Erlernen von psychischer Abgrenzung (z. B. Verdrängung oder Verleugnung) gemildert und entlastet. Die Ängste sind dann ›nur‹ noch unbewusst anwesend. Was aber geschieht, wenn Bedingungen in der individuellen Lebensgeschichte oder in einer speziellen Situation den psychischen Schutzmantel des Einzelnen porös machen? Sind wir normalerweise darin erfahren, die Angst-Kommunikation unter uns Menschen wahrzunehmen, auch diejenige, die auf der unbewussten Ebene stattfindet?

Die Reisen durch seelische Leiden sind häufig (und statistisch immer mehr) mit der Bewältigung von sogenannten Angststörungen oder Angstsymptomen verbunden. Reichen unsere therapeutischen Maßnahmen und Erklärungen eigentlich aus, um dieses Ertragen kollektiver Ängste sichtbar zu machen und zu würdigen? Nur dann können die, denen durch die Erkrankten die psychische Angst-Last *abgenommen* wird, besser erkennen, wie sie in der Dynamik der Angst Verantwortung haben. Und jene, die an der Last der Ängste ungleich schwerer zu tragen haben, können einen Weg aus Scham, Minderwertigkeit und sozialer Abwertung finden. Der Gedanke, dass für das Leben des Einzelnen ein gesundes Gleichgewicht auch in der Kollektivseele notwendig ist, mag für viele plausibel klingen, bedarf aber, um wirken zu können, einer mitfühlenden und respektvollen Haltung der ›Gesunden‹ gegenüber denjenigen, welche die Reise durch ein psychisches Leiden machen.

Man möge stets daran denken: Krankheit können wir nur im Kontrast zu Gesundheit begreifen und definieren. Und umgekehrt wird uns Gesundheit erst durch den Kontrast zur Krankheit begreiflich. Sowohl in der Befriedigung, dass einen das Leiden des kranken Nachbarn nicht getroffen hat, als auch in dem Unwillen, das Kranksein eines Mitmenschen zur Kenntnis zu nehmen bzw. zu verstehen, zeigen sich plausibel die gegenseitigen Beziehungen. In beidem wirkt das Bedürfnis, sich zu schützen. Die Vermutung wäre nicht leichtfertig von der Hand zu weisen, dass wir erschrocken und zugleich froh durchatmen und denken, zum Glück bin ich (und ist meine Familie) von dieser Krankheit bzw. Not verschont geblieben. In bestätigender Ergänzung dessen fragt sich der Leidende: »Warum gerade ich?«

Bildlich gesprochen gehen die ›Geister‹ des Leidens (und natürlich auch des Todes) übers Land, und wir hoffen und inszenieren psychische, medizinische, hygienische, soziale, ernährungstechnische, abergläubische usw. Maßnahmen, um diesen Geistern zu entgehen. Und wir wissen längst, Krankheitserreger, Vergiftungen, Stressbedingungen, Betrügereien, Mobbing und so viele Erkrankungsbedingungen mehr sind die Namen dieser Geister. Sie existieren einfach schon deshalb, weil sie uns beschäftigen und Unmengen an Angst auslösen.

Die Zusammengehörigkeit von Leidens- und Gesundheitszuständen erscheint noch weitergehend verständlich, wenn wir sie auf der sozialen und wirtschaftlichen Ebene betrachten, wenn wir feststellen, wo Epidemien, Ernährungsnot und Mängel an ärztlicher und medikamentöser Hilfe sich in unserer Welt ausbreiten: Immer dort, wo das Schicksal der Betroffenen vom Gros der anderen Menschheit missachtet wird. Würde die kollektive Ganzheit menschlichen Lebens den Vorrang vor allen anderen Werteaspekten haben, so würde kein Bruch durch die Menschheit gehen, dann würde es keine zwei Welten aus Wohlergehenden hier und Notleidenden dort geben. Dieses Weges der Erkenntnis bedürfen wir, denn »es gibt kein fremdes Leid«.[1] Solange diese Erkenntnis von dem einen Teil der Menschen abgewiesen wird und von dem anderen Teil nicht wirklich erreichbar ist, wird der Bruch in uns *allen* psychisch präsent sein und sich zum Ausdruck bringen. Im psychischen Leiden nehmen wir auch auf uns, was wir als kollektiver Organismus nicht bewältigen und was in der Seele des Ganzen gebrochen ist.

Insofern sind wir alle Reisende durch die Leiden der Menschheit und nehmen körperlich wie seelisch Anteil am globalen Projekt der Harmonisierung und der Schaffung von Gleichgewicht. Was als Erkrankung des Einzelnen beginnt, führt potenziell erfahrbar zur direkten Bezugnahme auf die nahe menschliche Umwelt, so die Familie, Bekanntschaft oder Verwandtschaft, und dann weiter zu den jeweils größeren Kollektiven bis hin zur gesamten, nicht nur menschlichen Lebensgemeinschaft auf der Erde.

Die am weitesten und tiefsten reichende Reise des Menschen ist die durch Leben und Tod. In der Überlieferung der Totenbücher werden die möglichen Stationen des Sterbens und der anschließenden Seelenreise beschrieben. Im tibetanischen Totenbuch, dem Bardo Thödol, wird die Seele als die eigentliche Existenz angesprochen und ihr wird gezeigt, wie sie zur Erfüllung gelangen kann. Die Seele ist in dieser Sicht nicht mehr etwas, das eine jenseitige Realität bedingt, sondern sie *ist* schon das Jenseitige und damit die in der diesseitigen Verfassung alleine nie einholbare unbegrenzte Wirklichkeit. Erst wenn uns die Seele in ihrem ›Leuchten‹ zugänglich wird, öffnen sich *wirklich* die Schranken. Die Seele gibt sich dann als »Geber aller ›Gegebenheiten‹ in uns selber« zu erkennen. Bereits der Weg dahin wird mit ihren Offenbarungen unterfüttert. Um aber die Seelenreise halbwegs bewusst im diesseitigen Leben anzutreten, »ist wohl eine große und opferreiche Umkehr nötig, um zu sehen, wie die Welt aus dem Wesen der Seele ›gegeben‹ wird«.[2]

Sich mit dem Leuchten der Seele zu befassen, heißt auch direkt, sich mit der möglichen, letztlich unumgänglichen Ablösung der Seele vom begrenzten Körper befassen zu können. In der spirituellen wie psychologischen Interpretation ist der Bardo Thödol »ein Initiationsvorgang mit dem Zweck, die durch die Geburt verlorene Gottheit der Seele wiederherzustellen«.[3]

Eines der mythologischen Hauptmotive des Altertums ist der Abstieg in die Unterwelt. Die uns wohl bekanntesten Helden oder Heldinnen einer solchen Reise sind Or-

[1] Sölle, 1993, S. 208 ff   [2] Jung, 1971, S. 44 f   [3] ebd.

pheus (auf der Suche nach seiner Braut Euridike) und die sumerische Himmelsgöttin Inanna, die in der Unterwelt ihrer Schwester Ereschkigal begegnete, ihrem dunklen göttlichen Gegenpart. Anlass war das Begräbnis von Inannas Schwager Gugalanna. Wie in Interpretationen solcher Mythen betont wird, erklären diese »weder einen Zustand der Dinge noch der Welt… sondern [machen] das Unsagbare sagbar.«[1] Psychologisch wird im mythischen Helden bzw. in der Heldin das menschliche Selbst gedeutet. Es verlässt im heldenhaften Unterfangen den Bewusstseinsraum des begrenzten Ichs.[2] Der Mythos beschreibt in seinen Metaphern und Bildern diese Überwindung der alltäglichen Bewusstseinsgrenzen. Die Göttin Inanna wandte auf ihrer Reise ihren ›Geist‹ vom, wie es heißt, großen Oben, dem großen Unten zu. Sie verließ, so der Mythos, den Himmel, verließ die Erde. Dabei ließ sie auch ihre ›Göttlichkeit‹ zurück. Als sie an die Schwelle zur Unterwelt gelangte, wurde sie vom obersten Türhüter gefragt, warum sie zum Land ohne Wiederkehr käme. Wörtlich fragte er: »Wie hat dein Herz dich geführt?« Ihr Anliegen wurde dann geprüft. Als sie schließlich sieben Tore zu passieren hatte, wurde ihr bei jedem Tor ein Teil ihres Gewandes abverlangt, bis sie *nackt* und vor den Thron Ereschkigals zu treten im Stande war.[3]

Der Abstieg in die dunkle Sphäre beinhaltet die Begegnung mit unbekannten Kräften und Wesen, die sich häufig als Dämonen wahrnehmen lassen. Sie werden psychologisch als Schattenanteil des Unbewussten erklärt, der zudem eine Prüfung bedeutet. Geprüft wird, ob der Held der Wandlung seines Bewusstseins gewachsen ist. Ist er bereit und beweglich genug, festgefahrene Wege zu verlassen? Ist er womöglich für das Abenteuer reif, das bisherige (an den Alltag gebundene) Selbstbild in Frage zu stellen, ja sogar auflösen zu lassen? Im Mythos wird Inanna von den sieben Richter-Göttern, den Anunnaki, mit dem *Blick des Todes* konfrontiert und als Tote wie ein Sack an einen Haken gehängt. Das Bemerkenswerte an diesem Abstieg aus der Alltagswelt ist aber die mythische Vorgabe, dass es jeweils *helfende Wesen* gibt, die notwendige Erfahrungsschlüssel anbieten bzw. aktiv zu Hilfe kommen. Zuerst bekommt Inanna Hilfe durch ihren Boten Ninshubar, der – wie vor dem Abstieg mit ihm verabredet – verschiedene Götter aufsuchte, von denen schließlich einer, nämlich Enki listig zwei Helferwesen erschuf. Diese sprengten Speise und das Wasser des Lebens auf die Leiche Inannas und erretteten sie. Hier zeigt sich ein in den Mythen der Menschheit wiederkehrendes Motiv, nämlich das der Rettung von außen, wie Joseph Campbell formuliert. Damit beschreibt er »ein kontinuierliches Einwirken der übernatürlichen Kraft, die dem Erwählten schon während der ganzen Prüfungszeit beistand.«[4]

Schließlich gelangt der Held, die Heldin einer solchen Reise – aus dem jenseitigen Bereich kommend – wieder über die Schwelle des Alltags und tritt ein in dessen Banalität. Die, wie Campbell sagt, verblüffende Diskrepanz beider Erlebnissphären (Jenseits und Alltag) muss ausgehalten werden. Mit den Reaktionen der Umwelt muss der Held umgehen lernen. »Wie soll er die Laute der Finsternis, die die Sprache verschlagen, zurückübersetzen in die Sprache des Alltags?… Wie in die von Ja und Nein bestimmten Begriffe Offenbarungen übersetzen, die jeden Versuch zur Nichtigkeit verdammen, die Gegensatzpaare zu definieren? Wie den Menschen, die sich auf die Evidenz der Sinneswahrnehmungen versteifen, die Botschaft der allzeugenden Leere übermitteln?«[5] Die psychologische Deutung, die das Paradox annehmbar werden lässt und inneren Frieden stiften soll, würde wohl sagen: Das untergründige Motiv des Abstiegsreisenden liegt darin, sich schließlich authentisch und seiner Gaben bewusst wieder zu finden. Denn, so lässt sich hinzufügen, es scheint keine kraftvollere Selbsterfahrung für uns Menschen zu geben als die, dass wir unseren psychischen Schwerpunkt weniger im

[1]Peterich und Grimal, 1982, S. 108 [2]Plotkin, 2005, S. 38 [3]Campbell, 1999, S. 103 ff [4]S. 208 [5]S. 208 ff

Konstrukt eines eifernden Egos, sondern vielmehr in einem beseelten und in diesem Sinne erfahrenen Selbst haben, das sich in der Begegnung der Gegensätze geklärt hat bzw. zu deren Klärung bereit ist.

Ein verwandtes Motiv ist die *Seelenreise*. Sie ist ein in vielen Kulturen anzutreffendes mythisches Motiv, so bekanntermaßen im ägyptischen Totenbuch und in überlieferten Erzählungen aus der keltischen Kultur. Von den ägyptischen Gräbern wissen wir, dass die Seele des Verstorbenen für ihre Reise bestens mit notwendigen Details aus seinem Leben versorgt werden muss, und die Pyramidentexte zeigen Beschwörungen und Zaubersprüche, die der Seele (hier der des Pharaos) eine Hilfe sein sollten, um sich sicher im Jenseits zurechtfinden und in die göttliche Verklärung gelangen zu können.

Untersuchungen zur keltischen Mythologie verdeutlichen eine durch keine Rationalität gebrochene, wir würden vielleicht sagen kindliche, naive Haltung zum Sterben, wonach es der Mittelpunkt eines langen Lebens wäre.[1] Die überlieferten Geschichten der Heldenreisen (so die bekannteste von Bran) können ebenfalls als vorbereitende Hilfen für die Lebenden verstanden werden, was sie im Todesfall erwarten würde, nämlich nichts einseitig Angst Erregendes, sondern (wahrscheinlicher) paradiesische Möglichkeiten, Abenteuer und Entdeckungen in der Anderswelt. Die Seelenreise nach keltischem Muster durchläuft immer wieder Übergänge, ganz sicher jenen zentralen Übergang »psychischer Elemente von einem Körper in einen anderen«.[2] Faszinierend ist die Fähigkeit des keltischen Bewusstseins, sich unverblümt in verschiedenen Seelenzuständen zu präsentieren, wie es beispielsweise das Epos »Der Kampf der Büsche« illustriert. Es beginnt vehement mit den Sätzen: »Ich hatte viele Formen, bevor ich frei war. Ich war ein gerades und buntes Schwert. Ich glaube an das, was ich sehe. Ich war eine Träne im Wind. Ich war der glänzendste der Sterne. Ich war ein Wort zwischen Buchstaben. Ich war ursprünglich ein Buch. Ich war eine leuchtende Lampe eineinhalb Jahre lang. Ich war eine Brücke, geworfen über sechzig Flussmündungen. Ich war ein Weg und ein Adler.«[3]

Wir mögen uns befremdet von solchen Texten abwenden, was wohl daran liegen müsste, dass wir in einem abgrenzend organisierten Ich-Bewusstsein zu leben gelernt haben und Zustände von Dingen und nichtmenschlichem Leben als fremd erleben. Das Offenbare aber liegt sozusagen vor oder in uns: Fremd ist nur ein Synonym dafür, dass wir etwas oder jemanden *nicht in seiner Wirklichkeit* kennen. Das unüberwindbar erscheinende Fremde schlechthin ist der Tod und so könnte der Hinweis auch ermutigend sein: »Letztlich mag dies das größte Geschenk des Schamanentums an die Geschichte der menschlichen Spiritualität sein: die Fähigkeit, im Tod Muster und Gliederung zu finden und ihn vertraut und annehmbar zu machen.«[4]

Die Reise ist auch eine (alte) Metapher für die absichtliche und mitunter anstrengende, sogar gefährliche Unternehmung des Pilgers, der Länder, Kulturen, verschiedene Landschaften mit einem spirituellen Ziel durchwandert, das zwar von religiösen Bindungen oder Pflichten überlagert sein mag, aber im Kern eine mystische Selbstverwirklichung beinhaltet. Allen äußerlichen Gegebenheiten, ob es sich um ein Gelübde, abenteuerliche oder kulturelle Interessen, eine Buße oder anderes handelt, liegt letztlich das Muster der Selbstfindung im persönlichen, endlichen Dasein zu Grunde. Dies geschieht einerseits in der angestrebten Verbindung zwischen dem begrenzten, verletzlichen, hilfsbedürftigen Selbst in der materiellen Welt und andererseits dem Zeit und Raum überschreitenden, heilenden und erlösenden Sein, dessen Offenbarung ersehnt wird.

Der bekannteste Pilgerweg Europas ist der nach Santiago de Compostella in Galizien, der im Mittelalter unzählige Menschen zu spirituellen Reisenden gemacht hat und heute

[1] Cowan, 1998, S. 247 ff   [2] Le Roux, Guyonvarc´h, 1996, S. 346   [3] ebd.   [4] Cowan, S. 240

wieder viel Interesse findet. Zielpunkt ist das angebliche Grab des heiligen Jakobus, über dem eine große Kirche errichtet worden war. Es sollte aber nicht übersehen werden, dass der Pilgerweg eigentlich noch weiter geht, nämlich bis Finistere, einem Felsen am Meer, am Ende der Welt, wie der Name sagt, wo (heute im übertragenen Sinne) die Unendlichkeit beginnt. In die Reise des Pilgers werden persönliche Absichten aufgenommen, aber auch Bitten für Mitmenschen, um Frieden, Wohlstand, Gesundheit etc. Im wohlmeinenden Sinne sind die Absichten um ein »gutes Leben« gruppiert, dessen Erfüllung über den Tod hinausweist. Die Pilgerreise ist die Metapher für die Wanderung durch das Leben. Spirituell betrachtet offenbart sich die *Seele* auf ihrer Wanderung durch die Welten. So wird die Pilgerreise zu einem Akt der Wiederbeseelung, der Erinnerung des Eigentlichen, des Seele-Seins.

Der Begriff der Reise wird heute auch benutzt, um beabsichtigte selbständige oder angeleitete Wege der Phantasie und inneren Vorstellung zu kennzeichnen (Phantasiereise). Die innere Welt ist für alle zugänglich. Sie ist nicht mehr besonders Berufenen vorenthalten. Sie ist auch keine verdächtige, häretische und geheim zu haltende Erfahrungswelt mehr. Wir anerkennen, dass wir in Phantasien sowohl persönliche als auch mit anderen geteilte Erlebnisse machen, die wiederum Auswirkungen zumindest auf den individuellen körperlichen und psychischen Zustand haben. Wir sind an der Schwelle anzunehmen, dass sich unser inneres (vermeintlich privates) Erleben nicht nur auf uns selbst, sondern auch auf unsere Mitmenschen, im Grunde auf alles Leben auswirkt. Und wir erleben, wie wichtig es ist, beides handhaben zu können: innere Vorstellungen – je nach Perspektive – aus der Seele oder dem Unbewussten fließen zu lassen, aber auch gezielt und konzentriert einsetzen zu können.

4

Schamanische Reise und andere Wirklichkeit

Die ›diagnostischen‹ Erkundungen und heilerischen Anleitungen, die im Trance-Zustand zustande kommen, nennen schamanisch Aktive eine schamanische Reise, eine Reise in die nichtalltägliche Wirklichkeit, wie es Michael Harner bezeichnet. Sie reisen in die obere oder untere Welt des schamanischen Kosmos und suchen dort ihre Geisthelfer auf. Oder sie verbleiben auf der Geistebene unserer menschlichen, der mittleren Welt, um Notwendiges im Sinn des Zwecks ihrer Reise zu vollbringen oder durch ihre Helfer geschehen zu lassen.

Die untere Welt erreichen wir laut Harner am besten, indem wir (als Vorstellung) ein Loch in der Erde benutzen und stramm durch den Gang nach unten zielen (laufen, kriechen, rutschen etc.), bis wir durch einen Ausgang in der unteren Welt landen, die uns meist mit hellem Licht empfängt. In der unteren Welt werden vorzugsweise die *Krafttiere* angetroffen. Die Reisen aus unserer Lebenswelt hinaus verlaufen vertikal nach oben oder nach unten. Nach oben führt die Reise in die obere Welt, wo wir laut Harner am ehesten unserem Lehrer oder unserer Lehrerin begegnen würden. Diese sind meist archetypische Figuren, Weise, Heiler, Zauberer, Heilige, Engel etc., worauf ich später noch näher eingehen werde.* Bei der Reise in die obere Welt verlassen wir unsere Realität durch eine Schicht von Wolken oder anderer leicht passierbarer Stoffe. Es sollte auf jeden Fall eine deutlich erlebbare Grenzüberschreitung sein. Es handelt sich also jeweils um den *geistig* erlebten Übergang in eine andere Welt.

Auch die mittlere Welt ist von Geistwesen bevölkert, die mit vielen Phänomenen aus der uns bekannten Realität verbunden sind. Die Gegebenheiten unseres Kosmos sind in der schamanischen Anschauung auch als spirituelle Mächte oder Kräfte repräsentiert, so z. B. die Pflanzen, die Steine, Landschaften, Gestirne, Tiere, Elemente usw. So ist es möglich, mit dem Geist einer Pflanze zu kommunizieren und ihn als Hilfs- oder Schutzgeist zu gewinnen. In der mittleren Welt können auch die Seelen von Verstorbenen angetroffen werden, die aufgrund unglücklicher Bedingungen ihren Weg ins Totenreich nicht genommen oder gefunden haben bzw. gar nicht in dem Bewusstsein existieren, keinem Körper mehr anzugehören. Sie auf einer schamanischen Reise ohne entsprechende Aufklärung oder kompetente Begleitung anzutreffen, kann sehr irritierend, vielleicht auch erschreckend sein. Eine wesentliche schamanische Aufgabe besteht dann darin, diesen Seelen den geordneten Weg zu weisen. Dies wird in Anlehnung an den

---

*Für die vertiefte Information über die schamanische Reise ist die Lektüre eines der folgenden Bücher zu empfehlen: Harner, 1994; Ingerman, 2004; Zumstein, 2001

altgriechischen Gott Hermes *Psychopompos* (Seelenbegleitung) genannt. In der mittleren Welt können aber auch die Geisthelfer angetroffen werden, mit denen bereits aus den schamanischen Reisen in die untere oder obere Welt eine Helferbeziehung geknüpft wurde. Sie sind durchaus bereit, uns auch in schamanischer Absicht auf der spirituellen Ebene unseres Erdendaseins zu unterstützen. Wenn wir also eine Phantasiereise oder eine imaginative Übung in heilerischer oder um Einsicht bemühter Absicht unternehmen, ist es durchaus plausibel, dass wir an Helfer geraten, die zu dem Zweck, uns zur Seite zu stehen, in die mittlere Welt kommen oder sich hier – wenn auch begrenzt – aufhalten.

Die mittlere Welt ist die spirituelle (Parallel-) Wirklichkeit unserer Lebenswelt und insofern grundsätzlich allen Geistwesen zugänglich, die ja nicht an räumliche Grenzen gebunden sind. Allerdings ist nach den Erfahrungen Michael Harners die mittlere Welt von Geistwesen bevölkert, die dem Menschen und seinen Heilungswünschen nicht unbedingt mitfühlend gegenüber stehen. Für eindeutige Hilfsgesuche ist es nach Harner sinnvoll, sich der Möglichkeit der Reise in die obere oder untere Welt zu bedienen. Die dort anzutreffenden Wesen, so würde ich interpretieren, sind dem weltlichen Geschehen gegenüber genug distanziert, um eine mitfühlende Perspektive einnehmen zu können. Dieser Anschauung kommt zu Hilfe, dass die Verbündeten, die wir in der oberen oder unteren Welt kennen lernen, zweifelsfrei außerhalb der Gesetze von Raum und Zeit stehen.

Was hier als relativ praktische Handhabung erscheinen mag, kann auch zu vielfältigen und sehr tiefen Erfahrungen führen und vieles von dem beinhalten, was über die Metapher der Reise gesagt wurde. Die Annahme ist naheliegend, dass viele der überlieferten Mythologien (wenn nicht alle) kernhaft menschlichen Erfahrungen im schamanischen Bewusstseinszustand entstammen. Die zwei ausschlaggebenden Gesichtspunkte der schamanischen Reise sind ja der Besuch der anderen (spirituellen) Wirklichkeit und die Begegnung mit Geisthelfern. Überall auf der Welt gibt es mythologische oder noch konkret bezeugte Erfahrungen der »anderen Welt«, die von den Angehörigen keltischer Tradition *Anderswelt* oder von den australischen Ureinwohnern *Traumzeit* genannt wird. Das *Träumen* ist ein entscheidender Begriff, der uns am besten weiterhilft, wenn wir ihn von ideologisch anmutenden Deutungsmustern freihalten. Das Träumen ist eine Erlebnissphäre in voller eigener Gültigkeit. Es findet unzweifelhaft statt und ist konkret erfahrbar, Nacht für Nacht. Es ist in der Tat eine Parallelwelt und hat schon viele phantasievolle Autoren zu sehr schöpferischen Geschichten inspiriert. Auch jüngste Publikumserfolge wie die Harry-Potter-Erzählungen basieren auf den Prinzipien der schamanischen Reise in die andere Wirklichkeit und beziehen ihre Anziehungskraft u. a. auch aus der Faszination des Träumens. Hierbei wird vielleicht plausibel, dass die Anwendung psychologischer oder anderer Deutungsmuster alles Kraftvolle, Unterhaltsame oder Lehrreiche solcher Geschichten schwächen oder entwerten *kann*. Deshalb ist es bedenkenswert, wenn moderne Schamanen davor warnen, die Erfahrungen der schamanischen Reise nur als Symbolgehalt zu sehen und vornehmlich mit Nachschlagen in Deutungswerken zu interpretieren.

Auf der schamanischen Reise kann vieles auftreten, was überrascht, verunsichert oder Fragen hinterlässt. Die Art und Weise, wie sich die Geisthelfer mitteilen, wie sie auf unsere Hilfsgesuche eingehen, muss deshalb gewissermaßen auch studiert werden. Der geübte Kontakt verdichtet die Erfahrungsmöglichkeiten. Dies bedarf der Ausdauer und Geduld, was nicht Sache eines jeden ist. Zudem ist ein klarer Hinweis notwendig: Personen, welche die Unterscheidung der alltäglichen und der nichtalltäglichen Wirklichkeit nicht in ihrem Bewusstsein verlässlich wahrnehmen können, sollten keine schamanische Reise unternehmen bzw. nicht den schamanischen Bewusstseinszustand aufsuchen. Es ist plausibel, dass gerade solche Menschen durch schamanisches Reisen noch tiefer in krankhafte Geisteszustände geraten können, die bereits Schwierigkeiten haben, willentlich die Realität und die andere Wirklichkeit auseinander zu halten. Dies ist z. B. in psychotischen oder psychosenahen Zuständen der Fall.

Mit dem schamanischen Unternehmen werden meist die Trommel und ihr monotones Schlagen verbunden. Aber auch andere trance-induzierende Geräusche wie die einer rhythmisch bewegten Rassel, das Blasen eines Didgeridoos oder das gleichförmige Singen einer monotonen Melodie fördern den schamanischen Bewusstseinszustand. Dies geschieht nachweislich durch Beeinflussung der elektrischen Gehirnströme.[*] Selbst diese unterstützenden Maßnahmen und Instrumente sind für die schamanische Wahrnehmung von Geistwesen belebt. Letztere zeigen bisweilen spezielle Wünsche, die für eine erfolgreiche schamanische Reise, zum Teil auch unter ritueller Vorbereitung oder Begleitung, Berücksichtigung finden müssen. Moderne Schamanen bzw. schamanische Praktiker benutzen die Trommelbegleitung von einem Tonträger, um ihre Reise in die nichtalltägliche Wirklichkeit zu unterstützen. Im Grunde ist eine vertiefte Trance auch ohne Geräuschkulisse möglich, bedarf aber einer gewissen Übung in Sachen Konzentration und Aufrechterhaltung der Bewusstseinsverschiebung. Traditionelle Schamanen mögen über diese Flexibilität die Nase rümpfen, die Wirksamkeit aber spricht für sich. Ein Gefühlsmoment mag bedeutsam sein, im Trommeln vereint sich der schamanische Reisende mit der Geistesgemeinde des schamanischen Kreises sowohl in der Jetzt-Zeit (wenn der konkrete Kreis in der gleichen Haltung für Unterstützung sorgt), als auch, indem er sich in den zeitlosen Kreis der Schamanen-Ahnen einfügt und deren Hilfe anruft.

Ein Wort noch zur Plausibilität der schamanischen Kosmologie. Die Einteilung in die untere, obere und mittlere Welt entspricht nicht einfach einer traditionellen Auffassung, die weltweit ihre Repräsentanzen hat. Vielmehr beruht sie auf wiederkehrenden Erfahrungen und dies seit Jahrtausenden. Es ist eine spirituelle Ordnung, welche das reisende menschliche Seelen-Bewusstsein vorfindet. Insofern kommt es vor, dass bestimmte schamanische Aufgaben nur in bestimmten Bereichen dieses Kosmos zu erledigen sind. Es obliegt der Unterstützung der Geisthelfer, den schamanisch Praktizierenden in den richtigen Bereich zu führen, wo er seiner Aufgabe entsprechend aktiv sein kann (oder auch nicht, falls dies als nicht erwünscht erkannt wird).

Auch in seinen notwendigen Aktivitäten findet der schamanisch Praktizierende Unterstützung seitens seiner Geisthelfer. Das Verlassen der mittleren Welt, wie oben beschrieben, ist zudem eine bedenkenswerte Strategie, um die Bewusstseinsbindung im Alltagsgeschehen zu lockern und zu lösen. So trägt die Reise in die obere oder untere Welt die Absicht, sich vertieft auf die Wirklichkeit einzulassen, die der »freien Seele« zugänglich werden kann. Die Erfahrung dieses Freiseins geht einher mit der Ablösung vom Alltagsgeschäft, von sozialen Bindungen und Erwartungen der Gegenwart und der Widmung der Aufmerksamkeit für die Geschehnisse in der Geistessphäre, also der Wirklichkeit der Geisthelfer.

Wie später gezeigt wird, ist diese Wendung der Aufmerksamkeit in andere Bereiche des Geisteskosmos auch im psychotherapeutischen Geschehen von Belang und kann mit einfühlsamer Handhabung seitens des anleitenden Therapeuten zu sehr wirkungsvollen Hilfen für den/die Patienten/in (oder sogar für deren Angehörige) führen. Nicht jede, auch gut gemeinte imaginative Übung überwindet effektiv den engen Alltagsrahmen auf der Suche nach Einsicht, Kraft oder Heilung. Bisweilen ist es sogar not-

[*] s. nächstes Kap.

wendig, die alltäglichen Konflikte und Spannungen genau anzuschauen, um sich ihnen gegenüber entschieden distanzieren zu können. Es ist allerdings durchaus von Belang, wenn diese Bemühung von Helferkräften mitgetragen oder angeleitet wird, die dem Alltag prüfende Distanz entgegenbringen können, und ihre Hilfe von Mitgefühl getragen ist. Die schamanische Kosmologie *kann* eine ausgesprochen verlässliche Orientierung in den Bereichen der Traumzeit sein und dem im Heilungssinne absichtsvollen Menschen Sicherheit geben.

5

Hilfreiche Erklärungen aus der Neurophysiologie

*E*in ärztlicher Psychotherapeut sagte mir einmal anlässlich eines Einführungsseminars, er könne mit der Rede von Geistern nichts anfangen, er halte sich lieber an die neurophysiologischen Forschungsergebnisse, die soweit gediehen seien, dass sich auch für mystische Erfahrungen wissenschaftliche Erklärungen anböten. Deshalb will ich in diesem Kapitel wissenschaftlich ausgebildeten und verpflichteten, dennoch neugierigen Lesern eine entsprechend angemessene Sichtweise anbieten. Für das Verständnis des Buchs insgesamt sind diese fachlichen Ausführungen deshalb nicht unbedingt nötig.

Die schamanische Reise findet im Trance-Zustand statt. Sie bedarf einer absichtlichen Loslösung aus der Alltagsrealität. Der Fokus des Bewusstseins wird auf Sinneseindrücke und mentale Erlebnisse verschoben, die in der ›objektiven‹, mit der menschlichen Umwelt geteilten raum-zeitlichen Wirklichkeit nicht gegenwärtig sind. Gleichwohl existieren diese Erfahrungen. Wenn wir es in Metaphern ausdrücken, dann können wir von einem inneren Raum sprechen, auf dessen ›Bühne‹ ganz persönliche, aber genauso auch gemeinschaftlich bedeutsame Ereignisse stattfinden.

Ein nüchterner Blick auf unsere normalen Funktionsweisen sagt uns allerdings, dass Trance-Zustände im Prinzip nichts Besonderes sind, wir erleben sie sozusagen täglich. Schon wenn wir Fahrrad oder Auto fahren, führen wir komplizierte Manöver aus, die wir durch entsprechende Übung gar nicht mehr mit Aufmerksamkeit verfolgen, es sei denn etwas nicht Vorhergesehenes fordert unsere Konzentration und Bewegungskontrolle. Mit den Gedanken und Gefühlen, mit den begleitenden inneren Vorstellungen und Bildern sind wir »ganz woanders«. Und so mag es mit fast allem Routinemäßigem gehen, ein Teil des Bewusstseins ist vom aktuellen Geschehen abgetrennt, also *verschoben*.

Veränderungen des Bewusstseins geschehen auch unter Einfluss von Musik, Tanzen, Meditation, Alkohol- oder Drogenkonsum, unter bestimmten Medikationen, beim Ausruhen und Wegdösen und manchem mehr. Ob von außen oder innerlich hervorgerufen, eine mehr oder weniger wirksame und ›tief gehende‹ Trance ist eingetreten. Entsprechend fällt es mehr oder weniger leicht, aus der Trance wieder in den vollständigen Wachzustand zu wechseln. Es ist überflüssig zu sagen, dass an allen Zuständen unseres Bewusstseins komplexe Gehirnvorgänge beteiligt sind und sie physiologisch gesehen ermöglichen. Umgekehrt können Hirnaktivitäten absichtlich beeinflusst werden, sodass bestimmte Funktionen hervorgerufen werden, die dem Bewusstsein eine andere

Qualität verleihen. So haben z. B. Untersuchungen der Hirndurchblutung ergeben, dass Meditationszustände die Hirnaktivität mit der Folge verminderter räumlicher Orientierung manipulieren können. Das wäre im Extremfall ein Aufgehen des Selbsterlebens in der Grenzenlosigkeit, wie es aus der Mystik bekannt ist.

Eine der ältesten Methoden, einen Trance einleitenden Einfluss auszuüben, ist das Trommeln. Ein monotoner, eintöniger Trommelrhythmus, eher schneller als der Herzschlag vorgetragen, begünstigt es, dass sich das Gehirn in seinen Aktivitäten zum Teil ausschaltet. Die elektrischen Messungen der Gehirnspannungen durch das Elektroencephalogramm (EEG) zeigen, dass der bewirkte Trance-Zustand die Ausbreitung von sogenannten Theta-Wellen hervorruft, messbare verlangsamte Schwingungen, die sonst beim Einschlafen auftreten. In diesem Zustand ist – psychologisch betrachtet – die nachlassende Aktivität des handelnden und kontrollierenden Ichs charakteristisch. Seine Abgrenzung zu inneren und äußeren Einflüssen ist deutlich vermindert. Das Ich neigt dann dazu, geschehen zu *lassen*. Physiologisch ist dies also messbar. Die Frequenz der Gehirnwellen verschiebt sich von häufigen Werten des Wachzustands (16–32 Hertz – Beta-Wellen) zum sogenannten Theta-Bereich, der nurmehr 3–5 Hertz zu messen gibt. Während dessen nimmt das elektrische Potenzial der Hirnoberfläche um eine beträchtliche Mikrovolt-Zahl zu. Dies signalisiert eine Umschichtung der Gehirnaktivität.

Während der Trance sind bei vielen Menschen bestimmte Hirnbereiche besonders aktiv, die mit inneren Wahrnehmungen, insbesondere visuellen Vorstellungen, aber auch anderen sensorischen Reizen verbunden sind. Bemerkenswert ist auch, dass im Trance-Zustand die Ausschüttung des Beta-Endorphins begünstigt wird. Es ist ein Opiat, dessen Wirkung euphorische Stimmungen bis hin zu überwältigender Freude hervorruft. Andererseits kann der Trance-Zustand den Organismus in eine akute Alarmreaktion versetzen, sodass es im Blut zu einer Erhöhung von Stresshormonen und einer heftigen Aktivierung der Organe, zu Schweißausbruch, Herzrasen, schneller Atmung usw. kommt. Wie der Organismus in der Trance reagiert, hängt von dem Erlebten ab und davon, ob und wie wir es mit unserem bisherigen Erfahrungsspektrum in Verbindungen bringen. Insofern kann das innere Erleben die gleichen Auswirkungen auf unseren körperlichen und psychischen Zustand haben wie das äußere.

Es könnten weitere Einzelergebnisse aus der Forschung referiert werden.[1] Hilfreich erscheint in jedem Fall ihre Verbindung mit einem Modell, das zumindest die wichtigsten Kenntnisse über den organischen Ablauf einzuordnen und zu integrieren hilft. In der neurologischen Hirnforschung hat sich in den letzten Jahren das Angebot eines Erklärungsmodells herausgeschält, das in unserem Zusammenhang hilfreich sein kann.[2]

Ausschlaggebend für unser Denken, Fühlen und Handeln sind neben ererbten Grundfunktionen die durch das bisherige Leben geprägten Hirnvorgänge, die auch als definierende und diktierende Muster gesehen werden können, weil sie Orientierung und Handlungsfähigkeit versprechen. Diese Muster sind, physiologisch gesehen, elektrische Erregungen im neuronalen System, das hochkomplex insbesondere in unserem Kopf seine Arbeit verrichtet. Neue Eindrücke werden mit bekannten Erregungsmustern verglichen, und – wenn notwendig – erfüllen die elektrischen Verschaltungen ihre Aufgabe in der Vermittlung beider zu einem angemessenen, weiter greifenden Muster. Für dessen reibungsloses Funktionieren ist wichtig, dass stabile und leicht aktivierbare Erregungsmuster vorhanden sind, die sowohl die Überlagerung von neuen Sinneseindrücken vorsehen als auch deren Einarbeitung in das erweiterte Muster zulassen. Wenn

---

[1] Ich bedanke mich für diese kurze Übersicht bei Erich Roth, 2005   [2] Hüther, 2002 und 2004; Forschungsergebnisse finden sich verständlich referiert bei Ratey, 2001

dies nicht gelingt, weil der neue Eindruck das neuronale System überfordert, ist die Irritation des Gehirns heftig und zwar ablesbar an vermehrter Erregung in den Nervenbahnen und Nervenverbindungen. Hiermit erreicht das Gehirn tiefer liegende (subkortikale) Bereiche, von denen biochemische Wirkungen (Botenstoffe) ausgehen, welche die volle Aufmerksamkeit des höheren Hirnbereichs auslösen. Nun kann konzentriert an der Vermittlung des irritierenden Eindrucks mit den erprobten Erfahrungsmustern gearbeitet werden und ein neues inneres Muster entstehen. Wenn das Gleiche öfter geschieht und das neue Erregungsmuster etwas taugt, wird es stabil und verlässlich.

Dieses sehr einfache, aber modellartig plausible Schema würde ausnahmslos gelten, auch im Trance-Geschehen. Wie aber soll hiermit der schamanische Erfahrungsraum mitsamt seinen Welten und Geistwesen erklärt werden? Eine Hilfe ist es, die Erregungsmuster als innere Bilder[*] aufzufassen. Dies ist zunächst ein beschreibender Begriff, der aber der Lebendigkeit dessen, was physiologisch und psychisch geschieht, am ehesten gerecht wird. Er beinhaltet nämlich auch, dass wir uns von allem, was uns angeht, aber auch von vielem anderen (und wer weiß, wie weit bzw. tief das reicht) ein Bild machen. Und wenn wir es nicht bewusst machen, das Gehirn tut es.

Das innere Bild kann also Metapher für die Organisation der Hirnschaltungen bzw. ihre Aktivierung und das psychische Erleben zugleich sein, eine Brücke also, die abbildet, was an Zusammengehörigkeit Tatsache ist. Da wir davon ausgehen müssen, dass sich der einzelne Organismus von der ersten Zellbildung an sowohl mit Hilfe ererbter Potenziale als auch durch die Verarbeitung *aller Wirkungen* entwickelt und ordnet, kommen wir nicht (mehr) umhin, dem Neugeborenen bereits charakteristische Aktivierungsmuster in unserer doppelten Metapher der inneren Bilder zuzusprechen. Diese betreffen organische Vorgänge (z. B. Stoffwechsel), Bewegungsabläufe, Sinneseindrücke und Stressreaktionen. Die äußere Welt ist bei der Geburt bereits psychisch repräsentiert, nämlich im inneren Bild von den Verarbeitungen, welche bereits im Mutterleib vorgenommen wurden. Dem überlagern sich die Formen, die Säugling und Kleinkind kennen lernen, und es finden immer wieder Einarbeitungen neuer Erregungen statt, die von der Umwelt und von Entdeckerdrang und Neugier hervorgerufen werden. Hierbei werden zunächst die wichtigsten Erfahrungen auf dem Weg der Beziehungen zu den Menschen gemacht, die sich um den Säugling und das Kleinkind kümmern.

In der Trance eröffnet sich ein Zugang zu Wahrnehmungs- und Handlungsmöglichkeiten, die das Reservoir der inneren Bilder weiter und tiefer ausschöpfen können, als es in der zeitlich-räumlich fixierten Alltagserfahrung möglich ist. Die Trance fördert psychische Erlebnisse zu Tage, welche den Gehirnschaltungen nicht entgehen oder entgangen sind, äußerlichem Erleben aber kaum oder wenig bewusst sind.

Ein Experiment könnte dies leicht belegen. In einer bestimmten Situation sind uns z. B. Spannungen leicht fühlbar. Nicht nur sind Schultern, Nacken oder Gesichtsmuskulatur verkrampft, sondern auch Unbehagen und ein gewisser Ärger oder eine gewisse Angst machen sich breit. Eine überzeugende Erklärung hierfür gibt es aber noch nicht. Wenn wir jetzt einen aufmerksamen unvoreingenommenen Blick ins Innere werfen würden, bestünde die hohe Wahrscheinlichkeit, dass tatsächlich innere Sinneseindrücke auftauchen, die Informationscharakter haben können. Die angesprochenen Schaltungsmuster können im höheren kortikalen Bereich, aber auch im tieferen liegen.

Wir müssen damit rechnen, dass wir die inneren Bilder zu entziffern haben, denn sie sind häufig symbolische Repräsentanzen dessen, was in den neuronalen Verschaltungen aktiviert wird, überlagert von der Erregung durch die Situation, um die es geht. Wer dieses (situations-) diagnostische Verfahren ausprobiert, könnte Erstaunliches ent-

[*]Hüther, 2004, S. 17 ff

decken – oder aber erschrecken, wenn eine wegen großer Unerfreulichkeit verdrängte (im tieferen Hirnbereich abgelagerte) Situation aus früherer Zeit auftaucht.

Psychologisch gesehen sind die neuronalen Erregungsmuster und ihre Auswirkungen auf unser Erleben psychische Repräsentanzen all dessen, was bislang im Leben an neuronalen Verschaltungen geschehen ist. Hierbei erfüllen die Hirnfunktionen auch die an sie delegierte Aufgabe, Überschaubarkeit und Ordnung zu gewährleisten. Es findet ein ununterbrochenes Wechselspiel zwischen aktuellem Erleben und Verarbeiten einerseits und Abgleichen mit den vorhandenen Erregungsmustern andererseits statt. Was wir also bewusst wahrnehmen, wenn wir den erwähnten *Blick nach Innen* anwenden, um uns über ein irgendwie unangenehmes Gefühl klar zu werden, begegnen wir nicht der neuronalen Erregung an sich, sondern der Sprache der psychischen Repräsentanz, der Symbolisierung. In sie kann einfließen, *was* an Ereignissen die entsprechende Verschaltung angeregt und gestärkt hat, *wie* Ereignisse die Verschaltung erweitert oder verändert haben, *welche* Gedanken und Gefühle damit bislang verbunden sind, *wie* es notwendig war/ist, sich zu schützen oder zu wehren, *welche* Maßnahmen dafür zu ergreifen sind und *welches* Handlungsmuster in der gegebenen Situation aufgrund des bisherigen Erregungsmusters als angebracht vorgeschlagen würde.

In den psychischen Repräsentanzen des Erwachsenen finden sich ›Aufbauten‹ langjähriger Erfahrungs- und Verarbeitungsvorgänge wieder. Hier würde der Blick nach Innen mitunter weite Wege gehen, um den zugehörigen Erregungsvorgang verständlich zu machen. Kinder dagegen haben normalerweise eine freiere Verfügbarkeit und Zugänglichkeit ihrer Verschaltungen. Deshalb sind sie spielerischer, aber auch beeindruckbarer. Ihr Gehirn beschäftigt sich ja mehr, als es bei den meisten Erwachsenen der Fall wäre, mit Aufbau und Verändern von neuronalen Verschaltungen. Es ist zugleich, was Gedanken und Gefühle sowie die zugehörige Anordnung von Erregungsmustern anbelangt, einfacher ›gestrickt‹. Es ermöglicht also leichter Kreativität, Lernen sowie Verarbeiten, Einarbeiten in die vorhandenen Verschaltungen sowie deren Erweiterung oder Veränderung.

Der durch die Lebenserfahrungen organisierte Aufbau neuronaler Erregungsmuster weist meist Verästelungen und verschiedene Ebenen auf, kann z. B. zuerst als logisch-rationale Wahrnehmung und Handlungsanweisung ins Bewusstsein treten, dann aber Unzufriedenheit oder Unwillen signalisieren und schließlich zu Verschaltungen von schwierigen Erfahrungen (zurück-) führen, die der Betreffende zuvor als erledigt bezeichnet hätte. Nun würde er die gegenwärtige Situation anders wahrnehmen, da das Erregungsmuster, mit dem er sie abgleicht, auf einer anderen Ebene liegt als der erste Eindruck, der ihn zu einer (nun scheinbar) einfacheren sachlichen Reaktion geführt hätte. So könnte es sich mit vielem verhalten, was wir im Alltag erleben. Insofern ist es zweckmäßig, dass die Anordnung der Erregungsmuster mehrere Ebenen hat, die zwar unter einander verbunden sind, aber gewisse *Schließ*mechanismen haben, sodass wir nicht gleich bis zu den ersten Alpträumen durchrutschen. Zweifellos wäre das anstrengend und würde vieles komplizieren. Wenn die Schließmechanismen nicht (mehr) oder unzuverlässig funktionieren, dann liegt das meist daran, dass ein oder mehrere Ereignisse stattgefunden haben, die ungewöhnlich starke Erregungen der zugehörigen neuronalen Verbindungen hervorgerufen und damit die Schließmechanismen geschwächt oder außer Kraft gesetzt haben. Hier wird der Betroffene mitunter überfordert, wenn er auf keine starken Reaktionsmuster zurückzugreifen vermag, welche die Schließmechanismen wieder kontrollieren können.

Versuchen wir, dieses Erklärungsmodell auf die Erlebnisweise des Schamanen anzuwenden. Seine Welten geben, so lässt sich spekulieren, die Reise in entlegene, außerhalb der routinemäßig genutzten neuronalen Verschaltungen lokalisierte Hirnbereiche wieder. Dies kann selbstverständlich zum Abenteuer werden, wenn er weite Wege durch viele Repräsentanzen früherer Erfahrungen (auch hinderlicher oder beängstigender Art) macht. Bedenken wir dabei, dass die Effektivität der schamanischen Reise auch mit den persönlichen Krankheits- und Leidenserfahrungen des Schamanen sowie den erlebten Heilungen und Hilfen zu tun hat. Sie sind natürlich in die Erregungsmuster integriert, die auf seiner Reise angefeuert werden.

Ein weiteres Merkmal der schamanischen Reise ist die relative Rücksichtslosigkeit gegenüber den Funktionen der Schließmechanismen. Das Anliegen seiner Bemühungen (Hilfe für einen Menschen) ist es, worum es auf seiner Reise in erster Linie geht, und nicht sein Schutzbedürfnis. Insofern kann er in neuronalen Verschaltungen landen, die sehr bedrohliche Erlebnisse beinhalten. Der Konfrontation mit ihnen kann der Schamane aber nicht ausweichen, wenn sie den Schlüssel zum Verständnis des anstehenden Problems und der Möglichkeiten zur Hilfe darstellen.

Welche Erfahrungen in seinen entlegenen neuronalen Systemen gespeichert sind, ist mit dem hiesigen Erklärungsmodell nur eng zu beantworten, weil es sich auf die *individuellen* Lebensereignisse bezieht, wie sie als Information und Verarbeitung in den neuronalen Ebenen angeordnet sind. Aber die Überlegung, dass sich seine Reise durch die Verschaltungen seines Gehirns zweckhaft ergibt, nämlich für das Wohlergehen eines Mitmenschen, und insofern Eindrücke hervorbringen sollte, die zu dem Problem des Betreffenden passen, ist nicht von der Hand zu weisen. Was die schamanische Erfahrung im Grundsatz angeht, würde ich vermuten, dass es einem im Reisen geübten Gehirn nicht schwer fällt, die entsprechende Flexibilität aufzubringen, um die zuständigen neuronalen Impulse zu erreichen, soweit sie vorhanden sind. Schamanen, so scheint es, können ihr Gehirn besser bedienen und deshalb seine Kapazitäten intensiver ausnutzen, als es der Durchschnittsmensch vermag. Sie sind in ihrer Beweglichkeit Kindern ähnlich, verfügen aber zusätzlich über die Differenzierung und Sicherheit, welche den erwachsenen Gehirnnutzer auszeichnen.

Im Laufe des menschlichen Wachstums sinken die Repräsentanzen der selbstverständlich gewordenen Erfahrungs- und Verhaltensfähigkeiten tief in die unteren Bereiche des Kortex ab, denn Sie bedürfen, solange sie wie von selbst geschehen, keiner besonderen Aufmerksamkeit mehr. Wie oben gezeigt, werden abgelegte Erregungsmuster erst bei Irritation eingeschaltet. Ihre Einschaltung kann aber auch beabsichtigt werden. Während in der nicht fixierenden Meditation der Kortex freie Bahn bekommt, alles Mögliche an Repräsentanzen in die inneren Sinneseindrücke zu liefern, und dabei – je nach seiner assoziativen Verschaltung – sehr weit führen kann, sogar soweit, dass er das Ende seiner Kapazität angesichts des »Nichts« (d. h. eigentlich »nicht Etwas«, also kein Muster mehr) erreicht, ist in der absichtsvollen (intentionalen) schamanischen Reise durch Einweihungserfahrungen und Übung ein Weg oder mehrere Wege zu hilfreichen Hirnaktivitäten gebahnt. Diese *zeigen* sich in Sinneseindrücken, die natürlich eine erfahrbare Gestalt haben müssen und trotz Auflösung raum-zeitlicher Maßstäbe in den Formen dieser daherkommen. So entstehen Landkarten der Welten (sogar mit mehreren Etagen), die bereist werden.

In den hilfreichen Hirnaktivitäten wirken die Repräsentanzen aus früheren Erfahrungen mit Menschen, Tieren, Pflanzen, Bergen, Gewässern, Steinen, Figuren aus Erzählungen und Märchen, (hierzulande auch) Filmen, Comics, Computerspielen etc. In schamanisch geprägten Kulturen sind die hilfreichen Hirnareale als *Erwartungsraum* schon angelegt, da ein Wissen um dieses Amt, vielleicht auch um seine Ingredienzien, von früher Kindheit an meist in überlieferter Weise durch Rituale, Erklärungen, Geschichten, Lieder usw. gepflegt wird. Wenn dann eine Person durch Träume oder andere Initiationen in diesen Erfahrungsraum befördert wird, ist ihr bereits im Groben klar, was dies für sie bedeutet. Die Verschaltungen im Gehirn sind bereits soweit angelegt, dass der jeweils erforderliche Weg der Vertiefung und Erweiterung gegangen werden müsste, um das notwendige Wissen und die notwendige Kraft zu bekommen. Hier setzen die Initiationen an. Sie werden äußerlich dirigiert durch die Erwartungen, welche die jeweilige menschliche Gemeinschaft pflegt, bzw. durch die Anleitungen oder Begleitung seitens älterer etablierter Schamanen.

Würde ich das Schamanisieren aus traditioneller Sicht beschreiben wollen, hätte ich es viel einfacher. Ich müsste nur von den Erfahrungen berichten, welche die schamanische Praxis mit sich bringt. Ich hätte Geisthelfer und würde ihre Bemühungen an die Klienten vermitteln. Ich hätte meine zuverlässigen Methoden und Fetische, um mein Bewusstsein in die nichtalltägliche Wirklichkeit zu verschieben. Traditionelle Schamanen würden sich über die komplizierten Erklärungen dieses Kapitels totlachen. Oder sie würden mich auffordern, ihnen diesen Blödsinn zu ersparen. Sie würden mich für verrückt halten und einfach stehen lassen. Vielleicht würden sie mir ein Heilritual anbieten. Wenn ich deren Sicht einnehme, kann ich tatsächlich über diese meine Kraftverschwendung nur den Kopf schütteln. Wie bereits gesagt, bewegen sich traditionelle Schamanen – auch heute noch – in der animistischen Erfahrungsmatrix. Sie können vielleicht Auto fahren oder es sogar reparieren, sie können im Alltag absolut vernünftige Menschen sein, aber wenn es ums Schamanisieren geht, gelten eigene Gesetze.

Diese Abgrenzung in einem eigenen schamanischen Erfahrungsraum erscheint einsehbar, da er Schutz braucht und nur Hilfe anbieten kann, falls keine falschen Adressen im Gehirn angesteuert werden. Das aber wäre bei abstrahierender, rationaler und auch psychologisierender Betrachtung der Fall. Durch sie würden nämlich die Erfahrungen und Handlungen des Schamanen auf die Interpretationen reduziert, die das jeweilige Denkmodell auferlegt. Die materiell gebundene Logik bzw. Empirie und die (schamanische) Erfahrung des Beseeltseins gehören noch zwei verschiedenen Bewusstseinsfeldern an.

Für den Gläubigen der Neurologie mag hilfreich sein, dass im Erwartungsraum schamanischen Erlebens die Aktivierung solcher Verschaltungen eine besondere Rolle spielen, die mit Phantasie, mit Imaginationen, mit verborgenen psychischen Welten verbunden sind. Diese Erfahrungsmuster werden, wie schon angedeutet, insbesondere in der Kindheit angelegt. Sie werden bei manchen Menschen, je nach Bedingungen des Lebens und der Begabung, weiter rührig sein. Bei den meisten Menschen aber treten die entsprechenden Hirnschaltungen erst wieder hervor, wenn sie Kinder haben oder von Kindern dahin geführt werden. In vernünftiger und logischer Kontrolle der Realität erstarrte Menschen sind, ganzheitlich gesehen, schlecht beraten. Sie tun Träume, intuitive Einfälle, ahnungsvolle Zeichen und Synchronizitäten, unerklärliche Geschehnisse oder Erlebnisse ab und treten als Verfechter logischer Ableitungen und ansonsten des Zufallsprinzips auf.

Ein weiterer Punkt soll auch aus der Sicht des skizzierten neurologischen Erklärungsmodells zur Sprache kommen. In der vorsprachlichen Entwicklungsphase des einzelnen Menschen sind kommunikative Muster längst vorhanden und haben einen bestimmten Grad an Differenzierung erreicht. Sie sind Werkzeuge der Ausführung oder Anbahnung von nervlichen Verschaltungen, die den körperlichen Funktionen und weiteren Reifungsschritten dienen. Im Mutterleib wie auch im Säuglings- und Kleinkindalter ist die Verbindung zu dem Organismus, der das entstandene menschliche Leben schützt, nährt, anregt und versorgt, fast grenzenlos. Wir nennen dies symbiotisch.

Wir Erwachsenen meinen, dieses entstandene Leben sei völlig abhängig, zunächst von der Mutter, potenziell genauso vom Vater, dann von weiteren Bezugspersonen oder anderen zuständigen Personen. Die Lösung aus diesem Zustand führt in das Erleben des unabhängig werdenden Ichs. Alle Erfahrungen auf diesem Weg sind in den neurologischen Verschaltungsmustern repräsentiert. Diese Erregungsmuster können aktiviert werden, auch wenn wir erwachsen sind und selbständig zu leben gelernt haben. Wir tun dies z. B., wenn wir krank sind und uns nach jemandem sehnen, der uns umsorgt, oder wenn wir Trost und Nähe suchen. Wir tun dies auch, wenn wir uns Sorge um jemanden machen, wenn wir in uns den Schmerz eines Mitmenschen fühlen. Dies kann soweit gehen, dass wir im Wortsinne mitleiden.

Ahnungen, unfertige Intuitionen, unerklärliches Spüren oder Unwohlsein sind häufig auf Erregungsmuster aus frühen Reifungsphasen zurückzuführen. Das Gleiche gilt für willkommene Erlebnisse, deren äußerer Hintergrund zwar leichter erklärt werden kann, die aber in ihrer psychischen Tiefe und Reichweite erstaunlich, ja faszinierend sein können. Die beabsichtigte wie auch ohne bewusste Entscheidung erfolgte Aktivierung früher Erregungsmuster wird in der Psychologie Regression (Zurückgehen) genannt. Wie oben ausgeführt, ermöglicht der Trance-Zustand Erfahrungsstrukturen, die dem Alltagszustand entgehen würden, es sei denn, sie zeichnen sich im Fühlen und Empfinden oder in auffälligen, aber unerklärlichen Phänomenen ab.

In der Psychologie menschlicher Gesundheit gehen wir wie selbstverständlich davon aus, dass ein fest gestaltetes (kohärentes), geordnetes (strukturiertes), gut abgegrenztes Ich wünschenswert ist. Ein erwachsener Mensch sollte demnach wissen und handhaben können, was er will, wozu er in der Lage ist, er sollte etwas leisten und Verantwortung übernehmen können, er sollte geordnet leben, seine Gefühle kontrollieren und genügend soziale Anpassung realisieren. Es sind Forderungen an das Ich, an seine Stärke und Kompetenz.

Selbstverständlich widerspricht einem solchen Katalog nicht, dass wir die Nähe zu anderen Menschen fruchtbar und bereichernd erleben können. Aber *dies* ist nicht vorrangig. Mancher mag eine solche (vereinfachte) Darstellung überzeichnet finden, doch leugnen lässt sich nicht, dass wir in unserer Kultur eine starke Ich-Betonung haben. Menschliches Leben wird im Hinblick auf die *Ich-Matrix* bewertet. Die Gehirnsphären sind entsprechend verschaltet, alle Aktivierungen müssen im Normalfall auf die Erregung Rücksicht nehmen, die besagt oder fragt: Was ist mit der Ich-Verfassung, was wird aus dem Ich?

Im Vergleich dazu sind die frühen menschlichen Lebensansätze auf den Zusammenhalt und die gegenseitige Abhängigkeit der Sippe aufgebaut. Das individuelle Ich hätte keine Überlebenschance gehabt. Wenn, dann war es ein Gruppen-Ich, das (Über-) Leben ermöglichte. In den Jäger-Gesellschaften gab es meist nur etwas Ordentliches zu essen, wenn die ganze Sippe losgezogen war, um laut und drohend zumindest die großen (dem einzelnen Menschen körperlich überlegenen) Tiere in die Enge oder einen Hinterhalt zu treiben. Auch in den späteren Agrar-Kulturen konnte die Bewirtschaftung nur als *gemeinsame* Aufgabe bewerkstelligt werden. Erst heutzutage ist es wenigen Leuten mit Hilfe von Maschinen möglich, große landwirtschaftliche Erträge zu erreichen.

So können wir uns sehr unterschiedliche neuronale Erregungsmuster vorstellen, wenn wir beide Kulturen (hypothetisch) vergleichen. Der traditionelle Schamanismus rührt aus einer Zeit, in der eigentlich eine *Symbiose-Matrix* für die Entwicklung menschlicher Fähigkeiten bestimmend war und zwar durchgehend vom Kind bis ins Erwachsenenalter. Ein Mensch aus jener Entwicklungsphase der Menschheit hätte aber in unserer Kultur wiederum keine Chancen, seine Kräfte und Fähigkeiten geordnet einzubringen.

Dies machen auch heutige Menschen deutlich, die im symbiotischen Erleben hängen geblieben sind, ohne ausreichende Ich-Qualitäten für ein selbständiges Leben entwickelt zu haben.

Das Muster der Symbiose ist uns als Erfahrungsmöglichkeit unverändert eigen. Aber es ist aus der alltäglichen Wahrnehmung weitgehend verschwunden und (normalerweise) auf wenige spezialisierte Erregungsmuster in der höheren Gehirnregion abgemagert (je nach Lebensaufgabe, Beruf, Begabung, Interessen etc.). Die neuronalen Verschaltungen, welche die symbiotischen Erfahrungen aktivieren können, sind bei den meisten Menschen auf spezielle Situationen oder Personen bezogen. Für den großen Rest des symbiotischen Erfahrungspotenzials ist, individuell sehr unterschiedlich, eine schwer überschaubare Breite an Erregungsanordnungen gegeben. Sie reicht von relativ verlässlichen Strukturen (z. B. Einfühlung) über labile, ungenaue und nur schwach kontrollierbare Strukturen (z. B. leidvolle Identifikationen oder soziale Angst) bis hin zur Auflösung der Ordnung in den Erregungsmustern (z. B. Erlebnisse des Ich-Verlusts, der Entfremdung), sodass die Nervenverbindungen dazu tendieren, beinahe »in allen Lagen zu feuern«. Letzteres geschieht auf dem Höhepunkt einer psychotischen Krise.

Neurologisch gesehen könnten beide Erklärungen gut zueinander *passen,* also einander zugeschaltet sein, nämlich auf der einen Seite die frühe Kommunikation des Menschen, die fast grenzenlos und voller seelischer Wirkung (animistisch) ist, und die grundsätzlich mögliche Erfahrungsstruktur der Symbiose-Matrix auf der anderen Seite. Auf der schamanischen Reise wird diese Verschaltung offenbar genutzt, denn der/die Betreffende lässt die Dominanz der Ich-Matrix für begrenzte Zeit hinter sich und übergibt sich den Wahrnehmungen, die dank der Symbiose-Matrix und der von ihr geprägten Grunderfahrungen möglich sind. Er ist dann in einem Erfahrungsraum, der Störungen im sozialen und psychischen Sinne sichtbar werden lässt. Die Erfahrungen der Ich-Matrix sind zwar weiterhin aktiv, aber nicht notwendig dominant. Wären sie dominant, würde das ›Irrationale‹ isoliert und kenntlich gemacht und wahrscheinlich als unbrauchbar interpretiert.

Im schamanischen Bemühen spielen die (re-) aktivierten Repräsentanzen psychischer Hilfe eine unverzichtbare Rolle. Wie oben angedeutet, sucht der Schamane seine Geisthelfer auf, um Führung, Wissen, aktive Unterstützung und Schutz im Rahmen seines Anliegens zu erhalten, und dies ist entsprechenden kortikalen Erregungen zugeordnet, die bereits Bahnungen von Hilfe und Heilung in sich tragen.

Schließlich möchte ich noch einen ermutigenden Hinweis aus der Sicht von Neurologen wiedergeben. Die Begrenzungen unserer Erlebnisfähigkeiten sind eigentlich nicht objektiv bestimmbar, da sie wechseln können. Wir können sie nur im Hinblick auf ihre biographische und historische Situation untersuchen. Die ›Plastizität‹ unseres Gehirns ist viel größer, als unsere zuständige Wissenschaft noch vor einem halben Jahrhundert zugestanden hätte. Wie aber die Neurophysiologen neuerlich aufzeigen, wird unser Gehirn – schlicht gesagt – so, »wie wir es benutzen«.[*] Es lässt sich also nicht vorhersagen, was mit diesem Gehirn noch alles angefangen wird. Wir hätten es demnach in der Hand, wozu wir es nutzen wollen.

Der Neurophysiologe sagt, dass wir »erstmals in der Lage (sind), die bisher noch immer kanalisierend auf die endgültige Ausformung des Gehirns wirkenden Entwicklungs- und Lebensbedingungen *gezielt zu erweitern*, um auf diese Weise einseitige Bahnungen bestimmter neuronaler Verschaltungsmuster in unserem Gehirn zu verhindern. Erst wenn diese einseitigen, von uns selbst geschaffenen Programmierungen schrittweise geöffnet werden, können wir die genetischen Poten-

[*]Hüther, 2002, S. 85

zen zur Ausbildung eines zeitlebens lernfähigen, komplex vernetzten menschlichen Gehirns nutzen, zu einer *subtileren* Wahrnehmung und Verarbeitung von Veränderungen unserer äußeren Welt und zu immer *intensiverem* Austausch mit anderen Menschen, zur effizienteren Aufrechterhaltung unserer inneren Welt und nicht zuletzt zu Gestaltung optimaler Entwicklungsbedingungen für unsere Kinder.«[1] Dieser optimistische Ausblick ist also wissenschaftsgestützt. Mit Blick auf die innere Erfahrungsweise würde ich hinzufügen, dass es genauso um die Ausgestaltung der inneren Welt geht, die sich nicht von der äußeren lösen lässt.

Zuletzt möchte ich den nachfolgenden Satz Hüthers auf die Ahnenreihe vieler, sicher nicht aller Schamanen (und natürlich Humanisten, Weisen, Mystiker u. a.) anwenden: »Prototypen derartiger Gehirne sind im Lauf der Menschheitsgeschichte bereits häufiger als Einzelexemplare entstanden.« Im Bild bleibend meint er aber, »dieses neue Modell« sei bisher noch nicht »in Serie gegangen.«[2] Ich kann mir vorstellen, dass uns unser Lernen am und im schamanischen Erfahrungsraum näher an diese optimistische Sicht heranbringt.

[1] S. 67; *Hervorheb. d. d. A.* [2] S. 67 f

6

Schamanenkrankheit – kranke Schamanen?

*E*s entspricht eher einer intuitiven oder ahnungsvollen Betrachtungsweise, Krankheit als Initiations- oder Wachstumskrise zu sehen. In diesem Sinne würden wir Krankheit der individuellen Reifung, der psychischen oder körperlichen Entwicklung, vielleicht auch der Öffnung unseres geistigen Vermögens für die Wahrnehmung größerer Zusammenhänge zuschreiben.

Oberflächlich gesehen können wir durch unsere Leiden nach dem Motto lernen: Gebranntes Kind scheut das Feuer. Wir können es als Warnung vor weiterem ungesundem Verhalten oder vor unguten Verpflichtungen bzw. Beziehungen ansehen. Tiefer betrachtet entstehen durch Leiderfahrungen neue, weitergehende, differenzierende und integrierende Interpretationen unseres Lebens, seiner Kräfte, seiner Gaben und seines Sinns. Und es kann zu anderen Einstellungen gegenüber unserer Umwelt kommen, vielleicht zu Ablösungen oder neuen Bindungen, vielleicht zu schärferer, sicherer Sensibilität, zu einem guten Körpergefühl, zu tieferem Mitgefühl und zu Solidarität. Und schließlich muss es nicht zwangsläufig ein Leiden sein, was wir als Krankheit bezeichnen bzw. umgekehrt muss nicht alles, was wir als Leiden empfinden, Krankheit genannt werden.

Das Bemerkenswerte ist, dass Leidenszustände mit Initiationscharakter in ihrer Grundstruktur alle rationale Aufklärung und logische Distanzierung überstanden haben. Immer noch schlagen wir uns mit dem Unberechenbaren und Numinosen herum, mit wilden, mystischen oder machtvoll vereinnahmenden Kräften oder Vorgängen, die wir auf das Wirken des Unbewussten zurückführen, in der stetigen Hoffnung, wir würden dadurch objektiv gültige Erkenntnisse gewinnen. Einiges Terrain haben die modernen Forscher und Therapeuten des Seelenlebens dem Unbewussten abgewinnen und der Verfügung des Ichs unterordnen können, allerdings zu dem Preis, dass wir nie sicher sein können, wie, wann und wo sich das Unbewusste einiges oder gar alles wieder zurückholt. Und in allem droht die Angst, dass wir dazu verurteilt sind, mit dem Tod des körperlichen Daseins in eine Wirklichkeit gehen zu müssen, die von uns als Lebende nicht vorhersagbar und kontrollierbar ist.

Kein Wunder ist es deshalb, dass viele Menschen der westlichen Welt dazu übergegangen sind, das Sterben zu verdrängen und mögliche Perspektiven bzw. Erfahrungen darüber, was das Sterben mit sich bringt, von ihrer Aufmerksamkeit abzutrennen. Auf die gängige Konstruktion des Unbewussten bezogen schwingt sich das Gefühl ein, dass sie sich vordergründig als Behauptung menschlichen Ich-Bewusstseins im Universum darstellt, geboren aus der Absicht, den so schwer zu durchschauenden psychischen

›Apparat‹ mit seinem drohenden Potenzial an Zerstörungskraft, Triebhaftigkeit und Desintegration unter Kontrolle zu bringen. Und das Mittel der Wahl war und ist die Aufklärung über die aufdeckbaren Zusammenhänge und Wechselwirkungen, die wir psychisch nennen.

Hintergründig wirkt dieses Bemühen paradoxerweise so, als ob die Beschäftigung mit dem Unbewussten noch mehr rationale Schwierigkeiten bereitet, da sie dem nach Vernunft heischenden menschlichen Ich Zwiespältigkeit aufbürden muss. Mit jeder rationalen Erklärung der psychischen Dynamik wird ein weiterer Stein in das Mauerwerk gefügt, welches die funktionierende Persönlichkeit umgibt und gegen das Irrationale abgrenzt bzw. schützt. Tragisch wird es dann, wenn es ans Sterben geht.

Im Angesicht des Todes muss die rationale Aufklärung Halt machen. Hier beginnt die Mystik, sagen die westlichen Ärzte, wenn sie von Nahtod-Erfahrungen hören. Es wirkt paradox, dass unsere Aufklärung im Tode nichts mehr gilt. Der ganze theoretische Aufbau über das Wirken von Bewusstsein und Unbewusstem fällt in sich zusammen wie ein Kartenhaus. Was wäre, wenn der Kern psychischer Erkrankungen von unserer Angst vor dem Sterben und dem Leben nach dem Tod herrührt? So wäre unsere psychologische Beschäftigung mit dem Unbewussten auch eine magische Handlung, mit der über die Erkenntnisgewinnung der psychischen Situation konkreter Menschen hinaus am Geheimnis gerührt werden soll, das – so könnte es unser Ich-Bewusstsein im Gefühl von Kränkung und Bedrohung sehen – wie ein nimmer sattes Monster auf unseren Tod lauert, um uns zu fressen. Aber diese hintergründige Motivation für die psychologische Beschäftigung mit dem Unbewussten einzusehen, fällt nicht leicht.

Die Bewältigung der Krankheits- und Todeserfahrung, ihre hinlängliche Hereinnahme in das Ich-Bewusstsein (Integration), war Kernstück schamanischer Initiation in vielen Kulturen, so vor allem im sibirischen und (nordamerikanisch-) indianischen Raum. Hierüber gibt es so viele Zeugnisse, dass Bücher gefüllt werden könnten. Und so vieles davon ist sich wieder ähnlich und bisweilen nur noch in Dramatik und Bedrohlichkeit unterscheidbar. Eindrucksvoll und sicher Angst erregend lesen sich z. B. die Berichte vieler Beobachter, die Hans Findeisen[1] zusammengetragen hat. Er nennt die besagten Vorgänge Schamanenkrankheit und erklärt sie als »mystisches Selbstopfer des Schamanen für seine Sippengenossen«.[2] Demnach wird im Erleben des Schamanen sein Körper in kleine Stücke gehauen, die »auf alle Wege der Krankheiten und des Todes verteilt«[3] werden. Die Seele des Schamanen wird geraubt und in der unteren Welt erzogen und belehrt. Verantwortlich hierfür sind oft die Ahnen- und Schamanengeister, böse Geister, dämonische Wesen etc. Liebevoll scheint keiner davon zu sein, was auch wundern würde angesichts der Grausamkeiten. Wie soll man solche vollbringen und dabei noch lieb sein?

Über das Zerstückeln wird häufig folgendes berichtet. Der Kopf wird abgeschnitten und abseits gelegt oder aufgespießt, seine Augen verfolgen den weiteren Prozess. Eisenhaken werden zwischen Gelenke geführt, um sie auseinander zu reißen. Das Fleisch wird von den Knochen gekratzt, die Augen werden aus ihren Höhlen genommen. In der Folge werden Fleisch und Blut von den beteiligten Geistern roh gegessen. Bisweilen wird das Fleisch gekocht. Dieselben oder andere Geister zählen derweil die Knochen und prüfen, ob sie für das Schamanenamt ausreichen. Am Ende der Tortur werden die Knochen und Gelenke wieder zusammengebracht, der Kopf kommt wieder an seinen Platz und das Skelett wird mit neuem Fleisch umgeben.

Während dieser tatsächlich erlebten (also halluzinierten) Vorgänge bleiben die Betroffenen meist im geschützten Rahmen ihres Heimes, ihrer Familie, werden bewacht, erhalten

[1] Findeisen, Gehrts, 1993   [2] S. 62   [3] S. 63

Nahrung und Getränke. Bisweilen nehmen sie gar nichts zu sich. Von außen betrachtet scheinen die werdenden Schamanen zu schlafen, sie liegen da wie Tote oder wie in Ohnmacht. Es werden Stigmata an ihrem Körper beobachtet. So entstehen Blutergüsse, aus den Gelenken quillt Blut, die Haut kann von Ausschlägen bedeckt sein, er magert ab, atmet kaum, vielleicht stirbt er tatsächlich und wird nach einem oder mehreren Tagen wieder lebendig. Aus der Umnachtung zurückgekehrt greifen die Schamanen dann zur Trommel und beginnen sogleich, ihr Amt auszuüben. Sie berichten nachher, der Geist, der sie belehrte, hat sie gedrängt, endlich aufzustehen und zu schamanisieren. Und dann geht es dem vorher Gequälten besser und die Geister lassen ihn in Ruhe.[1]

Mindestens ebenso heftige Torturen berichtet der Polarforscher Knut Rasmussen. Ein Schamane namens Igjugarjuk wurde im Traum von der göttlichen Kraft Sila gedrängt, ein Angakoq, also ein Schamane zu werden. Alsdann musste ihn ein alter Lehrer namens Perqanaq in sein Wissen einführen. Igjugarjuk wurde auf einem Schlitten weit weg gebracht, in ein extra hergerichtetes Iglu auf ein Stück Fell gesetzt und dann ermahnt, nichts zu sich zu nehmen und nur an den Großen Geist und den Helfergeist zu denken. Nach fünf Tagen brachte der Alte erstmals Wasser zum Trinken. Nach fünfzehn Tagen bekam Igjugarjuk wieder Wasser, dazu etwas Fleisch. Erst nach weiteren zehn Tagen wurde er in die Sippe zurückgebracht. Schließlich ließ er verlautbaren, er wäre »manchmal ein wenig gestorben«.

Von Kinalik, einer jungen Frau und Schwägerin von Igjugarjuk, berichtet Rasmussen, man hätte sie an Zeltstangen aufgehängt und sie dort in der Winterkälte Grönlands fünf Tage hängen lassen. Dann hätte sie ihr Schwager mit einem Stein statt normaler Bleimunition erschossen und zwar in Anwesenheit aller Dorfbewohner. Am nächsten Morgen wäre sie von selbst aus der Ohnmacht erwacht. Igjugarjuk hätte behauptet, sie ins Herz getroffen und den Stein schließlich entfernt zu haben. Auch von Ertränken als initiatorischer Todesart ist die Rede und zwar wurde dabei ein Initiant an einen Pfahl gebunden, unter das Eis eines Sees geschoben, wo er mit dem Kopf unter Wasser fünf Tag verblieb.[2]

Noch eine dritte Geschichte mag der Illustrierung dienen. Isaac Tens, ein Gitskan-Indianer, berichtete, er wäre im Alter von dreißig Jahren beim Sammeln von Brennholz mit einer großen Eule konfrontiert worden. Sie hätte ihn gepackt und – sein Gesicht haltend – versucht, ihn hochzuheben. Aus dem Erlebnis erwachend, hätte er festgestellt, dass er in den Schnee gefallen war, dass sein Gesicht mit Eis bedeckt war und aus seinem Mund Blut hervorkam. Auf dem Weg nach Hause hätte er die Bäume schwanken und hinter ihm wie Schlangen kriechen sehen. Gegen den Rat der lokalen Medizinmänner, nun die Aufgaben eines *Halaaitt* (Bezeichnung für Schamane) auf sich zu nehmen, verleugnete er die Bedeutung des Erlebten. So wurde er nochmals von der Geisterwelt angesprochen. Er hätte nämlich beim Jagen eine Eule abgeschossen, die zwar heruntergefallen, aber dann mitsamt all ihrer Federn verschwunden wäre. In die Siedlung zurückgekehrt hätte er den Lärm einer Menschenmenge gehört, deren Ursache aber nicht zu entdecken gewesen wäre. Als er zum dritten Mal mit unerklärlichen Erlebnissen konfrontiert war, konnte er wohl nicht mehr ausweichen. Er wäre nämlich wieder in Trance gefallen und dabei ohnmächtig geworden. Erwachend hätte er unter einer Schneewehe gelegen. Er wäre ins Dorf zurückgekehrt und seinem besorgt nach ihm suchenden Vater begegnet. Dieser hätte ihn nach Hause begleitet. Dort hätte sein Herz schnell geschlagen und er hätte gezittert. Weiter erzählte Isaac Tens: »Mein Fleisch schien zu kochen, und ich hörte chhhhhuuuh, mein Körper bebte. Während ich in diesem Zustand blieb, fing ich an zu singen. Ein Gesang kam aus meinem Innern, ohne dass ich irgendetwas hätte tun können, ihn zurückzuhalten. Viele Dinge tauchten gleichzeitig

[1] Findeisen, Gehrts; S. 68–70 [2] Halifax, 1999, S. 18 f

vor mir auf: riesige Vögel und andere Tiere. Sie riefen mich. Ich sah einen Meskyawawderh (eine Vogelart) und einen Mesqagweeuk (Kaulkopf). Die waren nur mir sichtbar, nicht den anderen im Haus. Solche Visionen treten auf, wenn einer zum Halaait wird; sie kommen ganz von selbst.«[1]

Isaac Tens ist dann ein sehr effektiver Heiler geworden. Bemerkenswert ist noch, dass er später den christlichen Glauben angenommen und auf seine schamanische Tätigkeit verzichtet hat. (»Ich bete wie der Pfarrer.«) Als dann seine Kinder krank geworden waren, hätte er noch mal auf Drängen seiner Mitmenschen widerstrebend seine alte Heilkunst an ihnen versucht, aber seine Heilkraft war dahin. Auch die ehemaligen Kollegen hätten keine Mittel gefunden, obwohl sie seine früheren Kraftobjekte (Fetische) angewendet hätten. So brachte er die Kinder ins Krankenhaus des weißen Mannes. Ist es dann auf seine Missionierung zurückzuführen, dass er resümierend behauptete, alle Medizinmänner »sterben zuletzt einen sehr harten Tod, weil sie keine wahren Menschen sind. Sie sind böse Geister?«[2] Oder ist dies ein Zeugnis von widersprüchlichen Erwartungen, Christentum hier – Schamanentum dort, mit denen Unversöhnlichkeit verbunden ist. Aus welcher Sichtweise wohl am ehesten? Hätte Issac Tens nicht auch ein christlicher Schamane sein können, ein heilender Mystiker, der ohne Verpflichtung für Dogmen oder Ideologien einfach seiner Aufgabe nachgeht?

Die psychotische Krise und ihre Vertiefung in einer schizophrenen Erkrankung weisen ähnliche Erlebnisse wie die beschriebenen der Schamanenkrankheit auf. Allerdings spielen hierbei psychische und soziale Bedingungen eine erhebliche Rolle. Schon in der Kindheit sind die Betroffenen häufig durch Ansprüche, emotionale Ausbeutung oder unlösbare Widersprüche seitens der Erwachsenen überfordert. Die Basis ihrer Identitätsentwicklung in einem gesunden Kind-Ich ist meist brüchig, sodass in späteren Jahren starke anhaltende psychosoziale Belastungen zu einer Aushöhlung der Integrationskraft des Ichs führen. (Allerdings sind solche Erklärungen sehr verkürzend. Es gibt keine allgemein gültige Begründung psychotischen Leidens.)

Den Anfang der psychotischen Erkrankung bilden tiefe Kränkungen, Traumatisierungen oder Verlusterlebnisse. Wenn diese sich in ihrer Wirkung nicht mildern lassen, beginnt ein Gefühl der Entfremdung und der Angst vor dem Verrücktwerden, einhergehend mit sozialen Ängsten und Rückzug aus dem Kreis der Mitmenschen. Mehr oder weniger starke Gefühle der Depression (Erschöpfung, Antriebsverarmung, Konzentrationsschwächen, Vitalitätsverlust u. ä.) machen sich breit. Dann erlebt der Betroffene sich selbst nicht geheuer, sieht sich sinnlos Dinge tun und nimmt Unerklärliches wahr. Es gelingt ihm immer weniger, dies alles im Rahmen der bisher erklärbaren Realität zu interpretieren. Das Selbst bekommt zunehmend ›lose Enden‹, die in der Erklärungsnot nicht mehr zusammengeführt werden können. Die Krise trifft nicht mehr nur die bisherige Identität, sondern nagt auch an der inneren Konstanz, Verlässlichkeit und Festigkeit. Die Felle schwimmen davon. Das nennen wir Ich-Verlust, Ich-Desintegration und Kontrollverlust.

In das nun mangelhaft geschützte Erlebnisfeld dringen Eindrücke der Bedrohung (meist von außen kommend) und beängstigende Träume oder Visionen. Sie machen sich breit und kämpfen regelrecht mit den verbliebenen Ich-Kräften, locken sie, vergewaltigen sie und schwächen sie, wo sie nur können. Natürlich werden Geschehnisse in der Umwelt schärfer und dramatischer wahrnehmbar. Aber es kann genauso sein, dass die inneren Ereignisse das Bewusstsein gewalttätig überschwemmen. Der Betroffene braucht in seiner existenziellen Angst und Not besonderen Schutz seitens seiner Mitmenschen. Was er gar nicht brauchen kann, ist Ausgrenzung und Verurteilung, wie wir

[1]Halifax, S. 235 f [2]S. 242

es in der psychiatrischen Behandlung früherer Jahre häufig hatten. Dieser Schutz ist nicht zu verwechseln mit weiterem Eindringen, nun unter ärztlichen oder psychologischen Vorzeichen.

Jesse, der einer psychotischen Krise gut entkommen konnte, sagte in einem Interview: »Es sollten also Leute da sein, die nach dir sehen... Leute, die dir glauben und die wissen, dass man nach dir sehen muss, die dich nicht abtreiben und sinken lassen würden... ich habe das Gefühl, dass ... diese Erfahrerei davon abhängt, ob und wie man seinen eigenen Geist ausbaut.«[1]

Nun komme ich noch zu einem heiklen Punkt. Weiter oben wurde angedeutet, dass in der menschlichen Gemeinschaft das allgegenwärtige Leidenspotenzial jeweils von den Erkrankten getragen wird. Es wäre allerdings fatal, aus einer solchen Einsicht die Haltung des Mitleids als optimal für Menschen zu folgern, die von einer psychischen Erkrankung erfasst sind. Mitleid ist nicht zu verwechseln mit Mitgefühl. Letzteres würde Betroffene auch nicht ausgrenzen, würde aber achten, was vor sich geht, und zugleich jeden Schutz und jede Sorge gewährleisten, damit sich die Ich-Kräfte wieder sammeln können.

Für Mitleid sollte man sich nur nach reiflicher Überlegung und mit gehöriger Selbstverantwortung entschließen, denn das Wort selbst definiert, was dann geschieht. Diese Selbstverantwortung ist löchrig und unsicher in Zuständen schwerer psychischen Leidens. In dieser Weise betroffenen Menschen mangelt es an psychischem Schutz und effektiver emotionaler Abgrenzung. So kommt es häufig vor, dass sie mit anderen Menschen (der direkten oder weiteren Umgebung, mit anderen Lebewesen, mit Opfern, Kranken etc.) mitleiden und da sie verrückt sind, und zwar nicht nur in den Augen der Umgebung, sondern auch in der eigenen Bewertung, fehlt entsprechend der gemeinsame Wahrnehmungsraster, der die Betroffenen und andere erkennen lässt, wie sie die Leidenspotenziale (nicht nur die eigenen!) aufgenommen haben und zum Ausdruck bringen.

In der Leidens-Initiation der Schamanen ist es demgegenüber von wesentlicher Wirkung, dass sie sich zwar auf die Bedrohungen in der Gemeinschaft wie außerhalb, auf Ängste und Misstrauen, potenzielle oder tatsächliche Gewaltereignisse, Machtgebaren und Gefährdung durch Krankheiten und Vorgänge des Sterbens einlassen müssen, ob sie wollen oder nicht. Sie sind aber in einem *gemeinschaftlichen Interpretationsrahmen aufgehoben*, der die Würdigung ihrer Erfahrungen ermöglicht. Es wird ihnen nicht aufgedrängt, ein bestimmtes Gesundungsziel zu erreichen. Es begegnet ihnen wohl auch keine Sentimentalität. Vielleicht ist es, wie Jesse in seinem Interview ausdrückte: »Sie [Ärzte, Pflegepersonal] hatten kein Mitleid mit mir, niemand hat Mitleid mit dir, du warst allein auf deine ... eigenen Kräfte angewiesen, um das aushalten zu können. Und ich hielt es aus.«[2]

Wäre Jesse in einer schamanisch mitgestalteten Kultur in seine psychotische Krise geraten, wäre er wahrscheinlich ein schamanischer Heiler geworden. Denn das, was (hoffentlich) als Ergebnis einer so tief greifenden Krise der gesamten Persönlichkeit erreicht wird, soll ja dem Zusammenleben, dem Leben der einzelnen und ihren (Über-)Lebensbedingungen dienlich sein. Verallgemeinernd formuliert ›sehen‹ sie nach überstandener Krise besser als ihre Mitmenschen, was auf der psychischen und physischen Ebene geschieht, welche Eindringlinge das Bewusstsein oder den Körper ihrer Patienten in Beschlag nehmen, welche sozialen Beziehungen von Schuld oder Täterschaft aus dem Gleichgewicht gebracht worden sind, wessen Seelenkräfte verloren gegangen sind, welche Seele eines Verstorbenen in die zuständige Wirklichkeit (Totenreich) begleitet werden muss (damit sie nicht unter den Lebenden herumirren muss oder ihnen schaden kann).

[1] aus: Laing, 1973, S. 150 [2] Laing, S. 151

Psychotische Krisen, im Lichte einer möglichen Schamanenkrankheit betrachtet, sind meist überfordernd und sehr schwer in das Ich-Bewusstsein und die daraus erwachsenden Lebenskräfte zu integrieren, wenn

- unbeachtet bleibt, dass der Betroffene nicht nur die dramatische Bedrohung seines geschwächten Ichs erfährt, sondern potenziell auch die Leiden (Ängste, Misstrauen, Gewaltphantasien, Machtphantasien etc.) anderer auf sich genommen hat (ob er will oder nicht);
- die Macht und Wirklichkeit des psychischen Geschehens geleugnet wird und den meist verschlüsselten, symbolisierten Informationen über die innere wie äußere Realität nicht ernsthaft nachgegangen wird;
- kein angemessener psychischer und sozialer Schutz (auch Wertschätzung und Achtung), kein echtes Mitgefühl und keine angemessenen Klärungshilfen angeboten werden;
- wenn unangemessen mediziniert und psychologisiert wird und damit der mögliche Initiationscharakter der Krise verfremdet bzw. kompliziert oder dramatisiert wird und
- wenn ein funktionalistischer Gesundungsanspruch die kreativen Potenziale, die aus der Leidenserfahrung erwachsen würden, falsch interpretiert, übersieht oder in weitere psychotische Verarbeitungen drängt.

Unter guten Bedingungen sowohl persönlicher als auch sozialer Art kann einer, der in eine psychotische Krise geraten war, später vielleicht ähnliches sagen wir Jesse: »Ich glaube ... was ich durchgemacht habe damals, das hat mich sicherlich ein ganzes Stück weitergebracht. Und ich erinnere mich, als ich aus dem Krankenhaus kam, ich war insgesamt rund drei Monate dort, als ich herauskam, fühlte ich plötzlich, dass alles so viel wirklicher war... als es vorher gewesen war. Das Gras war grüner, die Sonne schien heller, die Leute waren lebendiger, ich konnte sie deutlicher sehen. Ich konnte Böses und Gutes sehen und all das. Ich war viel bewusster.«[1] Mir scheint demzufolge, als hätten wir als Kulturgemeinschaft und als verantwortliche Suchende des Wissens um unsere Gesundheit eine echte Forschungsaufgabe, die der differenzierenden Wahrnehmung von Leidens-Initiationen gewidmet ist.

Diese Konzeption ist idealisierend, ist eine Wirkung des Versuchs, die innere, uralte Gesetzmäßigkeit von charakteristischen Leidenszuständen plausibel zu machen, die für diese Art der geistigen und psychischen Einweihung typisch sind und über unser Alltagsverständnis, wohl auch über unser bisheriges wissenschaftlich erprobtes Verständnis, hinausgehen. Diese Gesetzmäßigkeit wirkt sich auch aus, wenn die innere Erfahrung der Zerstückelung beabsichtigt oder unabsichtlich durch massive Ich-Schwächung (Drogenkonsum, Alkoholmissbrauch, Reizüberflutung, Schlaflosigkeit u. ä.) herbeigeführt wird. Es scheint ein archetypisches Muster vorzuliegen, dessen psychologische Erklärung ganz der Beschreibung durch C. G. Jung entspricht: Die Initiationskrise ist eine der möglichen Situationen im Leben, in denen »jene explosiven und daher so gefährlichen Triebkräfte, die im Archetypus verborgen sind, in Aktion [treten], was oft unabsehbare Ergebnisse zeitigt. Ja, es gibt nichts Böses, das dem Menschen unter der Herrschaft eines Archetypus nicht anheim fallen könnte.«[2] Mit dem Begriff Archetypus beschreibt Jung die Bilder und Motive, die dem kollektiven (also überpersönlich wirksamen) Unbewussten entstammen. Die mit Faszination oder Schrecken erlebte Wirkung des Archetypus ist die eine Seite der Medaille. Sie gilt als Warnung und als Angst des Klinikers, der genug pathologische Inflationen von archetypischen Kräften miterlebt

[1] Laing, S. 152   [2] Jung, 1985, S. 60

hat, um zu wissen, wovon er spricht. Die andere Seite ist die Reifung des Ichs in der Begegnung mit jenen Kräften, das Gewinnen von Wissen über und durch sie und das integrierende Einordnen in die nun erweiterte und vertiefte persönliche Wirklichkeit.

Welche Rolle spielen psychische Erkrankungen bzw. Leidenserfahrung in der Ausbildung von Angehörigen der Heilberufe heute? Die moderne Anschauung von psychischen Erkrankungen ist zuvorderst *funktionsbetont* und mit Fragen nach defizitären Entstehungsmustern bzw. Bedingungen in der Aufrechterhaltung der *Störung* besetzt. Die ›Initiation‹ zum Therapeuten beschränkt sich zu einem sehr großen Teil auf das Erwerben von gelehrtem Wissen. Aber ob dies allein die Fähigkeit und Kraft des Heilens vermittelt, ist höchst zweifelhaft. Offenbar gehört noch ein letztlich unkontrollierbarer, aber unverzichtbarer Teil zur Heilerpersönlichkeit, den wir sowohl in der Begabung als auch in der Lebensgeschichte der betreffenden Personen erkunden müssten. Diesem Teil widmet sich der obligatorische Selbsterfahrungsvorgang in der Ausbildung.

Die Psychoanalytikerin und bekannte Schülerin C. G. Jungs, Marie-Luise von Franz, stellt folgendes hinsichtlich der Psychoanalyse fest: Das Studium betrifft »mehr die denkerische Ausbildung, das *Wissen* eines zukünftigen Analytikers«, man dürfe »aber auch nicht das Gefühl, das heißt, das Herz vergessen«. Weiter sagt sie ganz klar: »So geistvoll ein herzloser Analytiker auch sein mag – ich habe nie gesehen, dass ein solcher je jemanden geheilt hätte! und ›Herz‹ kann man nicht einpflanzen. Wer keines hat, ist meiner Ansicht nach am allerwenigsten für diesen Beruf geeignet.«[1] Sie verweist auf den Archetypus des Priester-Heilers und seine Variante »des weltweit verbreiteten Typus des Medizinmannes und Schamanen« und dessen Berufung durch übernatürliche Wesen, Götter oder Geister. Wenn sie ihre Initiationsleiden durchleben, sei dies »vom Standpunkt der modernen Tiefenpsychologie aus betrachtet ... das Erlebnis eines *Einbruchs des kollektiven Unbewussten* und eine *Bewältigung* dieser Erlebnisse«. Nach dieser Maßgabe müsse ein Heiler »hindurchgedrungen sein« zum »Zentrum« des *Selbst*. Die Aspekte des Dämonischen, ja der Geistesstörung in der schamanischen Initiation führt von Franz darauf zurück, dass das Selbst »eigenartigerweise dem Menschen oft feindselig gegenüber(tritt), und zwar »als etwas Zersprengendes, welches sogar Wahnsinn bringen kann.« Für die Ausbildung des Psychoanalytikers folgt sie deshalb: »Wer nicht einmal tief ins Unbewusste geraten ist und von dort »die Wege aller Krankheitsgeister« geschaut hat, besitzt kaum je genug wirkliche Einfühlung in die ernsthaften seelischen Leiden seiner Mitmenschen. Er wird sie nur nach dem Lehrbuch kennen und behandeln, sich aber nicht einfühlen können, was für die Patienten oft entscheidend ist.«[2]

Von Franz verweist auf die Notwendigkeit der Selbstheilungssuche und deren Erfolg als Grundlage des Schamanenberufs. Ein Mensch, der dies erlebt hat, »ist nämlich in seinem innersten Kern intakt und besitzt Ich-Stärke, zwei unerlässliche Bedingungen für den Therapeutenberuf. Er erleidet seine Initiationskrankheit nicht aus Schwäche, sondern »um alle Wege der Krankheiten« kennen zu lernen, um aus eigener Erfahrung zu wissen, was Besessenheit, Depression, schizoide Dissoziation usw. bedeuten.« Dies also sei keine Schizophrenie. Mythologisch sei es eine »Reduktion auf das Skelett«. Angezielt werde hierbei die Kenntnis des »Nicht-Zerstörbare[n], des Ewige[n] im Menschen, auch das, was durch die Kontinuität der Generationen weiterlebt.« Übertragen auf die Sprache der Psychoanalyse bedeute dies, »dass der Initiant eine ›Analyse‹ – im Sinne von Auflösung aller seiner uneigentlichen, z. B. konventionellen oder infantilen Eigenschaften – durchmacht, um zu dem durchzudringen, was er in seinem wahren Wesen ist... dass er eine feste Persönlichkeit geworden [ist], die nicht mehr als Spielball innerer Affekte und Projektionen oder äußerer gesellschaftlicher Modeströmungen funktioniert.«[3] Bis auf die Fachbegriffe kann dies als

[1] v. Franz, 1979, S. 24   [2] S. 26 f   [3] S. 28

zeitlose Beschreibung jener unkontrollierbaren und dennoch unabweislichen Aspekte der ›Ausbildung‹ zum Heiler angesehen werden.

Allerdings ist die heutige Initiation zu einem Psychotherapeuten weitgehend von rationalen Kompetenzansprüchen überlagert und zudem in institutionelle Aufmerksamkeiten eingebettet, durch die sich der Initiant von psychischen *und* sozialen Ansprüchen gefordert sieht. Ich glaube nicht, dass die folgende Erkenntnis von den Verantwortlichen der Ausbildungsorgane unterschrieben würde: »Die Größe oder Bedeutung des Schamanen hängt ... davon ab, wie oft und wie tief er in das Unbewusste gedrungen ist und *wie viel Leiden er dabei auf sich genommen hat.*« Allerdings dürfte eine andere Bemerkung objektive Gültigkeit haben. Man müsse lernen, die eigenen Grenzen zu kennen. Es komme nämlich häufig vor, dass Patienten über ihren Therapeuten hinauswachsen.[1]

Das Zerstückelungsgeschehen hat also ein archetypisches Muster, das nach alter Einschätzung wie bisweilen auch neuerer psychologischer Interpretation den Charakter der Initiation aufzuweisen vermag. Es müsste demnach auch vorfindbar und erlebbar sein, wenn sich ihm eine Person zum Beispiel in initiatorischer Absicht zuwendet. Die schamanische Reise kann dies ermöglichen. Sie führt ja auch in Erlebnisräume, die wir archetypisch nennen. Die Geschichte einer schamanischen Reise aus heutiger Zeit mag illustrieren, wie sich das Muster der Zerstückelung in einer individuellen Gestalt entfalten und zur psychischen wie spirituellen Reifung beitragen kann. Die Geschichte wurde mir von Gernot berichtet. Er ist ein lebenserfahrener, älterer Mann. Durch mehrmalige Teilnahme an Seminaren, die zu Erlebnissen auf schamanischer Bewusstseinsebene führten, hatte er großes Vertrauen in schamanische Erkundungen und Aktivitäten gewonnen. Schließlich ergab sich für ihn die Möglichkeit, die Erfahrung der körperlichen Zerstückelung auf einer schamanischen Reise zu machen. Folgendes berichtete er später:

»Obwohl ich schon eine Reihe von Reiseerfahrungen in Schamanen-Seminaren gemacht hatte, fehlte mir immer noch die klassische Erfahrung der schamanischen Zerstückelung. Ich wünschte mir diese Erfahrung sehr, tröstete mich aber mit der Hoffnung, dass meine Verbündeten [Geisthelfer] mir dazu schon verhelfen werden, wenn die Zeit dafür reif wäre. Es war [im Rahmen] eines verlängerten Wochenendseminar. Ich war einfach noch zu stark im Kopf verhaftet und wollte die Ergebnisse willentlich herbeiwünschen, was natürlich nicht klappte.«

In der Folge aber, so schildert Gernot, stand eine schamanische Reise an, in der die Initiation der Zerstückelung beabsichtigt und den Geisthelfern als Bitte vorgetragen werden sollte: »In dieser Reise suchte ich mein Krafttier in der unteren Welt auf und bat es um Zerstückelung und Wiederzusammensetzung. Zunächst geriet ich in den Sog eines Strudels und wurde herumgewirbelt. Dann erschien plötzlich ein Hackebeil und begann, meinen Körper von den Füßen an im Rhythmus des Trommelschlags in kleine Scheiben zu zerhacken. Dies dauerte solange an, bis mein Körper völlig aufgelöst war. Danach hatte ich überhaupt kein Körpergefühl mehr. Um mich herum wallten nur Nebelschwaden und ich hatte den Eindruck, als ob dort meine zerstückelten Körperteile irgendwie gereinigt und behandelt wurden. Dieser Vorgang dauerte eine ganze Weile an und ich dachte schon, es wird nichts mehr mit der Wiederzusammensetzung. Da wurde plötzlich ein hell leuchtendes Baby in mich hineingelegt und ein Gerät, ähnlich einem Straßenbaustampfer, begann, im Rhythmus des Trommelschlages meinen Körper wieder von feinstofflich zu grobstofflich um das Baby herum zu verdichten. Als schließlich mein Brustkorb verdichtet wurde, spürte ich ein starkes Dröhnen von Stampfschlägen in meiner Brust. So kehrte ich neu zusammengesetzt in die alltägliche Wirklichkeit zurück.«

[1] S. 30; *Hervorheb. d. d. A.*

In der Nacht darauf konnte Gernot zunächst nicht einschlafen und er hatte das »Gefühl, die Behandlung meines Körpers war noch nicht abgeschlossen«. Schließlich träumte er, dass »ganze Ströme von zertrümmerten Tonscherben mit alten Schriftzeichen an mir vorbei flossen. Zum Abschluss sah ich die Struktur meiner gebleichten Knochen in strahlendem Weiß.

Die Wirkung dieser Zerstückelungsreise hielt noch lange Zeit nach dem Seminar an. Ich hatte das Gefühl, dass ich nicht mehr derselbe Mensch war, wie vor der Zerstückelung. Ich fühlte eine große Leichtigkeit und Klarheit in mir. Selbstverständlich klappte danach auch die Zusammenarbeit mit meinen Verbündeten viel besser.«

So positiv und manchen überzeugend diese Erfahrungen erscheinen mögen, ist es doch meine ernste Pflicht, darauf hinzuweisen, dass die schamanische Reise zur Zerstückelung nicht unvorbereitet und nur mit profunder psychischer Basis, am ehesten mit erfahrener Assistenz, beabsichtigt werden sollte. Sie ist *kein* Zaubermittel zur Profilierung der Persönlichkeit. Sie *hat* aber Wirkung.

Manches kann durch diese Geschichte verständlich werden:

- Gernot befand sich in einem Kreis von Menschen, die einen gemeinsamen Interpretationsraum für ihre inneren (schamanischen) Erfahrungen haben und das Erlebte nicht für verrückt erklären würden.
- Er war sich über seine Absicht ganz im Klaren. Sie war emotional sehr aufgeladen.
- Er stellte fest, dass sich das Gewünschte im schamanischen Raum nicht erzwingen lässt.
- Er vertraute in die Erlebnisse, die auf seine Absicht folgen würden.
- Er brauchte die Hilfe seitens seiner Hilfsgeister.
- Die Erfahrungen bezogen auch das Körpergefühl mit ein.
- Die Zerstückelung wirkte unmittelbar, wie es der Traum in der folgenden Nacht zeigte.
- Die Zerstückelung wirkte langfristig auf seine Wahrnehmung und sein Selbstgefühl.

Offenbar kann das Zerstückelungserleben unter geeigneten sozialen Bedingungen und mit vertrauenswürdigen persönlichen Voraussetzungen (Erfahrung im schamanischen Reisen und geübte Zusammenarbeit mit Geisthelfern) zu einem Erleben führen, welches das Ich-Erleben *nicht* aushebelt und weder seine Konstanz noch seine Fähigkeiten in Raum und Zeit in Frage stellt.

Es ist in der schamanischen Arbeit nicht sinnvoll, das schamanische Erleben anderer zu deuten. Dies sollten die Betreffenden selbst machen. Hierbei wirkt sowohl die traditionelle Achtung vor den Schamanen und ihrer geistigen Autorität, als auch das Wissen um die schädliche Wirkung falscher Behauptungen, die wie psychische Eindringlinge wirken können. Deshalb möchte ich hier keine Psychologie walten lassen.

Bemerkenswert in Gernots Bericht ist die kreative Schöpfung des Babys und wie es zum Zentrum des erneuerten Menschen wurde. Nicht minder zu beachten ist, wie im nächtlichen Traum weitergearbeitet wird. Etwas ist geistig *und* psychisch in Bewegung gesetzt worden und hat nun eine eigene Dynamik bekommen. Dies entspricht dem Wirken eines entsprechenden Archetypus, der gemäß der Sichtweise C. G. Jungs in der schamanischen Initiation und Heilungsarbeit Grund gelegt wäre.

Initiationserlebnisse müssen nicht zwangsläufig so leidend machen, wie es oben illustriert wurde. Wir wissen nicht, was wäre, wenn wir uns weniger gegen eine Erweiterung oder Vertiefung unseres Bewusstseins abschirmen müssten. Wir müssen dies natürlich noch tun, da unsere Ich-Entwicklung aufgrund der Prägungen durch die alltäglich beschriebene Welt gar nicht darauf eingestellt wurde und wird, die dingliche Welt absichtlich träumend zu verlassen und dies als gleichermaßen gültig anzuerkennen und zu achten. Wir sind auch nicht darauf eingestellt, psychische Bewegungen mit ihrer symbolischen Ausdruckskraft und ihrem träumerischen Geschehen absichtlich in unser Erleben *einfließen* zu *lassen*. Das müssen die meisten von uns in der Tat erst richtig üben. Unsere spirituelle ›Behinderung‹ erscheint als unser ›Opfer‹, das wir in der Behauptung des kontrollierenden und bestimmenden Ichs erbringen. Dieses Ich muss sich kraft seiner eigenen Logik, auf Grund derer es sich absichtlich (zur Selbst-Verwirklichung) von den Kräften des Universums getrennt hat, emanzipieren. Welche Ich-Strukturen sich herausbilden würden, wenn die Wirklichkeit anders beschrieben würde, als uns heute normal und gesichert erscheint, wenn z. B. die Wahrnehmung von verlorenem bzw. wieder erlebbarem Einssein mit heilenden Kräften, von seelischen Verletzungen oder Verlusten einerseits und von seelisch gesundenden Kräften andererseits ein Allgemeinplatz wäre, können wir nicht gesichert wissen.

Ein Ausdruck der Unsicherheit sowie ein eindrückliches Zeichen unserer zwiespältigen Haltung gegenüber der schamanischen Erfahrungsebene ist der wissenschaftliche Umgang mit der Frage, ob und wenn ja, wie geisteskrank die Schamanen seien. Angesichts ihrer seltsamen Verhaltensweisen, die sich durch Tanzen und Singen, durch hektisches Tun oder durch den Eindruck von Ohnmacht auszeichneten, auch durch das Schlagen der Trommel und durch Rituale, deren Sinnhaftigkeit sich Beobachtern nicht erschloss und deren Fremdartigkeit die Assoziation teuflischen, mindestens irrationalen Chaos' hervorrief, angesichts der zum Teil aufwendig gestalteten Kostüme und Kopfbedeckungen und vielem mehr lag für frühere Beobachter nahe, eine Geisteskrankheit zu unterstellen, was ja ganz in das Bild westlicher Kultur von ›primitiven‹ Völkern passte. Diese (diagnostizierende) Unterstellung war der Nachfolger jener Urteile von Missionaren aus der Kolonialzeit, die das »heidnische« Treiben bekämpfen mussten, das dem Wirken des ›Bösen‹ Tür und Tor öffnete und die naiven Primitiven ›verwirrte‹.

Stanley Krippner, der spirituelle Heilmethoden in Amerika untersuchte, zählt Urteile von namhaften Wissenschaftlern auf, und zwar Psychiatern, Psychoanalytikern und Sozialwissenschaftlern, nach denen Schamanismus eine kollektiv geduldete Schizophrenie sei oder eine Ansammlung von Neurosen. Letztere würden dem Versuch dienen, eine zerbrechliche Persönlichkeit, welche der Schamane in Wirklichkeit sei, durch Abwehrmechanismen zu verbergen. Dieser Strategie diene auch die Bezugnahme des Schamenen auf Träume und Phantasien.

Grundlage einer solchen Einschätzung dürfte vor allem sein, dass die betreffenden Wissenschaftler veränderten Bewusstseinszuständen abweisend gegenüber stehen, weshalb sie diese als pathologisch werten müssen. Fraglos dürfte es schon immer Schamanen gegeben haben, die nach berechtigter Einschätzung psychisch krank waren bzw. sind und genauso neurotisch sein konnten und können wie andere Menschen auch. Schamanen dürften ebenfalls unter dem Eindruck unausgereifter kindlicher Bedürfnisse z. B. nach Geltung, Anerkennung oder Macht stehen. Ihre Fähigkeiten brauchen nicht minder durch persönliche Schicksalsschläge oder zwischenmenschliche Konflikte getrübt zu sein. Sie könnten auch konkurrierenden Schamanen zu schaden versuchen (und durchaus soziopathisch wirken), natürlich vornehmlich mit Möglichkeiten ihrer eigenen Kunst. Sie waren und sind keine Heiligen und ebenso keine Supergesunden.

Die Erwartung aber, dass Schamanen aufgrund ihrer Einweihung, dem damit verbundenen Lernen und aufgrund der praktizierten Aufgaben über gewisse Fähigkeiten verfügen, die auch ihren Charakter mitformen, ist nicht von der Hand zu weisen. Eine psychologische Untersuchung mit Schamanen der Apachen erbrachte folgende interessanten Ergebnisse: Die echten, also im Stamm anerkannten Schamanen waren in ihrem Realitätsbezug genauso wenig auffällig wie die Nicht-Schamanen. Die Pseudo-

Schamanen, die von sich zwar entsprechende Fähigkeiten behaupteten, aber keine Anerkennung fanden, fielen in ihren Testresultaten, die auf eine schwache Persönlichkeit schließen ließen, deutlich ab. Zudem legten die Ergebnisse die Einschätzung nahe, dass die (echten) Schamanen in einigen Belangen den beiden anderen Gruppen voraus waren, nämlich in der Ausbildung eines schärferen Bewusstseins von Eigentümlichkeiten, mehr Sinn für kindlichen Humor, mehr philosophischer Gewandtheit und mehr Flexibilität, z. B. in der Wahrnehmung von Sexualität. Der Schluss der Untersucher ging dahin, die Schamanen für weniger neurotisch als die Angehörigen der Vergleichsgruppen zu halten.[1]

Eine andere Frage ist, ob die Spiritualisierung des individuellen (wie auch des kollektiven) Lebens zu Geisteskrankheit, besonders zu psychotischen Krisen führen kann. Schamanische Praxis ist fraglos ein spiritueller Weg. Psychische Gefährdungsmomente liegen zum einen in einer zerbrechlichen und leicht verletzbaren Persönlichkeit, der Betreffende würde angesichts der nicht vorhersagbaren Machtdemonstrationen von Geistwesen schnell verängstigt oder erschrocken sein, denen zunächst auch das Erscheinen unklar definierter Gestalten zuzuordnen wäre. Eine weitere Gefährdung kann dadurch entstehen, dass der Absicht zu schamanisieren eine stark narzisstische Motivation zugrunde liegt. Die schamanische Praxis könnte hier dazu dienen, persönliche Macht- und Begabungsvorstellungen zu nähren und das individuell Besondere im phantasierten oder realen Umfeld hervorzuheben.

Eine weitere Gefährdung des psychischen Gleichgewichts würde sicherlich provoziert, wenn der Betreffende die Bodenhaftung und den Realitätsbezug massiv schwächt, indem er mit schamanischen Übungen übertreibt. Die Wirkung dessen ist zu vergleichen mit dem, was in der Meditationspraxis eine *Overmeditation* bewirken kann. In der schamanischen Praxis ist zudem nicht zu erwarten, dass es einen Meister gibt, der einen von außen anleitet oder auf psychischer Ebene durch Kraftvermittlung und Inspiration unterstützt. Wie noch zu zeigen ist, beruft sich der schamanische Praktiker auf die Hilfe und auf die Weisheit seiner Geisthelfer. Der Vorteil ist klar, er bedarf für sein spirituelles Lernen keiner Abhängigkeit von einem Mitmenschen; der Nachteil ist ebenso klar, bis auf die (traditionellen) Erfahrungswege der Schamanen hat er keine Orientierungen in der zwischenmenschlichen Welt. Schamanisieren enthält auch für gestandene Menschen ein unkontrollierbares Restrisiko, sodass sie überrascht, erschreckt oder frustriert werden können.[2]

Eine erwähnenswerte Tatsache ist, dass es in allen Kulturen Menschen mit – auch psychologisch – unerklärlichen Fähigkeiten gibt, so z. B. die Begabung, Geschehnisse vorauszusehen oder Visionen von faktischen Ereignissen zu haben, die weit weg parallel geschehen. Diese seherische Auffälligkeit kann auch durch andere Sinne vermittelt auftreten (Riechen, körperlich Spüren, Hören und Empfinden). Den Menschen mit solchen Fähigkeiten bzw. Begabungen wird häufig nachgesagt, sie seien phantasiebegabt oder negativ bewertet, sie hätten zu viel Phantasie. Vielleicht sind unter ihnen viele, deren psychische Aktivitäten auf Dauer für sich und andere hilfreich sein könnten, wenn ein Gestaltungsangebot neben dem Kunstschaffen bereit stünde und das innere/seherische Geschehen zweckvoll formen und mit Absicht fokussieren ließe.

Wir sollten die Worte einer angesehenen burjätischen Schamanin und schamanischen Lehrerin, nämlich Nadja Stepanova, nicht von der Hand weisen. Sie meint, »in jedem Volk gibt es Menschen, die solche Talente haben, die auf diese Art und Weise beschenkt sind«. Weiterhin sagt sie, wie »man hellsichtig wird, das kann ich niemandem beibrin-

---

[1] Krippner und Scott, 1987, S. 42 ff [2] Eine instruktive Abhandlung über Gefahren auf dem spirituellen Weg findet sich in Scharfetter, 1999

gen, denn das ist eine Gabe Gottes«. Die »direkte Weitergabe ist eben nur möglich, wenn die genetischen Anlagen vorhanden sind, das heißt, in der Familie, im Clan desjenigen, unter seinen Ahnen muss es bereits Schamanen gegeben haben. Das ist die eine Grundvoraussetzung und dazu muss kommen, dass man von ›oben‹ ausgewählt wird – und das ist alleine Gottes Aufgabe. Wir können diese Wahl nicht treffen, sondern wir werden ausgewählt.«[1]

Über die Tatsache, dass auch Westeuropas Völker einst schamanisch Kundige unter ihren Angehörigen zählten, lohnt es nachzudenken. Denn solche ›Gene‹ wären nicht so schnell auszurotten, wie die historisch jeweils gültigen Wirklichkeitsbestimmungen kommen (und gehen). Noch bis in das 18. Jahrhundert hinein wurde im Land der Samen schamanisiert und noch immer lassen sich dort unschwer die entsprechenden Spuren erkennen.[2]

Ins kollektive Unbewusste abgedrängt wurde im christlichen Europa das Wissen der weisen Frauen, die als Hexen verbrannt wurden, wenn sie sich nicht rechtzeitig mit den Herrschenden (oder der christlichen Inquisition) arrangierten oder davonmachten. Heute graben wir sehnsuchtsvoll interessiert nach ihrem Wissen, nach ihrer Haltung zur Natur, zum menschlichen Körper, zur Seele.[3] Noch immer schicken Ärzte Leute mit resistenten Warzen zu Gesundbetern, meist Frauen, die ihre Kunst von Generation zu Generation vererben. Diese sind zwar keine Schamaninnen, aber zweifellos solche begabte Menschen, die Körper und Seele ihrer Klienten nicht im strengen Sinne medizinisch ansprechen. Es wäre eine notwendige Spekulation zu überlegen oder auszumalen, wie sich allein die Statistik und Verteilung der psychischen Erkrankungen verändern könnte, falls viele von denjenigen, die sensitiv begabt sind und die nötige persönliche Kraft aufbringen könnten, eine kundige psychische und soziale Integration ihrer geistigen und seelischen Talente erfahren würden. Es erscheint erprobenswert, die Psychotherapie im Einzelfall auch dafür zu nutzen, dass die intuitive, seherische und imaginative Begabung von Patientinnen und Patienten eine Gestaltungsform bekommt, die nicht nur der Behandlung ihres eigenen Leidens dienlich ist, sondern gegebenenfalls auch dem von Angehörigen oder anderen Mitmenschen. Dies würde sich auch deswegen lohnen, weil die äußere wir innere Blockade einer entsprechenden Begabung eigentlich nur Probleme macht und gegebenenfalls zur Verfestigung des ursprünglichen Leidens führen kann.

Abschließend sei auf eine neuere und fachlich qualifizierte Einschätzung über die psychische Gesundheit von (traditionellen) Schamanen hingewiesen. Der Psychiater und Philosoph Roger N. Walsh kommt in seinem Vergleich von an Schizophrenie Erkrankten und Schamanen zu dem Schluss, das Erleben letzterer sei kohärent und sinnhaft mit dem Zweck ihrer Bemühungen verbunden. Schamanen würden ihre Erlebnisse kontrollieren und sich besonders gut konzentrieren können. In ihrem Identitätsgefühl seien sie klar und abgegrenzt. Sie könnten sich aus der körperlichen Wahrnehmung lösen und sich umherstreifen lassen, ohne sich zu ängstigen. Für hervorhebenswert hält Walsh auch die sozialen Funktionen von Schamanen, denn sie seien wichtige Mitglieder der Gemeinschaft, sie seien intelligent und künstlerisch und hätten Führungsfähigkeiten. Alles zusammen, wie auch im einzelnen, kann in der Tat nicht unbedingt von Menschen erwartet werden, die akut an einer Geisteskrankheit leiden oder von einer solchen bedroht sind.[4]

---

[1]Stepanova, 2005, S. 2   [2]vgl. Gaup, 2004   [3]vgl. Müller-Ebeling et al., 2002   [4]Walsh, 1992, S. 274 ff

7

Verborgene Initiationen

»Denn die Seele ist in deiner Hand«, heißt ein Roman von Batya Gur. Ein Mädchen liegt nach einem Gewalttrauma im Krankenhaus und beginnt sehr zögerlich wieder Kontakt zu seiner Umwelt aufzunehmen. Inspektor Michael Ochajon sagt ihr: »Wenn jemand, besonders ein junger Mensch, eine so schwere Krise durchmacht, wie du es getan hast, und wenn er am Leben bleibt, wie wir in deinem Fall das Glück hatten... dann geht er stärker daraus hervor, als er vorher war... Du wirst die Welt und dich mit anderen Augen ansehen.«[*]

Das trifft auch auf einen jungen Mann zu, der hier den Namen Hubert erhalten soll. Hubert saß einmal auf einer Bank an einem kleinen See. Es war ein Samstagnachmittag, die Sonne neigte sich ihrem täglichen Untergang zu, der leichte Wind des Tages hatte sich gelegt und es war noch diese viel versprechende erste Wärme zu spüren, die den bevorstehenden Frühling ankündigte. Hubert hatte die Arme ausgestreckt und sie über die Lehnen gebreitet. Er genoss die sanfte Stille und er ließ seine Gedanken schweifen. Von Ferne hörte er die Glocken der Kirche, in deren Nähe er zu jener Zeit wohnte. Er machte ein Praktikum in einer großen Spedition. Die Firma, in der Hubert seine Lehre absolvierte, war ein internationales Unternehmen. Hubert hatte das wohltuende Gefühl, dass seine Arbeit und sein Bemühen von den Mitmenschen geschätzt wurden. Das Entgegenkommen spürte er im Praktikum noch mehr. Mögen sie mich denn auch, fragte er sich bisweilen. Ein paar Wildenten flogen lärmend heran und ließen sich unweit von Hubert ins Wasser platschen. Er grinste zu ihnen hin, weil er an die Ausgelassenheit der Tochter des Geschäftsführers dachte, die am Tag zuvor ähnlich laut in die Lagerhalle geplatzt gekommen war, wo Hubert Kisten sortiert und gestapelt hatte. Jaqueline hatte ihn zu einer Party an diesem Samstagabend eingeladen. Er sollte doch mit ihr und ihrem Freund mitkommen. Sie hatte gelacht und um eine Kiste herum getanzt und dabei einen Schlager gesungen.

Dieses Leben, diese Möglichkeiten, diese Szenerie, dieser Friede, er hatte alles durchaus für möglich gehalten. Er hatte früher schon daran gedacht, die Welt kennen zu lernen, raus zu kommen aus dem Ort, an dem er so viel stumpfen Schmerz erlebt hatte, an dem er sich mit seinen Freunden betrunken hatte, und zwar so oft, dass es einem Wunder gleich kommt, wenn er immer noch als intelligent und begabt eingeschätzt wird. Sein Abitur müssen graue Zellen bewerkstelligt haben, die kurzfristig von irgendwo eingeflogen worden waren. Während der Bundeswehrzeit war er an fast jedem Wochenende bekifft, besonders als seine damalige Freundin mit ihm Schluss gemacht hatte. Ihr war es aber zu danken, dass er angefangen hatte, an eine berufliche Ausbil-

[*]Gur, 2005, S. 441

dung zu denken. Sie hatte ihm Briefe geschrieben und ihn ganz ernst ermahnt, sein Leben nicht wegzuwerfen, sich nicht weiter wie ein Kind zu benehmen. Und dann hatte er Glück, weil seine große Schwester mit einem Sohn seines Chefs zusammen ist. Und dieser sponserte seine Anstellung im Lehrverhältnis. Würde seine Mutter doch noch stolz auf ihn sein? Wo sie wohl sein mag? Der Psychotherapeut hatte gemeint, dass es Hubert nicht schaden würde, wenn er in Gedanken seiner Mutter sagen würde, er wollte aus seinem Leben etwas machen. Es kommt ihm so vor, als wäre es ein anderes Leben, in dem die Mutter gestorben war. Hubert waren die Tränen gekommen, als er dem Therapeuten berichtete, wie die Mutter von ihrer Krankheit gezeichnet noch mal in der Elternsprechstunde war und ihn anschließend sehr ernst ermahnt hatte. Ein paar Monate später war sie dann verstorben. Wie durch einen Nebel hatte er alles, auch das Begräbnis, erlebt. War der Nebel eigentlich nachher wieder vergangen?

Sein Vater war noch schweigsamer geworden. Wie es ihm wohl geht? Hubert würde vor der Party noch mal bei ihm anrufen. Wenn die Firma seiner Eltern damals nur nicht pleite gegangen wäre. Das hatte alles kaputt gemacht. Wenn das nicht geschehen wäre, hätten die Eltern sich vielleicht zusammengerauft. Die Mutter hatte schon vorher gerne getrunken, und der Vater sowieso. Dann hatte der Vater in einer entfernten Stadt eine Stelle bekommen und war nur noch zum Wochenende zu Hause. Die Streitereien der Eltern waren unerträglich gewesen. Er hatte seine Mutter abgelehnt, ja gehasst. Wie lange war die Mutter eigentlich krebskrank gewesen? Waren das vier Jahre? Er hatte niemanden mehr mit nach Hause nehmen können. Die Mutter war zu oft betrunken. Aber sie war eine gute Frau. Sie hatte Behinderte ehrenamtlich betreut, sie durch die Gegend kutschiert. Der Vater hatte sich in letzter Zeit schlecht angehört. Hubert waren noch mal die Tränen gekommen, als er in der Therapie von ihm erzählt hatte. Mein Gott, was hatte sich der Vater aufgearbeitet. Er schafft immer noch, obwohl seine Lungen nicht mehr richtig funktionieren. Trotzdem raucht er. Er könnte doch in Rente gehen, oder?

Und dieses Haus, in dem Hubert groß geworden war. Was wird daraus? Jetzt leben noch der große Bruder dort und natürlich Hubert und der Vater am Wochenende. Und der Hund, ach ja, das treue Vieh, kann kaum mehr laufen und ist fast so alt wie Hubert. Von dem Hund wird er bald Abschied nehmen müssen, der Tierarzt wollte ihn schon vor ein paar Wochen einschläfern. Ja das Haus. Sein Bruder hatte schon einige Male anklingen lassen, dass er dann auch ausziehen würde, wenn Hubert ihn nicht mehr braucht. All die Jahre seit Mutters Tod versorgte der Bruder den Haushalt neben seinem Vollzeitjob. Er hatte es der Mutter am Sterbebett versprochen, dass er für Hubert sorgen würde. Der Bruder hatte vor kurzem auch eine Therapie angefangen. Das ist eine Entlastung für Hubert, der seinem Bruder stets ansah, wie schlecht es ihm ging. Kein Wunder bei all diesen Verpflichtungen, von denen der Bruder nicht lassen kann. Dadurch hat er den Kontakt zur Außenwelt fast verloren. Er ist richtig vereinsamt.

Seine Schwester, die Älteste der drei Geschwister, hatte den Absprung geschafft. Sie war mit ihrem Freund nach Mittelamerika gezogen, wo er einen Job bekommen hatte. Davor hatte auch sie eine Therapie gemacht, warum, das hatte Hubert gar nicht richtig mitbekommen. Sie war teilweise unerträglich gewesen, hatte Drogen konsumiert und helle Aufregungen verursacht. Alle drei Geschwister in Therapie – wo gibt es denn so was. Aber tief in sich drin ahnte Hubert, dass sie alle wollen, es solle wieder gut werden. Keiner soll unnötig leiden. Aber da ist der Vater, der nicht mehr die Chance hat, gesund zu werden. Es macht Hubert traurig. Wenn doch noch etwas Schönes geschehen würde. Immerhin, auch wenn der Vater es nicht direkt ausdrücken wird, er wird sich freuen, wenn Hubert seine Gesellenprüfung absolviert haben wird.

Hubert zog die Beine zu sich und setzte sich gerade. Die Arme verschränkt, fast so, als wollte er sich selbst in die Arme nehmen. Er spürte Tränen aufsteigen. Da war wieder der Schmerz, aber nicht mehr so stumpf wie früher. Wenn er nur eine Freundin hätte, die zeigen könnte, dass es gut ist zu leben! Nein, jetzt wollte er nicht mehr daran denken, dass er sich seinen Selbstmord gewünscht hatte. Aber es tut weh. Da kam die Szene wieder in seine Vorstellung: Alle waren noch eine Familie, er war wohl fünf Jahre alt, es war am Meer und der Vater, Hubert und sein Bruder hatten eine Strandburg gebaut, das war bis in den Abend gegangen. Dann war die Mutter mit Huberts Schwester schon mal ins Hotel vorgelaufen. Und die Sonne hatte tief gestanden. Es muss der *perfekte* Tag gewesen sein. Hubert fühlte wieder diesen Frieden, diese unangestrengte Freude, perfekt einfach. Eigentlich ganz ähnlich wie dieser Spätnachmittag an einem See in einem Weingebiet, weit weg von Zuhause. Hubert fröstelte ein wenig, er zog die Jacke zu und stand auf. Jetzt wollte er zurückgehen. Er wollte noch was essen und dann telefonieren.

Ein halbes Jahr später würde die Nachricht eintreffen, dass Huberts Schwester schwanger ist. Es würde unter den Familienmitgliedern fast täglich telefoniert werden. Der Vater würde häufig von seinem Enkel sprechen, etwa so: »Wenn der Lütje mal da ist...« Hubert würde nach bestandener Prüfung ein Zimmer in seinem künftigen Studienort suchen. Der Bruder würde ein Appartement im Nachbarort anmieten. Die Schwester würde ihre Hochzeit vorbereiten.

Diese Geschichte lässt uns einfühlen, dass im Leben wieder zusammenwachsen kann, was auseinander gebrochen war. Es wird begleitet von Gefühlen, die den Schmerz, die Selbstzweifel, die Scham, das Schulderleben, die Wut über die Vorgänge mit sich bringen, die ein ursprünglich ganzes Selbst auseinander genommen hatten. Die Geschichte lässt erahnen, dass wir alle mehr oder weniger durch Lebensereignisse in unserem Selbst auseinander genommen werden können. Wenn die Teile des Selbst vom erlebenden Ich nicht mehr als zusammengehörig erlebt werden, sprechen wir von Desintegration. Wenn die Teile des Selbst in unserem Erleben wieder zusammenkommen, sprechen wir von Integration.

Die Geschichte kann auch zeigen, dass Innen und Außen, individuelle Seele und menschliche Gemeinschaft, Identität des einzelnen und seine Beziehungen in der Familie und zu den nahestehenden Mitmenschen nie gänzlich getrennt sind. Es scheint fast so, dass Hubert im Prozess seiner Selbstfindung die *Seele* seiner Herkunftsfamilie in Händen hielt und für sie sorgte. Vielleicht litt er für seinen Bruder mit, dem er etwas abzugelten hatte und der dann selbst einen heilsamen Weg einschlagen konnte. Und indem er seinen Dank an den Vater erleben konnte, wurde dieser weicher und offener, womöglich mit dem Ergebnis, dass er besser für sich sorgen würde.

Wir wissen heute gesichert, dass das Kind und der junge Mensch alles in sich aufnehmen, was die Welt ihnen anbietet. Erst wenn schwerwiegende seelische Verletzungen, Gewalt oder sexueller Missbrauch geschehen, dann beginnt die Suche des Kindes nach Möglichkeiten, wie es – trotz traumatischer Erfahrung – seinen Schutz und zugleich seinen Kontakt zur Umwelt gestalten kann. Ein solcher Kompromiss ist Huberts Nebel gewesen, er tappte nicht im Dunkeln, richtig klar konnte er aber auch nicht sehen. Und er sorgte aktiv (Alkoholkonsum, Drogen) dafür, dass sich der Nebel nicht lichtete. Was er von seiner Familie als Kind in sich aufgenommen hatte, war hauptsächlich von Unzufriedenheit, Streit und den psychischen Auswirkungen des wirtschaftlichen Drucks (Alkoholismus mit eingeschlossen) bestimmt. Die Familie war real auseinander gebrochen. Den Tod der Familie und das endgültige Zerwürfnis in der Ehe schien die Mutter mit ihrer Krankheit und ihrem Tod verhindert zu haben. Aber die

Beziehungen verarmten sehr über einige Jahre. Sie redeten nicht mehr viel mit einander, auch wenn sie ihr Leiden in der Isolation erkannten. Doch was Hubert in sich spürte, trugen alle in sich, nämlich das Wissen von einer ungebrochenen Familie. Hubert hatte sein inneres Erlebnis davon seit Kindheit an, und es erscheint völlig klar, dass er diesem Bild nachlaufen würde, bis er es wieder erleben kann. In Vorahnung dessen, was an äußerer Integration ablaufen würde, fand er sich schon Monate vorher zunehmend in ruhiger, vertrauensvoller Verfassung und konnte beides tun, zurück und nach vorne schauen.

Die Stimmung von wachsendem inneren Frieden und Vertrauen konnte nicht durch Vernebelung seines Bewusstseins zustande kommen, sondern erst angesichts des Zusammenwachsens seiner eigenen Kräfte, des Annehmens seiner Gefühlswelt, der damit verbundenen Denkmuster und auf Grund realer Lebensereignisse (in der Arbeit, im Kennenlernen anderer Menschen, in der Klärung seiner weiteren Ausbildung usw.), die ihm seine Begabung nahe brachten und für deren Verwirklichung hauptsächlich Hubert nun selbst verantwortlich war.

Die Kraft, die uns bei fördernden Bedingungen wieder zusammensetzt, wenn wir in unserem Erleben den inneren Zusammenhalt verloren haben, ist eine integrierend wirkende heilende Kraft. Ohne sie bleiben wir Stückwerk. Diese innere Integration wirkt auf unsere Umwelt, die zweifellos davon etwas abbekommt. Umgekehrt gilt dies auch. Eine Gemeinschaft, die sich um Integration auseinander gebrochener, in Stückwerk zerfallender Absichten und Handlungen bemüht, wirkt fördernd auf die Wiederzusammensetzung der psychischen Wirkungen im Leben des Einzelnen, die einander auf Grund widersprechender Erfahrungen oder Traumatisierungen fremd, feindlich oder ausschließend geworden waren. Auch so gesehen haben wir alle für einander Verantwortung im besten gesundheitlichen Sinne.

Die Metaphern für diese, den einzelnen Menschen heilende Kraft sind z. B. der innere Heiler, der innere Arzt oder das Selbst, aber auch Seelenkräfte. Wenn wir die Heilung vom religiösen Standpunkt aus betrachten, dann würden in unserem Kulturbereich genannt: Gott, der heilige Geist, heilige Maria, Engel, Heilige etc. In der Erfahrung Huberts war es vor allem sein ursprüngliches Bild der familiären Ganzheit, dem er zu folgen schien und das ihn motivierte, sich seiner selbst und seiner persönlichen Ganzheit zu widmen. Es war und ist für ihn also ein *innerer Heiler* geworden.

Betrachten wir die Geschichte Huberts mit Blick auf das schamanische Zerstückelungserleben, so können wir entsprechende Aspekte unschwer ausmachen. Er lebte phasenweise wie in Trance, getrieben durch Kräfte, die er selbst kaum verstand und die ihn beinahe auseinander brechen ließen, sodass er sich sprichwörtlich gehen ließ und zwar in eine psychische Wirklichkeit, die bereits Züge des Ich-Verlusts trug. Er konnte sie ›erklären‹, z. B. damit, dass er einer Gruppe von Gleichaltrigen zugehören wollte, was auch immer die machten und wie dies auch immer sein Leben vereinnahmte. Dass er eine Freundin haben wollte, was auch immer dafür erforderlich wäre und wie es ihn verunsichern würde. Dass er ein Vorbild bräuchte und dies ihn hin und her werfen würde. Dass die Lehrer doof waren. Dass die Welt der Erwachsenen schwierig, unverständlich und voller Konflikte ist. Dass er sich selbst aber auch ablehnte, schuldig und wertlos empfand. Dass man in dieser Welt die einen hungern und die anderen fett werden lässt. Dass man unsinnige Kriege führt, aber vom Frieden redet usw. Insofern würde es sich nicht lohnen, eine Identität, ein vernünftiges Ich, ein verantwortliches Leben aufzubauen. Allenfalls könnte man sich von einem Event zum anderen treiben lassen. Dann aber kam der Zeitpunkt, da ihn etwas dazu aufrief, sich um das innere (und äußere) Heilwerden zu kümmern, und zwar im seinem Alter entsprechenden Gewand einer Berufsausbildung. Indem er sich dieser zu widmen begann, bekam er nicht nur Kontakt zu seiner Begabung und seinen aufbauenden psychischen Kräften, sondern auch zu seinen nächsten Mitmenschen, die auch für *ihn* leb(t)en und sorg(t)en. Da also fing die Wiederzusammensetzung seiner Identität und seiner psychischen Ganzheit an.

In klinischer Sichtweise ist die Situation, in der sich ein Mensch, in diesem Fall ein junger Mann, aus einem zusammenhängenden und vertrauenden Selbstgefühl geworfen fühlt, eine Identitätskrise. Sie kann zu einer leidvollen Verwirrung führen, zu einer Identitätsdiffusion, wie es der Psychoanalytiker Erik H. Erikson bezeichnete. In diesem Zustand ist »nicht nur die Peripherie, sondern auch das Zentrum mit ergriffen: Es ist eine *Zersplitterung* des Selbstbildes eingetreten, ein Verlust der Mitte, ein Gefühl von Verwirrung und in schweren Fällen die Furcht vor völliger Auflösung.«[1] Einfühlbar sucht der Betroffene nach Halt in seiner Umgebung, in Ideen, in Vorbildern, in Geschichten und Bildern, im Grunde also nach einer Kraft, welche die Zersplitterung auffängt, die zersplitterten Teile des Selbst- und Welterlebens wieder zusammenfügt. Hier taucht das Risiko auf, sich entscheiden zu müssen zwischen der Absicht zur Unterordnung einerseits (wie einfach und archaisch sie auch sein mag) und Selbstbehauptung andererseits (wie grob und beschädigend sie auch sein mag). Und wieder führt der Kreislauf in Stückwerk und zermürbt das Ich. Der Eindruck wird deutlich, dass einem (ohne wirkliche Schuld) Leiden bis hin zu Selbstzerstörung aufgedrängt wird und die konstruktive, lebensdienliche Initiative auf der Strecke bleibt.[2]

Es ist nicht spekulativ, das geschilderte psychische Geschehen mit der Beschreibung der schamanischen Initiation des Zerstückelungserlebens zu vergleichen. Huberts Sehnsucht und sein Schmerz; seine enorme Gefühlsintensität (die auch Heil in Zuständen von Gefühllosigkeit suchen lässt); das Erleben von Einsamkeit und dem innerem Druck, alles, auch sich selbst in Frage zu stellen; sein Wille, sich selbst absterben zu lassen, wodurch der Eindruck entsteht, dass »eine geradezu tödliche Ernsthaftigkeit [dahinter]steckt«.[3] Diejenigen, die durch die Tiefen einer solchen Desintegration gehen (diese Erfahrung ist nicht an das Erwachsenwerden allein gebunden), suchen ein Wesen, das ihnen Halt gibt, das ihnen ein psychisches Behältnis anbietet, in dem diese Verwirrung wieder zu einer verlässlichen geistigen Ordnung umgewandelt wird, ein Wesen, das diese mehr oder weniger unbegreifbare Macht hat zusammenzusetzen, was auseinander gebrochen ist. Vielleicht zeigt sich hier eine bedeutsame Schwäche unserer westlichen Kultur, in der ein unüberschaubares Erklärungs- und Manipulationsmaterial feilgeboten wird und auch die Experten aus Pädagogik und Psychologie von Ideenbeliebigkeit vereinnahmt werden bzw. die Beliebigkeit als innewohnende Herausforderung ihres Berufs akzeptieren müssen. (Es wäre in gewisser Weise ein Spiegelbild der Verwirrung in der individuellen Identitätskrise.)

In der Psychotherapie, aber nicht nur hier, wird der Wunsch (wieder) zusammengesetzt und erneuert zu werden, auf den/die Therapeuten/in übertragen. Wenn – bei aller Zwiespältigkeit, die ein solches Bedürfnis begleitet – von den Beteiligten die Reise durch die innere und äußere Widersprüchlichkeit und Zersplitterung zur Selbstfindung genommen wird, treten die heilenden integrierenden Kräfte auf. Sie symbolisieren sich, werden zu einer dem Heilungsvorgang innewohnenden Macht. Überall dort, wo diese Symbole in Träumen, inneren Bildern oder Visionen Gestalt annehmen, »ereignen sie sich«, das heißt, geschehen beiden, Patienten und Therapeuten.

Die modernen Therapieformen gestatten es, sich diesen heilenden Kräften absichtlich zu öffnen und sie imaginativ sowie gestaltend *direkt* aufzusuchen. Der therapeuti-

[1] Erikson, 1971, S. 154; *Hervorh. d. d. A.*   [2] vgl. Erikson, 1974, S. 170 ff   [3] Erikson, 1971, S. 170

sche Dialog wird zu einem Ringen um diese Kräfte durch Auseinandersetzung mit widerstrebenden psychischen Impulsen, welche die Vision des Heilwerdens zu verhindern scheinen. Das der Therapie innewohnende Wirken *muss* das Vertrauen und die Überzeugung anbahnen, den Anzeichen gesunder Fähigkeiten Glauben schenken zu können. So wird die Beziehung von Therapeut und Patient zu einer *Gemeinschaft* im Kleinen, zu einem Bündnis. Die hilfreiche Wirkung, die hieraus entsteht, verteilt sich auf beide. Im besten Fall bekommt jeder, was er oder sie gerade an Energie und Einsicht braucht. Entscheidend aber wird der psychische Vorgang, der die Integration bewirkt. Zersplitterte, vom Ich widersprüchlich, erschreckend oder als verloren erlebte seelische Kräfte finden zu einander. Und dies muss beileibe nicht nur dem Patienten geschehen, es kann wie nebenbei auch dem Therapeuten zu Gute kommen.

Die als Symbolik begriffenen Formen heilender Kraft werden in der schamanischen Initiation und späteren Behandlungsaktivität als eigenständige Mächte, als Verbündete, Schutzgeister oder Wesenheiten *per se* erlebt. Dieser direkte, nicht rational gebrochene Zugang hat erhebliche Vorteile gegenüber den Umwegen westlichen Symbolverständnisses, in das immer die Trennung des Ichs vom Universum, die Abwendung von der allseitigen Beseelung verkörpert ist. Die Menschen sind auch hier nicht den Aufgaben persönlichen Wachstums enthoben, doch sind sie verbunden mit erlebten Geistkräften. Sie sind *nicht alleine*. Die Rückseite dieser vielen von uns wundersam erscheinenden Verbundenheit ist das Risiko, die Energien dieser Welt auf ihrer Schattenseite ungeschminkt präsentiert zu bekommen. Davor schützt die meisten Menschen ein im persönlichen Wachstum gefestigtes Ich mit seiner Grundlage an Vertrauen in die eigenen Fähigkeiten und die Verlässlichkeit des Gemeinschaftslebens. Wenn sich aber Grenzen und Festigkeit des Ichs lösen, dann werden die Schatten unserer Existenz, der persönlichen wie der gemeinschaftlichen, zu Schrecken und Alpträumen.

Wir wissen inzwischen viel über die Psychodynamik seelischer Gesundheit und Krankheit, über die psychodynamischen Voraussetzungen der Behandlung seelischen Leidens. Leider wissen wir wenig über die *Dynamik der Initiation*. Mit dem Begriff Initiation bezeichnen wir allgemein einen Aufnahmeritus, dem sich jemand unterwirft, um in eine Gemeinschaft aufgenommen zu werden oder einen Status zu erwerben. Insofern gibt es auch in der heutigen westlichen Welt Initiationen (z. B. im Christentum die Erstkommunion, die Firmung oder die Konfirmation; im weltlichen Werdegang die Einschulung, der Schul- und Ausbildungsabschluss; weiterhin die Führerscheinprüfung, die Volljährigkeit etc.). Was in diesem Zusammenhang betont werden soll, ist der Vorgang der psychischen Integration *und* des sie bedingenden wie begleitenden spirituellen Wachstums. Wir verfügen nicht genügend über den entsprechenden, uns bewussten sozialen wie psychischen Erwartungsraum. Wenn Initiationen (auch) archetypisch wirken, und davon gehe ich aus, dann haben Gemeinschaften, welche den Zugang zu archaischen seelischen Kräften einer einseitigen Rationalität und Technisierung geopfert haben, ernsthafte Probleme. Sie müssen mit dem zurechtkommen, woran sie glauben, und das ist im entscheidenden Moment leidvoll wenig.

Es ist noch nicht lange her, da sprachen Vertreter unserer Zivilisation von Primitiven, womit auch solche Völker gemeint waren, die sich über Generationen hinweg fester Initiationsrituale befleißigt haben. Deren unterschiedliche Formen zu untersuchen oder zu bewerten, ist hier nicht die Absicht. Doch mag es bezeichnend sein, dass in der westlichen Welt archaisch anmutende Visionssuche und Wildniserfahrungen wieder Platz greifen und hierfür Anleihen bei Naturvölkern aufgenommen werden. Ja, deren Initiationsspezialisten werden direkt angeworben, um die unsicheren Initiationskandidaten zu beraten.

Die amerikanischen Psychotherapeuten Steven Foster und Meredith Little sind bekannte und erfahrene Veranstalter von Übergangsriten in der Wildnis. Wie sie betonen, sind diese »äußerst effektiv als Mittel, den Sinn von Veränderungen im Leben zu erfassen und zu akzeptieren, die einzelnen dazu zu befähigen, in der Gemeinschaft als lebendige Kraft zu fungieren, bei den Menschen Selbstvertrauen, Mut, Ausdauer und Selbstbeherrschung zu fördern, Selbstheilungsmechanismen zu aktivieren, persönliche Begegnungen mit dem kollektiven archetypischen Unbewussten zu beschleunigen und schließlich zu Einsicht, Weisheit und Erleuchtungen zu gelangen. Vor allem sind sie darauf ausgerichtet, der ganzen Gemeinschaft zu nützen.«[1]

Wer sich in die Wildnis begibt, um sich selbst zu finden, kehrt idealerweise mit dem zurück, was ehedem Vision genannt wurde und – psychologisch betrachtet – eine verlässliche innere Basis für die nächsten Aufgaben bedeutet. Ein Blick auf schamanisch geprägte Kulturen zeigt uns, nicht wenige indianische Stämme hielten und halten die Visionssuche für den ursprünglichen Weg, sich den hilfreichen Geistern des Universums anzubieten, ihr Mitgefühl hervorzurufen, von ihnen Kraft zu erhalten und Lebensaufgaben zugesprochen zu bekommen. Bei den Chippewa und den Lakota können die pubertierenden jungen Männer noch auf Visionssuche gehen. Es finden Vorbereitungen in der Schwitzhütte statt. Von den Älteren finden sich Mentoren, die Anweisungen und Lehren geben und den Initianten ein Stück Weges begleiten, vielleicht in der Nähe des Visionsplatzes auf ihn warten. Die Visionssuche dauert meist einige Tage, an denen der Jüngling völlig allein in der Natur ist. Er hat Gebete für die Angehörigen symbolisch in Beutel verpackt und um sich gelegt. Er selbst betet immer wieder und gerät in Trance-Zustände. Er schläft auch und träumt. Realität und Traum vermischen sich. Bewusstsein und Unbewusstes sind nicht mehr zu trennen. Das ist ein typisches Anzeichen schamanischen Erlebens. Im traditionellen Sinn ist die Visionssuche »eine existenzielle, den gesamten Menschen herausfordernde Angelegenheit und beispielhaft für die Auseinandersetzung des Menschen mit dem Universum, mit Gott (biblische Version: Hiob) und mit sich selbst.«[2]

[1]Foster, Little, 1991, S. 36 [2]Uccusic, 1991, S. 103

8

Die Helfer

Als Kind hatte ich regen Kontakt zu Wesen, die meine Umwelt nicht sehen konnte. Meine Mutter schrieb solche Erlebnisse einer reichhaltigen Phantasie zu. Sie rückte sie auch in die Nähe von Lügen und belegte sie schließlich mit gewissen Sanktionen, um sie mir auszutreiben. So oder ähnlich erleben es viele Kinder. Wir sollten aber Wege finden, das schöpferische Potenzial von Kindern zu erhalten, während wir sie in die gesellschaftlich geteilte Realität einbinden.

Als ich in ängstlicher Erwartung meine erste schamanische Reise in die untere Welt unternahm, begegnete mir als erstes meine Großmutter, die einige Jahre zuvor im Alter von 94 Jahren verstorben war. Dies geschah in einem Basis-Seminar der Foundation for Shamanic Studies (FSS), das von Paul Uccusic abgehalten wurde. Er hatte erklärt, dass gemäß dem Core-Schamanismus Michael Harners die untere Welt der Lebensraum der Krafttiere sei. Ich sagte also: »Hallo Oma, ich soll hier mein Krafttier finden, was machst du denn hier?« Sie sagte nichts, sondern schaute mich nur an. Ich ging zweifelnd weiter. Vielleicht machte ich etwas verkehrt oder war nicht geeignet für solche Unternehmungen. Dann kam ich in einen hellen Raum, eine Art Höhle, in deren Mitte ein breiter, gemauerter Brunnen stand. Auf seinem klaren Wasser schwammen Schwäne im Kreis. Anstatt nun zufrieden und glücklich zu sein, gleich so viel Helferkraft zu begegnen, suchte ich verzweifelt weiter und gelangte in ein Gewirr von Gängen und Höhlen. Da war aber kein Tier mehr. Also wünschte ich mir wieder die Schwäne zurück. Doch das Trommelsignal für die Rückkehr aus der unteren Welt stoppte mich.

Ein paar Wochen später probiere ich aus, ob die Schwäne mir helfen würden. Eine Bekannte hatte mich angerufen. In ihrer Nachbarschaft wäre eine junge Frau an Krebs erkrankt und ich sollte doch Kontakt zu ihr aufnehmen und mit ihr sprechen. Das tat ich telefonisch. Am Abend des gleichen Tages, als es dunkel geworden war, trommelte ich vor mich hin und begab mich mit dem inneren Erleben zu dem Platz, wo ich die Schwäne gesehen hatte, traf dort aber nicht ein. Statt dessen lief ich in feucht-nebliger Atmosphäre durch einen Wald. Mit einem Mal stand ich vor einem Schwan. Dankbar, ängstlich und zugleich neugierig trug ich mein Anliegen vor, nämlich dass ich jener kranken Frau helfen wollte. Daraufhin flog der Schwan los, weg aus meinem Gesichtsfeld. Ich wartete auf ihn, und er kehrte bald wieder. Er spreizte seine Flügel auseinander und schüttelte heftig seinen Kopf, es war ein klares Nein. Wie ich von meiner Bekannten erfuhr, verstarb die Frau ein paar Tage später im Krankenhaus.

In der schamanischen Sichtweise sind die Helfer unsere wahren geistigen Lehrer. Also was hatte ich gelernt? Dass der Schwan ein Helfer ist und zumindest in jenem Fall gut Bescheid wusste und dass sich meine Großmutter nicht um vorgegebene schamanische Landkarten kümmert, nach denen sie in die obere Welt gehört. Tatsächlich taucht sie auf schamanischen Reisen immer wieder mal auf und vermittelt Hilfe. Der Schwan aber steht in Verbindung mit anderen Vogeltieren, die mir bei schamanischen Anlässen helfen. Dies erlebe ich als sehr sinnvoll, denn es wird dann viel geflogen und darin kennen sie sich besser aus als ich.

Meine erste Reise in die obere Welt führte mich durch eine Wolkenschicht hindurch in die Unendlichkeit vielschichtiger Räume zu einem Kloster. Dort schritt ein Wesen in dunkler Mönchskluft auf einem altertümlichen Pflasterweg und kehrte mir den Rücken zu. Ich sprach es von hinten an: »Bist du mein Lehrer?« Es drehte sich um, sein Gesicht war von der Kapuze verschattet. Es sagte nichts. Ich bat es, sein Gesicht zu zeigen. Das tat es nicht, sondern ging weiter. Jene Reise war kein berauschender Erfolg. Die folgenden schamanischen Reisen waren vernebelt, schade eigentlich, denn ich hätte wirklich gerne mehr vom schamanischen Kosmos kennen gelernt. Über die Jahre fand ich heraus, dass sich dieser Kosmos (bis heute ziemlich eng) auf meine therapeutischen und familiären Anliegen einstellt und am liebsten bei diesen Anliegen Prägnantes und Gestalthaftes präsentiert.

Neulinge des schamanischen Reisens leiden häufig an Zweifel und Unsicherheit. Sie halten die Erfahrungen auf ihrer Reise für selbst gemachte Einbildungen. Eine weit gehende Lösung dessen ergibt sich meist durch Ausprobieren. Bärbel, die Teilnehmerin eines Einführungsseminars berichtete mir: »Auch mich befallen immer wieder solche Zweifel. Reisen wie die nachfolgend beschriebene zeigen mir dann immer wieder, dass meine Krafttiere und geistigen Helfer durchaus die Führung haben. Ich besuchte mit einem bekannten Paar eine Basis-Seminar. T. war eigentlich nur aus Neugier und Höflichkeit mitgekommen, denn er gehörte zu den ewigen Zweiflern, die den Glauben an eine höhere Macht weit von sich weisen.

Nach der ersten Reise zur Suche des eigenen Krafttieres sagte T. nur sehr kurz angebunden: ›Bei mir ist nichts geschehen.‹ Kurz darauf sollte ich in einer zweiten Reise ein Krafttier für T. suchen. Eines meiner Krafttiere, das Einhorn, holte mich direkt auf meinem Kraftplatz ab und sprang mit mir auf dem Rücken durch eine Wand. Wir landeten direkt an einem Sandstrand und galoppierten dort entlang. Hier begannen nun meine zweifelnden Gedanken, die mich vor allem befallen, wenn ich die Verantwortung für jemand anderen übernehme. Erster Zweifel: Jetzt denkst du dir was mit Strand und Meer aus, weil T. zur See gefahren ist... Plötzlich bemerkte ich neben meinem Reittier etwas wie einen großen Hund. Zweiter Zweifel: Jetzt denkst du dir auch noch was mit einem Hund aus, weil du weißt, dass er einen Hund hat... Dann erkenne ich jedoch, dass es sich um einen Wolf handelt. Dieser Wolf antwortet auf meine Frage, dass er ein Krafttier für T. ist und schon lange darauf wartet, mit T. näheren Kontakt aufzunehmen. Ich nehme den Wolf in meine Arme, um ihn übergeben zu können. Ich spüre seine Kraft und seine Freundlichkeit, außerdem etwas wie gespannte Vorfreude... Vom Beginn der Reise bis zum Einblasen* des Krafttiers vergeht nur sehr kurze Zeit, was ich schon oft bei mir beobachtet habe. Sobald ich etwas für andere tue, läuft es wie geschmiert. Ich beschreibe T. die Reise, worauf er sehr blass wird und nach kurzem Schweigen etwas verwirrt sagt: ›Weißt du was, als ich heute morgen meine erste Reise machen wollte, habe ich im Tunnel die stechenden Augen eines Wolfs gesehen. Ich war so erschrocken, dass ich sofort zurückgegangen bin und dann nicht mehr reisen konnte.‹«

Bärbel schloss für sich aus dieser Erfahrung: »So hat der Schamanismus durch nur zwei kurze Reisen einen neuen, überzeugten Anhänger gefunden, und gleichzeitig wurde mir wieder einmal gezeigt, wie wichtig Vertrauen und Loslassen sind und wie vermes-

*das Übergeben der Seele durch den Atem, s. Kap. 24

sen es ist zu meinen, ich könne eine Reise durch Gedanken beeinflussen. Ich empfand große Dankbarkeit für diese Reise.«

Ähnliches werden schon viele erlebt haben, die das schamanische Reisen ernsthaft prüfen wollten. Das Thema Einbildung oder gedankliches Machen wird in der Abwertung innerer Erlebnisse als Phantasie bereits allzu deutlich. Dabei ist die Phantasie bereits ein schöpferisches, psychisch reales Produkt. Marie-Luise von Franz hat sehr prägnant formuliert: »Das Schöpferische und das Heilende sind sich sehr nahe.«[*] Die Einlassung auf inneres Geschehen, in welchen Sinneskanälen auch immer, zeigt uns Inhalte jenseits der wachen Realitätskontrolle. Der Vorteil der schamanischen Reise ist dabei, dass sie mit einem Fokus, einer heilsamen oder helfenden Absicht, geschieht und zudem eine deutlich erfahrbare Überschreitung der Alltagsgrenzen nahe legt.

Die schamanische Landkarte, ihre Einteilung in Welten, mitunter auch viele Etagen in einer der Welten, kann als Ausdruck der Vielschichtigkeit, Weite und Tiefe der schamanischen Erfahrung gedeutet werden. Ich erlebe diese Landkarte als behelfsmäßig, als Orientierungshilfe, falls man sich verirren sollte. Der Raum des Geistes ist an sich unendlich. Entscheidend ist, dass schamanisch Reisende zuverlässige Helfer haben und stabilen Kontakt zu ihnen. Entscheidend ist auch, was der schamanisch Reisende beabsichtigt, welches Anliegen er hat, wenn er seine Helfer aufsucht.

Es gibt viele Helfer. Sie werden unterschiedlich benannt, die Core-Schamanen, also diejenigen, welche das schamanische Reisen in der Methodik Michael Harners ausüben, nennen sie gerne Verbündete, ein Ausdruck, der von Carlos Castaneda stammt. Ein alter Begriff für die Helfer ist Schutzgeister. Damit sind häufig Pflanzenhelfer gemeint. Von Hilfsgeistern oder Geisthelfern wird auch gesprochen. Persönlich mag ich die Begriffe Seelenhelfer oder Helferwesen. In Kulturen, in denen viel Hilfe durch Vorfahren erlebt wird, sind es die Ahnengeister. Wenn die Mythologie sagt, nichtmenschliche Wesen seien Begründer des Stammesgeschlechts, dann sind das auch Ahnengeister.

In der all-beseelten Welt sind die Geisthelfer beinahe in allem zu finden, in Steinen wie in Pflanzen, in Bergen und in Flüssen, in Quellen und Landschaften, an Plätzen und in sakralen Bauten, in Wind, Regen und Wolken, in Gestirnen und vielem mehr. Erstaunlich und bemerkenswert ist, was alles Menschen an Hilfe finden können, wenn sie sich mit entsprechender Absicht auf die Suche machen. Die Geschichte, die ich erzählen will, kann ein wenig davon Zeugnis geben.

---

[*] v. Franz, 1979, S. 30

9

Inge und der Baum

Inge war Mitte dreißig. Ihre beiden Kinder stammen von einem cholerischen Mann, der öfters betrunken war und Inge dann auch schlug. Stets hatten sie nicht nur Pflichterfüllung und der Wunsch nach Harmonie bestimmt, sondern auch die Suche nach Geborgenheit. Ihr Vater hatte oft zuviel Alkohol getrunken und die Mutter angeschrieen, ja geschlagen. Als Kind war Inge auch von einem pubertierenden Verwandten vergewaltigt worden. Die Mutter hatte es ihr nicht glauben wollen. Wichtiger war es der Mutter, wegzukommen von ihrem Mann und jener verzweiflungsschwangeren Gegend, die von einem schwer einfühlbaren Gemenge aus religiöser und stalinistischer Machtentfaltung geprägt war. Die Auswanderung nach Deutschland zur Tante, die schon dort war, brachte Entlastung und ein geordnetes Heranwachsen.

Ein wunderbares Temperament hat Inge, humorvoll, einsatzbereit, zur Zuneigung und Sorge bereit. Ihr Mann hatte einen Schatz geheiratet und wusste es allenfalls halbherzig, die andere Hälfte war unruhig, unzufrieden, gewalttätig und im eigenen Unglück nicht einsichtig oder mitfühlend. Nach der Trennung von ihm begann es, dass ihre bereits heftigen Angstzustände in schreckliche Panikattacken ausarteten. Das Herz überschlug sich und es pulste wie verrückt, gleich würde es kollabieren. Das Angst lösende Medikament vom besorgten Hausarzt half und schien sie mit seiner beruhigenden Kraft in seine Fänge zu nehmen. Das wollte sie nicht. So saßen wir zusammen. Blass war sie, lächelte tapfer und weinte immer wieder bitterlich und manchmal beides zusammen. Und ich hatte eine große Wut auf diesen Ehemann. In dieser Bezeichnung war das Wort Ehe am besten nur noch ein ehe-malig.

Einige Monate später war die Scheidung auch durch. Bald schon akzeptierte sie die Freiheit der Vorstellungskraft, der schweifenden, suchenden und wieder erkennenden Seele. Ein guter Ort in der Natur, wo sie Kraft und Geborgenheit findet, war von mir vorgeschlagen worden. Und sie entspannte sich auf dem Lammfell, zog die Wolldecke über sich, weit hoch bis zum Hals. Der Atem ging ruhig. Und sie begann, mich in ihre Heilungswelt einzuweihen, indem sie leiser werdend ihre inneren Erlebnisse beschrieb: »Ich gehe jetzt den Weg... vom Haus meiner Großmutter... durch den Garten... zum Meer. Es ist gar nicht so weit... Jetzt bin ich bei dem Baum.«

Eine lange Pause begann, und ich war entspannt und genoss das Schweigen. Schlief sie? Träumte sie? Ich räusperte mich leise und fragte sanft danach, was sie jetzt erlebte. »Ich sitze unter dem Baum. Es ist mein Baum. Als Kind war ich oft dort. Mein Freund. Ich habe ihn wiederentdeckt.« – »Genießen Sie es«, sagte ich. Und wieder trat Stille ein. Irgendwann, als wüsste sie, dass noch fünf Minuten bis zum Ende der Stunde blieben, schlug sie die Augen auf und lächelte glücklich vor sich hin. »Ich war wieder dort. Und solange hatte ich ihn vergessen. Als Kind war ich in den Sommerferien bei meiner Großmutter, sie hatte ein Häuschen bei der Ostsee.« Aus der Anamnese wusste ich, dass die Großmutter eine ganz liebe Person war. »Kann Ihnen unter dem Baum überhaupt etwas geschehen?« – »Nee«, sagte sie und lachte. »Aber ich kann ja nicht dauernd dort sein.«

Sie könnte ihn jetzt wieder öfter aufsuchen, meinte ich. Ja, das würde sie ganz gewiss tun, antwortete sie. Und ich glaubte, ihr seien Steine vom Herzen gerutscht, als sie leichtfüßig aufstand und mir zum Abschied die Hand hinstreckte.

Immer wieder war sie sowohl in der Therapiestunde als auch selbständig zu ihrem Baum gegangen. Sie hörte die Vögel zwitschern, genoss das Rauschen der Blätter im Wind und hörte den Baum ermunternde Dinge zu ihr sagen. Sie war auch im Baum, er war dick geworden und hatte ihr eine Höhle geöffnet. Darin saß sie und fühlte sich geborgen. Der Baum wurde eine Eiche mit mächtigen Wurzeln und einem breiten Astwerk. Als einmal ihr Kind Röteln hatte, nahm sie es mit in den Baum, um es von ihm behandeln zu lassen. In Dankbarkeit wollte sie den Baum umarmen. Er war zu dick dazu, doch wurde sie mit ihm eins. »Ich bin jetzt der Baum, und er ist ich. Ich habe Wurzeln und greife ganz tief in die Erde«, sagte sie, bevor sie länger still wurde. Ihr Atem ging langsam und ruhig. Zum Ende der Stunde weckte ich sie vorsichtig, sie war eingeschlafen.

War sie zu offen, zu kränkbar, zu verärgert, zu verängstigt im Gewirr von verletzenden Ereignissen oder Erregungen ihrer Sorge, dann kehrten Verunsicherung und Angst zurück. Die Steine konnten in ihr Herz zurückkehren und es wieder schwer machen, und die Brust konnte sich verletzt zusammenziehen und den Atem eng machen. Der Lebensatem, den sie braucht, würde sie ihn verlieren? Es war nicht alles »Friede, Freude, Eierkuchen« geworden. Sie wollte sich nicht mehr vom zweiten Ehemann ihrer Mutter begrabschen lassen. Dieser ekelhafte Kerl, was nur die Mutter an ihm fand! Sie hatte Angst, im Alter allein zu sein.

Doch nun mied Inge ihre Mutter. Irgendwann stand deshalb eine Klärung an, die auch leidlich gelang. Die Mutter wollte eigentlich wieder nichts davon hören, dass ihre Tochter Schutz gegen einen übergriffigen Mann brauchte. Inge ging sie deshalb nicht mehr besuchen und bestand darauf, die Mutter solle sie besuchen.

Inges neuer Lebenspartner war das Gegenteil vom vorherigen Mann, jung, passiv, lieb. Nach der ersten Sättigung mit der Erfahrung, einen Mann auch kontrollieren zu können, kamen auf den Wogen ihres Temperaments Vorwürfe, schlechtes Gewissen und die Angst, ungerecht zu sein und den jungen Mann zu verlieren. Sie merkte, er war unterwürfig und hatte Angst vor ihr.

Inzwischen saß unter dem Baum der Kindheit ein weiterer Helfer, ein Panther. Er ließ sie wissen, dass sie sich ihrer Wünsche bewusst sein soll. Und sie kündigte eine Arbeitsstelle und fand eine bessere, kein Wunder bei ihrer Lebendigkeit und Einsatzbereitschaft. Manchmal brachte sich die panische Angst in Erinnerung, wenn sie sich in ihrem Ehrgeiz übernahm. Aber der Baum stand da, zuverlässig, ein Baum eben.

Und dann kam der Tag, an dem Inges erstarktes Vertrauen in ihre Seelenkraft offenbar geprüft wurde. Ein wunderschöner Maimorgen war es. Der Löwenzahn blühte auf der Wiese, als wollte er uns zu seinem Gelb bekehren. Inge aber war ganz weiß im Gesicht und hatte graue Ringe unter den Augen. Die sonst ordentlich gebändigten Haare waren zerfahren, wie sie selbst. Stotternd brachte sie hervor, dass ihr gerade telefonisch gekündigt worden war. Sie war ja noch in der Probezeit. Fristlos also. Geschehen war es, weil sie bei der Personalstelle den dritten Tag in Folge darum gebeten hatte, bei ihrem Jüngsten bleiben zu können, der an Masern erkrankt war und hohes Fieber hatte.

Geschlafen hatte sie kaum, hatte soviel Angst um das Kind. Und dann dies. Fristlos. Was für ein böses Wort. Ein gefundenes Fressen für ein marterndes Gewissen, für die nimmersatte Angst vor Versagen, Verlassenheit und Verarmung. Die zu erwartende Panikattacke hatte bereits eine erste Invasion erfolgreich abgeschlossen, bevor sich Inge zusammengerissen hatte, um zur Behandlungsstunde zu kommen. Die nächste Attacke stand mit Schwindelgefühlen und Herzklopfen vor der Tür und sie würde tiefer gehen, kaputt machen, was die heilende Seele geschaffen hatte.

In jener Therapiestunde stand auch die Arbeit des Therapeuten zur Prüfung an. Schon der Glaube an die Hilfe des Baums war absurd. Geschweige denn, Inge zu bitten, sie möge den Weg zu ihrem wiederentdeckten Freund gehen. Sie versuchte es trotzdem, wohl mir zuliebe, wenigstens den Therapeuten nicht enttäuschen. »Grau ist es ... tiefe Wolken. Der Baum ist nicht mehr da. Das habe ich geahnt.« Sie möge genauer hinschauen, erbat ich. »Er ist abgesägt, weg.« – »Oh«, entfuhr es mir. »Und der Panther?« Meine letzte Hoffnung. Nach einer Pause sagte sie leise: »Der ist irgendwie da, er versteckt sich.«

Nahm ich einen Schimmer von Hoffnung wahr? Jetzt lass dich nicht hängen, dachte ich, und meinte wohl eher mich selbst. »Schauen Sie bitte nach.« Und wieder folgte eine Pause. Die Atmosphäre schien mir angespannt. Ich sah den Panther vor mir, hinter einem Strauch aufmerksam zu ihr auf den freien Platz blickend. »Lass sie nicht alleine«, bat ich ihn innerlich. »Er kommt jetzt aus dem Gebüsch heraus... streicht um mein Bein.« Sie begann zu weinen. Ein langes Weinen. Die Not brach hervor.

Als sich das Weinen gelegt hatte, sagte ich ohne Überlegung, denn um diesen Baum wollte ich kämpfen: »Wir befinden uns im Reich der Seele, sie kann nicht zerstört werden. Fragen Sie den Panther nach dem Baum.« Nach kurzer Pause meinte sie mit einer festeren Stimme, der Baum wäre eigentlich nicht gefällt, hätte der Panther gesagt. »Ich soll mich umdrehen, dreimal um mich selbst... da wächst ein neuer, ach du meine Güte, was ist denn das!« Sie lachte ein wenig. »Da ist ja auch meine Oma und wartet auf mich... Sie nimmt mich in den Arm und will mich trösten.« – »Mögen Sie?« – »Ja.« – »Na dann.« Als Inge etwas später von selbst aufstand und ihre Tränen abgewischt hatte, lächelte sie und sagte, die Oma hätte ihr eine neue Arbeit gezeigt, die sie bald bekommen würde. (Was tatsächlich geschah.)

Diese Geschichte zeigt viele Charakteristiken schamanischer Erfahrung und, was vielleicht noch schöner ist, viel Nähe zu modernen therapeutischen Methoden, mit denen Betroffene und ihre Behandler in den Teufelskreis innerer und äußerer Leidensbedingungen eingreifen können. Meist suchen Menschen einen Ort in der Natur auf, wenn sie darum gebeten werden, sich einen Platz vorzustellen, an dem sie Ruhe und Kraft finden. Gar nicht selten geschieht es dann, dass sich zunächst eine Stelle aus dem letzten oder einem früheren Urlaub ergibt, dann aber ein Zufluchtsort aus der Kindheit hinzukommt, der scheinbar mit dem ersten inneren Eindruck konkurriert. Hier kann sich ein innerer Konflikt ausdrücken zwischen einem psychischen Anteil, der die Erwachsenenidentität und ihre Erlebnisstützen aufrecht erhalten will, und einem Anteil, der zurück will in hilfreiche Erfahrungen der Kindheit. Es reicht meist zu fragen, wo die betreffende Person am liebsten verweilen will.

10

Die Nähe zu den Kräften der Natur

»Die Menschen können lügen, aber die Schöpfung kann nicht lügen. Wenn also ein Pflanzengeist zu dir spricht und du ihm zuhörst, dann tue, was er dir sagt«, bemerkte eine weise Indianerin, nämlich Großmutter Bertha Grove.[1]

Bis auf Naturkatastrophen oder Unfälle in der Natur fällt mir nichts ein, was uns Schlimmes in oder seitens der Natur geschehen kann. Im Gegenteil, ein Wald, eine Landschaft empfängt uns, nimmt uns auf wie eine gute Mutter. Wenn es um Ruhe und Kraft geht, empfinden viele Menschen Nähe zur Natur.

Die Wahrnehmung und die Gefühle, die der Natur entspringen, ihrer Kraft und ihrer Weisheit, sind biologisch und psychologisch unserer Instinktfähigkeit nahe, die durch unsere Zivilisation häufig zugedeckt, entfremdet oder geschädigt ist. Gar nicht zu reden vom Rückzug des natürlichen Lebens in einer Person, wenn ihr Schreckliches geschehen ist. Dann nämlich ziehen sich die seelischen Kräfte mitunter fast gänzlich zurück, wie ich später verständlich machen möchte. Wenn es uns möglich ist, wenn es uns geschenkt wird, dass wir die Nähe zu einem Pflanzengeist erleben können und von ihm etwas für unsere Gesundheit oder unser Wissen erhalten, dann müssen wir nach den Regeln der Natur dafür danken. Großmutter Grove sagte: »Dann musst du dem Geist der Pflanze danken, dann dem Schöpfer und der Mutter Erde, aus der sie stammt. Du musst es lernen, für Dinge dankbar zu sein.[2]

Dies führt zu einer weiteren einfachen Erklärung für den Wunsch, der Natur und ihren Kräften nahe zu sein, nämlich das simple Nehmen und Geben, das mit ihr möglich ist. Im Globalen wie im Kleinen wird es immer erfahrbar, ob dieses Gleichgewicht stimmt oder nicht stimmt. Auch darin lässt es sich nicht lügen. Wenn wir die Nähe eines hilfreichen Naturgeistes wirklich erleben, dann ergibt sich das Gefühl von Dankbarkeit fast von selbst, da dies ein *anderes* Erleben ist als die auf zwischenmenschliche Beziehung eingeschränkte Nähe. Die Hilfe der Pflanzengeister ist nicht kalkulierend, technisiert oder funktionsbetont, sie strömt und fließt. Diese Kräfte erfahren in ihrer Hilfestellung das eigene Sein und sind darin und in ihrer Wirkung von unserem auf sie gerichteten Bewusstsein abhängig. Für unser persönliches Wachstum wie auch für unsere Verbündeten in der Natur ist es sehr bekömmlich, das Danken häufig auszuüben. Dieser Aspekt wird in den weiteren Ausführungen immer wieder aus wechselnder Perspektive betont werden. Der Dank ist in seiner Kraftentfaltung verhältnismäßig leicht erfahrbar und im Übrigen für die Gesundheit eine Voraussetzung.

Den heutigen Therapiemethoden, die mit naturnahen Vorstellungen und Motiven arbeiten, unterliegt leider nur ein theoretisches Modell, das psychologische Interpreta-

[1]Cowan, 1994, S. 239   [2]S. 243

tionen in den Vordergrund hebt. Wenn ein Baum oder eine Blume erlebt wird, ist der Therapeut gleich in einem Komplex an diagnostischen und psychodynamischen Überlegungen, welche die aufkommende Nähe ihrer Patienten zu Wesen der Natur als Projektion oder Übertragung psychischer Zustände charakterisiert. Dies lässt erst gar nicht den Gedanken zu, die Pflanze hätte ihrerseits Interesse, uns Hilfe anzubieten. Das haben die Pflanzengeister aber. Pflanzen arbeiten therapeutisch mit, wenn sie darum gebeten werden. Ein maßgebliches Ereignis, das vor vielen Jahren in meiner Praxis stattfand, ist mir diesbezüglich noch gut in Erinnerung.

Am südlichen Fenster steht ein prachtvoller Christusdorn. Er blüht dort seit mindestens zehn Jahren und hat schon Kinder hervorgebracht, die nun mein Büro bewohnen. Er ist ein Fels in der Brandung des Leidens, das in der Praxis immer wieder gegenwärtig ist. Der Christusdorn war noch jung, vielleicht dreißig Zentimeter hoch, als es zum Beweis seiner Heilkraft kam.

Eine Frau, die in der Kindheit mehrfach sexuell missbraucht und von Kriegs- und Nachkriegsereignissen traumatisch getroffen war, litt sehr in einer langjährigen Beziehung zu einem alkoholsüchtigen, emotional abweisenden Mann. Allerdings hatte sie noch Kraft, die sie aus ihrem selbst erworbenen Heilerwissen bezog. Sie kannte sich bestens in der Bachblüten-Therapie aus. Auf einem der Höhepunkte vorgetragener Selbstzweifel, giftiger Gewissensnot und Verlustangst bat ich die Frau, zu dem Pflanzengeist zu gehen, dessen Blütenessenz sie zu jener Zeit zu sich nahm, und ihn um Hilfe zu ersuchen. Derweil schloss auch ich für einen Augenblick die Augen, um mich zu sammeln.

Überraschend tauchte in meiner inneren Schau mein Krafttier auf. Es brachte ein Pflanzenblatt vom Christusdorn zu mir, legte es hin und würgte einen Kelch hervor, in dessen leuchtendem Inhalt eine Blüte des Christusdorns schwamm. Dies verstand ich sofort.

Während meine Patientin von ihrem (aktuellen) Blütengeist erfuhr, dass ihr Leben mit einem alkoholkranken Mann eine Gratwanderung sei und sie einen Gefühlsaustausch mit ihm nicht zu erwarten brauchte, war mein Co-Therapeut auf dem Fenstersims aktiv geworden, um der Frau zu helfen. Ganz im Sinne der Bachblüten-Medizin schlug ich ihr vor, eine Blüte des Christusdorns nach der Methode Edward Bachs in Arznei zu verwandeln und nach eigenem Empfinden zu verwenden. Da fiel ein Stängel mit Blüten meines Christusdorns vom Strauch herunter auf das Tischchen, das zwischen uns beiden stand. Diese Synchronizität war eindeutig. Nach der Therapiestunde verfuhr die Frau mit dieser Blüte, wie ich durch meinen Verbündeten inspiriert vorgeschlagen hatte und erfuhr eine bemerkenswerte Kräftigung ihrer Durchsetzungsfähigkeit, sodass sie sich Wünsche gegen den Willen ihres Mannes erfüllte, die sie bisher kaum zu denken gewagt hatte.

Andere Psychotherapeuten, die auch mit der Imagination von Naturmotiven arbeiten, bestätigen, dass der Helfergeist von Bäumen ziemlich häufig in Erscheinung tritt, wenn durch Imagination Hilfe in der Natur gesucht wird. Dies ist gleichsam eine Ironie gegenüber der Christianisierung und der mit ihr verbundenen Unterdrückung heiliger und heilender Erlebnismuster vorchristlicher Generationen. Bestimmte Bäume wurden von unseren Vorfahren besonders geschätzt und als Sitz göttlicher Kräfte verehrt. Dieses Wissen ist uns noch nahe. Im geistigen Erbe der westlichen Kulturen wirken z. B. die Eichen, deren heilende und stärkende Kraft in den seltsamen Astgewächsen der Mistel noch zu gipfeln scheint.

Bekanntlich stand die Eiche in der Naturerfahrung vieler europäischer Völker an oberster Stelle der Verehrung. Diese Bäume können sehr alt werden. Noch gibt es welche, die bereits seit tausend Jahren leben. Als die Römer in ihren Eroberungen Germanien kennen lernten, mussten sie auch mit ihrer Angst vor den Eichenwäldern fertig werden, die ihnen wie »Zeitgenossen des Ursprungs der Welt« und »fast unsterblich« vorkamen, wie Plinius berichtete.[1] In der Wahrnehmung der Germanen lebte der Donnergott Donar bzw. Thor in diesen Bäumen. Sie waren mächtige Wesen. In ihrer Nähe und unter ihrem Astwerk wurden heilige Rituale durchgeführt und Gericht abgehalten. Insofern war es allzu plausibel, dass der mit der Missionierung Germaniens beauftragte Bonifatius eine der alten und heiligen Eichen in der Nähe von Geismar in Hessen fällte, um den umstehenden ›Heiden‹ klarzumachen, dass sein Gott stärker sei als ihr Donar. Er wollte beweisen, dass kein Blitz vom Himmel kommen würde, um ihn als Frevler zu bestrafen.

Wir schulden den Bäumen unendlich viel. Nicht nur, dass sie uns lebensnotwendigen Sauerstoff, das Bau- und Brennholz, Medizin und vieles mehr spenden, sondern auch dass sie seit undenklichen Zeiten zu einem geistigen Bild des Kosmos inspirieren, zu einer Vergegenwärtigung aller Seiten des Lebens, des Schicksals und spiritueller Erfahrung bis hin zur Unsterblichkeit.[2] Vertrauen und Sehnsucht ruft ein Baum in uns wach, Liebe und Geborgenheit. Er wirbt für Verwurzelung und für festen Halt. Oder er konfrontiert uns mit dem Werden und Vergehen gemäß der Jahreszeiten oder des Wachstums und Sterbens. Und in seiner Gestalt ragt er aus dem Verborgenen, aus dem fruchtbaren Dunkel der Erde hinauf in die Wetter und Winde dieser Welt und schließlich in den Himmel. Kein Wunder ist es also, dass der konkrete Baum wie auch seine Geisteskraft von Schamanen genutzt wurde, um in ihren besonderen Bewusstseinszustand zu kommen. Durch die Hilfe ihres Baumes erreichten sie die obere Welt. Das Besteigen eines Baums gehörte in manchen Völkern Sibiriens zum Kern der Initiation des Schamanen.

Gut erforscht ist das entsprechende Ritual bei dem sibirischen Volk der Burjäten. Der von Träumen, Visionen oder Geisterkontakten Berufene zieht sich lange Zeit in die Einsamkeit zurück und wird von einem älteren Schamanen unterrichtet. Am Vorabend des Rituals werden Birken aus dem Wald geholt, von denen eine in der Jurte des Initianten mit den Wurzeln in der Herdfläche und mit dem Wipfel aus dem oberen Jurtenloch hinaus aufgestellt wird. Diese Birke hat den Namen *udeshi burkhan*, das heißt Türhüter, und meint die Öffnung zum Himmel, zu den Geistwesen also, zu denen der Neophyt auf seiner Reise aufsteigen wird.

Diese Birke wird weiterhin in der Jurte verbleiben. Die anderen Birken haben rituelle Bedeutung, so für die Opfer und Gaben an die Himmelswesen. Eine entscheidende Birke aber ist stark im Wuchs und wird gut in der Erde verankert, denn an ihr wird der zukünftige Schamane real hinaufsteigen und nach ihm auch sein »Vater-Schamane« und die anderen anwesenden Schamanen. Der Aufstieg wird ekstatisch erlebt. Der Baum dient auch als körperlicher Ausgangspunkt für die Reise des Schamanen, dessen Seele sich in einen Vogel zu verwandeln vermag und das Bewusstsein weithin tragen kann. Die Angehörigen der Sippe oder des Stammes sind anwesend und erleben all dies und die vielen rituellen Opfer und Segnungen mit.[3] Sie hören aufmerksam und dabei spannend unterhalten den Geschichten zu, die vom Baum herab oder nachher berichtet werden und die ekstatischen Erlebnisse wiedergeben.

Der Dienst, den der Schamanenbaum den Menschen erweist, ist so mächtig, dass er stilisiert in Zeichnungen z. B. auf Trommeln und wichtigen Gegenstände eingeritzt und aufgemalt worden ist. So entstand mancherorts auch ein Schamanenzepter, ein Stab von etwa einem Meter Länge, der auch (oft drei) Zacken hatte und sichtbarer Träger

[1] zit. n. Brosse, 2001, S. 82   [2] Eliade, 1975, S. 259 ff   [3] Eliade, 1975, S. 120 ff

schamanischer Kraft war.[1] Vielen Erzählungen zufolge werden die Schamanen in Nestern des sagenhaften heiligen Schamanenbaums, der bis in den Himmel ragt, ausgebrütet oder aufgezogen. Findeisen zählt einige Versionen auf. Eine davon ist besonders schön:

»Dort, wo die Grenze zwischen Tag und Nacht ist, steht ein Baum, der die Bezeichnung Turu trägt. Auf ihm gibt es auf neun Zweigen Nester, eines immer höher als das andere. In diesen Nestern werden die Seelen der Schamanen großgezogen.«[2] Die Höhe des Nests bestimmt darüber, wie wissend und sehend ein Schamane einmal sein kann.

[1] Findeisen und Gehrts, 1993, S. 114 ff [2] S. 113

11

Eine Buche spendet Kraft

Das Schamanenzepter, der Stab der Schamanenkraft, schien in einer imaginativen Reise einer Frau wiedergekehrt zu sein, die eine alte Buche zum Helfer hat. Diese Frau, die ich hier Ulrike nennen will, ist einiges über sechzig Jahre alt. In unseren therapeutischen Bemühungen gelangten wir rasch zu ihrem inneren Konflikt. Sie wollte ein braves Mädchen sein und bleiben. Aber sie wollte auch hinaus in die Welt.

In ihrer langjährigen Ehe, aus der zwei nun erwachsene Männer hervorgegangen sind, opferte sie sich auf. Sie verstand dies als Forderung ihres Mannes. Er hatte häufig den Vorwurf geäußert, Ulrike gebe zuviel Geld aus. Sein Geiz war verbunden mit dem Hinweis, dass sie nichts wäre ohne ihn, den Geldverdiener. Ständige Kopfschmerzen, Kreislaufprobleme und Schwächegefühle begleiteten ihren Kampf um perfekte Bravheit.

Die notwendige Rebellion nahm konkrete körperliche Formen an. Seit vielen Jahren kämpfte Ulrike mit einer chronischen Übelkeit, die auch zu Erbrechen führte. Diese Symptomatik war weggegangen, als Ulrike in einer Kur endlich einmal für sich war. Die Quintessenz der Kur ergab die vorläufige Trennung von ihrem Mann, die in beiderseitiger Verabredung auf Druck der Kurärzte zustande kam. Ein paar Jahre ging es Ulrike gut. Dann gab sie ihrem Mann nach, der auf der Erfüllung ihres früheren Versprechens bestand, wieder zurückzukehren. Er war auch bedrohlich erkrankt, was ihre Verpflichtung verfestigte. Nun begann aber der alte Leidensprozess verschärft. Sie litt zusätzlich unter sozialen Ängsten und traute sich kaum mehr aus dem Haus, während es dem Ehemann wieder gut ging.

Ulrike hat einen natürlichen Kontakt zur inneren Welt. Wir hielten uns zunächst an Motivvorgaben aus der katathym-imaginativen Psychotherapie nach Hans-Karl Leuner, worüber ich später noch einiges sagen werde. Ulrikes Imaginationsreisen durchliefen also im Laufe von fünfzehn Therapiesitzungen die Motive von Blume, Berg, Bach und Waldrand. Am Waldrand stand bereits ein besonders fruchtbarer Kirschbaum aus ihrer Kindheit, der eigentliche Helferbaum aber fand sich im Wald, eine alte Buche. Dort holte sie sich Kraft, umarmte ihn, verschmolz mit ihm. Die Übelkeit verschwand ein paar Tage und machte einer ungeahnten Agilität Platz.

Ulrike meinte, sie hätte alles hinter sich und könnte nun mit dem Leben anfangen. Die Übelkeit kam aber wieder, als sie sich mit dem rituellen Zubereiten sonntäglichen Essens abfand. Diese Tätigkeit stand für die ganze hausfrauliche Mühsal und Verpflichtung, die ihr im Wortsinne bis zum Hals stand. Die Besprechung des Rückfalls in das überwunden geglaubte Leiden ergab, dass Ulrike partout ihren guten Charakter beweisen wollte. Warum? Ihre Schwiegermutter hätte vor der Verlobung ihres Sohnes mit

Ulrike eine Graphologin beauftragt, die Schrift Ulrikes zu begutachten. Dabei wäre der Befund eines schlechten Charakters herausgekommen. Daraufhin hätte sich Ulrikes späterer Mann von ihr getrennt. Er war dann zwar zu ihr zurückgekehrt, aber diese Verletzung wirkte sich wie ein Damoklesschwert aus. Ulrike traute sich praktisch keine Eigenständigkeit mehr zu.

Für Eigenständigkeit einzustehen, bedeutete für sie ein ständiger Kampf mit einer inneren Kraft, die Ulrike »schlechtes Gewissen« nannte. Da sie nun einen verlässlichen Helfer hatte, wurde es Zeit, sich der Macht des schlechten Gewissens absichtsvoll zu stellen. Nachdem sie sich vom Baum die nötige Kraft geholt hatte, forderte sie das schlechte Gewissen auf, sich ihr zu zeigen. Es war eine hohe und dicke Mauer, die Ulrike daran hinderte, vom Fleck zu kommen. Die Auseinandersetzung mit der Mauer dauerte drei weitere Therapiestunden. Es war harte Arbeit für Ulrike. Sie holte sich jeweils Kraft von der Buche und trat erst mit den Füßen gegen die Mauer. Dann trug sie die Mauer Stein für Stein ab. Die Mauer wurde zwar kleiner und bekam ein Loch, durch das sie in die Welt gehen konnte, aber diese Seite ihrer bisherigen Persönlichkeit blieb ein Hindernis. Aus der Mauer wurde eine Hürde. Ich schlug vor, dass wir beide nun gleichzeitig das Hindernis betrachteten. Sie stimmte zu.

Also schlossen wir die Augen und jeder ließ ein inneres Bild von dem Hindernis entstehen, das Ulrike beschäftigte. Ich sah eine hohe Mauer. Links davor stand Ulrike. Über ihr grinsten fiese Gestalten vom Mauerrand auf sie herab. Sie schaute zwar hoch, ließ sich aber nicht beeindrucken, sondern nahm Kurs auf eine Öffnung in der Mauer und schritt hindurch. Auf der anderen Seite war sie ein Mädchen von fünf Jahren und hatte einen Vogel auf der Schulter sitzen. Sie marschierte kräftig los, immer gerade aus durch den Wald. Der Vogel verschwand und sie hatte einen Stoffbär unter dem Arm. Der Stoffbär verschwand und es wurde ein Stock, den sie hielt. Sie marschierte immer weiter und verlor nicht an Kraft. Wie Ulrike anschließend aus ihrer eigenen Imagination berichtete, hatte sie selbst die Hürde wieder kleiner werden sehen, sodass sie drüber hinweg steigen und losgehen konnte.

Auf den Ablauf meiner inneren Wahrnehmung ging ich nicht im Einzelnen ein, sondern sagte nur, es wäre an der Zeit, dass sie einen mobilen Helfer bekäme, der auch bei ihr wäre, wenn sie in die Welt ginge. So begab sie sich in einem, wie mir schien, etwas tieferen Tagtraum zu ihrem Baum. Er schenkte ihr einen seiner Äste, der zu einem Stock wurde. Und dann marschierte sie los. Weiter schilderte sie: »Die Hilfe, die vom Baum gewährt wird, kommt auch von dem Ast. Er bestärkt mich in meinen Vorhaben. Die Hürde kann ich mit einem Schritt übersteigen. Immer wenn ich ängstlich zurückschaue, gibt mir mein Ast Halt.« So kam sie auch zu Menschen. Diesen blickte sie, wie sie sagte, offen ins Gesicht. Und weiter: »Es gelingt mir ganz leicht, ein Gespräch mit einigen zu führen. Es gelingt mir, zu lachen und ohne Hemmungen zu antworten. Ich stehe gerade und aufrecht. So möchte ich mich immer verhalten, wenn ich mit anderen Menschen zusammentreffe.«

Der Teddybär kommt einem bekannt vor. Er ist für viele Kinder einer der ersten materialisierten Helfer, um Nähe, Vertrautheit, Sicherheit und einen Gesprächspartner zu finden, ohne auf die Zuwendung einer menschlichen Person angewiesen zu sein. Er hilft beim Übergang zu mehr Eigenständigkeit. Psychologisch gesehen trägt er die liebevollen Prägungen aus den bisherigen Erfahrungen mit den nahen Menschen. Zugleich aber ist er schon ein Eigenprodukt der inneren Schaffenskraft des Kindes, seiner Fähigkeit, aktiver Teil der Schöpfung zu sein. Und er ist greifbarer Bestandteil der entstandenen Fähigkeit, sich aus der symbiotischen Einheit mit der Versorgungsperson, meist der Mutter, lösen zu können.

Der Fachbegriff Übergangsobjekt versinnbildlicht dies. Er stammt von dem Psychoanalytiker D. W. Winnicott.* Er fand heraus, dass in dem tröstenden und zugleich stärkenden Objekt die psychische Qualität der Mutter noch vorhanden ist, nun aber abgelöst von ihr und den Bedürfnissen des Kindes eigenständig verfügbar. Es kann der Abhängigkeit von der Mutter trotzen, es hat sich ein eigenes »Ich will« erschaffen. Dies funktioniert vor allem deshalb, weil die Mutter die Lösung des Kindes aus der Symbiose anerkennen und ihm zeigen kann, dass sie deshalb nicht böse ist oder verloren geht.

Die inneren Bilder, die Ulrike und ich voneinander getrennt erlebten, sind eine gute Lehre darüber, wie die Naturgeister auf unsere Bedürfnisse eingehen. Ulrike bekam einen Teil von ihrem Baumhelfer, der sie eigenständiger machte. Mich ließen die inneren Bilder einen Umweg über mein psychologisches Interpretationssystem machen. Die innere Wahrnehmung ließ mich aber auch klar wissen, dass Ulrike losmarschieren kann. Psychologisch gesehen war der Stock der Abkömmling eines kindlichen Übergangsobjekt, der vielleicht wirklich ein Teddy war. Diesem ging aber noch ein Vogel voraus. In ihm verdichten sich womöglich tiefer und weiter greifende Hilfen. Vielleicht gehörte zu ihnen auch die stützende spirituelle und psychische Kraft des Therapeuten. Vielleicht war es eine inspirierende Kraft, welche die psychologische Auffassung übersteigt. Die Synchronizität, dass wir beide, Ulrike und ich, unabhängig von einander einen (Ast-)Stock als Helfer erkannten, mag veranschaulichen, wie intensiv und bedeutsam diese Kraft werden kann, sodass sie die Grenzen individueller Wahrnehmung zu überwinden vermag. Wir sollten es für möglich halten, über unsere begrenzten Überzeugungen hinausgehen zu können und zu dürfen. Dies betrifft insbesondere den durch Erziehung erworbenen Glauben an die Isolation der individuellen Seele.

Dass sich der Geist der Buche in das therapeutische Bündnis zwischen Ulrike und mir hineinbegibt, sollte nicht nur als psychologisch zu erklärendes Phänomen, also als einseitige Imagination von Menschen, gedeutet werden. Im Erschaffen von inneren Bildern sind auch die Geistkräfte anwesend, die zu den betreffenden Wesen gehören. Es ist nicht nur ein Übertragen eigener Gefühle und Motivation, wenn ich in therapeutischer Haltung Hilfe für eine Patientin innerlich erlebe. Über diese personale Zuwendung hinaus befinde ich mich in einem Netz von Unterstützungen, welche durch die *Heilungsabsicht* angesprochen sind.

Das Gleiche gilt auch für Gefühle und Motivationen der Patientin. Durch die absichtsvolle Einbeziehung der Hilfe seitens anderer Wesen, hier der Buche, wird die Tür zur Lebensgemeinschaft unserer Erde aufgemacht. Übertragen wird so auch eine Haltung, die wir nicht nur spirituell oder transpersonal nennen müssten, sondern auf einer konkreten Ebene auch ökologisch. Wir geraten in das Bewusstsein unserer Zugehörigkeit zum gleichen Kosmos. Wir können einander hilfreich sein. Wir sind mit allen Wesen dieser Erde verwandt, wie es indianisch ausgedrückt wird.

Der Begriff Übergangsobjekt kann aus transpersonaler Sicht plausibler durch das Wort Kraftobjekt ersetzt werden. Die ›Mutter‹ Erde gewährt durch den Baumgeist ihrer ›Tochter‹ Kraft, einen lebensdienlichen Weg gehen zu können. Die Buche gab Ulrike einen Ast, damit sie ihre Hilfe bei sich haben kann, wo immer sie sich aufhält. Dies könnte eine menschliche Urerfahrung der Hilfsbereitschaft der Naturkräfte sein. Auf sie würden sich alle zeremoniellen Einsätze und Bedeutungen von Stöcken, Stäben, Zeptern, Pfählen, womöglich Fahnenstangen und Maibäumen beziehen können. Als wir darüber nachdachten, kamen Ulrike und ich darüber überein, dass ihr Stock ein Sinnbild der Kraft ist.

*1987

Ulrike hat übrigens einige Monate später ihren Baum auch in der Realität ausgemacht und des öfteren besucht. Wie sie erzählte, ist es eine mächtige Buche in einem nahen Forst. Von ihr erbat sie sich einen Ast, den sie zu einem Stock (wie einen Wanderstock) verkürzte und in ihr Zimmer nahm. Als sie an die schwere Aufgabe ging, sich der morgendlichen Depression entgegenzustellen, nahm sie eine Zeit lang beim Aufstehen den Stock in die Hände und reckte ihn wie in Siegerpose zum Himmel.

Wenn wir von Naturkräften Heilung und Inspiration erhalten, sollten wir uns in den Kreislauf von Geben und Nehmen einklinken. Wir sollten uns auf jeden Fall bedanken. So ist es empfehlenswert, sich am Ende einer inneren Reise oder eines Besuchs bei dem helfenden Wesen, ein ausdrückliches Dankeschön zu formulieren. Empfehlenswert ist auch, den Geist dieses Wesens zu befragen, welche Gegenleistung es von seinem Klienten wünscht. Wenn es ein nicht erfüllbarer Wunsch ist, dann sollte dies vorgebracht werden, damit man sich mit dem betreffenden Geist auf einen erfüllbaren einigen kann. Und dann sollte das Ergebnis der Verhandlung als Verpflichtung angenommen und beherzigt werden. Geben und Nehmen erhält und stärkt die Beziehung. Eine Art, z. B. die Verbindung zu den Bäumen zu erneuern, ist es, für ihren Nachwuchs und für ihr gesundes Wachstum zu sorgen. Eine andere Art ist, die Imagination und das Träumen für den Geist der Bäume zu öffnen und ihnen so lebensfreundliche Verwandte zu werden. Wir können vom Geist der Bäume lernen und schließlich auch an ihm teilhaben.

Dies ist hier stellvertretend für die möglichen Beziehungen zu allen Pflanzengeistern gesagt worden. Ihnen entstammt soviel *Medizin* für die Menschen, soviel Nahrung und soviel erneuernde Kraft für unseren Organismus, dass die Entdeckungspotenziale kaum ausgeschöpft werden können. Wenn wir uns der Pflanzengeister *psychotherapeutisch* bedienen (wollen), was mit den imaginativen Verfahren begonnen wurde, haben wir mit Sicherheit noch sehr viel zu lernen. Diese Zeilen sind eine Verbeugung vor unseren Verwandten, den Pflanzenwesen.

12

Krafttiere

Menschen, die mit Haustieren zusammenleben, sind im statistischen Durchschnitt weniger anfällig für psychische Erkrankungen, sind abwehrstärker und können chronische Leiden eher verkraften. Ältere leben länger und ertragen den Verlust eines Partners besser; Kinder und Jugendliche werden sanfter und gefühlvoller, wenn sie Tiere um sich haben und versorgen können. Lehrer in sozial und wirtschaftlich problematischen Wohngegenden haben beobachtet, dass ihre Schüler verträglicher und motivierter werden, wenn sie Tiere im Klassenraum haben und sich um sie kümmern können. Und geradezu machtvoll ist die Zuneigung vieler Mädchen zu Pferden. Wer weiß schon genau, wie stärkend sich dies auf das Seelenleben auswirken kann?

Menschen legen sich Tiere aber auch zum Schutz von Haus und Familie zu. In der öffentlichen Auseinandersetzung um die Aggressivität bestimmter Hunderassen ist bisweilen angeklungen, dass die Halter aggressiver Hunde dazu neigen würden, ihre Machtphantasien und Hassimpulse auf ihr Tier zu übertragen. Damit wird dem Gefühl eines schwachen, benachteiligten oder verletzten Lebens im Grunde selbsttherapeutisch begegnet. Das vom Halter abhängige Tier stärkt ihm den Rücken, gleicht seine Einsamkeit aus und verteidigt ihn gegen die als böse erlebte oder phantasierte Welt. Ein befreundeter Landarzt erzählte mir, er könne schon an den Hunden, die auf einem Hof gehalten werden, erkennen, welche menschlichen Charaktere ihn erwarten. Wenn ich in unserer Umgebung jogge, kläffen mich immer dieselben Hunde an. Unsere Kinder wurden beim Milchholen von Hunden angefallen. Ähnliches werden viele zu erzählen haben.

Die Tiere, die mit der Regulierung des psychischen Gleichgewichts ihrer Halter beauftragt sind, und das sind fast alle Haustiere, sind in ihrem Charakter weit entfernt von den Tierwesen der freien Natur. Und doch tragen sie in sich noch Spuren der Wildheit und Kraft ihrer freien Verwandten. Deswegen sind auch solche Tierhelfer, die von den Menschen abhängig geworden sind, durchaus Quelle von Inspiration und Stärkung. In der Gefühlsverbindung mit dem ihm nahe stehenden Tier erlebt der Mensch nicht nur die Projektion seiner Sehnsüchte und Bedürfnisse, sondern auch – wenngleich neurotisch verfälscht – den Geist und die Kraft des Tieres. Die Neurosen unserer Haustiere sind Kompromissbildungen, in denen sich ihre tierische Natur unter menschlicher Bestimmung und *innerhalb* der Beziehung zu Menschen eine angepasste Form gibt.

Wenn im therapeutischen Geschehen (imaginäre) Krafttiere eine Bedeutung bekommen sollen, tauchen häufig zunächst die Haustiere der betreffenden Personen auf. Dies kann bereits von großer Hilfe sein. Mehrfach wohnte ich heilenden Erfahrungen bei, in denen Hunde und Katzen ihrem Frauchen oder Herrchen wichtige Einsichten und Rückenstärkung vermittelt haben. Insbesondere bei Angstleiden können sie hilfreiche Partner sein. Hunde z. B. sind im wahrsten Sinne treue Begleiter, sie sind wachsam und verbellen im beabsichtigten Tagtraum gefürchtete Bezugspersonen, Vorgesetzte oder Nachbarn. Diese Erfahrung wird in die reale Situation übertragen, wenn sich die Betreffenden durch die vorher geübte Wahrnehmung ihrer Verbündeten in der problematischen Situation sicherer und stärker fühlen. Katzen andererseits bestätigen Wünsche nach Unabhängigkeit und Spontaneität. Auch sie können darin unterstützen, sich von einschränkenden Beziehungen zu distanzieren. Sie sind mehr noch als Hunde in der Auseinandersetzung mit inneren Tyranneien kräftigend. Sie sind flink, können kratzen, fauchen und sich ohne Anstrengung entfernen. Einer der machtvollsten inneren Tyrannen ist ein übertriebenes schlechtes Gewissen. Katzen können großartige Verbündete in der Veränderung überzogener Pflichtgefühle sein, zumal sie einen ausgeprägten Sinn für Bequemlichkeit sowie unterhaltsame und genussvolle Lebensaspekte haben.

Krafttiere haben häufig den Wesenszug eines machtvollen und engagierten *Verbündeten*. Sie zeigen dies besonders gern, wenn es um Auseinandersetzungen in frustrierenden und verletzenden sozialen Beziehungen geht. Eine Geschichte soll dies illustrieren.

Renate ist etwa Mitte dreißig. Sie musste ihre Arbeit als Fahrerin aufgeben, weil sie gemobbt wurde, vor allem von ihrem Chef. Dieser nützte ihre gutmütige Art aus, rief sie selbst nachts aus der Freizeit zu Bus- und Taxifahrten. Anstatt sich dankbar für ihren Einsatzwillen zu zeigen, riss er Zoten in Verbindung mit abwertenden Bemerkungen über ihren übergewichtigen Körper und ihre großen Brüste. Sie fühlte sich wie Dreck behandelt, konnte sich aber auch nicht wehren. Dies verhinderte allein schon die eigene Scham über ihre Gestalt. Angesichts der angehäuften Verletzungen und der beruflichen Ausbeutung war Renate sehr depressiv geworden. Ihr sonst so hilfreicher, natürlicher Humor blieb auf der Strecke. So wurde sie über einige Wochen krankgeschrieben. Schließlich wurde ihr gekündigt – zu allem Überfluss unter Verleugnung der noch nicht abgegoltenen Überstunden. Fast alle Vorkommnisse liefen also darauf hinaus, dass Renate ein Opfer sein sollte. Dies war in ihrer Lebensgeschichte vorgeprägt. Als Mädchen war sie über lange Zeit von einem Verwandten sexuell missbraucht worden. Die Eltern hatten ihr zwar geglaubt und sich von dem Täter distanziert, als Renate schließlich von den Missbrauchserfahrungen erzählt hatte, dennoch war es passiert, leider sehr oft, und es hatte sich tief in ihre Psyche eingeprägt.

In der psychotherapeutischen Behandlung war es schnell wichtig, dass Renate sich geschützt und gestärkt fühlte. In meiner Sammlung von therapeutischen Symbolen entdeckte sie das Foto eines Tigers, der drohend seinen Rachen aufsperrt und seine großen Zähne entblößt. Renate nahm ihn ohne Umschweife als Verbündeten wahr. Als die Ärztin des medizinischen Dienstes der zuständigen Krankenkasse Renate gesundschreiben wollte, obwohl sie noch in sehr depressiver Verfassung war, konnte sich Renate mit ihrem Tiger im Rücken bereits gut wehren. Die Ärztin gab nach. In der Folge erlebte Renate ihren Verbündeten manchmal ganz nahe, sie spürte und fühlte ihn. Er hatte einen Namen, mit dem sie ihn innerlich ansprach.

Renate hatte ein Vorstellungsgespräch für eine mögliche neue Anstellung. Angst und Unsicherheit machten sie schwach. Sie hätte gerne mit den leidvollen Erfahrungen am vorherigen Arbeitsplatz abgeschlossen. So schlug ich ihr vor, Rat und Hilfe bei ihrem Verbündeten zu suchen und zu fragen, ob er beim Abheilen ihrer Verletzungen helfen könne. Ihren entsprechenden Tagtraum schildere ich im Zitat und ungekürzt. Wenn sie von dem Tiger sprach, nannte sie ihn bei seinem Namen, den ich hier kurz mit

»L.« wiedergebe, da die Intimität der Beziehung von Renate (»R.«) und ihrem Helferwesen gewahrt bleiben soll. Meine eigenen Hilfestellungen oder Vorschläge sind mit »Th.« gekennzeichnet.

R.: Heute ist er schlecht zu finden... Jetzt bin ich ihm auf die Füße getreten. Ja, wenn er hinter mir liegt, dann ist er auch schlecht zu finden. Er meint, wir sollten vorsichtig sein, wegen der Verletzungen...

Th.: Ein Vorschlag wäre, sich erst mal nur leichtere Verletzungen anzuschauen.

R.: Er diskutiert, er räumt erst mal auf. Er meint, bei mir wäre alles chaotisch. Mit meiner Arbeit, das ist noch frisch. Wir sollen erst mal eine neuere Geschichte nehmen. Er meint wir sollen aufräumen, damit ich nachts durchschlafen kann.

Th.: Ich schlage einen neutralen Ort zum Treffen mit Ihrem Ex-Chef vor.

R.: Ich stehe auf einer Lichtung und sehe eine Gestalt auf uns zu kommen. Groß. Es ist T. (vormaliger Chef) Ich sage ihm, er soll nicht näher als zehn Meter rankommen. T. lacht mich aus, dass ich L. brauche und nicht alleine für mich stehe. Er fährt mir über den Mund. Ich sage ihm, er soll mich erst aussprechen lassen. L. knurrt auch schon.

Th.: Jetzt sagen Sie T., was Sie ihm sagen wollen.

R.: Du hast mich oft verletzt, hast mich lächerlich gemacht. Er lacht wieder...

Th.: Was sagen Sie ihm?

R.: Dass er mich reden lassen muss. Er sagt spöttisch, was das für'n Ort ist.

Th.: Was sagen Sie ihm?

R.: Das ist mein Ort! Hier habe ich zu bestimmen. Er wird kleiner... L. amüsiert sich, legt sich hin. T. wird kleiner und kleinlaut.

Th.: Was fordern Sie? Dass Sie ihn loslassen können?

R.: Er muss sich entschuldigen. Er lacht wieder. Du musst verstehen, wie ich gelitten habe. Er schaut unsicher. Du musst mich auch akzeptieren lernen...

Th.: Sagen Sie ihm, wie verletzt Sie waren und sind.

R.: Ja... Er entschuldigt sich.

Th.: Schauen Sie ihm in die Augen.

R.: Er schaut jetzt ernster. Er gibt mir die Hand. Wir ziehen ihn raus, aus der Erde, in die ist er eingesunken. Und dann schreit er. Wir schubsen ihn um, da liegt er. Am Boden. Siehst du, so fühlt man sich, wenn man geschubst wird und am Boden liegt. So ist es mir dauernd ergangen. Er fängt an zu weinen... Siehst du, so ging es mir. Ich wäre so gerne dageblieben. Aber du musstest ja den Chef rauskehren... L. sagt, wir sollten ihn jetzt in Ruhe lassen. Er soll jetzt selbst aufstehen. Einmeterneunzig groß, das ist mir zu schwer zum Aufheben.

Th.: Hat er sich eigentlich richtig entschuldigt?

R.: Nein noch nicht richtig. Er gibt mir die Hand und meint es ernst. Nun weißt du, wie weh es tut, wenn man verletzt wird. Bemühe dich, besser mit deinen Angestellten umzugehen... Er dreht sich um und geht langsam weg. L. sagt, das hast du gut gemacht... Jetzt blüht die Wiese, es riecht nach Gras und Blumen. Wir legen uns hin und genießen die Sonne... Da kommt noch jemand... meine Freundin. L. macht sich aus dem Staub.

Th.: Rufen Sie ihm hinterher, dass Sie ihm danken und noch mehr Hilfe brauchen.

R.: Er sagt, er wird weiter helfen.

Im anschließenden Gespräch meinte Renate, es sei »super, endlich mal sagen zu können, was Sache ist«. Ihr Verbündeter, der Tiger, hätte aufgepasst, dass sie keine Fehler machte. Diese würde sie sich nämlich schwer zu Herzen nehmen, so etwa »dass ich ihn (den ehemaligen Chef) niedermache und überheblich werde. Das bringt nämlich nichts.« Am Ende jener Therapiestunde fühlte sich Renate bestens – und müde.

Wissen und Kraft von Tieren können unschätzbare Hilfen sein. Es ist unmittelbar plausibel, dass sie in alten Zeiten mit dem Überleben des Menschen aufs Engste verbunden waren. Sie waren Nahrung und zugleich Kraftspender. Ihr Leben wurde rituell beschworen. Menschen ehrten sie in Opfern und versuchten, die Seelen der gejagten und geschlachteten Tiere mit spirituellen Mitteln in geistige Gefilde zu befördern, um ihre Tat wiedergutzumachen. Sie sangen Lieder und tanzten für die Tiere oder besser für den Geist der betroffenen Tiere. Sie suchten die zeitweilige, in unserer Sicht ekstatische, Verschmelzung mit dem betreffenden Tiergeist, nicht nur damit dieser befriedet würde, sondern auch, dass er die Menschen mit seinen Gaben betrauen möchte.

Darüber hinaus zeigen Mythologien, dass Menschenvölker sich von Tiergeschlechtern ableiteten. Die Kraft dieser Tierahnen verehrten sie in Bildern und Fetischen. Sie machten sie seelisch gegenwärtig, trugen von den Tieren stammende Objekte an ihren Körpern oder verwendeten sie für sakrale Übungen. Daran sei hier nur erinnert.

Aufgrund des naturfeindlichen Gebarens der heutigen Menschheit wird bisweilen skeptisch beurteilt, ob die Tiergeister uns noch helfen wollen. Dies rührt sicherlich vom kollektiven Schuldgefühl, da wir das natürliche Leben der Tiere immer mehr einengen und schädigen. Was wir aber an ihnen bewundern und was wir mit ihnen seelisch teilen, ist noch nicht abgestorben. Sie leben aus ursprünglicher, instinktiver Kraft. Insbesondere die Bewältigung typisch menschlich übertriebener Ängste kann davon profitieren. Eine weitere Geschichte kann dies verdeutlichen

Karl war in der Ausübung seines Berufs gefährdet. Er ist Handelsreisender und fuhr oft Umwege von hundert und mehr Kilometern, um Straßentunnel zu umgehen. Vor einigen Jahren war er ausgerechnet in einem mehrere Kilometer langen Tunnel einem Stau ausgesetzt. Damals überkam ihn eine Panikattacke mit Schweißausbruch, Herzrasen und Hyperventilation. In seiner Vorstellung wurde der Alptraum von Bedrängnis und Katastrophe wirklich. Bekannt gewordene Unfälle in Straßentunneln mit vielen Toten bestätigten seine innere Dramatik.

Karl stammte, wie er sagte, aus einem wohl situierten Elternhaus. Seine Eltern waren ein fleißiger Vater und eine ängstlich kontrollierende Mutter. Als Ältester von drei Brüdern hatte Karl die meisten emotionalen Bemühungen der Mutter um Angstbewältigung abbekommen. So verinnerlichte er alle die Warnungen und ängstlichen Fragen, die um die Angstkontrolle kreisten. Nach außen war er beruflich erfolgreich und in der Gemeinde geschätzt, innerlich war er aber auch noch jenes Kind, das die Angst der Mutter um sein Wohlergehen psychisch einzudämmen versuchte, obwohl er schon fast fünfzig war.

Nach wenigen Therapiestunden bat ich ihn, in seinem inneren Erleben einen guten Ort in der Natur aufzusuchen. Er fand einen Meeresstrand, auf dem er sich in der Sonne rekelte und entspannte. In der folgenden Sitzung schlug ich ihm vor, er möge seine gute Imaginationskraft weiter für sich arbeiten lassen. Er sollte sich wieder einen Ort in der Natur suchen und dann auf die Suche nach einem Helfer gegen die Angstzustände begeben. Hier das Protokoll:

Th.: Sie beginnen in der Natur.

Karl: Ich bin im Urwald, sehe viele Pflanzen, grünes Dickicht, Affen in den Bäumen;

ein Weg, den gehe ich... Es wird dunkler, ich gehe mehr ins Innere, ins Dickicht. Ich sehe verschiedene Tiere, Papageien. Einen Löwen... Das ist meiner. Guten Tag Herr Löwe.

Th.: Achten Sie darauf, wie er mit Ihnen redet.

K.: Er nickt... Er läuft mit mir.

Th.: Lassen Sie sich sein Reich zeigen.

K.: Er antwortet, okay, dann marschieren wir los. Es fällt mir auf, dass die Tiere richtig Respekt vor ihm haben, sie machen Platz... Er zeigt mir alles und erklärt mir vieles... Es ist nicht mehr dunkel. Wie am Anfang... Eigenwillige Geräusche... Schreie von Tieren, sehr lautes Geschrei... Jetzt habe ich das Gefühl, wir sind wieder am Ausgangspunkt.

Th.: Berichten Sie dem Löwen von ihrer Angst. Bitten Sie um Hilfe.

K.: Immer wenn ich in einer Situation bin, wo ich nicht raus kann, kriege ich Angst. Ich will sie im Griff haben. Sie soll nicht mehr kommen. Das ist mein Ziel... Soll er mir antworten?

Th.: Kann sein, dass er antwortet.

K.: Nein, tut er nicht... Kannst du mir helfen? ... Er antwortet, dass ich an ihn denken soll, dass er mein Beschützer ist. Sie [die Angst] wird sofort von ihm verjagt.

Th.: Bitten Sie ihn, mit Ihnen jetzt durch den Tunnel zu fahren.

K.: ... Das bejaht er. Ich fahre zum Tunnel. Der Löwe sitzt rechts neben mir. Ich sehe die Leuchten vor mir.... Stau. Stop and Go. Acht Kilometer bis zum Tunnel. Es ist mühselig. In der mittleren Spur. Jetzt hab ich das Scheißgefühl, Bauchschmerzen, ich müsste zur Toilette. Es geht nicht. Löwe fragt, was ist dein Problem? ... Ich muss raus, kann aber nicht. Der Löwe sagt, wir rollen doch. Vorne wird es schmaler, zweispurig. Im Tunnel wird es besser. Wir fahren weiter und weiter. Wir sind im Tunnel, in der Röhre, es geht schneller, es geht jetzt bergauf... Wir sind durch.

Th.: Gut! Bedanken Sie sich, fragen Sie, ob der Löwe bei solchen Gelegenheiten wieder helfen würde.

K.: Ja, das bejaht er.

Karl fand diese erste Reise mit dem Löwen durch den Tunnel anstrengend. Sie hatte sich aber gelohnt. Denn in seiner lebendigen Vorstellung kam sein Beschützer im Auto mit. Karl nannte ihn »mein Freund«. Die Tunnelangst war in der Folgezeit zumindest entschärft und zeitweise überhaupt nicht mehr vorhanden. So konnte sich Karl mehr damit befassen, was ihn eigentlich psychisch beschäftigte, und das war ganz schön viel.

Es stellte sich heraus, dass der Löwe auch ein guter Ratgeber ist. Einmal ermahnte er Karl, sich mehr an ihn zu wenden. Denn er, der Löwe, warte förmlich darauf, um Hilfe gebeten zu werden. Dies stimmte Karl sehr weich. Er mochte es fast nicht glauben. Der Kontrast zwischen dieser seelischen Erfahrung und dem hektischen Treiben in der äußeren Welt war zu krass. So kann der Eindruck aufkommen, dass unsere Lebenshektik im Kern dazu da ist, uns von der Kraft der inneren Erfahrung abzuhalten. Das sagen ja auch die mystischen Traditionen. Karl ist aber Geschäftsmann und sehr nach außen gewandt.

Die großzügige Hilfsbereitschaft des Löwen kann ich bestätigen. Sein Geist ist einer der wichtigsten Helfer in der Symboltherapie, die ich später ansprechen will.* Der Löwe

*s. Kap. 21

versinnbildlicht vor allem die Kräfte der Durchsetzung, Ruhe und Sicherheit, des Beschützens und der Verantwortung. Wenn ihm Menschen vertrauen können, erfahren sie viel Gutes. Ich will aber nichts unnötig beschönigen. Es gibt nämlich auch Menschen, die im Löwen unkontrollierbares Machtgebaren oder die Bedrohung von Leben wahrnehmen. Insofern kommt es durchaus vor, dass ein Löwe als Helfer spontan zurückgewiesen wird.

Die Begegnung mit den Tierhelfern findet an den Grenzen der Alltagsrealität statt und führt dann über sie hinaus. Ein psychischer Begegnungsraum entsteht, dessen Erfahrungsprodukte wir symbolisch nennen. Rational können wir nicht tiefgehend und allgemein gültig erklären, wie und warum ein Symbol eine machtvolle Bedeutung bekommen kann. Unsere Erklärungen, ob psychologischer, ethnologischer oder anderweitiger Art, bleiben seltsam oberflächlich. Sie können nicht erfassen, was im Kernsinn gemeint ist, nämlich Wissen und Kraft, die mit dem Erscheinen eines Tierhelfers in unser augenblickliches Leben kommen. An den Grenzen der Alltagsrealität befinden sich auch die Ereignisse, die wir Synchronizität nennen. In ihnen geraten scheinbar unverbundene Vorgänge in einen zeitlich nahen Zusammenhang. Meist sprechen wir dann von Zufällen. Ob wir dies tun, hängt schlicht davon ab, ob wir in unserem Bewusstsein dazu bereit sind, unsere Wahrnehmung und unsere Interpretation solcher Vorkommnisse von unserem engen anthropozentrischen Weltbild abzulösen und in einem erweiterten Wirkungsrahmen zu sehen.

Das beste Beispiel hat sich kürzlich durch die zerstörerische Flutwelle (Tsunami) ergeben, die nach einem Seebeben an die Küsten Indonesiens, Sri Lankas und Thailands über Hunderttausend Menschenleben forderte. Aufmerksame Leute stellten wenige Stunden vor dem Seebebens fest, dass die Tiere unruhig wurden und sich landeinwärts wandten. In einer Fernsehsendung berichtete später ein Parkaufseher, dass er mit dem Auto in seinem Reservat unterwegs war, als er erstaunt feststellte, dass die Elefantenherden panikartig in Richtung Berge und Hügel rannten. Daran habe er erkannt, etwas Alarmierendes geschah oder würde geschehen. Er fuhr ihnen nach, vorbei an den Touristengrüppchen, die ein lustiges Picknick veranstalteten. Als sich nach der Flutwelle die Natur wieder zu beruhigen begann, waren die Touristen verstört, verletzt oder tot. Im übertragenen Sinne werden wir Menschen immer mehr zu Touristen in unserer lebendigen Welt.

Der folgenden Geschichte möchte ich vorausschicken, dass ich mit meiner Familie in einer ländlichen Umgebung wohne und arbeite. Hier sind dicke fleischige Spinnen auch im Wohnhaus mitunter anzutreffen. Doch die psychotherapeutische Praxis suchen sie eher selten auf. Der Tierhelfer war in diesem Fall nämlich so ein Artgenosse.

Albrecht, ein Mann mittleren Alters saß mir gegenüber. Es war die dritte Probestunde und wir versuchten, mit einander in einen hilfreichen Kontakt zu kommen. Zu jenem Zeitpunkt wusste ich ehrlich gesagt nicht, was ich für ihn tun konnte. Seine Frau hatte ihn nämlich geschickt. Allein diese Tatsache ist normalerweise ein deutlicher Hinweis, dass die Ehebeziehung das Problem ist, vielleicht auch, dass der nicht anwesende Ehepartner die problematische Person ist.

Von Albrecht hatte ich erfahren, dass er erblich und stressbedingt an Colitis ulcerosa* litt und kürzlich einen Schub mit ärztlicher bzw. medikamentöser Hilfe hinter sich gebracht hatte. Er sagte, das »bedrückende Verhältnis« zu seiner Frau wäre der Auslöser für den letzten Colitis-Schub gewesen. Sie wollte ihre »absolute Freiheit« und er litt an fehlendem emotionalen und körperlichen Kontakt. Er schilderte sie als bestimmende, kontrollierende und perfektionsstarke Frau. Sie wäre initiativ und suche Erlebnisse

*geschwürige Entzündung des Dickdarms

außerhalb des trauten Familienlebens. Er andererseits wäre gerne daheim, ein Familienmensch eben.

Die Therapie sollte aus der Sicht seiner Frau dazu dienen, ihn aktiver und initiativer, das heißt, auch männlicher zu machen. Ich fand das paradox. Gegen ihre Dominanz rebellieren konnte er ja nur, indem er passiv und vorwurfsvoll blieb. Würde er initiativ, würde er ihre Forderung und damit ihre Dominanz bestätigen. Wie sollte er ihre Dominanz auflösen und zugleich bestätigen? Diesen Hinweis fand Albrecht einleuchtend.

Anfangs der dritten Stunde krabbelte die besagte Spinne neben Albrecht die Wand hoch und blieb – für mich deutlich sichtbar – auf der Höhe seines Bauchs stehen. Nun konnte ich versuchen, die Spinne zu ignorieren, solange Albrecht sie nicht sah. Vielleicht würde sie in eine Ecke verschwinden. Glücklicherweise dachte ich daran, sie als Tierhelfer wahrzunehmen. Ich vollführte also mein Ritual, sie vorsichtig mit einem Glas aufzunehmen und zum Fenster hinauszubefördern. Dann fragte ich Albrecht, wie er den Vorgang erlebt hatte. Er meinte, ich wäre besonnen und ruhig gewesen und hätte entsprechend gehandelt.

Welche Verbindung würde er zwischen der Spinnenaktion und seiner Frau herstellen, fragte ich ihn. Er lachte und bekam einen ganz anderen Gesichtsausdruck, nämlich nicht mehr bekümmert und angespannt, sondern offen und verschmitzt. Er sagte: »Sie müsste gehen, dorthin, wo sie hergekommen ist, zu ihren Eltern oder Geschwistern. Oder probeweise ausziehen.« Mit dieser Wahrnehmung bewegten wir uns nicht mehr auf dem klagsamen Erlebnisniveau von Hilflosigkeit und Abhängigkeit. Das wirkte befreiend.

Dann inspirierte uns der Spinnengeist nochmals. Ich fragte Albrecht, was wäre, wenn er die Spinne als metaphorische Helferkraft für seine Persönlichkeit oder sein Befinden ansehen würde. »Da fällt mir der Beziehungsstress ein, der zum letzten Colitis-Schub geführt hatte. Die Angst vor der ständigen Kritik meiner Frau und die Angst, sie zu verlieren. Die Angst, ihr zu widersprechen, etwas Falsches zu sagen, von ihr ein Kontra zu erleben. Die Enttäuschung eben.«

Ich gab ihm den Hinweis, mit der Spinne sei wohl seine innere Auseinandersetzung mit seiner Angst verbunden. »Ja, das sagt meine Frau auch: Du musst vor mir keine Angst haben.« Er erkannte dann, wie widersprüchlich eine solche Aufforderung ist. Wie sehr sie ihn nämlich gängelte und zugleich seine Angstgefühle in Frage stellte. »Eine Zwickmühle«, meinte er.

Nach dieser Stunde war für Albrecht und mich geklärt, dass er aus der Zwickmühle heraus müsste, um sich gesund zu fühlen. Einige Wochen später erledigte sich das Thema formal. Seine Frau, die sich durch die Therapie ihres Mannes entlastet sah, bekannte sich offen zu einer schon länger existierenden außerehelichen Beziehung und plante ihren Auszug. Jene außereheliche Beziehung hatte Albrecht geahnt, aber wirkungsvoll verleugnet.

Vor allem in psychoanalytischer und tiefenpsychologischer Sicht wird das symbolische Auftreten von Spinnen (z. B. in Träumen, Bildern oder Phantasien) mit der speziellen Mutterbeziehung der Patienten in Verbindung gebracht. Ich möchte hier diesem Themenkomplex nicht nachgehen. Vielmehr interessiert mich der faktische Vorgang. Dieser ergibt, dass die Spinne eine unübersehbare Nähe zu Albrecht und seinem Bauch anzeigte. Dann wurde sie sanft, aber bestimmt von ihm weg und aus dem Zimmer entfernt. Schließlich wurde das Geschehen als Wissensvermittlung gewürdigt. Es ist möglich, den Vorgang als schamanische Praxis *sui generis* zu akzeptieren. Die Spinne wurde sowohl als Eindringling behandelt, nämlich aus seiner unerwünschten Beziehung zum Organismus des Patienten entfernt (extrahiert), sie wurde aber indirekt auch als Inspirationsquelle genutzt. Sie verkörpert nämlich die Wirkung der Ehepartnerin auf den Gesundheitszustand ihres Mannes. Hierdurch wird ihm ausgesprochen klar, dass er aus einer leidvollen Zwickmühle heraus muss. Weitergehend war zu *sehen*, dass die Ehebeziehung auseinander gehen würde. Das Spinnenereignis gab zudem vor, wo der Fokus der weiteren Heilungsarbeit liegen würde, nämlich in der Stärkung Albrechts und seines wachsenden Willens, selbstbewusst und durchsetzungsfähig zu werden.

Unsere Therapieräume sind gewöhnlich steril und nicht mehr Natur. Sie spiegeln unsere zivilisatorische Abgetrenntheit vom Lebendigsein in einer umfassend beseelten Welt. Insofern werden wenige in den Genuss einer heilsamen Aktion wie der oben geschilderten kommen. Allerdings ist der beseelte Umgang mit den Tierhelfern nicht von formalen, das heißt, besonderen räumlichen Bedingungen abhängig, wie die zuvor geschilderte Geschichte Karls zeigt. Wenn wir uns interessiert mit Tierhelfern befassen, steigt die Wahrscheinlichkeit direkter Begegnung. Auch hierzu kann ich eine Geschichte erzählen:

Linda, eine gut dreißigjährige Frau, war in kümmerlicher Verfassung. Sie ist Mutter von vier Kindern. Mit dem jüngsten Kind war sie schwanger, als sie zu mir kam. Es stammte nicht vom Vater der anderen drei Kinder. Das war auch der Trennungsgrund. Ihr aktueller Partner war kraftvoll, sehr emotional und erotisch überzeugend, was sie von ihrem bisherigen Mann nicht kannte. Aber sie litt nicht nur an der Egozentrik des neuen Partners, sondern besonders heftig an Schuldgefühlen, die von Schuldzuweisungen seitens des bisherigen Mannes und seiner Familie überzeugend genährt wurden. Die Verarbeitung dessen saß sattelfest auf dem seit Kindheit bestehenden Gefühl, nie wert genug zu sein, es niemandem recht machen zu können. Dabei vermittelte sie mir jederzeit den Eindruck von großem Pflicht- und Verantwortungsgefühl. Sie opferte sich auf, ließ aber auch das Gefühl zu, dass sie noch etwas anderes vom Leben wollte. Nur wie, wenn der Geist der Schuldgefühle übermächtig entwickelt ist und ihr beständig einschärfte, dass sie es als gerechte Strafe zu akzeptieren hätte, wenn sie darunter litt, zu kurz zu kommen.

Wir arbeiteten miteinander, wie es eben in der Psychotherapie getan wird: auf konkrete Kraftquellen (Ressourcen) aufmerksam werden, den inneren Konflikt kennen lernen, den Schuldgefühlen Raum abnehmen, Entspannung und Freude positiv bewerten und manches mehr. Linda benutzte gerne Symbole, um sich ihre Gefühle, ihren Gewissensdruck, ihre Wünsche und Sehnsüchte klar zu machen. Sie bemühte sich und war motiviert, doch im Kern blieb dieses nagende Gefühl, nicht gut genug zu sein. Sie sah sich selbst monoton und leise, wie es der Vater von ihr verlangt hatte.

Linda besuchte einen Tanzkurs. Die Tanzlehrerin hatte ihr gesagt, sie hätte ein feuriges Temperament, was sie sehr verwunderte. Es war Winterzeit. Im Kachelofen meines Praxiszimmers brannte knisternd ein Feuer. Ich bat Linda, die Ofentür zu betätigen und auszuprobieren, wie viel Luft das Feuer braucht. Sie schaute mich entgeistert an, tat aber, wie von mir erbeten. »Ja, das ist doch klar, wenn ich zumache, dann hat das Feuer nicht mehr genug Sauerstoff«, sagte sie vom Ofen zurückkehrend. »Ach so, das meinen Sie. Wenn ich zumache, dann kann mein Feuer nicht mehr brennen.« Sie lachte ein wenig. Sie meinte, sie hätte eben immer nur danach geschaut, wie es den anderen gehen würde. Sie war die Älteste und verpflichtet, für ihre Geschwister zu sorgen. Und das sitzt »so tief, das geht nicht raus«, meinte sie, sie brauchen »ein stärkeres Selbstbewusstsein, ein stärkeres Selbstwertgefühl«. Aber das sagte sie mit einem resignativen Unterton, der sie und ebenso mich als Therapeuten ins Abseits stellte. Sie brauchte einen *Helfer* das war klar.

So bat ich sie, mit einem Tagtraum in die Natur zu gehen und nach einem Helfer Ausschau zu halten, der ihrer Resignation Stand halten und sie auf der Suche nach Selbstbewusstsein und Selbstwertgefühl unterstützen würde. Sie schaute mich zwar zweifelnd an, legte aber dann die Beine auf den Hocker und schloss ihre Augen. Nach einer Weile berichtete sie:

L.: Ich bin jetzt an einem Waldrand und schaue über das Feld. Es ist eine trübe Stimmung...

Th.: Was können Sie noch wahrnehmen?

L.: Es geht ein leichter Wind... Sonst ist alles still... In der Ferne sehe ich einen Vogel in der Luft schweben... Er kreist über etwas, das am Boden ist... Vielleicht ein Beutetier... Jetzt schießt er hinunter... Nichts mehr zu sehen.

Th.: Interessiert sie der Vogel?

L.: Ja, schon... nur, ob ich *ihn* interessiere, ist zweifelhaft (etwas hilfloses Lachen) ...

Th.: Geben Sie ihm eine Chance.

L.: Er scheint aufzufliegen... kommt näher und kreist jetzt über mir...

Th.: Was könnten Sie jetzt zu ihm sagen, falls Sie sich ihn als Helfer wünschen?

L.: Ob er näher zu mir runter kommen kann...

Th.: Haben Sie es ihm zugerufen?

L.: Nein.

Th.: Tun Sie es bitte.

L. (mit leicht gehobener Stimme): Komm bitte näher, damit ich dich besser erkennen kann... Es ist ein Adler... Oh, ist der groß... Eben hat er einen Schrei ausgestoßen... Ja, wenn der mir helfen würde... Aber man muss auch Angst haben, wenn der sich auf einen stürzt...

Th.: Möchten Sie ihn als Helfer?

L.: Ja.

Th.: Das sollten sie ihn wissen lassen.

L.: ... Ja, es scheint so, als wäre er nicht abgeneigt, er segelt weiter über mir, in größeren Kreisen... Jetzt ist er wieder weggeflogen... Die Wolken sind übrigens offener geworden, da hinten scheinen Sonnenstrahlen durch...

Th.: Rufen Sie dem Adler nach, dass Sie sich bedanken.

L.: Das habe ich schon.

In der folgenden Zeit bat ich Linda einige Male, ihren Adler wieder aufzusuchen, um ihn um Kraft zu bitten oder im Kontakt mit ihm besser verstehen zu können, was mit ihr los war. Sie machte das brav mit, blieb aber zwiespältig, ob sie solchen Erfahrungen Gewicht beimessen dürfte.

Angesichts dieser Vorbehalte hatte die Absicht deutlich nachgelassen, den Adlergeist zu bemühen, und wir arbeiteten im konventionellen therapeutischen Gespräch und mit Hilfe von konkreten Symbolen. Mit diesen konnte Linda immer wieder das ungerechte Gefälle in ihrem Selbstwertgefühl vermindern oder sogar umkehren. Die Wirkung hielt aber nie lange an. Damals wurde die Scheidung ihrer bisherigen Ehe durchgeführt und dieses Gefühl, kein Recht zum Leben zu haben, aber zugleich ohnmächtig wütend zu sein, führte sogar zu Selbstmordideen. In jener Zeit begann sie allerdings, Phantasien und Wünsche über eine weitere berufliche Ausbildung zuzulassen, gepaart mit vorsichtigen Gefühlen der Selbstbehauptung. Ihrem geschiedenen Mann ging es gut, warum sollte es ihr nicht auch gut gehen.

Der nächtliche Traum von einem Adler brachte dann grundsätzlich die Wendung. Linda erzählte ihn: »Ich war mit A. und N. (die jüngsten Töchter) auf einem Schiff. Dann waren wir an Land. Ich schob den Kinderwagen. Hinter uns das Wasser und der Steg, vorne links flog ein Riesenvogel. Erst dachte ich, es ist ein Storch oder ein Fischreiher. Ich sah aber, es ist ein Adler, und ich war total aufgeregt. Die Stimmung war nicht nur freudig, sondern auch unheimlich. Der Adler flog über uns weg in einen Garten. Dort war ein Mann, der hatte Angst und hängte sich mit den Armen an die Teppichstange. Der Adler setzte sich auf die Stange. Er war riesig. Ich überlegte, ob er dem Mann in die Finger hackt. Ich hatte das Gefühl, dass aus einem Busch noch mehr Adler kamen. Der Adler kam zu uns, stellte sich direkt vor uns hin, vor den Kinderwagen. Wir standen und rührten uns nicht. Es war total spannend, es war wirklich gewaltig.«

Da Linda eine Zeit lang keinen Kontakt mehr zu ihrem Helfer gesucht hatte, meinte sie zur Interpretation ihres Traums: »Vielleicht hat er sich in Erinnerung gerufen, sonst hätte ich ihn aus den Augen verloren.« Angefeuert durch die authentische Traumerfahrung hielt sie es nun ernsthaft für glaubwürdig, dass sie den Adler in all seiner wahrgenommenen Kraft als Helfer bei ihren Bemühungen zur Seite hatte. So formulierte sie als heilsame Absicht: »Ich muss daran arbeiten, dass es *mir* besser geht.«

Wie es Lindas Art zu sein scheint, blieb sie vorsichtig, aber die Wahrnehmung persönlicher Wünsche und deren Installierung im realen Leben nahmen langsam Formen an. Sie etablierte sich in einem Beruf, dessen Begabungsgrundlage sie in sich zögerlich anerkannte, sie kaufte sich ein Häuschen, sie widmete sich nicht nur den Kindern, sondern endlich auch sich selbst. Ihrem Freund trat sie bedachter und zugleich selbstbewusster entgegen. Obwohl der Adler in der Folge nicht oft kontaktiert wurde, blieb er im Hintergrund aktiv. Linda brauchte sich nur an den Traum zu erinnern. Wir hatten ihn übrigens nicht psychologisch interpretiert. Ich erkläre es mir aus heutiger Sicht als Respekt vor der Kraft, die der Adler in Lindas Traumerinnerung ausstrahlte. Es ist in der Tat bisweilen hilfreicher, das Traumgeschehen ohne deutende Kommentare wirken zu lassen.

13

Personale Helfer

»In traditionellen schamanischen Kulturen waren dies Götter und Göttinnen sowie die Geister der Ahnen. Heute begegnen die Menschen auch anderen Lehrern wie Jesus, Maria oder Buddha. Viele Menschen treten in Kontakt mit inspirierenden Gestalten der Geschichte wie Albert Einstein oder Hildegard von Bingen. Auch verstorbene Verwandte wie die Großmutter oder der Großvater treten als Lehrer auf. Doch auch die alten Götter der Mythen wie Isis, Osiris oder Hermes sind gute Lehrer.«[1]

Der Begriff *Lehrer* bzw. *Lehrerin* wurde von Michael Harner eingeführt und soll die verschiedenen Wesenszüge bzw. Personifikationen der menschlichen Geisthelfer zusammenfassen, wie sie uns auf der schamanischen Reise begegnen können. Es ist eine Abstraktion ähnlich jener, die mit dem Wort *Krafttier* vorgenommen wird. Welche Eigenarten, welches Wissen, welche Kräfte die jeweiligen Helfer mit uns teilen oder uns zur Verfügung stellen, kann eigentlich nur in der konkreten schamanischen Erfahrung erkannt und benannt werden. Insofern ist es auch unnötig, Gefühlsverbindungen mit dem Wort Lehrer herzustellen. Unsere realen Erlebnisse mit Lehrern dieser Welt sind ja nicht immer ermutigend. Insofern sollte uns die Abstraktion bewusst sein, damit wir nicht gefühlsmäßig abgestoßen werden oder in ein verfälschendes Fahrwasser von bestimmenden Erfahrungen unseres Lebens gelangen. Der Kontakt mit dem Lehrer-Helfer sollte auf jeden Fall die Chance einer eigenständigen kraftvollen Qualität haben.

In der psychotherapeutischen Fachliteratur spielen meines Wissens die Helferqualitäten im seelisch-spirituellen Sinne eine sehr geringe Rolle. Manche Autoren verweisen auf Roberto Assagioli und sein Konzept der Psychosynthese, wo aber die personale Form spiritueller Helferkraft nicht im Vordergrund steht.[2] Das Bedürfnis nach Inspiration, Anleitung und Heilungsvermittlung wird in der Regel als Übertragung von Erwartungen auf den/die Psychotherapeuten/in anerkannt bzw. verstanden. Dies kann zu einer großen Hilfe, aber auch zur Belastung werden und bedarf im Therapieverlauf natürlich der entsprechenden Wahrnehmung und Offenlegung (Übertragungsanalyse).

Wie erfahrene und ältere Psychotherapeuten eher als jüngere erleben, können sie ohne große analysierende Bemühungen und intervenierende Aktivitäten zum heilsamen Spiegel für ihre Patienten werden. Manchen reicht es beinahe, dass sie den Therapeuten als äußerlich realisierte Gestalt der eigentlich *inneren* Lern- oder Heilungshilfen zur Verfügung haben. Der Therapeut verschmilzt dann aus der dem Patienten meist nicht bewussten Wahrnehmung mit seiner inneren (intrapsychischen) Helferdynamik. Werden wir dessen inne, kann die Form des inneren Helfers auf den Erlebnisplan treten, z. B. in Träumen oder mit Hilfe der Imagination und ihrer Vorstellungskraft.

[1] Ingerman, 2004, S. 31 f [2] 1992

Ist die Übertragung des inneren Helfers auf den Therapeuten geklärt, dürfte der Patient die Möglichkeit haben zu erkennen, dass es sich um persönlich zugängliche Hilfskräfte handelt, deren Existenz nicht von der Gegenwart des Therapeuten abhängt. Der Begriff innere Helfer ist in den letzten Jahren im Rahmen der Behandlung von posttraumatischen Leidenszuständen bzw. von psychischen Erkrankungen aktuell geworden. Posttraumatische Erkrankungen sind die Folge eines oder mehrerer schwerer Traumata. Die Bedrohung des Selbst, seiner Integrität, ja seiner Existenz schlechthin und auch der Fähigkeit zu sozialen Beziehungen stehen hier im Vordergrund.

Vor allem in der katathym-imaginativen Psychotherapie (KIP) hat sich die Erfahrung durchgesetzt, dass das innere Erleben einer Helfergestalt, soweit es sich zuverlässig einstellen lässt, »eine gute Vorbereitung für spätere Auseinandersetzungen oder Bedrohungen innerhalb der Therapie« bietet. »Innere Helfer können mythische oder sagenhafte Gestalten, Engel, Fabelwesen, in der Mehrzahl der Fälle aber Tiere sein.« Aus psychoanalytisch-tiefenpsychologischer Sicht sind solche Helfer der psychischen Instanz des »Ich-Ideals« zugeordnet. Sie gelten in diesem Erklärungsrahmen auch als »Repräsentanten guter früherer Objekte und zugleich Ausdruck der gesunden Kräfte des Ichs.«[1]

Klaus Krippner, der eben zitierte Autor, ist einer der wenigen, die offen über spirituelle Aspekte der Psychotherapie nachdenken. Wie einem Fallbeispiel zu entnehmen ist, schlug er einer Patientin in der Schlussphase ihrer Behandlung vor, im Tagtraum auf einen Berggipfel zu wandern. Als die Patientin auf dem von ihr erlebten Berg angekommen war, forderte Krippner sie auf: »Stellen Sie sich vor, in einiger Entfernung kommt Ihnen eine weise Gestalt entgegen.« Krippner schildert beeindruckend, wie die erwünschte Gestalt, im Habitus dem Dalai Lama ähnlich, auftauchte und als »freundlich, kraftvoll, lebendig, schon etwas entrückt, aber mit beiden Beinen im Leben stehend, auch sportlich« von der Frau erlebt wurde. Mit Unterstützung der Anweisungen des Therapeuten kamen sich die Patientin und der Weise näher. Krippner schlug ihr einen Dialog mit dem Weisen vor. So kam es zur beiderseitigen Begrüßung. Der Weise sagte: »Ich begrüße dich hier, Hanna, sei mir willkommen.« Seine Worte berührten die Angesprochene sehr. Sie spürte ein leichtes Erschauern. Sie merkte aber auch: »Ich bin als Gast schon willkommen, aber es ist sein Gebiet.«

Schließlich regte Krippner an, die weise Gestalt noch etwas zu fragen. Hanna fragte also: »Bin ich liebenswert?« Sodann begann sie zu weinen. Den Schluss dieser berührenden Imagination, oder darf ich schamanische Reise sagen, gebe ich im vollständigen Zitat wieder: »Ganz milde und mit Herzenswärme schaut er mich an und sagt: ›Du hast ein großes Herz.‹ Ich frage ihn, was mein nächster Schritt ist. Er gibt mir ein Halsband, an dem ein Ring hängt, und sagt: ›Geh mit der Zuversicht und dem Wissen, dass du das Richtige tust und wert bist, geliebt zu sein.‹« Wieder in die alltägliche Wirklichkeit zurückgekehrt meinte Hanna in der Nachbesprechung, sie fühlte sich ergriffen und sehr belebt. Sie fühlte, angekommen zu sein.[2]

Einige Erklärungen und praktische Hinweise sollen hier eingefügt werden. Die inneren Helfer sind nicht auf Befehl zugänglich. Psychische Manipulationen können sich als problematisch erweisen, was ich im nachfolgenden Kapitel noch ansprechen werde. Die Beziehung des Betreffenden zu dem Geisthelfer muss stimmen. Dies ist eine subjektiv erlebbare Erfahrung. Insofern ist es sehr sinnvoll, sich auf die Innenwelt einzustimmen, was die angedeutete Therapieform der KIP ermöglicht. Das von Krippner berichtete imaginative Geschehen ist fast ein Idealfall, aber eben nur fast, da bei guter psychischer Vorbereitung und genügend Vertrauen in die inneren Helfer die Mehrzahl der

[1]Krippner, 2002, S. 27 [2]Krippner, 2001, S. 105 f

Imaginierenden fruchtbare Erfahrungen macht, zum Teil sogar ganz konkrete Informationen bekommt oder eine Behandlung erhält. Bezeichnend ist der in Krippners Bericht geschilderte Eindruck der Frau, dass sie zwar willkommen sei, aber als *Gast* in der Welt des weisen Alten. Das heißt, sie erlebte sich aus ihrer Welt kommend in einem anderen Gebiet, wie sie es nannte, also sehr ähnlich dem Erleben in der schamanischen Reise, die abseits der alltäglichen Wirklichkeit in eine andere Welt führt. Die Ergriffenheit Hannas in der Begegnung mit jenem Helfer, ist im schamanischen Erfahrungsraum gewissermaßen normal, ein Zeichen für das Erleben einer graduellen, zeitlich begrenzten Ablösung der Seele vom Körpererleben. Dies ist vergleichsweise fest und starr und drängt auch zur Gefühlskontrolle und zwar in seinen eigenen Kategorien.

Starke Ergriffenheit ist eine vornehmlich seelische Reaktion. Je mehr ein Mensch in der seelischen Wahrnehmung ist, desto heftiger werden Gefühlsregungen. Es lässt sich demnach vermuten, dass der Körper Gefühle in seinen Eigenschaften der Dichte und geringeren Flexibilität bindet. Das Wiederauftauchen aus dem seelischen Zustand, das Zurückkehren des Erlebens in die Welt des Hier und Jetzt muss darum auch durch Anspannen von Muskeln (auch Stampfen auf den Boden oder Strecken der Arme) und bewusste tiefe Selbstbeatmung unterstützt werden. Der Atem steht mit der Beseelung, also auch mit der Rückkehr von Seelenkräften in den Körper, in enger Verbindung. Die Schamanen sagen, die Seele soll möglichst bald und vollständig in den Körper zurückkehren, damit nicht unnötig ein Teil der Seelenkraft irgendwo in der Geist-Welt hängen bleibt, dort verwirrt wird oder eventuell sogar verloren geht.

Die Potenz der Helfer in Menschengestalt ist genauso vielfältig wie die der oben illustrierten Helfer aus der Pflanzen- oder Tierwelt. Überhaupt sollten wir ein weit gefächertes Spektrum der Hilfe zulassen. Bei genügend Offenheit und gesunder Neugier unsererseits sind Geisthelfer in der Lage, spezialisierte ›Kollegen‹ hinzuzuziehen. Oder, anders betrachtet, andere Hilfsgeister als der bisher bekannte und vertrauenswürdige tauchen spontan auf, hüpfen oder fliegen durch die Vision oder schauen einen abwartend an. Wie auch immer, sie können Helfer sein. Das erfährt man am ehesten mit der Frage: »Willst du mir helfen?« – »Hast du eine besondere Fähigkeit?« – »Wie kannst du mir helfen?« Sodann kann sich ein Dialog einstellen, der auch lehrt, wie sich die Helfer mitteilen. Die Kreativität und Gegenwart der Helfer ist gewissermaßen grenzenlos. Insofern wundert es mich auch nicht, dass Schutzengel trotz aller Verballhornung oder rationaler Abwehr noch von uns allen im Munde geführt werden, wenn wir feststellen, dass jemand aufgrund eines Unfalls tot oder schwer verletzt sein könnte, hätte er nicht einen »guten Schutzengel« gehabt. Diese Bemerkung leitet mich zu einer schönen Geschichte:

Herma ist gut vierzig Jahre alt. Sie wollte mit ihren Kindern und ihrem Mann auf eine südliche Insel fliegen. Dieses Vorhaben war durch ihre Flugangst gefährdet. Darunter litt sie seit vielen Jahren und es war Teil einer umfassenden Angsterkrankung, die in einer schlimmen Stresssituation erstmals aufgetreten war. Damals hatte Herma während einer Autofahrt einen Panikanfall bekommen. Sie war alleine und musste mitten auf der Landstraße anhalten, da sie eine Ohnmacht befürchtete. Ich will hier nicht ihre tapferen Bemühungen schildern, der seitdem mehr oder weniger vorherrschenden Angstgefühle Herr zu werden. Tatsache ist jedenfalls, sie hatte sich nicht unterkriegen lassen wollen. Tatsache war damals aber auch, dass sie zu Aktivismus und Hektik neigte. Wie sie selbst sah, diente dies der Beherrschung der Angst und war zugleich ihr Auslöser, weil sie mitunter ihre Kraft verausgabte, die sie gebraucht hätte, um sich kraftvoll und stabil zu erleben.

Und nun stand der Flug auf die Insel bevor. Die Familie freute sich darauf und Herma hatte gebucht. In der Woche davor nahm aber die Flugangst wieder die bekannten Ausmaße an. Geprägt durch Vorstellungsübungen, die Herma angeleitet von der psychotherapeutischen Behandlung ihres Angstsyndroms schon länger unternommen hatte, ergab sich also die Frage, wie sie die ihr so vertraute Gestalt einer schützenden Frau für ihren Flug aktivieren konnte. Im Flugzeug neben ihr würde kein Platz frei sein, wo dieses hilfreiche Wesen sitzen könnte, das außerdem dem Diktat der Angsterwartung gemäß ja auch mit dem Flugzeug abstürzen würde. In jener Therapiestunde musste ich an eine von Marko Pogacnik geschilderte Vision denken. Er hatte auf einem Flug Elementarwesen gesehen, die das Flugzeug begleiteten. Die von Pogacnik so genannten Elementarwesen widmen sich meist dem Wachstum und dem Wohlergehen der verschiedenen Lebensformen auf der Erde, im Grunde allen natürlichen sowie auch von Menschen mitgestalteten Gegebenheiten. Das Flugzeug ist eine solche Gegebenheit.*

Ich erzählte Herma also von Pogacniks Vision. Ich erzählte ihr auch, dass ich diese Vision selbst schon ausprobiert und sie als ausgesprochen beruhigend erlebt hatte. Ihr Blick hellte sich auf, und sie wollte diese Vorstellung selbst erproben. So begab sie sich auf die Couch und kuschelte sich unter die Wolldecke. Sie nahm ein paar tiefe Atemzüge und ließ sich in die Trance hinübergleiten. Dann schilderte sie:

H.: Wir haben eingecheckt und sitzen im Warteraum. Mein Sohn blödelt wie üblich herum... Mein Mann gähnt. S. (Tochter) weiß nicht, wohin mit den Füßen und strampelt beinahe... Dann werden wir aufgerufen... Ich bin sehr nervös... Ich lasse die Tickets fallen... Es wird mir ziemlich eng in der Brust... Ich glaube, ich schaffe das nicht.

Th.: Können Sie das Flugzeug draußen sehen?

H.: Ja.

Th.: Dann konzentrieren Sie sich doch einmal auf die Luft darüber. Diese Wesen sind nicht gleich erkennbar.

H.: Mhm... Oh ja, da schweben so seltsame Gestalten, das sind... die sind so fließend... Eine hat so ganz lange Fühler, mit denen kann sie den Rumpf vom Flugzeug halten. Die andere hat einen rosa Schimmer und so Ausläufer am Kopf, als würde sie Funksignale bekommen...

Th.: Fragen Sie die Wesen, wenn Sie etwas wissen wollen.

H.: Ja. Beschützt ihr uns im Flugzeug, beschützt ihr das Flugzeug überhaupt, ich meine ganz? ... Sie schweben jetzt vors Fenster... Sie haben keine Augen wie wir. Das sind so Strahlen... Ich fühle mich angezogen von ihnen... ich gehe hin... Die mit den langen Fühlern... das sind jetzt... wie Arme... legt die um mich rum, das fühlt sich nicht körperlich an... aber ein Gefühl von Ruhe und Wärme durchströmt mich. Schön... (langes Schweigen)

H.: Wir sind durch das Gate gegangen und sitzen in unseren Sitzen... Mein Blick ist jetzt außerhalb vom Flugzeug, wo ich die Schutzwesen sehe... Sie haben so fließende, wellenartige Bewegungen und sind immer beim Flugzeug, entweder oben drüber... oder... da an der Seite sehe ich noch eines... Nun startet es... Ich bin jetzt wieder drinnen im Flugzeug, das ist schief in der Luft... ich spüre den Druck im Rücken, von dem Schub... Jetzt bin ich noch mal draußen... Die eine mit den Fühlern... riesige Arme, die kann sie anscheinend länger und kürzer machen... hat sie um den Rumpf vor den Flügeln geschlungen...

Th.: Wie geht es Ihnen jetzt?

H.: Ja, ich habe schon etwas Angst gehabt... Aber das ist schon beruhigend, wenn ich

*s. Pogacnik, 1995

mich auf diese Wesen konzen... ich meine, wenn ich mich mit ihnen befasse.

Th.: Helfen Ihnen diese Wesen bei der Kontrolle der Angst?

H.: Also, die helfen auf jeden Fall, die helfen nicht nur mir, auch allen anderen... auch denen, die nichts davon ahnen...

Th.: Gut, dann bedanken Sie sich dafür und kommen wieder hierher zurück.

H.: Vielen Dank, ihr... wer auch immer ihr seid.

In der Nachbesprechung lächelte Herma wieder sehr viel. Sie würde sich dem Flug stellen, wie sie sagte. Sie wollte auch ihre Familie nicht frustrieren. Nach ihrem Urlaub berichtete sie, dass sie eben diese Helfer in ähnlicher Weise erlebt hätte wie in der Imagination während der Therapiestunde. Allerdings hätte sie auch die Hand ihres Mannes ganz verkrampft festgehalten, sodass er davon Schmerzen bekommen hätte. Aber er hätte es ausgehalten, weil er endlich auf die Insel kommen wollte. Der Flug selbst wäre ruhig, ohne Turbulenzen gewesen. Ähnlich wäre es beim Rückflug gewesen, nur dieses Mal blieb die Hand ihres Mannes verschont. Statt dessen hätte sie »leuchtende Hände« gesehen, die schützend über ihr schwebten. Herma war stolz auf sich. Wie groß die Hilfe der Schutzwesen gewesen wäre, sie möge doch mal schätzen, fragte ich. Herma wog den Kopf hin und her und meinte dann: »Etwa vierzig bis fünfzig Prozent, der Rest war ich selbst, ich habe eigentlich einen starken Willen.« Dabei lächelte sie wieder.

Herma hat eine wunderschöne Frau zum Schutzwesen, jedenfalls konnte ich das ihren Schilderungen entnehmen. Dieses Wesen erschien ihr erstmals nicht in der Imagination, sondern während physiotherapeutischer Behandlungen. Ein großes Bild von diesem Wesen hing an der Wand und während Herma ihre Massagen erhielt, war ihr Blick auf diese Gestalt gerichtet, die sich ihr offenbar tief eingeprägte hatte. Es wäre ein mystisches Wesen, meinte Herma. Geisthelfer gehen auch Wege über Poster, um unserem Bewusstsein zu begegnen. Da es in der Behandlung von Angstzuständen auf Dauer sehr wichtig ist, dass sich die Betroffenen aufgrund eigener Absicht und Bemühung abgesichert und geborgen fühlen können, sind Schutzwesen von besonderer Bedeutung. Herma etwa hatte Beziehung zu einem solchen Wesen und fand in seinem Schoß, der sich ihr wie ein Nest darbot, Platz.

Menschliche Helferwesen scheinen nach meinen Behandlungsprotokollen gerne bei Anliegen aufzutreten, die direkten Behandlungscharakter tragen. Ob das verallgemeinert werden kann, weiß ich nicht zu sagen. Die Behandlungsmethoden der Helfer sind vielfältig und müssen nicht den Erwartungen ihrer ›Klienten‹ entsprechen. Ebenso verhält es sich mit Informationen, die Helfer gefragt, aber bisweilen auch ungefragt von sich geben. Solche Informationen werten häufig verdrängtes oder vergessenes Wissen der betreffenden Person auf, sind dann Erinnerungen oder Mahnungen. Hierbei können auch fachgerechte Arztkonsultationen zustande kommen.

Ein entsprechendes Beispiel möchte ich dokumentieren, weil es eine fähige Hilfsquelle sehr deutlich werden lässt und zudem einfach und klar das Grundmuster einer (imaginativen) Konsultation illustriert:

Ilse ist etwas über sechzig Jahre alt. Nach mehreren, von Ilse traumatisch erlebten Unglücksfällen und Leidensphasen in ihrer Familie, war sie vor vielen Jahren depressiv geworden und seitdem in psychiatrischer (medikamentöser) Behandlung. Ilse machte von Anfang an den Eindruck auf mich, dass sie ein großes und starkes Herz hat, das aber daran zu zerbrechen drohte, dass sie trotz ihres enormen Einsatzes die Unglücksfälle ihrer Familie nicht verhindern konnte. Sie litt sehr an Schuldgefühlen, die auch nach all den vergangenen Jahren und so vielen guten Ratschlägen sowie Entlastungsversuchen seitens ihrer Mitmenschen nicht vergehen wollten.

Unter dem Eindruck eines weiteres Unglücksfalls, ihre Tochter war an einem Hirntumor erkrankt, war mir nicht mehr nach langem Reden zu Mute und Ilse wohl auch nicht. Damals nahm ich meinen Mut zusammen und schlug ohne Umschweife eine schamanische Reise vor, weil Ilse nur Entlastung bekommen konnte, wenn sie etwas für ihre Tochter tat.

Diesen Aspekt der Psychotherapie unter schamanischen Vorzeichen werde ich in einem späteren Kapitel beleuchten. Hier soll nur eine (schamanische) Reise zu ihrem Helfer, den Ilse ihren Vertrauten oder Betreuer nennt, wieder gegeben werden, wie ich sie protokolliert habe. Anlass war eine grippeartige Erkältung, die Ilse seit Tagen plagte und mürbe machte. Auf ihren Reisen zum Helfer nimmt sie den Weg zu einem Fluss unweit ihres Wohnorts. In der Nähe des Ufers findet sie ein Loch in der Erde, durch das sie sich einlässt. Sie kommt in einen Tunnel, an dessen Ende sie schnell und verlässlich in die helle untere Welt gelangt:

»Ich gehe durch den Tunnel auf die andere Seite. Im Stuhl sitzt mein Betreuer. Wir begrüßen uns. Ich setze mich ihm gegenüber auf einen Stuhl... Wir reden erst über das Wetter... Er sagt, das sei ein Wetter für Erkältungen... Dann erzähle ich ihm von meiner Erkältung, dass ich sehr viel Kopfschmerzen habe, Schnupfen und Halsschmerzen... Er fragt auch nach Fieber... Ich sage ihm, dass ich vielleicht wieder Fieber bekomme. Er sieht mir in den Mund... und meint, dass ich eine Entzündung im Hals habe. Er empfiehlt mir, dass ich erst mit Grippetabletten... Halstabletten... und Salbe für Hals und Brust zum Einreiben... Ich soll, solange kein Fieber da ist, viel an der frischen Luft spazieren gehen... und mich sonst ein paar Tage hinlegen... Dann empfiehlt er mir noch, falls die Bronchien und der Rücken weh tun, soll ich es mit einem Schmalztuch versuchen. Das ist ein altes Hausrezept von früher... Ich bedanke mich bei ihm. Er wünscht mir gute Besserung... Und wenn ich sonst noch was hätte, kann ich gerne auf ihn zurückkommen... Ich gehe wieder durch den Tunnel zurück.« (Ilse atmet tief durch und dehnt die Muskeln von Armen und Beinen, sie braucht etwas Zeit zum Erwachen. Sie öffnet sichtlich bemüht die Augen, als käme sie aus dem Schlaf.)

Wie dem Text zu entnehmen ist, war Ilse völlig selbständig in die untere Welt zu ihrem Geisthelfer gereist. Sie hatte darin bereits soviel Übung und Vertrauen in die Möglichkeiten solcher (Selbst-) Hilfe erworben, dass nur Assistenz bei der Klärung ihres Anliegens nötig war. Dies kommt dem *schamanischen Counseling* sehr nahe, einem Verfahren, dass Michael Harner entwickelt hat, um seine Klienten in die Lage zu versetzen, sich selbständig Rat und Hilfe bei ihren Geisthelfern zu holen.[*] In unseren Begriffen würden wir davon sprechen, dass Ilse imaginativ nach Inspiration suchte, um ihre Selbstheilungskräfte zu aktivieren.

Ein weiteres Beispiel kann den direkten Vorgang der Selbstheilung besser verdeutlichen. Agnes, eine Frau im Alter von Mitte dreißig, war wegen sozialer Ängste und einer chronischen Vitalschwäche bei mir in Behandlung. Sie hat einen Sohn, damals im Kindergartenalter, der nicht nur im Winter häufig grippekrank war und seine Mutter schnell ansteckte, weil sie keine starke körpereigene Abwehr hatte. Wieder einmal innerhalb von wenigen Wochen befürchtete sie, krank zu werden. Sie spürte bereits den Beginn der Halsschmerzen. Agnes war es auf Grund der vorherigen Sitzungen schon gewöhnt, sich in die innere, geistige Wahrnehmung und Aktivität zu begeben. Allerdings hatte sie keine festen Helfer. Vielmehr ging sie mit Vertrauen in die Dunkelheit, die dem Schließen der Augen folgte, und formulierte mit Bestimmtheit, aber im Ton des

*s. Kap. 18

Bittens ihr Anliegen. In jener Stunde war es die Bitte um die Behandlung ihrer Halsschmerzen:

A.: Ich sehe eine Treppe, die ich hochgehe, ganz steil, aber ich bin ganz klein und das ist bei mir im Körper. Da ist ein großer Saal, in dem sind die Krieger, aber die sehen komisch aus, wie Tropfen mit Armen und Beinen. Ich spreche mit dem, der was zu sagen hat. Er sagt, wenn das alles ist, das ist nicht viel. Ich gehe die Treppe runter. Die gehen aber einen anderen Weg. Die Treppe führt vom Kopf in den Hals. Die Bakterien sind lauter Totenköpfe. Jetzt sehe ich, die sehen aus wie eine Armee. Die greifen gleich an. Die großen Tropfen, das ist eigentlich ein großer Mund. Die verschlingen sie. Es ist ein großer Kampf im Gang. Es werden immer weniger. Jetzt kratzt es auch nicht mehr im Hals. Es sind auch nur noch ein paar da.

Th.: Bedanken Sie sich.

A.: Der was zu sagen hat, sagt, immer zu Diensten. Sie ziehen sich zurück... Jetzt sind alle weg.

Agnes hatte zweifellos eine starke Truppe auf die Krankheitserreger angesetzt. Würden wir den Gedanken vorziehen, dass es sich um imaginär wahrnehmbare und aktivierbare Abwehrzellen des Organismus handelt, dann können wir zu Recht von Mobilisierung der Selbstheilungskräfte sprechen. Schamanisch betrachtet handelt es sich zugleich um Geisthelfer. Abgrenzungen zwischen Selbstheilungskräften und Aktivitäten der Geisthelfer dürfen hier durchaus dünner und belanglos werden. Es ist bemerkenswert, wie Agnes spontan und schöpferisch eine grundsätzliche Haltung einnimmt, die auch spirituell genannt werden kann. Es entsteht ein Szenario, das an die modernen Methoden imaginativer Unterstützung körperlicher Heilungsprozesse erinnert. Sie wurden insbesondere auch entwickelt, um die medizinische Behandlung von Krebserkrankungen mit psychischen und geistigen Kräften der Betroffenen selbst zu fördern.

Ein entscheidender Aspekt dieser Selbstbehandlung ist, dass sich die betreffenden Personen zumindest teilweise aus ihrer Abhängigkeit von Ärzten, Therapeuten und anderen Professionellen lösen können und stärkende Autonomie erleben. Allein dies hat bei vielen gerade ängstlichen, depressiven Menschen einen unschätzbaren Heilungseffekt. Agnes z. B. war stolz auf ihre Imaginationsbegabung, die sie kreativ auch dazu benutzte, um spirituell Einfluss auf die Krankheitsanfälligkeit ihres Sohnes zu nehmen, mit Erfolg übrigens. Wir sprechen in der Medizin und Psychotherapie häufig von Somatisierung psychischer Konflikte, wenn der Zusammenhang körperlicher Leiden und psychischer Probleme offensichtlich ist. In der gängigen psychosomatischen Therapie wird bisweilen die kreative Selbstbehandlung unterbewertet. Dies geschieht leicht, wenn sich die Experten zu wichtig nehmen.

Ein ganz wesentlicher Punkt der Selbstbehandlung ist das Suchen und Finden der *richtigen Medizin*. Schon die Bestätigung des Suchens kann einen Menschen stärken und für notwendige Einsichten öffnen, was nicht zustande käme, wenn sie auf professionelle Heilkundige treffen, die sich *zwangsläufig* kompetent und wissend geben müssen. Die richtige Medizin ist ein Thema, über das viele suchende oder fündig gewordene Zeitgenossen Bücher schreiben könnten, so sehr hat es sie schon umgetrieben. Ganz sicher stünde in solchen Büchern auch ein Kapitel darüber, was der Suchende alles erlebt und begriffen hat, über Menschlichkeit und Unmenschlichkeit, über Apparate, über Einfühlung und Mitgefühl, über Mut und Verzweiflung, über unendlichen Schmerz, über Grübeln und Angst, über Konflikterlebnisse innerlich, aber auch fachlich in Auseinandersetzung mit Experten sowie mit Angehörigen und vieles mehr. Es würde aber zudem etwas darüber geschrieben sein, welche Wege die hilfreiche Inspiration nahm (wie auch immer sie sich zeigte) und wie sie sich mit dem Schicksal verband. Schilderungen der richtigen Medizin sind dem Geist der Heilung in all seinen individuellen oder speziellen Formen gewidmet. Sie sind genauso wichtig wie unsere wissenschaftlichen Lehrbücher.

In diesem Kapitel ist es mir noch ein tiefes Bedürfnis, den helfenden Geist unserer Vorfahren mit einer Geschichte zu ehren. In vielen schamanisch geprägten Stammeskulturen spielten und spielen die Ahnen eine wichtige oder sogar die einzige Rolle als spirituelle Verbündete. Und auch in unserer aufgeklärten Wissenslandschaft geschieht es häufig, dass sich Menschen noch unter dem Schutz von Vorfahren, meist Großeltern oder Eltern, fühlen, die schon verstorben sind. Es ist wichtig, diese Seite der psychischen Ahnenkultur deutlich werden zu lassen, da die andere Seite durch historische, familiäre und persönliche Schuldbelastungen überbetont werden kann. Dass wir mit letzterem einen großen Heilungsbedarf zu akzeptieren lernen, zeigen die jüngeren Praktiken und Diskussionen zum Thema Familienstellen. Aber auch die offenere Betrachtung von Kriegsereignissen und ihre Folgen im Leben der Generationen ist ein Vorgang der Aufarbeitung und psychischen Integration. Sie ist somit auch ein Klären der Gefühle und Gedanken, die Lebende mit den Taten oder Leiden ihrer noch lebenden oder verstorbenen Vorfahren *verbinden* bzw. von ihnen *trennen*.

In der folgenden Geschichte geht es um den Beistand einer Großmutter, die schon einige Jahre nicht mehr unter den Lebenden weilt. Nutznießerin war Birte, eine Frau von Anfang fünfzig. Sie war eigentlich wegen der Behandlung ihrer Depressionserkrankung zu mir gekommen. Seit über zehn Jahren erlebte sie schwere psychische Belastungen einhergehend mit dem Gefühl, von einem Mann abhängig zu sein, obwohl sie die Zwecklosigkeit jener Beziehung längst erkannt zu haben glaubte. Aber ein von ihr nicht bestimmbares Gefühl trieb sie ihm immer wieder zu. Nach wenigen Stunden oder Tagen, in denen sie die Nähe zu ihm positiv erlebte, wurde sie von ihm brüsk zurückgewiesen und mit Argumenten bedacht, sie wäre selbst daran schuld. Sie verstand nie, warum. Es war wohl ein psychisches Drama, das beide nicht verstanden. Wie sich eine Lösung dieser schlimmen und chronisch verletzenden Situation ergab, werde ich später noch beschreiben. Hier soll geschildert werden, wie Birte eine sehr effektive Hilfe durch ihre Großmutter erhielt:

Sie hatte über Bekannte eine preiswerte Gelegenheit zur Zahnimplantation erhalten. In forscher Stimmung hatte sie das Angebot sofort angenommen. Alles war in die Wege geleitet. Ein paar Tage vor dem Termin realisierte sie, was auf sie zukommen sollte. Sie war nämlich als Demonstrationspatientin in einem Seminar für Zahnärzte vorgesehen, die von einem Spezialisten die Operation und das Einfügen des Implantats vorgeführt bekommen sollten. Das allein schon versetzte Birte in helle Aufregung, sodass sie nicht recht schlafen konnte. Hinzu kam das wirklich Bedrohliche, dass sie nämlich vor drei Jahren unter der Einwirkung einer Anästhesiespritze einen Kreislaufkollaps erlitten hatte. Und schließlich hatte sie geträumt, sie saß im Behandlungsstuhl beim Zahnarzt und wartete auf die Operation. Da ging plötzlich die Tür auf. Ein von Blut überströmter Mann wurde hereingetragen. Er war halbwegs am Sterben. Offenbar war er am Herzen operiert worden. Er legte sich vor Birte hin. Dann kam sein Arzt noch herein, er hatte eine blutige Operationsschürze um. Birte war von Angst erfüllt und lief auf und davon. Sie wachte verschreckt auf. Angesichts all dessen war es kein Wunder, dass Birte panische Angst vor dem besagten Termin hatte.

Die Angst um ihr Leben trat aus ihrem Schatten und präsentierte sich blank. »Seit Kindheit habe ich Angst um mein Leben, ich könnte früh sterben«, sagte Birte. Wenn sie als Kind solches erlebte, war sie aus dem Haus gegangen und hatte zu Gott gebetet: »Bitte, bitte lass mich leben.« Jene Angst war verbunden mit Sorgen um ihre Großmutter. Diese hatte immer wieder über Herzschmerzen geklagt und der Furcht Ausdruck gegeben, sie könnte bald sterben. In Wirklichkeit wurde sie sehr alt. Aber Birte nahm die Sterbenserwartung und die Todesahnung der Großmutter ernst. Wie auch anders, es gab ja niemanden, der das korrigierte. Die Großmutter war das Ein und Alles für Birte. Ihre Eltern waren ihr emotional fern, sie arbeiteten und waren müde, häufig gereizt und ungeduldig. Vom Vater gab es bei schlechten Schulleistungen Schläge. Die Großmutter war Teil von Birtes Leben. Als sie verstorben war, war Birte längst erwachsen. Sie träumte über Jahre hinweg, die Großmutter wäre nach dem Tod wieder lebendig geworden. Dies war aber auch schon wieder Jahre her.

Wir verabredeten einen Nottermin, um Birte noch für die Operation zu stärken. In der Nacht davor träumte sie von ihrer Großmutter. Der Traum führte sie zu ihr, die in einem Bett lag und sie tröstete. Anlass war im Traum die öffentliche Bloßstellung ihrer Abhängigkeit von jenem Mann und zwar vor den Kollegen. Der Vorgesetzte, der dies im Traum getan hatte, wird von Birte in der Realität als ein freundlicher, vertrauenswürdiger Mann erlebt. Allerdings machte er sie stets auf die Notwendigkeit aufmerksam, dass sie sich aus der Abhängigkeit lösen müsste, wenn es ihr besser gehen sollte.

Im Traum hatte die Großmutter Birte in den Arm genommen und getröstet. Diesem beruhigenden Gefühl von Geborgenheit spürte sie im Wachzustand noch nach. Dies griff ich auf und bat Birte, in ihrer inneren Wahrnehmung zu dem Ort ihrer Kraft zu gehen und dorthin ihre Oma zu rufen. Der gemeinte (sichere) Ort Birtes ist ein (imaginäres) Ferienhaus in Spanien, mitten in einer fruchtbaren Natur gelegen, mit einer Terrasse und schattigen Plätzen. Das tat Birte erwartungsvoll und die Gerufene kam prompt zu ihr. Wie es weiter ging schildere ich wörtlich aus meinem Protokoll:

B.: Irgendwie kann sie sich nicht entscheiden, ob sie im Haus bleiben will oder hinaus gehen will. Der Himmel ist blau. Die Sonne scheint. Aber ich glaube, sie will hinaus gehen. Sie hat immer gerne draußen gesessen. Ja, sie hat sich entschieden. Noch sitze ich ihr gegenüber...

Th.: Mögen Sie ihr was erzählen?

B.: Ja, ich möchte sie fragen, ob sie mich auf ihren Schoß nimmt... Sie sagt auch ja. Eigentlich bin ich viel zu groß, aber ich möchte es trotzdem haben. Ich bin ja erwachsen. Aber das macht nichts. Das würde sie aushalten... Da sitze ich auch schon... Sie nimmt mich in den Arm, fasst mich um... Und sie sieht ganz freundlich aus...

Th.: Fragen sie doch, ob sie bei der Operation dabei sein möchte.

B.: Ja, selbstverständlich. Sie würde schon auf mich aufpassen, sagt sie... Sie sagt mir auch, dass ich da solange sitzen bleiben kann, wie ich möchte... Und das so wie früher... Ich merke ihren Körper... Der ist zwar knochig... Und trotzdem strahlt er so viel Wärme aus... ich mag gar nicht wieder aufstehen... (längere Ruhe)

Th.: Gut, am besten, Sie verabreden sich für den Zeitpunkt, wenn's drauf ankommt.

B.: Ja, sie ist dabei. Da kann ich getrost hingehen...

Nach der Rückkehr in das Wachbewusstsein musste ich Birte bitten, sich zu recken und zu strecken, damit die Durchblutung wieder in Fahrt kam. Sie war recht tief in Trance gewesen. Sie bemerkte spontan: »Es war sehr schön da.« Ferienbedingt trafen wir uns erst drei Wochen später wieder. Eine glänzend aufgelegte Frau saß vor mir und erzählte mit strahlenden Augen, die Operation wäre »bombig verlaufen«. Sie war zwar aufgeregt, aber in der Nacht davor hatte sie fest geschlafen. Die Anästhesie hatte sie nicht belastet. Sie hatte sich »total ruhig gefühlt«. Zudem war der Arzt sehr sympathisch und einfühlsam gewesen. Als er sie am Ende gelobt und ihre souverän wirkende Haltung hervorgehoben hatte, hatten die anwesenden Ärzte applaudiert. (Wahrscheinlich würden sie sich immer solche Patienten wünschen.) Birte hatte die Begegnung mit der Großmutter wiederholt und gespürt, »da war jemand von oben da und hat mir Kraft und Ruhe gegeben.« Der Arzt war sehr erstaunt, dass die Operationswunde so wenig geblutet hat. Das Zahnfleisch war weder entzündet noch angeschwollen.

Die Begegnung mit Helfern der Großelterngeneration kommt gar nicht so selten vor, wenn die Aufmerksamkeit durch die Besprechungen der Lebensgeschichte darauf gelenkt wird. Vor allem Fragen nach Gefühlen des Akzeptiertseins und der Geborgenheit in der Kindheit können zur Großmutter oder zum Großvater führen. Auch Träume bringen Großeltern ins Gespräch und damit in den Fokus der Suche nach Hilfe, so wie es bei Birte der Fall war. Schamanisch betrachtet, verwundert es nicht, wenn die Hilfe der Vorfahren in Kraft tritt. Ihr Geist kann bei den Lebenden weilen. Er kann natürlich auch Schaden anrichten oder Angehörige psychisch vereinnahmen.

14

Die Reise in die untere und obere Welt – eine Hilfe für die Psychotherapie

Die Helferwesen kennen keine räumlichen Grenzen und sie halten sich in unserer Lebenswelt auf, um uns zu helfen. Doch mitunter wird ihre – zumindest unserem Bewusstsein zugängliche – Wirkung geschwächt. Dies geschieht etwa dadurch, dass wir in psychischen Belastungen und Grübelzwängen fest hängen und unsere Suche nach Entlastung oder Problemlösung im unfruchtbaren Kreisen verläuft. Auch unser krampfhaftes, unproduktives Festhalten an Schuldgefühlen oder Schuldzuweisungen vermag uns so einzuengen, dass die mögliche Hilfe durch geistige Verbündete bzw. innere Helfer keinen Zugang in unsere Wahrnehmung bekommt. Nicht zuletzt sind Gefühlsimpulse und drängende Bedürfnisse bzw. Wünsche häufig von sehr starkem affektivem Druck. Sie können die kognitive und emotionale Aufnahme von hilfreichen Informationen massiv einschränken.

Die Kommunikation mit den Geisthelfern kann nie von unserem gerade wirksamen Bewusstseinszustand abgelöst werden. Es muss geprüft und gegebenenfalls ausprobiert werden, ob es effektiver ist, die alltägliche Lebenswelt wie in einer schamanischen Reise zu verlassen und die obere oder untere Welt oder beide aufzusuchen. Psychologisch gesehen kann die räumliche Metapher unten bzw. oben die Absicht verdeutlichen, Einsicht und Suche nach Hilfe zu vertiefen oder über die augenblickliche Verfassung von Bewusstsein und Gemüt hinauszugehen. Hier können auch die dem Selbstkonzept innewohnenden Potenzen angesprochen sein, die untere und obere Schichten der Psyche zur Sprache bringen sollen. Wie dem auch sei, wünschenswert sind auf jeden Fall Helferwesen, die sich in den angezielten Welten auskennen und in der therapeutischen Intention von Patienten und ihren Behandlern hilfreich sind. Eine Geschichte soll die therapeutische Unterstützung von Reisen in die untere und obere Welt illustrieren:

Die Frau, die hier Hanne heißen soll, ist Mitte zwanzig und Mutter zweier Kinder. Sie lebt mit dem Vater der Kinder zusammen und zeigte sich sehr motiviert, ein langes Leiden zu überwinden. Seit Kindheit nämlich kratzte sie sich fast alle verheilenden Wunden an ihrem Körper auf. Gerade in der Sommerzeit, wenn die Mücken stechen und das Kratzen durch die Juckreize zusätzlich gefördert wird, war für Hanne die Gefahr sehr groß, sich an vielen Hautstellen in chronischem Bluten und Entzünden zu befinden. Ganz abgesehen davon, dass Hanne die Öffentlichkeit mied, um sich weniger schämen zu müssen. Im Sommer trägt der Mensch bekanntlich weniger Kleidung. Sie konnte natürlich nicht baden gehen. Als ausgebildete Arzthelferin wusste sie auch, wie sich chronische Infektionen auf Dauer auswirken würden.

Der psychische Hintergrund ihres zwanghaft erlebten Kratzens schien zu sein, dass sie weniger Aufmerksamkeit von ihrer Mutter bekam, als der zwei Jahre jüngere Bruder geboren wurde. In jener Zeit hatte Hanne damit begonnen, verheilende Wunden an ihrem Körper aufzukratzen. Die Mutter schimpfte und so bekam Hanne die mütterliche Aufmerksamkeit. Das Blutigkratzen von Mückenstichen, zunächst eine instinktive Reaktion auf den Juckreiz, weitete sich angesichts der erlangten Aufmerksamkeit zu einer zwanghaften Verhaltensweise aus.

Hannes Mutterbeziehung war zu Therapiebeginn zwiespältig, einerseits wertschätzend und dankbar, da die Mutter öfter die Betreuung von Hannes Kinder übernahm, andererseits etwas distanziert und vorsichtig, weil die Mutter vieles besser zu wissen glaubt. Darin konnte Hanne recht gut die für sie wichtige weitere Entwicklung zu mehr psychischer Selbstständigkeit und individueller Reifung erkennen.

Eine psychologische Hilfe war für sie, dass sie täglich protokollierte, wann und wie der Kratzzwang auftrat. Außerdem stufte sie auf einer Skala von 1 bis 10 täglich ihr Gefühl von psychischer Kraft sowie den Erfolg der Selbstkontrolle ein. Ein zweites Standbein war für Hanne die Vorstellung, ihre Probleme würden eine dunkle, unangenehme Gestalt annehmen. Sie würde sie dann in einen Fluss werfen und wegschwimmen sehen. Diese Vorstellung übte sie vor dem Einschlafen. So bekam sie, wie sie sagte, die Probleme aus dem Kopf. Am nächsten Tag würde sich das Problem lösen lassen. Ihrem Erleben nach nahm sie dem jeweiligen Problem die Energie und es fiel daraufhin in sich zusammen. Das half ihr oft. Nur half es ihr nicht bei der beabsichtigten Kontrolle des Kratzzwangs.

Ich bat sie, sich auf der Vorstellungsebene einen Bundesgenossen zu suchen, der die Stärke und das Wissen hat, sie tatkräftig in der Selbstkontrolle zu unterstützen. Dies sollte entsprechend einer Reise in die untere Welt geschehen. Hanne genügte hierfür die Erklärung, dass sie wahrscheinlich einen Verbündeten brauche, der um ihren seelischen Kraftzustand weiß und über notwendige Informationen verfügt, die von der Logik alleine nicht erfasst werden können. Deshalb ist es auch sinnvoll, die logische Welt ihres Alltags zu verlassen und jenseits des Alltags nach dem Helferwesen zu suchen. Ich erklärte ihr auch, am Ende ihres Ausflugs in die untere Welt den gleichen Weg in den Alltagsraum zu benutzen, den sie auf dem Hinweg vorgefunden hatte.

Hanne machte es sich im Sessel bequem, legte die Beine auf den Hocker und schloss die Augen. Sie blieb dann still. Sie hatte bei vorherigen Tagtraumübungen, die dem Aufsuchen eines guten Ortes in der Natur galten, darum gebeten, dass ich sie nicht mit Fragen und Ideen störe. Als sie dann wieder die Augen öffnete, berichtete Hanne, sie hätte einen Adler angetroffen. Weiter erzählte sie: »Der hat gesagt, ich soll meinen Körper mehr lieben und meine Haut mir schön vorstellen und sie pflegen. Wenn ich das tue, kommt das von selbst. Er hat hochtrabend geredet, wie ein alter, weiser Mann. Man muss das auch so aufschlüsseln. Ich liebe meinen Körper nicht genug.« Es ist plausibel, dass Hanne ein Krafttier gefunden hatte, das nicht unserem alltäglichen Leben entstammt, sondern einer anderen Wirklichkeit. Kein Vogel würde so mit uns reden, schon gar nicht hochtrabend und weise. Typisch für die Helferwesen ist auch, dass sie eine eigene Kommunikation anbieten. Wir müssen uns darauf einstellen, um die Botschaften zu entschlüsseln und so von diesem nichtalltäglichen Kontakt zu profitieren.

Der Adler war in der Folge ein zuverlässiger Ratgeber für Hanne. Eine Zeit lang erlebte sie sich wie aufgedreht und konnte nur schwer einschlafen. Es entstanden Kopfschmerzen und sie spürte unerklärliche Aggressionen. Ihr Partner interpretierte sie als furchtbar nervös. So regte ich an, dass sie wieder ihren Verbündeten aufsuchte und diesem ihr Anliegen vortrug, nämlich den Wunsch nach Entspannung. Von dieser Reise brachte sie die Information mit, sie solle im Geiste das Feuer im Kamin beobachten und aufpassen, dass es nicht aus dem Ofen herauskommt, aber auch nicht ausgeht. Das Feuer muss im Zaum gehalten werden. So bekäme sie mehr Kontakt zu ihrer energetischen Verfassung. Eine ruhige Flamme wäre eine Gabe von Wärme und Gemütlichkeit.

Hanne benutzte diesen Imaginationsvorschlag mit Erfolg. Sie wurde gelassener. Als es auf den Sommer zuging, hatte Hanne den Kratzdrang fast völlig im Griff, allerdings befürchtete sie, die unvermeidlichen Mücken würden sie durch ihr Stechen wieder auf das falsche Gleis bringen. Sie reiste also mit dem Anliegen zum Adler, wie sie den Wirkungen der Mückenstiche begegnen könne. Schon bald zurückgekehrt, berichtete sie: »Er meint, es ist nicht schlimm, wenn ich an den Mückenstichen kratze, weil ich sie nicht mehr aufkratze und weil ich sie nicht mehr beachte.« Diese Beobachtung stimmt mit Hannes verändertem Lebensgefühl überein, denn sie erlebte sich ruhiger und konnte sich – anders als früher – willentlich entspannen.

Eine Kratzstelle am Arm aber zeigte sich noch resistent gegen die inzwischen gute Kontrolle der Kratzsucht. Hanne hatte selbständig auf der Suche nach Unterstützung und Inspiration ihren Tierhelfer aufgesucht. Sie hatte ihn gefragt: »Wie schaffe ich es, mir meine Willensstärke bewusster zu machen?« Der Adler aber, so berichtete Hanne, hatte sich weggedreht, als wüsste er keine Antwort. Nun schien es sinnvoll, dieses Helferwesen vorläufig nicht noch weiter zu strapazieren. Auch Helferwesen brauchen mitunter eine Pause und Gelegenheit sich zu regenerieren. In solchen Situationen wäre auch daran zu denken, den treuen inneren Helfer zu ehren, ihm ausreichend zu danken und ihm Nahrung zu verschaffen, wenn er dessen bedarf. Letzteres kann imaginativ, aber auch in der materiellen Realität geschehen. Die traditionellen Schamanen überlassen häufig ihren Verbündeten konkretes Essen. Sie füllen es in Schüsselchen und stellen es an einen geeigneten Platz. Sie wissen, ihre Helfer erleben die Nahrung in ihrer geistigen Kraft und stärken sich daran.

Es ist aber auch daran zu denken, dass nun andere Helferwesen die therapeutisch notwendige Inspiration übernehmen könnten. Eine praktische Handhabung wäre, den bisherigen Helfergeist um entsprechende Vermittlung zu jetzt zuständigen anderen Wesen zu bitten. Eine weitere Möglichkeit, den Horizont des Hilfsgeschehens zu erweitern, ist die Reise in die obere Welt, wo nach traditioneller Erfahrung meist personale Helfer anzutreffen sind, die wichtige Seiten von spiritueller Behandlung oder Beratung übernehmen. Diesen Gedanken trug ich Hanne vor. Sie reagierte sichtlich motiviert und neugierig. Sie lächelte breit und wollte sich sogleich auf die Reise machen. Hinterher berichtete sie Folgendes:

»Das Hochfliegen war nicht schwierig, auch durch die Wolken zu kommen nicht. Es war dann wie im Büro. Nur waren es skurrile Leute mit langen Haaren. Eine relativ junge Frau, die dann ein Hexengesicht hatte, sagte, ich müsse meine Energie mehr konzentrieren, bündeln und dann nutzen. Ich müsse auch konsequenter mit mir sein. Das bedeutet, ich muss meine Hände unter Kontrolle haben. Ich soll mir vorstellen, jemand beobachte mich, dann lasse ich es bleiben. Es reicht mir, wenn die Vorstellung nur schemenhaft ist.« In der Nachbesprechung fand Hanne die junge Frau mit dem Hexengesicht weniger glaubwürdig als den Adler. Aber die Idee, sich vorzustellen, sie würde von jemandem beim Kratzen erwischt, erschien ihr erwägenswert. Sie würde es ausprobieren.

Sie trat aber weiterhin auf der Stelle des bisher Erreichten. Nun beschäftigte sie der Aspekt der Konsequenz in ihrem Leben. Sie stellte fest, das Inkonsequente, das »Luschige« sei Teil ihrer Persönlichkeit geworden. Ihre Mutter hätte ihr viele Freiheiten gelassen. Sie brauche Druck, um etwas zu bewirken. Die Suche nach dieser Art der Motivation führte sie zu ihrer Eitelkeit. Es entstand ein inneres Selbstbild. Darin war sie aufrecht, zeigte sich stolz und blickte geradeaus. Im Folgenden schritt das innere Schöpfertum voran. Es kam zum inneren Treffen zwischen der stolzen, erwachsenen Wesensseite und der sich jünger erweisenden, inkonsequenten Wesenseite, die bezeichnenderweise geduckt und trotzig wirkte. Beide Seiten fanden Gefallen aneinander, nachdem sie Vorwürfe ausgetauscht hatten. Dabei kam heraus, dass Hanne wieder damit beginnen würde, Sport zu treiben.

Hannes Behandlung war vielschichtiger. Es wurde, wie angedeutet, in der Vorstellung gearbeitet, sie könnte ihren trotzig-kindlichen Persönlichkeitsseiten begegnen und bräuchte sie nicht abwertend aus der Aufmerksamkeit ausschließen, also eine therapeutische Hilfe, die als Arbeit mit dem inneren Kind bezeichnet wird. Es ging auch noch um den Schwerpunkt, wie Hanne ihr berufliches Leben weiter gestalten konnte. In der Nachbetrachtung aber zeigten sich die Helferwesen, insbesondere der Adler, als unabdingbar. Sie waren vor allem Inspirationsquellen, die den Verlauf der psychotherapeutischen Behandlung anleiteten. Dieser kann sicher auch psychologisch interpretiert und auf die Anwendung fachlicher Konzepte zurückgeführt werden. Ich würde mir allerdings auf diese Weise etwas vormachen, da ich im Kern eigentlich nur den jeweiligen Inspirationen nachgegangen war, die Hanne von ihren Reisen in die untere und obere Welt *und* zu ihren Helfern in unsere psychotherapeutische Arbeit mitbrachte.

15

Frau Holle

Es gibt einige bekannte Märchen, in denen menschliche Helfer des (schamanischen) Lehrertyps eine wichtige Rolle spielen, so vor allem »Frau Holle«.[1] Der Psychotherapeut und schamanische Praktiker Carlo Zumstein schildert plausibel das schamanische Basiswissen, das aus dem Märchen von Frau Holle hervorgeht. Er weist darauf hin, das Mädchen sei in einer leidvollen Situation, drangsaliert durch Stiefmutter und Stiefschwester. Ich vermute, wir würden heute von Mobbing sprechen. Demnach ist diese Geschichte zeitlos. Sie ist es nicht nur in der geschilderten Problematik, sondern auch in der Lösung. Diese heftet sich im Kern nicht an funktionale Kriterien, so wie wir es aufgrund unserer alltäglichen Lösungsmuster erwarten würden, deren Regeln sich auch psychotherapeutische Hilfsangebote oft bedienen. Vielmehr sprang das Mädchen »in seiner Herzensnot« in den Brunnen, wo die Spindel hinein gefallen war, »verlor die Besinnung« und erwachte »auf einer schönen Wiese, wo die Sonne schien und viel tausend Blumen standen.« Nun musste es Aufgaben ausführen, die sich ihr aufdrängten. Die fertig gebackenen Brote wollten aus dem Ofen herausgezogen und die reifen Äpfel sollten vom Baum geschüttelt und gesammelt werden.

Zumstein bezeichnet diese Erlebnisse als »Zulassungsprüfungen zu den Geheimnissen der anderen Welt«. Sie finden bereits in jener anderen Wirklichkeit statt, in der sich die Beseeltheit aller Dinge zeigt und die akzeptiert werden muss, um aus dieser Erfahrung etwas zu lernen. Das Mädchen begegnete einer alten Frau, die durch ihre großen Zähne eher abschreckend wirkte. Aber sie stellte sich als das wissende und machtvolle Wesen heraus, welches das Mädchen in die Möglichkeiten ihrer geistigen Kraft einführen konnte. Mit dem Schütteln der Bettdecken wurde die enorme Wirkung des Schneefalls hervorgerufen, ein Kraftritual, wie Zumstein interpretiert. Das Mädchen fühlte sich schließlich zu den Mitmenschen und ihrer Realität zurückgezogen. Dies wurde von der weisen Alten akzeptiert. So kehrte das Mädchen – reich beschenkt, nämlich »mit Gold bedeckt« – in die Realität ihrer Mitmenschen zurück. Das Mädchen könnte zu einer Mittlerin zwischen den Welten geworden sein. Jedenfalls wurde es nach der Rückkehr zu seinen Leuten von diesen anders wahrgenommen und behandelt als vorher. Da es den Weg zur alten Weisen kennt und die entsprechende Einweihung erfolgreich hinter sich gebracht hatte, könnte es theoretisch weitere Male Frau Holle aufsuchen, um deren Hilfe zu bekommen. Im Kern zeigt dies die schamanische Aufgabe.[2]

Aus dem Märchen über Frau Holle geht allerdings nicht hervor, was das Mädchen und seine menschliche Mitwelt nun, da die alte Weise als mögliche Helferin in deren Bewusstsein getreten war, mit dem Zugang zu ihr anfangen würden. Dies berührt auch

[1] Grimm: Kinder- und Hausmärchen. 1857, Nr. 24   [2] s. Zumstein, 2001, S. 22 ff

die Verständnisfrage, die mit dem zweiten Teil des Märchens aufgerührt wird. Die Stiefschwester nämlich, geschildert als hässlich und faul, sollte auf Wunsch ihrer Mutter »dasselbe Glück« verschafft bekommen. Nun aber führte die Stiefschwester künstlich eine Verletzung ihrer Hände herbei, um die ursprüngliche Not des Mädchens zu imitieren. Sie warf die Spindel selbst in den Brunnen und sprang hinterher. All dies ist eine Verfälschung des ursprünglichen Vorgangs, der von Not und verzweifelter Suche nach Hilfe geprägt war. Die Stiefschwester aber scheint mehr eine verwöhnte Person zu sein, die Abwechslung braucht. Sie wies dann erwartungsgemäß die Aufforderungen der fertig gebackenen Brote und des Apfelbaums voller reifer Äpfel zurück. Sie hatte auch keinen Respekt vor der Frau Holle und ihren großen Zähnen, von denen sie ja im Bericht des Mädchens schon vernommen hatte. Am ersten Tag zwang sie sich noch zur aufgetragenen Arbeit und gab sich gehorsam, motiviert durch ihre Erwartung der Belohnung. Doch sie wurde bald faul, machte das Bett der Frau Holle nicht mehr und schüttelte es auch nicht. Diese kündigte ihr schließlich. Die Erwartung des Goldsegens erwies sich für die Stiefschwester als grundlegend falsch. Sie bekam bei ihrem Austritt aus Frau Holles Welt einen Eimer Pech übergeschüttet.

Die wichtigste Lektion daraus, wie sich die Stiefschwester verhalten hat und was ihr in der Folge geschah, bezieht sich wahrscheinlich auf die missbräuchliche Handhabung der Bewusstseinsveränderung. Geschieht sie manipulativ und in egozentrischer Absicht, ohne Respekt für die Kräfte der nichtalltäglichen Wirklichkeit, ohne Würdigung des aktivierten Mitgefühls und der potenziellen Hilfe, dann kann sich die Unternehmung sehr zum Nachteil auswirken. Weiterhin dürfen materielle Interessen für den Gang zu den Helfern nicht ausschlaggebend sein, soll er zu einem Erfolg führen. Sicher spielt es eine bedeutsame Rolle, dass eine menschliche Notlage, ein großes Leiden oder echte Verzweiflung den Anlass der Suche nach Hilfe bilden. Es kann auch sein, dass von Betroffenen fast jede Hoffnung aufgegeben wird, aber ein Hoffnungs*funke* erhalten ist, dessen Energie ausreicht, um die spirituelle Hilfsquelle wahrzunehmen. Oder es mag sein, dass das körperliche Leben auf der Kippe steht, im Nahtod oder in der letzten Einlassung auf bevorstehendes Sterben. All dies steht in scharfem Kontrast zu narzisstischen Abenteuern oder Bereicherungsabsichten. Und noch ein Aspekt kann erwogen werden. Er knüpft an die Kritik der Manipulation an. Sind Menschen der westlichen Welt moralisch berechtigt und mental vorbereitet, den Schamanismus, den ihre Vorfahren abgewürgt haben, wieder aufzunehmen, und zwar mangels eigener kultureller Bezüge unter Anleihe aus fremden nativen Kulturen?

Es scheint dennoch weiterhin hilfreiche Bezüge zu geben, die den für spirituelle Erfahrungen notwendigen psychischen Erwartungsraum pflegen. Ein hilfreicher Bezug dürfte die psychologische Sicht C. G. Jungs sein. Ihm zufolge handelt es sich bei Frau Holle und anderen menschlichen Helfer-Persönlichkeiten, welche uns jenseits der Alltagserfahrung begegnen, um »archetypische Gestalten«. In ihrer Studie über die weise Frau vermutet Ingrid Riedel, diese archetypische Gestalt sei »der menschlichen Seele wie ein Prägemuster eingeprägt«, sie sei »nur dann erlebbar, realisierbar, wenn die Zeichen der Seele auf sie eingestellt sind.« Die alte Weise würde »in existenzieller Not« angerufen, »bis sie in Erscheinung tritt, bis sie sich ins Sichtbare verdichtet: als eine innere Instanz, die Rat weiß, aus überlegener Weisheit heraus, die sich aus der Tiefe und der Höhe von jenseits unseres Tagesbewusstseins schöpft«.*

Eine solche Formulierung scheint, obwohl sie psychologisch gemeint ist, bereits so weit zu greifen, dass die Metapher Instanz unwichtig werden kann. Dies ist nämlich in der schamanisch-ekstatischen Erfahrung der Fall. Um ihrer gewahr zu werden, bedarf

*Riedel, 1989, S. 14

es keiner vermittelnden Metapher. Hier darf sich interpretierende Psychologie zurückziehen und eine Pause machen. Sie macht eine Pause vom verdinglichenden Festhalten der Erfahrungen und Aktivitäten auf der Seelenebene. Die stets zur Ich-Position drängende Interpretationsweise des Menschen muss Frau Holle wenigstens im Dunstkreis eines psychischen Aspekts, eines psychischen Anteils oder eines inneren Objekts der Persönlichkeit zuordnen. Mit letzterer suggerieren wir uns, wir – zumindest Experten – wüssten ziemlich genau, nämlich dingbar zu machen, worum es sich bei der Gestalt der Frau Holle handele.

Um die ursprüngliche Kraft dieser Helfergestalt annähernd zu begreifen, sollte bedacht werden, aus welchem Ur-Erfahrungsbereich sie stammt. Der Name selbst deutet an, dass uns mit Frau Holle die germanische Göttin *Hulda* (auch: Holda) begegnet. In ihr versammelt sich, wie in den alten Mutter-Gottheiten an sich, das (mythologisch zugängliche) Wissen um Herkunft und Kraft des Lebens und die Macht des Todes. Wenn Hulda in ihrem Bezug zu *Hel* anerkannt wird, dann zeichnet sich zudem ein Wissen um den Weg der Seelen nach dem Tod ab.

Hel ist ein Kind aus der Verbindung von Loki, des Blutsbruders Odins, und der Riesin Angurboda, so berichtet die Edda. Hel herrscht im Reich der Urnebel, genannt Helheim oder Niflhel (Nebelheim). Sie hat das Amt, »alle zu beherbergen, die er [Odin] ihr sendet: Menschen, die durch Krankheit oder Alter starben.«[1] Hel ist die Wortwurzel für Hölle. Die Klang- und Sinnnähe zu (Frau) Holle wiederum ist mehr als plausibel. Wie Holger Kalweit nachvollziehbar darlegt, kann das Reich Hels, des Ortes der Seelen nach dem Tod, als *die* Erlebnisebene der Seelenerfahrung erkannt werden. Kalweit nennt es Plasmawelt, da es sich um eine halbstoffliche, nicht mehr materielle, aber auch nicht vergeistigte Existenz handelt.[2]

In Niflhel ist die Seele noch an Formen gebunden. Dies scheint mir sehr wesentlich, da alle unsere Träume und Imaginationen Produkte unseres Beseeltseins (in Verbindung mit der Körperhaftigkeit) sind und demnach ihre Kompetenz nicht nur beibehalten, wenn die Seele den Körper verlassen hat, sondern sogar um ein Vielfaches potenzieren. Andernorts, nämlich im tibetanischen Totenbuch, wird demzufolge von Halluzinationen gesprochen, in deren Wirkung die Seele steht, wenn sie keine Perspektive fortschreitender Vergeistigung erfahren kann. Die Seele haftet dann der Körperlichkeit an, obwohl sie gar nicht mehr dem konkreten Körper verbunden ist. Für diesen Zustand und seine Behandlung wäre also Frau Holle mit ihrer Regentschaft in Hel Spezialistin schlechthin, die *Seelenkundige* also. Sie ist dies, wenn wir es wahrnehmen würden, schon im menschlichen Leben und natürlich dann, wenn die Seele sich vom verstorbenen Körper getrennt hat.

Unser (immer noch) schwer zu vertreibendes Diktat von der Hölle mag vordergründig auf der christlich-religiösen Zurückweisung der alten Mutter-Gottheiten zugunsten eines (patriarchalen) Ein- und Allmachtsgottes, sowie seiner Polarisierung zum Teufel und seinem Reich zurückzuführen sein. Dies ist eine weitläufige Thematik, welche hier nicht behandelt werden kann. Im Wesentlichen, so scheint mir, hat das christliche (Religions-) Bewusstsein unabsehbar vieles an Seelenwissen aufgegeben. Sich dessen inne zu werden, kann von Schmerz, aber auch von Hoffnung getragen sein. Wenn Frau Holle das Mädchen mit Gold ausstattet, nachdem es, aus der Not kommend, in Mitgefühl und Disziplin gehandelt und das nötige Wissen erworben hat, dann heißt das, es wurde in Licht gekleidet. Es wurde lichterfahren. Dies kann die Begabung zur Folge haben, jenseits materieller Grenzen sehen und erleben zu können. Frau Holle, die in Hel wurzelt, ist auch Kraft des Hellen, der Helligkeit, des Erhellens. Frau Holle ist jen-

[1] Peterich, Grimal, 1982, S. 205   [2] Kalweit, 2004

seits jeder mythologischen Form und konfessionellen Religion anzusiedeln. Sie hat darum viele Namen bekommen. Bei uns könnte es eben Frau Holle sein.

16

Die Helfer und die Psychotherapie

Schamanismus wird »praktisch überall auf irgendeine Weise oder in irgendeiner Hinsicht um die Vision vom Schutzgeistkomplex aufgebaut«, stellt Ruth F. Benedicts fest, wie Michael Harner bemerkt. Jeder Schamane habe also, so Harner, »meist wenigstens einen Schutzgeist in seinem Dienst, ganz gleich ob er auch Hilfsgeister besitzt oder nicht.«[1]

Harner berichtet auch von seinen Forschungen bei den Jivaro, dass nach der Anschauung dieses Stammes »wahrscheinlich jeder, ob er es als Erwachsener noch weiß oder nicht, in seiner Kindheit die Hilfe eines Schutzgeistes« habe, »sonst hätte er nicht die beschützende Kraft, die notwendig ist, um ein Erwachsener zu werden.«[2] An anderer Stelle betont Harner auch Unterschiede im Auftreten von Schutzgeistern unter den indianischen Stämmen. Die Nitlakapamuk Indianer aus Britisch Kolumbien oder die Twana aus dem Staate Washington beispielsweise seien der Ansicht, jeder Erwachsene habe einen Schutzgeist. Andererseits gelte bei den nordamerikanischen Prärieindianern die Anschauung, Stammesmitglieder würde es oftmals versäumen, einen Schutzgeist zu erwerben. Sie würden deshalb »als solche [betrachtet], die im Leben zu Mangel an Kraft und Erfolg verurteilt« wären.[3]

Als in einer kollegialen Supervision über die Praxis der inneren Helfertherapie gesprochen wurde, sagte eine Kollegin, sie würde ihren Patientinnen und Patienten gegenüber schlichtweg behaupten, jeder Mensch habe innere Helfer und nun sei es an der Zeit, sie zu finden und für die eigene Heilung einzusetzen. Da ich diese Kollegin schon lange kenne, weiß ich, dass sie das überzeugend vorzutragen vermag. Allerdings ist womöglich der tiefere Sinn einer Psychotherapie, dass sich leidende Personen innere Helfer (schamanisch: Hilfsgeister) erwerben, mit deren Unterstützung sie wieder Kraft bekommen oder sich Kraftquellen erschließen und zu notwendigen Einsichten und Veränderungen gelangen. Wenn man sich diese Überzeugung erworben hat, dann geht es einem wohl so, wie die Prärieindianer befürchten: Hast du keine Hilfsgeister, wirst du nichts. Für die Psychotherapie würde dies also heißen, dass es Zeit wird, sich innere Helfer zu erwerben, spätestens wenn man kraftlos ist und leidet.

Innere Helfer können in psychotherapeutischen Behandlungen den Therapeuten phasenweise fast ersetzen. Das klingt für manchen auf den ersten Blick fragwürdig. Aber diese Beurteilung spiegelt das Gefühl von Wichtigkeit und Belastung des Therapeuten, der sich unersetzlich wähnt. Die Erfahrung zeigt, Menschen können bei geeigneter Übung und genügend Vertrauen die Wege des inneren Erlebens selbständig gehen. Sie müssen gelernt haben, sich fokussiert um ein Leiden oder eine Problematik zu

[1] Harner, 1994, S. 71 [2] S. 72 [3] S. 98

kümmern, und sie müssen innerlich genügend konzentriert sein, um die Bewusstseinsverschiebung aufrecht erhalten bzw. zu ihr nach möglichen Abschweifungen wieder zurückkehren zu können.

Das dialogische Vorgehen, wie es die KIP formal einüben lässt, kann zu einem vom Traumreisenden alleine gestalteten inneren Dialog führen. Der Therapeut muss sich dann aus dem verbalen Dialog mit seinem Patienten mehr oder weniger lösen können. Er sollte spüren, wie weit seine Aktivität (Interventionen) tatsächlich gebraucht wird. Allein seine Gegenwart, sein emotionaler Rückhalt, seine Bereitschaft, bedarfsweise aktiv zu werden, und seine Rolle als Zeuge des Geschehens sind gegebenenfalls Unterstützung genug. Andererseits kann es absolut notwendig sein, in engem verbalem Kontakt mit dem Imaginierenden zu bleiben, um sein Erleben und inneres Handeln auf Entlastung und Schutz auszurichten, falls sich Vorgänge ereignen, die das Selbst bedrohen oder auflösen.

Dies ist bekanntlich vor allem in der Behandlung von Menschen notwendig, die unter den Folgen eines Gewalt-, Katastrophen-, Unfall- oder Missbrauchtraumas leiden. Eine heute gebräuchliche Diagnose eines solchen Leidens ist das posttraumatische Belastungssyndrom (PTBS). Die Abläufe und akuten psychischen Auswirkungen von Traumata können als spontane Flashbacks taghell und absolut real in die Wahrnehmung der Betroffenen einbrechen und sich so erneut im Erleben etablieren (Re-Traumatisierung). Das ist mitunter eine tragische Verschlimmerung des Leidens. Genauso katastrophal ist es, wenn sich die Gewalterfahrung in der Psyche verselbständigt hat und als eingedrungenes inneres ›Wesen‹ oder innerer Tatbestand (Intrusion) Macht auf den leidenden Menschen ausübt. Diese Macht wird häufig als unbezwingbar erlebt. Es sind psychische Fremdkörper (Introjekt).

Innere Helfer sind eben Helfer und nichts anderes. Sind sie etwas anderes, und das lässt sich herausbringen, dann müssen sie je nach subjektivem Eindruck als unerwünscht, unnötig oder in ihrem Wesen erkannt angesprochen werden. Sie müssen verabschiedet und losgelassen werden. Vielleicht bedarf es auch einer Anerkennung für eine Leistung, die sie dem bisherigen Glauben nach erbracht haben. Ich will ein Beispiel bringen. Ein Mann ist von seiner Frau verlassen worden und steht nun mit den Kindern alleine da. Wochenlange Verzweiflung ist die Folge. In der psychotherapeutischen Behandlung kommen die Phantasien einer Erneuerung der Beziehung zum Ausdruck. Ein innerer Helfer (z. B. ein kräftiges Tier), der einige Male den Tagtraum belebte und sich auf die Stimmung positiv auswirkte, entpuppt sich als Vertreter des getrennten Partners, dessen Nähe herbeigesehnt wird. Dies zeigt sich spätestens dann, wenn Trost und Geborgenheit erwünscht werden. Da können sich der Vertreter und der Patient nichts mehr vormachen. Hier entsteht die Situation, dass der nun enttarnte Helfer mit Dank für bisherige Kraftübertragung verabschiedet wird. Der Vorteil dieser Situation ist klar. Es hat sich vertieft Einsicht über das Festhalten an einer nicht mehr möglichen Beziehung eingestellt. Von hier aus wird die Suche nach einem inneren Helfer produktiver und verlässlicher. Aber auch der enttarnte innere Helfer war bis zum Zeitpunkt der Einsicht ein Helfer, da er ja nicht nur gewisse Kraft vermittelte, sondern de facto zur Einsicht hingeführt hat.

Der Fokus liegt auf dem erwünschten Eindruck, *Hilfe* zu erlangen. Deren Form kann im eigenen Erleben und Bedürfen zu einem Anliegen formuliert werden. Der Vorschlag zu erwünschten Fähigkeiten des Helfers kann auch von den Therapeuten formuliert werden. Sie mögen in ihrem Mitgefühl z. B. erkennen, wie sich ihr Patient den inneren oder äußeren bedrohlichen Kräften ausgeliefert fühlt und in sich unbedingt das Gefühl, geschützt zu sein, erleben und nähren muss. Der erste Ansprechpartner solcher Schutzbedürfnisse ist natürlich der Therapeut selbst, sein Ambiente, sein Habitus, sein Blick, seine Worte etc. Auf der Seelenebene ist es letztlich sein Herz, seine Standfestigkeit, sein Mut, seine Inspiration. In der Folge aber ist es gut, dass der Therapeut in die Funktion einer Brücke hineinwachsen kann, etwa so wie es Paul Simon in einem Lied formuliert: »Like a bridge over troubled water I will lay me down.« Er ist dann eine Brücke zu den Kraft- und Hilfsquellen, die ein Patient für sich zu entdecken vermag.

Im traditionellen Schamanismus ist der therapeutische Behandler der aktive Teil, *er* ist derjenige, der für die Kräfte der Heilung zu sorgen hat. Diese Rolle wird in der modernen Psychotherapie unterdrückt, obwohl sie unterschwellig stattfindet. Es würde als Problem der Gegenübertragung angesehen, wenn der Therapeut *selbst* Helfergestalten erlebt, deren Eingreifen er wünschen könnte. Es könnten Helfer sein, die er an der Seite der Patienten wahrnimmt, oder die er anruft, dem Patienten zur Seite zu stehen.

Diese Möglichkeit berührt auch die Frage, in welcher Bewusstseinsverfassung der Therapeut zu sein hat. Darf und kann er selbst auch einen zwischenzeitlichen Trance-Zustand einnehmen, um seine spirituellen Hilfs- bzw. Wissensquellen im Dienst der Behandlung zu erkunden? Hiermit würde er sich also den traditionellen Schamanen annähern, die trance-aktiv nach notwendigem Wissen und Heilungskraft suchten und suchen. Grundsätzlich steht es ja uns allen offen, also auch Therapeuten, in beabsichtigte Imaginationen hinüberzugehen, sie zu erkunden und ihre Wirkung zuzulassen. Hier wird die Frage angesprochen, ob der Therapeut durch eigene Bewusstseinsverschiebung und Suche nach Helfern für den Patienten die personalen Grenzen überschreitet und zum Eindringling in dessen Erlebnisformen wird. Es zeigt sich unverkennbar ein *Risiko* aktiver therapeutischer Begleitung. Dem vermag man sich scheinbar durch eine emotional distanzierte Grundhaltung zu entziehen. Aber auch dies kann wiederum schädigend wirken, da alle Hilfesuchenden mehr oder weniger *aufnehmen*, was unter dem Titel Therapie gezeigt und gesagt wird. Selbst wenn sich ein Leidender misstrauisch verschließt, nimmt er noch auf, nämlich die Reaktion auf sein Misstrauen.

Schließlich bleibt zu bedenken, dass jedes mitgeteilte innere Geschehen ein Echo, also eine seelische Wirkung im Erleben des Gesprächspartners hervorruft. Wenn Patienten ihr imaginatives Geschehen berichten, werden Therapeuten mehr oder weniger auch zu *imaginierenden* Begleitern. Sie sind nicht nur Zeugen des Berichts. Mehr noch befinden sie sich, soweit sie dem Geschehen einfühlend folgen, in der Rolle eines (seelisch) Beteiligten. Ich bin davon überzeugt, dass viele Therapeuten innere Bilder und Eindrücke von dem bekommen, was ihnen geschildert wird. Sie sind dann sozusagen »im Bilde«.

Wie komplex und wirksam das therapeutische Wechselspiel unterschwellig ist, zeigen mögliche Folgen des Supervisionsgeschehens. Therapeuten wissen sicherlich davon zu berichten, wie sich Patienten wundersam veränderten, nachdem ihr Fall in einer Supervision besprochen worden ist. Als ob sie an dem Gespräch über ihre Problematik und deren bessere Behandlung teilgenommen und verstanden hätten, was den Stillstand ihrer Therapie beheben könnte, zeigen sie sich in der folgenden Stunde offener, beweglicher und einsichtiger. Dies kommt nicht selten vor. Die Frage steht im Raum, wie dies geschehen kann. Telepathisch?

Andererseits ist auch das Gegenteil bekannt. Man hat sich in der Supervision abgemüht, um dem Patienten und das auf ihn konzentrierte Therapiegeschehen zu verstehen und zu verbessern. Ermutigende Erklärungen und Behandlungskonzepte sind entworfen worden, um die schwierige Therapiephase zu überwinden. In der nächsten Behandlungsstunde aber wird scheinbar alles über den Haufen geworfen, dem Patienten geht es *noch* schlechter und der Therapeut könnte eigentlich einpacken.

Es scheint, als sei diese Aktivitätsebene ein Feld voller Erprobungen und Lektionen. Angesichts dessen ist es fürwahr gut, dass sich Therapeuten auf praktikable Behandlungskonzepte stützen können, deren theoretische Basis ihnen Halt gibt und einen plausiblen Erklärungsrahmen gewährleistet. Wir müssen als erd- und körpergebundene Wesen immer zuverlässig wissen, von wo wir starten und wohin wir wieder zurückkehren. Das gilt ebenso für die Sicherung unserer psychischen und geistigen Basis. Erklärungen, auch wenn sie sehr komplex wirken, nützen uns durch ihre Plausibilität und helfen unserem Bedürfnis, verlässliche Erklärungsformen zur Verfügung zu haben. Die theoretischen Modelle begreifen den jeweiligen Erkundungsstand, das heißt, fügen ihn in bekannte Denkformen ein oder erweitern bzw. differenzieren sie. Dieser Vorgang ist spannend und zugleich spannungsgeladen, da jede Formierung das Erleben von Festigkeit und Dichte, also von Bleibendem im körperlichen Sinne bedeutet. Es ist eine erfahrbare Tatsache und sie deutet auf die Seite unseres inneren Widerstands gegenüber spirituellen und psychischen Erneuerungen hin. Innere Helfer, so plausibel sie mittlerweile sein mögen, sind zugleich ein herausforderndes Fragezeichen für die (mit Denkformen identifizierte) Ich-Position der Menschen allgemein und wahrscheinlich für die geforderte wie beherzigte Ich-Stabilität der Therapeuten im besonderen.

Hat der Psychotherapeut innere Helfer? Die Beantwortung dieser Frage hängt von ihm selbst ab, ob er sich dafür interessiert. Sie hängt natürlich auch davon ab, welche Behandlungswerkzeuge in der Therapeutengemeinschaft anerkannt sind. Ratsam erscheint es schon, sich an Formen innerer *seelisch-geistiger* Weisheit und Kraft wenden zu können, wenn von Berufs wegen stundenlang mit Menschen, die sich mehr oder weniger um ihr Heil bemühen, Wege aus deren Leiden und Problemen gesucht werden. Hierzu würde ich wirklich gerne konkrete Erlebnisse erzählen, doch die von mir befragten Kollegen und Kolleginnen fanden meine Darlegungen zu diesem Thema großteils eher lächerlich. Manchen erschien die Frage zwar plausibel, originell oder bedenkenswert, sie hatten sich aber bislang noch nicht nach inneren Therapiehelfern umgeschaut. Ihre Helfer waren und sind lebende Mitmenschen, nämlich Supervisoren oder Kollegen und Kolleginnen aus vertrauensvollen Beziehungen bzw. Supervisionsgruppen (Intervision).

So kann sich ein seltsames und paradoxes Geschehen ergeben. Psychotherapeuten fördern mitunter geduldig und konzentriert bei ihren Patienten die Erfahrung, dass sie seelische oder spirituelle Kräfte in Form von inneren Helfern entdecken und für ihr Wissen und Wohlergehen mobilisieren. Gleichzeitig sind die Psychotherapeuten selbst *ohne* innere Helfer, wenn es beruflich darauf ankommt, nämlich in der Sitzung mit ihren Patienten. Die älteren ›Kollegen‹, die Schamanen nämlich, würden nur mit dem Kopf schütteln und eine erfolgreiche Heilarbeit anzweifeln, wenn sie von der (spirituellen *und* psychischen) *Helferlosigkeit* der westlichen Psychotherapeuten erfahren.

Wahrscheinlich liegt der Verzicht auf innere Helfer seitens der Therapeuten zu einem guten Teil daran, dass die inneren Helfer einseitig einer Konzeption untergeordnet werden, die nur psychische Mechanismen, Funktionen und Strukturen kennt. Wir leben im Grunde immer noch im Modell einer Maschine. Gelingen die Reparaturen, so deshalb, weil Einzelteile ausgewechselt, gereinigt, wieder verkabelt oder angeschlossen etc. werden. Indem sich der Psychotherapeut in der Rolle des Experten wähnt, des Mechanikers solcher Maschinen, verbleibt er natürlich in einer Bewusstseinsverfassung, die ihn persönlich etwas wissen lässt, sodass er das nötige Untersuchen und die erforderlichen Aktivitäten in Gang setzen kann. Ansonsten muss er in Gebrauchsanleitungen und Schemata nachschauen oder – wie gesagt – eine Supervision nehmen. Die Psychotherapie als technische Form ist heute ein verführerisches Angebot. Der Kompetenzglaube ist sehr groß, aber psychisch auch riskant geworden. Es geht immer zu Lasten der persönlichen Therapiekraft.

Beengend und auch traurig daran ist die oftmals unnötige Aufladung der Person des Psychotherapeuten mit Helfererwartungen, die ansonsten vom Patienten mit hoher Wahrscheinlichkeit als ihm selbst zugängliches Potenzial erlebt werden könnten. Einschränkend ist allerdings zugestanden, dass gewaltsame, kontrollierende, strafende, also insgesamt lebensfeindliche psychische Fremdkörper (Intrudoren) auf Patientenseite die innere Helfererfahrung verhindern können. Dies ist besonders der Fall nach gewalttraumatischen Erlebnissen gerade in der Kindheit und Jugend. In deren Folge setzt sich die Intrusion meist an die Stelle des gesunden Selbst und fordert die größtmögliche Anpassung seitens des Ich-Erlebens ein (Opferrolle und Richtung der Täteraggression gegen das Selbst).* Jedoch gerade in solchen Fällen *müssen* Psychotherapeuten seelische Kraft- und Hilfsquellen *außerhalb* des eingeengt leidenden Selbst suchen helfen. Sind psychisch-geistige Hilfsquellen weder beim Therapeuten noch beim Patienten gegenwärtig, liefert sich ersterer *selbst* ebenfalls den aggressiv-destruktiven psychischen Tatbeständen (sadistischen Introjekten) aus, mit denen sich seine Patienten auseinander setzen, und ist in den Kampf und in die Niederlage seiner Patienten eingefangen. Gerade dann wäre es so hilfreich für beide, Patienten und Psychotherapeuten, die schließlich davon profitieren, wenn persönliche Quellen von Kraft, Weisheit und Hilfe für die Behandlung beiderseits aufgesucht werden könnten. Die Potenziale, die wir gewöhnlich als *Intuition* bezeichnen, bekommen auf diese Weise eine kommunizierbare Form und müssten nicht mehr persönlicher Befähigung allein zugeschanzt werden. Die persönliche Befähigung am Behandlungserfolg nachzuweisen, kann sehr, sehr anstrengend und erfolglos werden. Das ist eigentlich bekannt. Das in letzter Zeit häufig genannte Burn-out-Syndrom, das vor den Heilkundigen nicht Halt macht, ist auch darauf zurückzuführen, dass sich die Therapeuten einseitig in den Gesamtkomplex der psychischen Verängstigung oder Wut, aber auch des Kraftspendens begeben, ohne aktiv Rückhalt in einer spirituellen Heilerposition zu suchen.

Aus der Übung schamanischer Wahrnehmung kommend hatte ich in schwierigen Therapiestunden (wie wenn ich nachdächte) spontan die Augen geschlossen und meine Helferwesen um Rat gefragt. In der Tat kann sich die Helferbeziehung unmittelbar einstellen, wenn die Übung es möglich macht und sich die nötige Anerkennung der Helfer und ihrer Fähigkeiten entfaltet hat. Auf diese Weise nahm ich nicht nur das Dilemma in der bildlichen Metapher wahr, sondern (zunächst überraschend) auch Helfer meiner Patienten. Bei dem einen ein Pferd, bei einer anderen eine alte Frau, bei einer Dritten ein helles Licht, das – nur angedeutet geformt – einen Engel offenbarte, und sonstige Variationen spirituellen Helfertums.

Immerhin konnte ich diese Beobachtungen als Übertragung meiner Absicht zur Hilfe oder als phantasievolle Auswüchse meines Helfersyndroms deuten. Aber das alleine ist unproduktiv. Ich konnte auch davon ausgehen, dass diese Gestalten psychische Repräsentanzen wirksamer Prozesse darstellten. Meine Aufgabe bestand dann darin, solche Eindrücke psychodynamisch sinnvoll einzuordnen. Versuchsweise bemerkte ich zu meinen Patienten in einigen Fällen, dass sich durchaus Hilfsquellen einstellen könnten, und wir sollten Vertrauen in die *Weisheit der seelischen Kräfte* haben. Soweit ich es heute beurteilen kann, ist es ein (mehr oder weniger) entscheidender Schritt für Patienten, wenn in ihrem Erleben Formen *persönlich und autonom* zugänglicher seelischer Hilfe auftauchen, ob durch Träume, Phantasien, Imaginationen oder Symbole. Es ist

---

*Hiermit befasst sich die Psychotraumatologie ausführlich; s. Sachsse, 2004; Flatten et al., 2004 oder Fischer/Riedesser, 2003

dann wichtig, die Beziehung zu diesen Hilfsquellen erst einmal zu bejahen und nicht durch Deutungen (einer Konflikt- oder Abwehrdynamik) oder intellektuelles Kompetenzgetue zu zerreden. Eine wesentliche Stärkung bekommen die Helferkräfte, wenn sie z. B. durch Malen oder Plastizieren äußerlich sichtbar und verdichtet werden, aber auch durch Gedichte, Lieder oder Tänze, die ihnen gewidmet werden. Dies alles sind übrigens vielfach praktizierte schamanische Methoden.

17

Therapien auf dem Weg

Die *Produktivkraft des inneren Erlebens* ist eine natürliche Lebens- und Schaffensquelle aller Menschen. Deshalb gibt es auch viele therapeutische Techniken, die sie nutzen, um geistige und seelische Bedingungen von Heilung oder Leidensminderung zu erzielen, die auch den Körper und seine Organe erreichen können. Es sind so viele, dass hier nur fünf bekannte Ansätze repräsentativ vorgestellt werden sollen.

Für die Vertreter der wissenschaftlichen Lerntheorie war der Mensch eine *black box* und nur als objektives Verhaltenswesen zu erforschen. Nachdem dieser Ansatz überwunden war, wurden die Patienten in der Verhaltenstherapie ›innen‹ zugänglich. Das wirkte zwar wie eine vorsichtige Rückgabe ihrer Beseeltheit, doch der Heilungsweg muss immer noch den wissenschaftlichen Lernprinzipien folgen, nach denen das innere Erleben verdeckte Konditionierung ist und die therapeutisch genutzte Kraft der Vorstellung angepasstes Verhalten stärken und unangepasstes Verhalten schwächen soll.

Übungen, die das Symptom bzw. das beklagte Leiden eindämmen können, sollen vom Patienten lebendig und intensiv erlebt werden. Hierfür muss er regelmäßig üben. Die Übungen werden in Zusammenarbeit von Therapeut und Patient entwickelt, ausprobiert und gegebenenfalls verändert. Weil in Tagträumen und Phantasien das Leiden häufig genährt wird, müssen auf der gleichen Erlebnisebene Veränderungen installiert werden. Dies gilt auch für die gedankliche Erwartung, unter welchen Bedingungen und wie stark das beklagte Symptom auftreten wird.

Immer wenn Vorstellungskraft für die Bestätigung von Leidenssymptomen benutzt wird, handelt es sich mehr oder minder um Fehlanpassung.[1] Vor allem die *pragmatische* Einstellung und Orientierung an der Effektivität schaffen eine beobachtbare Nähe zum traditionellen Schamanismus, dessen Vertreter ihre Begegnung mit schädigenden sowie heilenden Kräften nüchtern bzw. praktisch angehen mussten und müssen. Je dogmatischer ein Heiler vorgeht, desto enger ist sein Wirkungsgrad. Dies scheint eine uralte Maxime zu sein.

Der Arzt O. Carl Simonton und die Psychologin Stephanie Matthews Simonton entwickelten eine beispielhafte kreative Methode, die Krebsbehandlung durch die aktivierte Geisteskraft der Betroffenen effektiver zu machen. Die Patienten werden darin eingeübt, Krebszellen und Tumore mit ihrem Vorstellungspotenzial zu behandeln, zu bekämpfen und zu beseitigen.[2] Gleich einem Schamanen stellen sie sich Gestalten oder lebendige Formen in ihrem Körper vor, die gegen die Krebszellen oder den Tumor zu

[1] vgl. Cautela und McCullough, 1986 [2] Simonton, Simonton und Creighton, 1992

Felde ziehen. Die Patienten sind sich selbst Heiler. Spontanes Auftauchen von helfenden Kräften und Wesen, die in der Vorstellung die Behandlung lenken und fördern, werden der Begabung des Patienten zugeordnet.

Dieses Verfahren ist nach Michael Harner »das beste Beispiel einer sich gegenseitig unterstützenden Kombination aus Schamanismus und westlicher technologischer Medizin... Obwohl die Simontons schamanische Methoden nicht bewusst nachmachten, sind einige ihrer Techniken zur Unterstützung der Chemotherapie unglaublich ähnlich denjenigen der Schamanen.« Harner hebt hervor, die Zeichnungen, welche diese Patienten von ihren Krebsgeschwulsten anfertigten, sind »überraschend ähnliche Wesen wie diejenigen, welche von Schamanen als schädliche, in den Körper ihrer Patienten eingedrungene Kräfte gesehen wurden.«[1]

Nicht minder kreativ geht die Psychoanalytikerin Luise Reddemann vor, die (durch Gewalt und Missbrauch) traumatisierte Menschen ressourcenorientiert behandelt, das heißt, mit Stärkung des Ich-Erlebens und Selbstbewusstseins. Das psychoanalytische Deutungsverfahren tritt hinter die Absicht zurück, den Betroffenen erst einmal wieder *psychische Kraft* zu geben. Dies wird Stabilisierung genannt. Wesentlich ist hierbei, dass die Wirkung der verletzenden Tat und des verletzenden Täters als sich innerlich fortsetzend begriffen wird, ja dass sie vom Betroffenen in der Imagination wahrgenommen wird, nachdem das Zutrauen hierfür aufgebaut ist. Auf derselben Wirkungsebene werden Kräfte zur Hilfe aufgefordert, die das Opfer nun schützen und den Täter gegebenenfalls unschädlich machen sollen. Ähnlich einer schamanischen Behandlung sucht der Patient oder die Patientin in der Vorstellung Kräfte, die Schutz und Heilung bieten und den Kräften der verletzenden Tat oder des Täters überlegen sind. Gemeint sind der »innere sichere Ort« und der »innere Helfer«.[2]

Der Kraft, die krank macht, wird Gestalt gegeben, sie wird innerlich *gesehen* und konfrontiert. Die *verletzte Seele*, die unter den traumatischen Bedingungen im Erleben der Tat gefangen ist, wird – wenn es kräftemäßig möglich ist – aus der quälenden Szene befreit und »in Sicherheit gebracht«.[3] Die alte schamanische Technik des Aufspürens und Rückholens einer verloren gegangenen Seele ist von dieser therapeutischen Arbeit nicht mehr weit entfernt. Auch in der Behandlung Reddemans wird der Patient streckenweise zum eigenen Heiler. Allerdings werden innere Helferkräfte schon deutlich erbeten und begrüßt. Schließlich dienen sie ja der Entlastung des Psychotherapeuten, der sonst die ganze Heilungserwartung auf sich zu nehmen hätte. Hiermit setzt sich Reddemann auch mutig von der herkömmlichen Haltung ihrer Kollegen ab, die sich nach ihrer Meinung fast ausschließlich als Hilfs-Ich ihrer Patienten begreifen. Nach Meinung Reddemanns werden Patienten, die keine inneren Hilfen entwickeln und sie erst in Übertragung auf ihren Psychoanalytiker kennen lernen, »immer abhängiger von der Zuwendung ihrer Therapeutinnen«.[4]

Die wirksame Vorstellungskraft des sicheren Ortes und des inneren Helfers werden von Reddemann in Zusammenarbeit mit Ulrich Sachsse als Grundlagen der emotionalen Stabilisierung in der Behandlung von Traumageschädigten angesehen. Ausgangspunkt ist die Wertschätzung des Selbstschutzes und nicht seine diagnostische Abwertung als Abwehr. In der Wahrnehmung der seelischen Dissoziation wird eher ein kreativer Akt gesehen, mit dem sich ein traumatisierter Mensch von dem Horror und Schock emotional zu lösen sucht, um der weiteren Peinigung, nun aus der Erinnerung oder bei weiterer Traumatisierung zu entgehen. Es ist eine *induzierte Depersonalisation*. Sie zeigt in der therapeutischen Wahrnehmung an, dass »diese Menschen versucht haben, vor und während eines Traumas aus ihrem Körpererleben auszusteigen oder sich

[1] Harner 1994, S. 187 f [2] Reddemann, 2001, S.37 [3] S. 67 ff [4] S. 11

ganz tief in sich zurückzuziehen, dorthin, wo kein Schmerz und keine Scham oder Demütigung sie mehr treffen kann.«[1]

Die einfühlsame Behandlung geht nun nicht den Weg, diesen Schutzmechanismus zu analysieren, sondern ihn im Gegenteil strategisch auszubauen. So wird der formale Weg der Erkrankung auch zum Weg der Gesundung. Auch wenn die helfenden Kräfte nach Innen verwiesen werden, ist doch zugleich im Erleben erfahrbar, dass sie eine Quelle sind, die *nicht* dem verletzten Selbst und auch nicht der Traumatisierung entstammen. Aus der Sicht des verletzten Selbst kommen die kräftigenden Impulse von woanders her. Der sichere Ort ist in der Phantasie das Erleben von Geschütztsein und Unerreichbarkeit. Das Motiv der inneren Helfer dient dazu, innere Dialogpartner verfügbar werden zu lassen, die Selbstheilungskräfte fördern und der inneren Einsamkeit entgegen wirken sollen.[2] Erst wenn diese beiden Motive in der Imagination zuverlässig erreichbar sind, kann an die eigentliche Traumaarbeit gedacht werden. In ihr geht es um emotionale und gedankliche Konfrontation mit dem ursächlichen Geschehen, allerdings nie unter Vernachlässigung der persönlichen Stabilität, also des Krafterlebens.

In Reddemanns Vorschlägen und Praxis ergeben sich viele Überschneidungen mit den Anliegen der katathym-imaginativen Psychotherapie (KIP). Dies ist ein weiterer fruchtbarer Einsatz von Imagination in der Psychotherapie. Sie basiert auf dem katathymen Bilderleben nach Hanscarl Leuner. Die KIP wurde seit Leuner pragmatisch und immer differenzierter weiterentwickelt. Sie ist heute eine sehr flexible Interventionsmethode innerhalb der Tiefenpsychologie, deren Möglichkeiten noch lange nicht ausgeschöpft scheinen. Mit dieser Therapiemethode wird die kreative Entfaltung des Patienten in einem mit Motiven angeleiteten Tagtraum gefördert und als deutbares, aber nicht zwangsläufig zu deutendes Mittel der Problemlösung und Persönlichkeitsreifung genutzt. Der Deutungshintergrund ist die psychoanalytische Konflikttheorie. Dem Therapeuten helfen die vom Patienten während der Imagination mitgeteilten Vorgänge, sich einzufühlen, die Problematik diagnostisch zu erfassen und Anleitung bzw. Hilfestellung auf der Bildebene zu geben. Dem Therapeuten, der auf dieser Ebene miterleben kann, ist ein hohes Maß an analoger Heilungsarbeit möglich. Die dem Patienten vorgegebenen Vorstellungsmotive (etwa Blume, Wiese, Bach, Haus, Brücke, Weg) sind in Stufen gestaffelt und lassen als innere Erfahrung Stärkung des Ich-Erlebens, Auseinandersetzung mit Bezugspersonen oder konfliktreichen Situationen und Integration von abgewehrten Gefühlsregungen zu.[3] Besondere Bedeutung zur Ich-Stärkung seelisch sehr verletzter und geschwächter Menschen haben Motive wie der geschützte Raum und der sichere Ort, die dem Hauptbedürfnis der Betroffenen Rechnung tragen, nämlich sich vor weiteren Verletzungen und Intrusionen zu schützen. Wie bereits erwähnt bekommen hierbei auch innere Helfer eine herausragende Bedeutung. In diesem Erlebnisfeld können menschliche Gestalten, doch auch Märchengestalten und nicht zuletzt Tiere eine wichtige Rolle spielen. Eine Stärkung der inneren Wahrnehmung sowohl als Bild als auch als kommunizierbare Form erhalten die Patienten der KIP, wenn sie Szenen des imaginativen Geschehens malen und mit ihren Therapeuten besprechen.

Das Motivangebot für die Ressourcenorientierung der KIP[4] ist sehr schöpferisch und macht es deshalb für alle therapeutischen Richtungen anziehend. Gaetano Benedetti betont diesen Gesichtspunkt, wenn er sagt, H. Leuner hätte durch seine Behandlungsmethode »die Universalität der Psychotherapie gefördert«. Benedetti zeigt sich vom KIP deshalb tief beeindruckt, weil er »zwischen dem katathymen Bilderleben… und dem Bilderleben psychotischer Patienten immer eine geistige Verwandtschaft gespürt« hätte.[5]

[1]Sachsse und Reddemann, 1997, S. 224 [2]S. 225 [3]s. Leuner, 1987 und 1990 [4]s. Rosenberg, 1998 [5]Benedetti und Peciccia, 2001, S. 173

Diesen Bogen möchte ich noch weiter spannen und die Verwandtschaft zu schamanischen Erfahrungs- und Handlungsmöglichkeiten schlagen, z. B. gibt es ein typisch schamanisches Erlebnismuster der KIP in der sogenannten Baumübung, in welcher der Patient die Nähe zu und Verschmelzung mit einem Baum sucht, um etwa dessen Kraft zu spüren. Die psychodynamische Sichtweise zeigt sich in der Deutung des Psychotherapeuten, dass der Patient mit der Baumübung eine Verschmelzung mit dem guten mütterlichen oder väterlichen Objekt erlebe und somit eine Unterstützung autonomer Fähigkeiten seines Ichs erhalte.[1] Diese Deutung ist gut einfühlbar, sie muss sich aber nicht auf personale Eltern beziehen, sondern kann auch über personale Bezüge und Prägungen hinausgehen und die unterstützende bzw. nährende Kraft von Mutter Erde und Vater Himmel meinen. Oder etwa nicht?

Etliche Motive der KIP und ihre kreative Ausgestaltung geben sich förmlich die Hand mit Erlebnissen auf der schamanischen Reise. Auch in der KIP wird der Patient auf der Grundlage seiner psychischen Kräfte, die sich im Verfahren fortentwickeln und verdichten, zu seinem eigenen Heiler. Dem Therapeuten ist vor allem angeraten, diese seelischen Kräfte zu würdigen und aufgrund seines Miterlebens eine hilfreiche Motivvorgabe zu leisten. Im Imaginationsverlauf soll er sich ermutigend und gegebenenfalls einfallsreich äußern. Er ist Dialogpartner seines Patienten auf dessen Suche nach innerer Einsicht und psychischer Kraft. Zunächst lasten auf ihm die Heilserwartungen, die im Idealfall mehr und mehr zugunsten der wachsenden Stabilität und Selbstheilung des Patienten nachlassen. Wenn dies der Fall ist, befinden wir uns im schamanischen Erlebnisraum, wo der Heiler von seinen Hilfsgeistern angeleitet oder als Vermittler von Wissen, Einsicht und (Heilungs-) Kraft gebraucht wird.

Schöpferisch, ohne Systematisierung für nachfolgende Generationen, hat C. G. Jung in seinem Studium der Symbole und ihrer Krafteinwirkung auf uns Menschen die *aktive Imagination* praktiziert und auch therapeutisch angewendet. Hierbei geht er von einer besonderen Wertschätzung der menschlichen Phantasietätigkeit und der Imagination aus: »Immerhin weiß man, dass noch jede gute Idee und jede Schöpfertat aus der Imagination hervorgegangen ist und ihren Anfang in dem nahm, was man als infantile Phantasie zu bezeichnen gewohnt ist.« Daraus folgert er: »Es ist nicht zu vergessen, dass eben gerade in der Imagination eines Menschen ein Wertvollstes liegen kann.«[2] Auch legt Jung Wert auf die Feststellung, dass es dem Menschen durch beabsichtigte Imagination möglich sei, archetypische Erfahrungsmuster aufzusuchen bzw. mit ihnen umgehen zu lernen. Er behauptet weiterhin, dass das (wach bewusste) Imaginieren die Traumaktivität im Schlaf ein Stück weit ersetzen könne.[3]

Zu unterscheiden ist die passive Imagination. Sie beinhaltet innere Erlebnisse im überwiegenden wachen Zustand (also nicht im Schlaf oder vertiefter Trance), die *nicht* vom erlebenden Ich willentlich *gesteuert* werden. Es können Phantasien sein, aber auch bildhafte oder hör- bis fühlbare emotionale Vorgänge, die wir als innere Erlebnisse von äußeren unterscheiden können. In der aktiven Imagination können wir mit Gesten oder (z. B. Tanz-) Bewegungen den inneren Fluss der Erfahrung ausdrücken, die sich symbolhaft präsentiert. In der Regel aber konzentriert sich der Imaginierende auf ein inneres Bild und wartet den Fluss der Bilder ab. Jung zufolge soll sich das beobachtende Ich aktiv benehmen und einen Dialog mit den Phantasiefiguren führen können. Diese werden ja als ins Bewusstsein drängende Kräfte der Psyche interpretiert und die Auseinandersetzung mit ihnen verändert den Erlebensstrom, erfassbar an den Symbolbildungen der Phantasie. Für Jung zeigt sich Heilung in der Individuation, der Reifung des Individuums, das die zu seiner Persönlichkeit gehörenden unbewussten Kräfte wahrnimmt

[1] vgl. Kottje-Birnbacher, 2001 [2] Jung, 1986, S. 65 f [3] Jung, 1967, S. 234 f u. 241 f

und anerkennt, sodass sie im Idealfall keine dem Ich entfremdete Macht mit einer Krankheitssymptomatik ausüben.[1]

Eine große Stärke der aktiven Imagination ist die von ihr bereitgestellte Möglichkeit, Träume und ihre mangelnde Lösung (z. B. in Alpträumen) zum Ausgangspunkt der sich spontan und dann dialogisch entwickelnden Imagination zu machen. Hiermit wird sowohl der innewohnenden Entwicklung des Traums und seinen Kräften als auch den (Heilungs-) Absichten des Träumers Raum zur Entfaltung gegeben, und zwar im gleichen Medium, nämlich dem Träumen im weiteren Sinne. Die Imagination ist dem Träumen dann sehr zugewandt und nutzt das Erlebnis des faktischen Traums, um das Gleichgewicht zwischen Träumer und Traumkräften wiederherzustellen.

In der heutigen praktischen Anwendung kann die aktive Imagination ähnliche Vorgänge erschaffen wie die KIP. Die Unterscheidung scheint mir fließend, wenn die *Heilungspragmatik* der Seele die Regie übernimmt und der Therapeut in seinen Interventionen mitschwingt. Auch mit der aktiven Imagination befinden wir uns virtuell an der Pforte der schamanischen Reise. Wissende, stärkende und heilende Kräfte können durchaus in den Symbolen auftauchen und die Führung übernehmen, wenn sie von Therapeut und Patient erkannt und angenommen werden. Zudem können bedrohliche Inhalte beobachtet und behandelt werden und vielleicht eine Wandlung erfahren. Die schamanische Behandlungsmethode ist im übrigen dem Einsatz von Symbolen sehr verbunden, da sie Träger von Kräften sind, die menschliche Absichten in sich aufnehmen und transportieren können. Sie können aber auch Träger von Kräften transpersonaler Art sein.[2] Auch die Ausdruckskraft von Gesten und Tänzen dient im schamanischen Erleben sowohl der Heilung als auch der Schaffung des hierzu notwendigen Bewusstseinszustands.

Es könnten noch weitere fruchtbare therapeutische Konzepte angeführt werden, die sich des Trance-Zustandes bzw. der Verschiebung des Bewusstseins auf Imaginationsebene bedienen, um psychische Stabilisierung, emotionale Aufarbeitung und gedankliche Einsicht zu fördern, so z. B. die Hypnotherapie oder der gelenkte Tagtraum nach Desoille.[3]

In therapeutischer Sicht haben alle diese Behandlungsmethoden eines gemeinsam, das Erleben und innere Handeln in einem Bewusstseinszustand, der Trance genannt wird. Hier findet die Erfahrung einer anderen Wirklichkeit statt. Sie kann zur Förderung des persönlichen Wohlergehens genutzt werden. Trance ist demnach das persönlich zugängliche Medium, um auf das psychische und physische Befinden einzuwirken.

In der heutigen therapeutisch orientierten Auffassung spielt es eine bedeutende Rolle, dass im Trance-Zustand unwillkürliche, paralogische und kreative Erlebnisweisen zustande kommen, die in der alltäglichen Wahrnehmung, im rational-funktionellen Handlungsablauf und in festgelegten Beschreibungen der Realität und der ihr zu Grunde gelegten Auffassungsmuster deutlich untergeordnet sind. Trance unter therapeutischen Vorzeichen begünstigt demnach den Vorgang, dass dem Menschen prinzipiell zugängliche Inspirationen und Kräfte aus dem Verborgenen hervortreten und bewusst erlebt werden können. Differenzierter betrachtet lassen sich vier wesentliche Funktionen therapeutisch beabsichtigter Trance hervorheben

- ein Verbesserter Zugang zu alternativen Erlebnisweisen;
- es werden Suchprozesse angestoßen;
- es werden schlummernde Ressourcen erweckt und
- sich selbst organisierende Ressourcen kommen in Gang.[4]

[1]Kast, 1988 [2]s. Kap. 21 [3]s. Bongartz und Bongartz, 1998; Revenstorf und Peter, 2001; Singer und Pope, 1986 [4]s. Ullmann, 2005

Wenn wir angesichts dieses kurzen Überblicks unsere Aufmerksamkeit wieder der schamanischen Behandlungsweise und ihre Grundlegung in der Trance-Erfahrung zuwenden, scheint die Überlegung angebracht, ob sich der uralte Geist des Heilungsschamanismus durch die Hintertür der (Wieder-) Entdeckung von hilfreichen therapeutischen Techniken Einlass in unser Bewusstsein verschafft. Ganz offenbar ja. Ob nun von Fachautoren, wenn auch nur andeutungsweise, auf die ursprüngliche Quelle ihrer methodischen Ausrichtung verwiesen wird[*] oder der Ursprung von Traum- und Imaginationstechniken in der Geschichte menschlicher Bemühungen um Gesundheit und Lebenskraft verleugnet oder ignoriert wird, es ist auf jeden Fall bemerkenswert, was sich in diesem Sektor der Behandlungsmethoden tut. Es scheint mir, als ob sich der Geist des Schamanismus wie ein neurotischer Komplex benimmt, der nach langer gedanklicher und emotionaler Abspaltung vom kollektiven Bewusstsein nun wieder in unsere Erfahrungs- und Handlungswelt zurückkehren möchte. Dabei passiert etwas, was schamanische Traditionen von jeher auszeichnet. Die historisch jeweils aktuelle schamanische Praxis schmiegt sich in die Lebensstrukturen und die Bewusstseinsdynamik der Menschen ein. Der *Kern* des Schamanismus aber zeigt sich bei genauerem Hinsehen immer wieder, nämlich die Veränderung des Bewusstseinszustands mit Hinwendung zur nicht-alltäglichen Wirklichkeit und die Inanspruchnahme von Kräften, die in einer rationalen und materiell fest gelegten Auffassung nicht einzuordnen sind.

Die Bewusstwerdung dieses psychischen Komplexes wird nicht einfach durch eine wissenschaftliche Haltung eingeengt. Diese kann ja als Neugier oder Öffnung für Erfahrungswissen geweitet werden, wie ja gerade sogenannte Feldforscher aus Anthropologie, Ethnologie, Ethnomedizin oder Ethnopsychiatrie zeigen. Vielmehr engen sich Menschen in ihren Erfahrungen durch Dogmatisierung und Institutionalisierung ein. Die Auswirkungen auf die als gültig anerkannten Erklärungsmodelle können verheerend sein. Wenn psychotherapeutische Konzepte, so bewährt sie auch schon sind, darauf ausgerichtet werden, in eine bestehende, vielleicht sogar erstarrte Konzeption zu passen, damit sie akademische und therapierechtliche Anerkennung finden, bleiben sie Träger der Abwehr jenes Komplexes.

---

[*] z. B. Sachsse, 2004, S. 200

18

Schamanisches Counseling

Schon seit vielen Jahren bietet Michael Harner seinen Schülern die Einübung einer Hilfspraxis an, die an bestehende therapeutische Konzepte erinnert, doch zugleich ganz der schamanischen Erlebnisweise entspricht. Er nennt diese Praxis »schamanistisches Counseling«.[*] Hauptzweck dieses Verfahrens ist, den Klienten zu vermitteln, wie sie selbst eine schamanische Reise in die andere Wirklichkeit unternehmen können, um spiritueller Kraft und hilfreicher Einsicht zu begegnen. Sie sollen selbständig verantworten, wie sie Antworten auf ihre Fragen und Anliegen erhalten und was sie daraus für ihr eigenes Leben machen. Im Unterschied zum traditionellen Schamanismus reist der Klient also für sich selbst und bemüht keinen Schamanen. Er tritt aus der passiven, Heilung oder Wissen empfangenden Position heraus und wird sein eigener Schamane.

In der Betrachtung dessen fühlt man sich sehr an die modernen therapeutischen Konzepte erinnert, wie sie zuvor angedeutet wurden. Ein wesentlicher Unterschied besteht allerdings. Der schamanische Counselor mischt sich in der Regel nicht in die persönlichen Interpretationen seines Klienten ein. Er sorgt lediglich für verschiedene Voraussetzungen inhaltlicher oder prozessualer Art. Er erläutert das Konzept des schamanischen Reisens. Er bietet einen bequemen Platz zum Liegen an und stellt auch Trommel-CD samt Kopfhörer zur Verfügung. Er motiviert zu ersten Erkundungen der schamanischen Wirklichkeit, so zur Visualisierung eines Platzes in der Natur und zum Benutzen der Körpersinne, um die innere Wahrnehmung zu stärken (fokussieren). Wenn der Klient dann seine erste Reise in die untere, in der Folge auch in die obere Welt macht, um seinen spirituellen Verbündeten, den Hilfsgeistern, zu begegnen, kann er deren charakteristische Kommunikation wie auch ihre Hilfsangebote schon kennen lernen. Die Trommel-CD spielt maximal dreißig Minuten und hat am Ende ein deutlich abgesetztes Trommelsignal, welches das Ende der schamanischen Reise anzeigt und den Klienten in die alltägliche Wirklichkeit zurückruft. Der Counselor weist im Übrigen auf die Möglichkeit hin, dass sich der Klient jederzeit von selbst zur Rückkehr in die alltägliche Wirklichkeit entscheiden kann.

Das an sich unkomplizierte Konzept Harners soll hier nicht ausführlich dargestellt werden. Wesentlich sind daran folgende Details. Die Erlebnisse der Klienten im schamanischen Bewusstseinsraum werden durch ein zuvor geklärtes Anliegen an die Geisthelfer vorgeprägt und inhaltlich darauf bezogen. Der Klient wird aufgefordert, seine Erlebnisse hörbar zu schildern, was aufgezeichnet wird. Anschließend hören sich Klient und Counselor gemeinsam diese Aufzeichnung an. Im Gespräch kann der Klient

[*]Harner, 1989, S. 255 ff

dann seine Erlebnisse hinsichtlich seines Anliegens interpretieren. Der Counselor assistiert ihm, indem er immer wieder das Anliegen in den Brennpunkt der Aufmerksamkeit rückt und auf übersehene Vorgänge und Details hinweist. Er soll allerdings von eigenen Interpretationen absehen, es sei denn, sein Klient rutscht in deutlich abwegige, auch destruktive Sinngehalte ab (z. B. bei Suizidneigung, Hervorbringung von folgenschweren Aggressionen oder Wahninhalten). Letzteres wird von Harner nicht eigens erwähnt, vielleicht, weil er es für selbstverständlich hält. Dies deutet aber an, dass die Klientel begrenzt ist, die das schamanische Counseling nutzbringend praktizieren kann.

Harner beschreibt seine Klienten als gebildete, intelligente Menschen, die neugierig und aufgeschlossen seien. Aus seiner Beschreibung kann geschlossen werden, dass es sich eher um gefestigte Personen handelt, die in einer kritischen Lebenssituation zur Erfahrung von Kraft und Selbstbestimmung zurückfinden wollen. Harner benutzt dabei den Begriff der persönlichen Ermächtigung. Dies entspricht der traditionellen schamanischen Auffassung, dass der Mensch nur im Erleben seiner *Kraft* ein gesundes, erfülltes Leben führen kann. Aber im Grunde ist es ein zeitloses Ansinnen, das allem Leben innewohnt und vom Menschen dank seines Selbstbewusstseins eine besondere Färbung und Aufmerksamkeit bekommt.

Da der Counselor keine Ratschläge und keine Problemlösungen anbietet, verbleibt er in der Position eines Mittlers, »der dem Klienten hilft, mit den geistigen Kräften der anderen Wirklichkeit in Kontakt zu kommen.«* Hierin zeigt sich die traditionelle Rolle des Schamanen sehr deutlich. Er ist ja von jeher Mittler zwischen den Welten. Allerdings wird er aus der aktiven Rolle genommen und hat nur noch die Brückenfunktion inne. Diese ist allerdings nicht unerheblich. Schon die Anwesenheit des Counselors erhöht die Bereitschaft zu Konzentration und innerer Fokussierung. Die Brückenfunktion selbst gibt der Counselor im Verlauf schließlich auf. Er wird schlichtweg immer weniger gebraucht, da der Klient mit zunehmender Übung seine schamanischen Reisen selbständig und für sich alleine zu machen lernt. So treten die Helfer des Klienten immer mehr in dessen Aufmerksamkeit und werden zu Kräften seiner spirituellen Selbsthilfe.

Harner macht deutlich, dass er die schamanische Counseling-Arbeit nur solchen Personen anvertrauen möchte, die sich davon zurückhalten können, die Klienten von ihrer Person abhängig zu machen. Die Counselor sollen dem Klienten gegenüber nicht vereinnahmend und bindend sein. Dazu gehört auch, dass die Counselor ihre eigenen Probleme selbständig bearbeitet haben oder bearbeiten können. Es sollte ihnen auch wichtig sein, das eigene Leben als spirituelles Wachstum zu begreifen, also das, was sie ihren Klienten vermitteln, auch für sich selbst zu nutzen. Auf diese Weise sollen verfremdende Einflüsse auf die spirituelle Entwicklung der Klienten vermieden werden.

Erfolgreich verlaufende psychotherapeutische Behandlungen, die imaginative Techniken und psychische Helfer-Repräsentanzen einbeziehen, können zu ganz ähnlichen Prozessen führen wie dies in Harners Counseling-Konzept vorgesehen ist. Gerade im Rahmen der skizzierten aktiven Imagination wie auch der KIP sind verlässliche innere Helferbeziehungen gut möglich, die dem Therapeuten mehr und mehr die Rolle eines Assistenten und schließlich eines Zeugen der Vorgänge von Integration, Erneuerung bzw. Kräftigung zuweisen. Wenn er dies einfühlsam und intuitiv handhabt, fördert er auch die autonomen Fähigkeiten seiner Patienten.

Das Geschehen der Psychotherapie ist exklusiv. Ganz selten finden sich in anderen Bereichen unseres Lebens ähnliche Situationen, in denen ein Mensch die Chance wahrnehmen kann, sich und die eigenen Kräfte konzentriert kennen zu lernen. Insofern nimmt es nicht Wunder, dass die Imaginationsfähigkeit häufig mit dem Szenario der

*S. 262

psychotherapeutischen Behandlung und dem Gefühl gekoppelt ist, beim Therapeuten verlässlichen Rückhalt zu haben. So wird von vielen Patienten in den Anfängen ihrer imaginativen Selbsthilfepraxis die Erfahrung gemacht, dass sie sich in Anwesenheit des Therapeuten in eine tiefere und wirksamere Trance begeben können. Ihre entsprechenden Versuche auf der eigenen Couch oder im eigenen Sessel zuhause sind zunächst meist eher schwach, oberflächlich und leicht störbar. Die Gedanken wandern schnell aus dem Fokus, was deprimierend sein kann. Insofern verstärkt sich die *Bindung* an den Therapeuten, weil das hilfreiche Träumen bei ihm viel besser gelingt. Die Erfahrung zeigt aber auch, dass die Erlebnisse in der Traumwelt, insbesondere die von inneren Helfern beeinflussten, zu wachsender Autonomie führen. So ergibt sich letztlich ein fließender Übergang vom modernen Therapiegeschehen zum altehrwürdigen Schamanismus, der lediglich sein Gewand gewechselt zu haben scheint, um zeitgemäß zu sein.

Man könnte nun etliche Vergleiche der schamanischen Counseling-Methode mit Formen und Erklärungen der Psychotherapie vornehmen. Auch hier gilt aber, was bereits mehrfach angemerkt wurde. Das Einpassen von spirituellen Erfahrungsvorgängen in ein psychologisches Erklärungsschema sagt im Grunde nur etwas über dessen theoretischen Rahmen aus und verengt so von selbst das, was wir als wirklich anerkennen. Dies könnte uns, wie Harner anmerkt, »zu der falschen Vorstellung verleiten, wir wüssten wissenschaftlich exakt, was sich bei der Ausübung des Schamanismus abspielt, während wir es in Wirklichkeit nicht wissen.«* Insofern bleibt stets eine Distanz zwischen schamanischer Praxis einerseits und wissenschaftlicher Fundierung andererseits bestehen. Es scheint, als würde diese Distanz von erfahrenen Psychotherapeuten eher gewürdigt als verneint oder kritisiert. Unwägbarkeiten und überraschende Vorgänge in einem Behandlungsprozess sind gewissermaßen normal. Psychotherapeuten müssen sich paradoxerweise darin üben, sowohl möglichst vieles zu erklären, als auch die Grenzen ihrer Erklärungen anzuerkennen. Je länger sie praktizieren, desto mehr tendieren sie zu Letzterem.

*S. 266

19

Mit Helfern – ohne Helfer

Etwa zehn bis zwanzig Prozent der Menschen haben nach meinen Erfahrungen erhebliche Schwierigkeiten, ihre innere, geistige Welt wach und bewusst zu betreten und für sich einen Nutzen daraus zu ziehen. Nicht wenigen wird bereits zum Problem, dass sie sich und ihrer Wahrnehmung misstrauen. Mögliche Visualisierungen stufen sie als Einbildungen ohne jeden Wert ein, weil sie ja von ihnen selbst stammen würden, ausgedacht oder frei erfunden seien, also *bloß* Produkte der Phantasie.

An der Entstehung und Festigung dieser abwertenden Sichtweise ist die Psychologie nicht ganz unbeteiligt. Ihr Anspruch, menschliches Erleben und Handeln in rationaler Weise objektiviert und analog logischen Gesetzen nachzuvollziehen, hat bis heute eine psychologisierend erklärende Haltung hervorgebracht und dem Zeitgeist eingepflanzt. Diese Haltung ist verstärkt durch den Anspruch, das Leben psychologisch in den Griff zu bekommen. In Folge dessen sind wir zwar in den Genuss differenzierter Erklärungen und Einsichten gekommen, haben aber auch verinnerlicht, dass alle unsere individuellen Probleme irgendwie psychisch sein müssen. Und so neigen psychologisierte Zeitgenossen zu ausufernden Erklärungen und Grübeleien, was wohl psychisch wieder verkehrt läuft. Das ist die Kehrseite psychologischer Aufklärung.

Zeigen nun Therapiekonzepte das Imaginationsgeschehen als Hilfe auf, muss die Erklärung seiner Wirkung eben psychologisch nachvollziehbar sein. Daran wird ja auch heftig gearbeitet. Diese Erklärungen wiederum stellen das erlebende psychische Ich als Träger der Imagination hin. Und irgendwann begegnet das Ich sich selbst und sagt: »Das bildest du dir nur ein«, weil es sich ja inzwischen selbst erklären kann, wer und was es ist. Die psychologisch Aufgeklärten raufen sich womöglich die Haare, wenn sie mitbekommen, wie psychologisch unbedarfte, ›naive‹ Personen mit ihrer bloßen Phantasie so viel bewirken können. Da muss man bei allem psychologischen Wissen irgendetwas übersehen haben.

Die imaginativen Methoden beinhalten eine Rückbesinnung auf die Bilderwelt der Seele und zwar zunehmend ohne großen Erklärungsaufwand. Es ist bemerkenswert, wie schnell von den meisten Menschen der Begriff Tagtraum, ja sogar Träumen angenommen wird. Als ob hierbei etwas Wesentliches in unser Bewusstsein zurückfindet. Wenn ich meine Erfahrungen aus der psychotherapeutischen Arbeit heranziehe, glaube ich behaupten zu können, dass deutlich mehr als die Hälfte der von mir Behandelten einen wirkungsvollen Zugang zur inneren (psychischen, geistigen) Welt findet. Und dies geschieht eher leicht, ohne bedeutenden Klärungs- oder Überzeugungsaufwand von meiner Seite. Die imaginäre Erfahrung spricht für sich, ist in sich überzeugend.

Auch das Motiv der Helfer wird von diesen Personen rasch aufgenommen und hilfreich einbezogen. Die Motivvorgabe entsprechend der schamanischen Reise, also das Verlassen der Lebenswelt durch eine erlebbare und definierbare Begrenzung und der Aufenthalt in einer anderen Wirklichkeitsebene, sind für diese Menschen ebenfalls unproblematisch. Allerdings muss dieser Weg nicht immer beschritten werden, da die Helferwesen sich schon auf der Ebene der mittleren Welt einstellen und effektive Stärkungen geben können. Aus spiritueller Sicht liegt dies wahrscheinlich daran, dass der psychische und geistige Heilungsraum des Therapeuten heilende Geister anzieht. In der Metapher des schamanischen Kosmos würde dies heißen, die Hilfsgeister kommen aus ihren Räumen und Welten in die Welt der lebenden Menschen, um dort von Mitgefühl bewegt ihre Fähigkeiten und Dienste anzubieten. Dies kommt umso mehr zur Geltung, je offener die Haltung ihnen gegenüber ist. Es bedeutet auch, dass das Überzeugungssystem, das der Behandlung innewohnt, bedeutsame Auswirkungen auf die helfenden Geister hat. Es kann sie zur Mitarbeit einladen oder davon zurückhalten. Natürlich ist hier auch einbezogen, ob und wie sich der Therapeut bei aller methodologischen Festlegung auf die Hilfe der Geistwesen einschwingen kann. Ein ähnlich gelagertes Mitgefühl wie das jener Wesen ist bereits eine entsprechende Grundlage. Sehr motivierte Helferwesen benutzen für ihre Arbeit die Wege von Einsicht und Kraft, die in der Psychotherapie gebahnt werden. Natürlich bedarf es nicht zwingend einer schamanischen Orientierung der Behandler oder Patienten, dass dies geschieht. Es müssen lediglich die Kanäle (Motivation, Aufnahmefähigkeit, Einfühlung, Methode etc.) bereit stehen.

Entscheidend für den Einsatz von Helferwesen ist der Interpretationsrahmen, der den Patienten zur Verfügung steht bzw. den anzunehmen sie bereit sind. Wenn dieser hinlänglich an die Lebenserfahrungen der Betreffenden angepasst ist, und wenn deren Lebenserfahrungen nichtreale Erlebnisformen beinhalten, dann ist das absichtliche Verlassen ihrer Lebenswelt eine mögliche Hilfe. Am ehesten motiviert der Hinweis auf Träumen und Sich-Vorstellen, aber auch auf Identifikationen mit Märchen, Filmen, Geschichten, Computerspielen etc., um den Boden für imaginative Erlebnisse zu bereiten. Ein sehr praktikabler Einstieg in den Phantasieraum ist die Hinwendung zu konkreten Symbolen.[*]

Ohne das Erleben von inneren, geistigen Helfern verbleibt die Psychotherapie in der Bindung an die konkrete Helferperson des Behandlers. Entsprechend muss dann auch zur Beendigung der Therapie eine psychische Lösung beider (Patient und Therapeut) voneinander ausdrücklich bejaht und aufmerksam erbracht werden. Die Lösung vom Therapeuten muss in jedem Fall geschehen, damit die psychische Kraft des Patienten gänzlich in ihm bleibt und nicht Teile davon beim Therapeuten festhängen. Die Wahrnehmung von inneren, geistigen Helfern erleichtert auch den Lösungsvorgang zum Ende einer Therapie. Therapeuten können glauben, dass die imaginativen Helfererlebnisse ihrer Patienten wiedergeben, wie hilfreich, nährend oder schützend sie ihre Therapeuten (unbewusst oder bewusst) erleben. Es ist im seelischen Gemeinschaftsraum einer Therapie keine Frage, dass der Kontakt zwischen Therapeuten und Patienten in allen Vorgängen mehr oder weniger eine Rolle spielt. Allerdings würde ich davor warnen, die vom Patienten erlebten psychischen Helferaktivitäten der umfassenden Wirksamkeit des Therapeuten zuzuschanzen. Das wäre fast hybride und hätte zumindest für den Therapeuten keine guten Folgen.

Die von Patienten erlebten inneren Helfer entstammen im Kern *ihren* Wahrnehmungen und Gefühlen, *ihrer* Absicht, Hilfe und Kraft zu bekommen. Je mehr dies beiderseits Anerkennung findet, desto weniger ist der Therapeut mit Rettungsphantasien überlas-

[*] s. Kap. 21

tet. Dies bedeutet also, was als Übertragung (vom Patienten auf den Therapeuten) hoch bewertet wird, auch bereitwillig wieder zurückgeben zu können und nicht unnötig zu strapazieren.

Es lässt sich leicht einsehen, dass die Erfahrung innerer Helferwesen vieles entkrampfen und erleichtern kann. Würde ich mich dessen erinnern, könnte ich wahrscheinlich von Hunderten Therapiestunden erzählen, in denen ich meine Patienten und Patientinnen an ihre inneren Helfer verwiesen und gebeten habe, ihren Helfern ihre momentan wichtigen Probleme und Wünsche nach Einsicht oder Kraft zu schildern. Sodann sollten sie deren Ratschläge oder Behandlungsaktivitäten erbitten. Ich kann mich nicht einer Situation entsinnen, in der die solcherart geübten Patienten wirklich zurückgewiesen oder frustriert wurden. Eine wesentliche *Voraussetzung* für das Gelingen dieser Praxis ist, vorab ein klärendes Gespräch zu führen, in dem nach den Regeln der psychotherapeutischen Kunst die augenblickliche Lebenssituation des Patienten aufmerksam angeschaut wird. Daraus ergibt sich mit entsprechendem Fokus eine verdichtete Absicht, ein *prägnant* formuliertes Anliegen an die Hilfestellung der Helferwesen. *Der Fokus ist unabdingbar.* Er wird genauso gebraucht und als Orientierung betont, wenn Patient und Therapeut im Nachgespräch an die Interpretation des eben im imaginativen Raum Erlebten gehen.

Soweit möglich soll der Patient seine Erlebnisse selbst verstehen und für sich nutzen lernen. Während der Patient in seinem Tagtraum nach Hilfe sucht und mit seinen Verbündeten Kontakt hat, kann ihm von Therapeutenseite Unterstützung mit Hinweisen, Fragen und Aufforderungen zuteil werden. Hierbei spielt eine wichtige Rolle, ob und wie das Anliegen des Patienten im Fokus der Aufmerksamkeit verbleiben kann. Der Therapeut assistiert weitgehend und gibt nur eigene Gedanken wieder, wenn sie quasi in der Luft liegen, ohne ausgesprochen zu werden, oder destruktive Einseitigkeit vermieden werden soll. Diese praktischen Hinweise vermitteln übrigens bestens zu modernen Praktiken in der Psychotherapie. Es wird allerdings auch auffallen, wie nahe diese Praxis dem schamanischen Counseling-Konzept Harners ist. Sie hat den Vorteil, durch den Brückenschlag der Psychotherapie und ihrer exklusiven Situation einen deutlich größeren Personenkreis für die inneren Heilungs- und Kraftpotenziale zu gewinnen, als dies in der distanzierteren Counseling-Haltung Harners der Fall ist.

Es lässt sich weiterhin einsehen, dass die Behandlung durch den konkreten Therapeuten *und* die Helferwesen mehr oder weniger viel an Entlastung bringen kann. Wie bereits vermerkt, gilt dies sowohl der gegenseitigen Abhängigkeit von Patienten und Therapeuten als auch dem Kraftaufwand beider für (manchmal auch gegen) einander. Menschen in geschwächtem bzw. verzweifeltem Zustand sehnen sich meist nach einer kraftvollen, weisen und überaus kompetenten Person oder Institution, die den Weg aus Leiden und Unglück kennt und dies wunderbar auf den Kranken zu übertragen versteht. Selbst dann gilt diese Sehnsucht, wenn sie vom Kranken nur zwiespältig akzeptiert oder teilweise sogar abgelehnt wird.

Die Burn-out-Erfahrung von Therapeuten ist das Pendant zu dieser Sehnsucht, die mehr oder minder viel psychische Gewalt anwendet, um an Kraft zu bekommen, was zu holen ist. Deswegen ist der Begriff Sehn*sucht* auch angebracht. Dies hört sich primitiv an, ich könnte es auch gebildeter und diplomatischer ausdrücken. Doch es ist aus schamanischer Sicht schlicht die Wahrheit, denn es geht im Grunde immer *erst* um Kraft. Alles andere mag dann folgen. Wer in seinem Leben heftig gelitten hat oder am Abgrund stand, weiß, wovon die Rede ist.

Einem nahe liegenden Einwand möchte ich hier Ausdruck geben. Wir haben in unserer individuellen Reifung alle die Aufgabe, Verantwortung für unser Handeln und unseren Charakter zu übernehmen. So sollten wir aus infantilen Abhängigkeiten herauswachsen und den Blick auf das eigene Tun und Gestalten richten. Die Suche nach inneren Helfern kann das infantile Abhängigsein wieder verstärken, nun mit dem Blick nach innen gerichtet. Fachlich ausgedrückt, es können auf diese Weise psychische Repräsentanzen der Menschen auftauchen, von denen uns zu lösen unsere persönliche Reifung vorgeben würde. Das können z. B. Eltern- und Autoritätsfiguren sein oder Menschen, mit denen eine Identifikation auf der Suche nach Vorbildern verbunden ist. Hierbei kann die Idealisierung eine große Bedeutung haben und das Bild von einem selbst sehr beeinflussen.

Dies führt mich zur erneuten Betonung zweier Aspekte. Erstens verantworten wir in dieser Realität selbst, welche Absichten wir verfolgen und was in unserer Bemühung zustande kommt. Dies bedeutet, dass wir nicht davon befreit werden können, Einsichten in unsere psychischen Voraussetzungen zu schaffen, falls wir infantilen Erwartungen erliegen und deshalb Probleme aufkommen. Sich darum fokussiert zu kümmern, ist ein Schwerpunkt psychotherapeutischen Bemühens. Zweitens verdeutlicht sich gerade hier der Sinn der schamanischen Reise, welche die Suche nach Hilfe aus dem engen Rahmen von alltäglicher Abhängigkeit und Selbstgestaltung ein wenig und vielleicht etwas mehr herausführen kann. Es besteht so auch die Chance, dass sich mit den erlebten Helferwesen Kräfte und Fähigkeiten jenseits persönlicher Einschränkungen einstellen. Zudem sei an die Offenheit und den größeren Erlebnishorizont von Kindern erinnert. Sie müssen von den Erwachsenen zwar angeleitet und beschützt werden, um in diese Realität hineinwachsen zu können, sie sind aber noch viel mehr seelische Wesen und damit den Geistwesen näher als die Erwachsenen, die für die Kinder Sorge tragen. Also erscheint es ratsam, den Einwand differenziert zu betrachten, schamanisches Reisen bestätige infantile Erlebnismuster. Erinnert sei hier an die eindringliche Mahnung Jesu, seine Jünger sollten den Kindern nicht verwehren, zu ihm zu kommen, denn *sie* seien es, die Zugang zum Himmelreich hätten. Hierüber kann man ganz schön ins Grübeln kommen.

20

Familienschamanismus

Die schamanische Heiltradition ist ein anarchisches Instrument gegenseitiger Hilfe. Es ist entstanden und gepflegt in sozialen Gruppen, die nur sehr einfache hierarchische Muster brauchten. Die Schamanen nahmen darin den Platz von Verantwortlichen wahr, wie wir sie heute in viele Berufsgruppen differenziert haben: Ärzte, Priester, Richter, Rechtsanwälte, Minister, Bürgermeister und andere.

Je nach Überlebensnotwendigkeit gab es in den einzelnen Kulturen Schwerpunkte schamanischer Aufgaben. Heiler und Seher wurden Schamanen einerseits durch ihre Initiation, andererseits aber auch durch Zuweisung entsprechender Aufgaben im Kontext der vitalen Interessen ihrer Sippe. Sie mussten nicht zwangsläufig politische Anführer oder Priester sein. Aber in den einfachsten Gruppierungen waren sie es.

Unsere sichersten Informationen über jene Zusammenhänge menschlichen Lebens entnehmen wir ja den Felszeichnungen, wie sie überall auf der Welt entdeckt worden sind. Durch diese wird uns deutlich, es gab eine Kommunikationsebene zwischen Mensch, Tier und Universum, die von den Urvölkern aktiv und aus unserer Sicht ekstatisch gestaltet wurde. Ich möchte hier einflechten, dass der Begriff Ekstase ungünstig sein mag, um das Erleben der Schamanen nachzuvollziehen. Er bedeutet eigentlich Außer-sich-Sein, was nur unwesentlich mit unserem kommerziell und narzisstisch belasteten Gebrauch dieses Begriffs zu tun hat. Vielmehr spiegelt er die Erfahrung auf der beschriebenen Kommunikationsebene wieder, die uns Menschen zu Einheitserlebnissen und zur Überwindung der existenziellen Getrenntheit führt. Es ist die Erfahrungslandschaft der *Seele*, in die wir durch unsere Bereitschaft gelangen, aus unserem begrenzten individuellen Dasein herauszutreten. Die schamanische Reise, aber auch schon alle Phantasiehandlungen, die anderen Menschen gelten, sind wörtlich gesehen Ekstasen, denn sie sind nicht an das körperliche Erleben gebunden. Das begrenzte Ich wird verlassen und die hierbei entstehenden Kräfte fließen beabsichtigt oder unbeabsichtigt anderen Geschöpfen zu. Dies gilt im helfenden, jedoch auch im aggressiven oder zerstörerischen Sinne. Auf der seelischen Ebene überschreiten die Handlungen ohne großen Aufwand die Ich-Grenzen. Die geistigen Kräfte, die uns Menschen gegeben sind, sind in der Tat eine besondere Begabung. Sie sind unserer Freiheit der Gestaltung anheim gestellt. Wir sind tatsächlich Schöpfer.

Dank der evolutionären Entwicklung unserer psychischen Beschaffenheit sind die meisten heutigen Menschen relativ fest gefügte und umgrenzte Lebewesen, die aus einem erlebten Zentrum heraus leben, dem Ich. Psychisch (und physisch) leidende Menschen zeigen uns aber häufig, dass die Schutz- und Abgrenzungsfähigkeiten zu den grundlegenden Gestaltungsaufgaben im Leben des Einzelnen gehören. Sind diese Fähigkeiten durch unglückliche und verletzende Lebensereignisse eingeschränkt, dann kann die Betreffenden das Schicksal *ungewollten* Außer-sich-Seins leichter als Gesunde ereilen. Auf diese Thematik habe ich schon mehrfach hingewiesen. Für die therapeutische Hilfe ist die Wahrnehmung dessen unabdingbar. Da zu den gestalterischen seelischen Fertigkeiten des Menschen auch aggressive und destruktive Handlungsmöglichkeiten gehören, ist davon auszugehen, dass die Richtung der Kraftströme menschlichen Daseins unserem Bewusstsein und unseren Entscheidungen bzw. Reaktionen überlassen sind. Wir können demnach unsere seelischen Kräfte sowohl heilsamen, harmonisierenden als auch krankmachenden, bekriegenden, ja sogar Tod bringenden Wirkungen widmen.

Für letzteres gibt es belegte Beispiele aus der ethnologischen Forschung. Es ist vom kulturellen Rahmen abhängig, ob und wie ein Fluch, eine Hexerei, ein Todeswunsch oder eine Verurteilung wirkt. Ganz sicher spielt dabei eine erhebliche Rolle, von welchen Wirkungen seelisch gestalteter und ritueller Handlungen die Menschen *überzeugt* sind. Ein Gebet ist eine seelische Gestaltung, ebenso ein Fluch. Hier will ich mich nicht den negativen, lebensfeindlichen Auswirkungen des Einsatzes von geistiger Kraft widmen, sondern auf heilsame Möglichkeiten schamanischen Bewusstseins in unserer Umwelt aufmerksam machen. Die gegenseitige heilerische Hilfe ist ein Grundmodus der Menschlichkeit. Michael Harner bemerkt: »In der Eingeborenenwelt sind Schamanen häufig Angehörige derselben weit verzweigten Familie wie der Patient, mit einer emotionalen Verpflichtung der Sorge für das persönliche Wohlbefinden des Patienten«. Die Arbeit des Schamanen, der sich oft nächtelang für die Gesundheit seiner Patienten einsetze, beteilige ihn und den Patienten in einer »Zwei-Einheit... die das Unbewusste beider in einer heroischen Partnerschaft gegen Krankheit und Tod verflicht«.[*]

Das Erstaunliche am Gebrauch dieser menschlichen Fähigkeit, für andere geistig und seelisch von Hilfe zu sein, ist nicht so sehr, dass sie tatsächlich Wirkungen hervorbringt, sondern viel mehr, dass einem selbst auf diese Weise große Hilfe zu Teil werden kann. Mit einer entsprechenden Hilfe für Mitmenschen begeben wir uns sozusagen in ein harmonisierendes Energiefeld, das uns ebenso ergreift und auf seine Schwingen nimmt. *Vorausgesetzt*, wir gestalten hiermit eine Hilfe, die in die seelische und spirituelle Situation des Betreffenden passt, dem wir Gutes tun wollen. Bei unerwünschter Hilfeleistung verausgaben wir uns unnötig. Und wir können mit der einem Mitmenschen zugedachten Hilfe sogar schaden. Wir können Gefahr laufen, psychische Grenzen zu überschreiten oder in einem z. B. dem psychisch-geistigen Wachstum dienenden Leiden Unordnung stiften. Nicht zuletzt vermögen wir sogar mit der falschen spirituellen Intervention physischen Schaden hervorzurufen. Um in diesem Sinne richtig zu handeln, ist es aus schamanischer Sicht effektiv, mit Geisthelfern zusammenzuarbeiten, welche die Notwendigkeit und Möglichkeit der angestrebten Hilfeleistung beurteilen können. Zudem verfügen sie, wenn sie sich dem Vorhaben einer Hilfeleistung für andere Personen stellen, über das Wissen und die Kraft, unserer Absicht Nachdruck zu verleihen. Sie können ihr die angemessene Form geben und gegebenenfalls für Heilungszwecke notwendige Informationen erteilen.

Abstrakt wusste ich durch die Lektüre einiger Bücher, wie traditionelle Schamanen Heilungsarbeit verrichten. Sie nehmen eine diagnostische Erkundung des Leidens auf sich. Je nach Indikation, die sie von ihren geistigen Verbündeten gezeigt bekommen, nehmen sie das krankmachende Übel aus dem Körper der Betroffenen heraus (meist durch Saugen, auch durch Manipulationen mit den Händen) oder bringen verlorene Seelenkräfte zu den Betroffenen zurück. Ersteres wird Extraktion genannt und gilt ein-

[*] Harner 1994, S. 186

gedrungenen, für die Gesundheit schädlichen Energien. Letzteres ist eine Seelenrückholung.

Eine weitere Diagnose betrifft den Verlust des Krafttiers. Viele traditionelle Gemeinschaften waren der Ansicht, dass die Erkrankung eines Menschen, meist sichtbar an seiner Erschöpfung und seinem Mangel an Widerstandskraft, mit Schwäche oder gänzlicher Abwesenheit des Krafttiers verbunden ist. Hierbei wird davon ausgegangen, dass jeder Mensch von Geburt an ein Krafttier hat. Den Kranken ein Krafttier zu bringen, das gesund und motiviert den angestrebten Heilungsprozess ermöglicht bzw. fördert, war und ist Aufgabe des Schamanen.

Auf die Idee, die schamanische Behandlungsmöglichkeit Patientinnen und Patienten zu vermitteln, damit sie wiederum ihren Angehörigen oder ihnen nahe Stehenden Hilfe geben können, kam ich erst durch persönliche Erfahrungen. Auf Grund dieser reifte in mir die naiv klingende Frage, warum nicht jeder, der dies vermag, ähnlich handeln dürfen soll. In dem Moment, da sich diese Frage ins Bewusstsein durchgekämpft hatte, war mir schlagartig klar, dass es nicht wenige Menschen gibt, die schon dadurch depressiv leiden (meist verbunden mit Schuldgefühlen, Verlustängsten und quälenden Sorgen), dass ein mehr oder weniger wichtiger Mitmensch erkrankt ist, an Unfallfolgen leidet, eine Gewalttat oder eine Katastrophe zu verarbeiten hat oder mit dem Sterben konfrontiert ist. Auch erschien mir die Möglichkeit plausibel, dass sich das persönliche Leiden in Verbindung mit dem Leiden anderer sehr tief in die Seele eingraben kann. Die künftige Gefühls- und Gedankenwelt des betreffenden Menschen wird davon mitbestimmt, ohne dass dies so gewollt ist. Dann nämlich wird das Leiden zu einem psychischen Zwang, zu einem selbständigen psychischen Tatbestand, der Krankheitsanfälligkeit, ob im Schwerpunkt psychischer oder physischer Art, grundsätzlich verstärkt. Wir wissen ja inzwischen, wie sehr die jeweilige Widerstandskraft bzw. Regenerierungskraft von den laufenden Inhalten des Bewusstseins abhängt. Das zunächst natürliche Mitgefühl mit einem leidenden Menschen (oder Mitgeschöpf) kann bald in ein Mit-Leiden ausarten, wenn es keinen wirksamen Kanal zur angestrebten Hilfestellung bekommt.

Damals war meine schon alte Mutter heftig an einem auszehrenden Durchfall erkrankt. Der Arzt hatte ihr zur Behandlung einer Grippe ein Antibiotikum verordnet. Dieses hatte zwar die Grippe nicht recht beseitigt, aber den Darm so durcheinander gebracht, dass meine Mutter keine Nahrung mehr bei sich behalten konnte. Die Hiobsbotschaften von Zuhause nahmen zu. Nach vierzehn Tagen dieser Qual, war meine Mutter ein Häufchen Elend. Auch das schnelle Nachlassen ihrer Hirnfunktionen löste in der Umgebung große Befürchtungen aus. Sie musste ins Krankenhaus gebracht werden.

So ging ich einmal mit großer Sorge zu Bett. In der aufflackernden Erinnerung der schamanischen Behandlungspraxis stellte sich ein inneres Bild ein, das mich vor die liegende Gestalt meiner Mutter beförderte. Es trat ein in Weiß gekleidetes Wesen hinzu, dessen Gesichtszüge ich nicht deutlich wahrnehmen konnte. Doch verstand ich, dass ich in den schamanischen Erlebnisraum befördert worden war. Ich bat das Wesen, meiner Mutter zu helfen. Es trat an ihren liegenden Körper heran und öffnete den Bauch mit den Händen. Aus der Öffnung zog es den Darm heraus, nach und nach, Meter für Meter, und reinigte ihn in einem Behältnis, dessen Flüssigkeit, wie mir schien, reines Wasser war. Dann gab es den Darm wieder in den Körper zurück. Dies erlebte ich nicht bis zum Abschluss, da ich eingeschlafen war. Zwei Tage später konnte ich meine Mutter im Krankenhaus besuchen. Sie war unübersehbar auf dem Weg der Besserung.

Hiervon erzähle ich nicht, weil ich meinem Einschlaftraum soviel Wirksamkeit beimesse, dass er von entscheidender Hilfe war. Das lässt sich objektiv nicht beurteilen.

Vielmehr soll dies zeigen, wie ein Angehöriger oder nahe Stehender sein sorgendes Anliegen in einen Tagtraum einbringen kann. Für mich war jenes Erlebnis auf jeden Fall hilfreich. Erstens konnte ich einschlafen. Zweitens konnte ich fünfhundert Kilometer von meiner Mutter entfernt etwas für sie tun, anstatt hilflos zusehen und abwarten zu müssen. Wie sich nach derartigen Aktionen herausstellen kann, ist das Traumbewusstsein in der Lage, sich auf die veränderte Beweglichkeit der Traumseele einzustellen. So mag es geschehen, dass sich das Träumen im Schlaf Problemen und Erkrankungen von Mitmenschen zuwendet, die dem Träumer gar nicht bekannt sein müssen. Dies wirkt bisweilen so, als würde das Träumen von anonymen Quellen benutzt, um es in Behandlungsvorgänge ähnlicher Art einzubeziehen. Allerdings sind als psychische Grundlage hierfür das implizite oder explizite Einverständnis des Träumers Voraussetzung. In meinem Fall war es so, dass ich das nächtliche Träumen ausdrücklich zur Plattform schamanischen Lernens erklärt und damit für heilende Kräfte geöffnet hatte, die nicht dem Ich bzw. meiner Persönlichkeit entstammen. Das heißt, es kam öfters vor, dass mich ein Traum zum Teilnehmer oder Akteur von therapeutischen Behandlungen machte. Die betreffenden ›Patienten‹ waren mir meist unbekannt. Hätte ich keine Ahnung von den traditionellen schamanischen Praktiken, wüsste ich nichts Plausibles mit solchen Träumen anzufangen und würde von psychologischen Deutungen zu unwichtigen oder falschen Interpretationen geführt. Eine wesentliche Lektion solcher Traumaktivitäten scheint mir zu sein, dass der Träumer die Freiheit seiner Seele erfährt. Er kann dies mit Absichten und Anliegen verbinden und dadurch eine Integration wachbewusster Intentionen einerseits und seiner Traumkraft andererseits herbeiführen.

Früher schon war mir aufgefallen, wie bekümmert und schließlich leidend manche Mütter auf Krankheiten und Probleme ihrer Kinder reagieren. Die Einsicht nötigte sich auf, dass Elternpersonen danach trachten können, ihren Kindern Krankheiten und Probleme *abzunehmen.* Sie tun es wohl auch in dem Glauben, sie könnten den Kindern dadurch wirklich helfen. Das Umgekehrte ist genauso möglich und geschieht allzu häufig.

Auch unter Lebenspartnern und in anderer Form einander nahe Stehenden kann die Phantasie, das Leiden mit zu tragen oder abzunehmen, eine bedeutende Rolle spielen und zu Konsequenzen in der gesundheitlichen Verfassung führen. Die Sorge eines Menschen um die Gesundheit oder die Existenz eines anderen ist ja schon dadurch gegeben, dass wir in Beziehungen das Leiden *mit* einander erfahren. Es bleibt uns eigentlich als *Beziehungswesen* gar nichts anderes übrig. Dies begründet allerdings häufig ein psychisches und physisches Drama in Familien, deren Mitglieder einander seelisch (vielleicht sogar mehr als nötig) verbunden sind. Viele machen vergleichbare Erfahrungen. Die Forderung nach Abgrenzung zu den Leidenden, mit therapeutischer Absicht oder gut meinend formuliert, geht häufig ins Leere. Wir sind, wie ich früher verständlich zu machen versuchte, viel mehr einander verbunden, als wir es bewusst wahrnehmen. Zudem ist auch das Erkranken selbst in seiner Symptomatik und Thematik ein Beziehungsgeschehen. Verschiedene psychotherapeutische Sicht- und Behandlungsweisen sind diesem Aspekt gewidmet. Es lohnt sich für uns alle, Erkrankung in diesem Sinne wahrzunehmen.

Die Mutter-Kind-Beziehung aber scheint doch noch eine besondere energetische Aufladung zu besitzen. Dies entstammt der engsten körperlichen Gemeinsamkeit, der Schwangerschaft, und setzt sich potenziell in der Sorge um den Säugling fort. Diese enge Gemeinschaft wird Symbiose genannt. Sie hinterlässt dauerhafte Spuren in der Psyche, die auch nach zunehmender Ablösung Wirkungen zeigen. Die psychologische Erklärung, dass es eine symbiotische Haltung sei, die uns die Abgrenzung erschwere, nützt wenig. Der Intellekt begreift es zwar, die Seele aber hängt in der mitfühlenden und ängstigenden Sorge fest.

Eine Wertung und ein mögliches Vorurteil enthält auch der Hinweis, hinter einer mütterlich sorgenden Haltung stecke die narzisstische Aufladung einseitig wohlmeinender und Heil stiftender Einstellungen. Es gibt noch andere psychologische Betrachtungsweisen. Sie mögen alle eine Hilfe in Sachen Einsicht, Aufklärung und persönlicher Reifung sein. Doch sollten sie das archaische und insofern zähere Muster der mitmenschlichen Sorge *und* Not nicht abwerten.

Dem entsprechend kann der Fokus einer psychotherapeutischen Behandlung auch familienschamanischen Praktiken zugewandt werden, wenn sich Menschen in ihren Sorgen um Angehörige aufreiben und verzehren. Wenn Mütter z. B. etwas für ihre Kinder im imaginativen Erfahrungsraum ›tun‹, kann dies sehr entlastend wirken. Abgesehen davon vermögen wir nicht mit Bestimmtheit zu behaupten, die im inneren Erleben ablaufenden Hilfen wären für betroffene Angehörige unnütz. Aus schamanischer Sicht nützen sie sowieso, wenn sie in mitfühlender Haltung und im Einklang mit Aktivitäten der helfenden spirituellen Wesen geschehen. Zudem gibt die schamanische Erfahrung vor, dass im Fall eines nicht möglichen und nicht erreichbaren Auftrags für die angestrebte Hilfeleistung die Seele der Betroffenen *gefragt* werden muss. Dies ist etwa der Fall, wenn ein umsorgter Mensch im Koma liegt oder aus anderen Gründen nicht ansprechbar ist. Kommt nämlich auf diese Weise ein Zweifel darüber auf, ob die Hilfeleistung erwünscht ist bzw. störend wirkt, dann unterlässt man weitere spirituelle Aktivitäten für diese Person. Wir müssen gegebenenfalls akzeptieren lernen, dass wir nichts für einen Mitmenschen tun können. Im Übrigen würde ich diese geistige Hilfestellung auf ein überwiegend wahrhaftes Mitgefühl gebaut sehen. Aus schamanischer Sicht müssen wir spirituelle Manipulationen meiden, falls offensichtlich keine Hilfestellung seitens der Verbündeten zustande kommt.

Zwei Geschichten möchte ich anfügen, um zu illustrieren, wie der psychotherapeutische Erfahrungsraum auch zu einem (familien-) schamanischen Handlungsraum werden kann. Die erste Geschichte handelt von Cilia, einer Frau und Mutter zweier Kinder im nahen Erwachsenenalter.

Cilia war zu jenem Zeitpunkt Mitte vierzig. Ihre Kinder umsorgte sie mit voller Hingabe und leider zu wenig Blick für die eigenen Bedürfnisse. Nach Mobbing ähnlichen Ausgrenzungen in der Familie ihres früheren Mannes, dem Vater der Kinder, und im Zuge der Ehescheidung war sie sehr depressiv geworden. Über viele Jahre verausgabte sie sich für ihre Kinder und verzehrte sich in Schuldgefühlen und inneren Anklagen ihres geschiedenen Mannes und jener Verwandten, die nach ihrer Ansicht das Familienleben zerstört hatten. Wie dies in solchen Situationen häufig der Fall ist, waren auch noch finanzielle Ungerechtigkeiten und Drangsalierungen durch Sozialamt und Arbeitsamt hinzugekommen. Kurzum, Cilia war viele Jahre sehr depressiv, was vom Hausarzt trotz gewichtiger Symptomlage nicht gesehen wurde. Eine Notärztin sagte ihr schließlich auf den Kopf zu, sie leide an einer schweren Depression, was endlich zur medikamentösen und psychotherapeutischen Hilfestellung führte.

Als es Cilia besser ging, traten ihre Kinder mit Problemen und Krankheiten in den Vordergrund. Das war einleuchtend. Sie hatten alle die Jahre, so gut sie konnten, ihre Mutter psychisch gestützt. Dabei waren sie in enger Gefühlsverflechtung mit ihr. Nun wollten sie – psychologisch gesehen – die Aufmerksamkeit auf eigenes Leiden oder Bewältigen von Problemen gerichtet sehen. Schließlich war die Mutter in Therapie und davon wollten alle etwas abbekommen. Hinzu kam die anstehende Hürde des Erwachsenwerdens, verbunden mit der Reifungsdramatik, die den Jugendlichen zwischen

Abhängigkeit und Selbständigkeit hin und her wirft. Zum Glück hielt Cilias früherer Mann aktiv Kontakt zu seinen Kindern.

Cilia hatte in der Therapie mehrere Helferwesen kennen gelernt. Eines davon achtete z. B. besonders darauf, dass sie sich ihren eigenen Bedürfnissen bewusst stellte. Es half ihr auch, das Angstleiden in konkreten Situationen zu bewältigen. Cilia konnte nicht über bestimmte Brücken gehen, weil sie sich zwanghaft vorstellte, diese würden unter ihr nachgeben. Das aber bewältigte sie mit Unterstützung ihres Krafttiers. Ein anderes Helferwesen war für Ratschläge und Behandlung bei körperlichen Leiden zuständig. Es ist Gandalf, der Zauberer und Weise aus dem Romanzyklus »Herr der Ringe« von J. R. R. Tolkien. Cilia hatte gute Erfahrungen mit Gandalfs Hilfestellungen gemacht. Nun war ihr pubertierender Sohn schon über Wochen körperlich geschwächt und nahm bedrohlich an Gewicht ab. Er hatte nach fast jedem Essen Übelkeit und erbrach sich oft. Vorher war er eher kräftig. Er wollte aber nicht dick werden, da seine Schwester schon mit Übergewicht zu kämpfen hatte und sich deswegen auch selbst nicht mochte. Also hatte er verkündet, er werde abnehmen. Nun stand, wie sich später herausstellte, die Fehldiagnose im Raum, er würde an Magersucht leiden und sei womöglich bulimisch. Auch der Hausarzt hatte diesen Verdacht und bestellte den jungen Mann zu regelmäßiger Gewichtskontrolle ein. Ihm aber ging es eher noch schlechter. Er litt an Krämpfen, hatte Eisenmangel und war tagelang so kraftlos, dass er kaum aus dem Bett kam. Cilia war hilflos und voller Sorge.

So schlug ich vor, sie sollte in den Magen und Darm ihres Sohnes reisen, sich dort umschauen und um Hilfe bitten, falls diese notwendig wäre. Hier das Protokoll der Reise:

C.: Es ist sehr eng, um da rein zu kommen. Es ist sehr problematisch.

Th.: Bitten Sie darum, dass sich die Öffnung weitet.

C.: Man lässt mich rein, aber eben so. Da drin sieht es furchtbar aus. Wie in der Hölle. Es glüht. Es sieht für mich aus wie ein Vulkanausbruch, alles voller glühender Lava. Furchtbar.

Th.: Brauchen Sie Hilfe?

C.: Das ist zuviel. Da weiß ich nicht, wie ich das zum Abschluss bringen kann. Auf der anderen Seite ist ein Stopfen vor, das kann alles nicht weg.

Th.: Wer kann helfen?

C.: Ich glaube, der Gandalf wäre eine Hilfe... Jetzt stehen wir beide in der Suppe...

Th.: Was meint er?

C.: Er meint, dass man das Unangenehme in etwas Angenehmes verwandeln soll. Etwas Schönes, was den Magen auch ausfüllt, ihm aber nicht weh tut... Jetzt habe ich Sirup... Wir machen gerade Himbeersirup... Der Magen wird jetzt auch viel ruhiger... Ja... Es ist jetzt... Es schwabbert und brodelt nicht mehr. Es ist jetzt wie eine Wasseroberfläche, ruhig und still. Die Magenwände sind jetzt glatt. Vorher war alles pieksig wie Stalaktiten. Die spitzen Dinger sind weg...

Th.: Was meint Gandalf zur Verstopfung des Ausgangs?

C.: Das ist erst mal okay. Es muss da sein, um das Ganze zu beruhigen. Das braucht eine Zeit. Dann wird der Stopfen verschwinden, erklärt er mir. Er ist sehr zufrieden, was da jetzt geschehen ist.

Th.: Bitten Sie ihn, dass er noch ein paar Mal nach dem Magen schaut.

C.: Er sagt, das hätte er sowieso gemacht. Er schaut auch nach, dass der Stopfen nicht zu früh weggeht, damit der Heilungsprozess stattfinden kann. Sonst geht alles von vorne los... Jetzt kann ich beruhigt wieder gehen.

Nach dieser schamanischen Behandlung zeigte sich Cilia einerseits schockiert. Sie sagte: »Furchtbar, womit der kleine Kerl sich rumquälen muss.« Andererseits war sie sichtlich beruhigt und zuversichtlich, dass sich alles zum Guten wenden würde. In der Tat kam der behandelnde Arzt bald zu dem Schluss, Cilias Sohn in einem spezialisierten Krankenhaus stationär untersuchen zu lassen. Dort wurde der akute Schub einer Morbus Crohn* festgestellt. Die sofortige medikamentöse Behandlung brachte dann eine durchgreifende Besserung. Heute ist der junge Mann bei guter Gesundheit. Cilia übrigens hatte währenddessen an schlimmen Rückenschmerzen gelitten, die in unübersehbarer Verbindung mit Schuldzuweisungen seitens des ehemaligen Mannes und dessen Mutter standen. Cilia nannte ihn einen Angstschisser, dessen Sorgen um seine Kinder sie auch noch auf sich nehmen müsste. Es wäre kein Wunder, dass laut Röntgenbefund etliche Bandscheiben verschlissen seien. Gandalf hätte ihr übrigens geholfen, trotz der Schmerzen einzuschlafen.

Cilia war nach der imaginativen Hilfestellung für ihren Sohn von deren Wirksamkeit überzeugt. Sie berichtete ihm davon und gab Erklärungen darüber, wie er selbst auf diesem Wege etwas Hilfreiches für seinen Körper und die Organe im Bauch tun konnte. Er probierte also die Reise in seinen Magen und Darm aus und fand dort seinerseits Gandalf vor, der die entzündeten Partien behandelte. So wurde Gandalf zum Familienverbündeten.

Die zweite Geschichte handelt von Ilse und ihren Bemühungen um ihre tumorkranke Tochter. Ilses Psychotherapie war gerade ein paar Behandlungsstunden alt, da kam sie aschfahl und mit Tränen in den Augen zur wöchentlichen Therapiesitzung. Ihre Tochter, die seit Monaten an unerträglichen Kopfschmerzen litt, hätte einen Hirntumor und würde am gleichen Tag in einer Spezialklinik operiert. Zwar wäre die Tochter ganz mutig, Ilses Mann aber würde dauernd weinen. Sie selbst könne auch nicht mehr, wie sie sagte. Sie war psychisch an einer Grenze angelangt. Den Unglücken ihres Lebens sollte ein weiteres hinzugefügt werden.

Ich dachte kurz darüber nach, welches Risiko es bedeuten würde, Ilse in eine Imagination zu führen, die dem Wohlergehen ihrer Tochter dienen sollte. Dann kam ein unüberhörbares Ja aus meinem Inneren. So gab ich Ilse lediglich die Anweisung, die Augen zu schließen, sich einigermaßen entspannt zu fühlen und sich vorzustellen, wie das Tumorgewebe aus dem Kopf der Tochter herausgeholt wurde, und zwar vollständig. Als Hilfe fügte ich hinzu, es dürfte durchaus ein Wunderarzt sein, der die Arbeit verrichtet.

So besuchte Ilse ihre Tochter im Operationsraum, sah deutlich einen großen, kräftigen Mann im weißen Kittel und mit Brille. »Vertrauenswürdig?«, fragte ich, und Ilse bejahte es. Sodann erlebte Ilse mit, wie der Tumor entfernt wurde. »Ich will hoffen, dass sie alles losgeworden ist«, sagte sie. Nun bat ich Ilse um die Vorstellung, dass die Schädelknochen ihrer Tochter wieder zusammenwachsen, bis keine Nahtstelle mehr übrig ist. Sie stellte sich dies vor und kommentierte: »Es ist alles verbunden worden, und jetzt schieben sie sie wieder auf die Intensivstation... unter Beobachtung... (weinend:) Wenn ich hinfahre, möchte ich sie drücken.« Da gab ich ihr den Hinweis, sie könnte es jetzt schon im Geiste tun. Das tat sie auch.

Die Operation war gut verlaufen und die Tochter wohlauf. Vor der Reha-Behandlung war sie noch für ein paar Tage zu Hause, wollte aber keine Besuche. Ilse ließ sich mit

*unspezifische Entzündung des unteren Verdauungstraktes

der Überlegung trösten, ihre Tochter wolle sich wahrscheinlich vor der Umwelt schützen, um nicht so viel Kraft zu verlieren. Nun war unlängst eine Frau aus Ilses Bekanntenkreis an der gleichen Erkrankung gestorben. »Ich habe ständig ihr Bild vor Augen«, sagte sie. Sie konnte ihre Gedanken keinen Augenblick mehr von der Befürchtung lösen, dass, wie sie anfügte, »mein Kind von mir geht.« Ich hatte ihr zuvor die Lektüre »Wieder gesund werden« des Ehepaars Simonton und ihres Mitarbeiters Creighton (s. o.) mit der Hoffnung empfohlen, ihre Tochter könnte sich daraus Inspirationen holen. Nun wollte Ilse aber selbst imaginativ für ihre Tochter handeln. Sie ging mit der Absicht in diese Behandlung, die körpereigene Abwehr ihrer Tochter zu stärken. Sie wollte gegen mögliche Krebszellen vorgehen. So erlebte sie, wie die Abwehrzellen im Körper ihrer Tochter aktiv waren:

»Ich sehe die Abwehrzellen nach oben durchs Blut wandern. Sie sehen aus wie kleine Fische... Jetzt fressen sie die Tumorzellen, die sind weiß, und jetzt bekommen sie noch Unterstützung von anderen Fischen... Jetzt greifen sie alle zu, um schnell den Tumor zu zerstören. Der sieht so lachsfarben aus... Jetzt bedanke ich mich und sage zu den Killerzellen vielen Dank.« Nach dem Aufwachen meinte sie mit gestärkter Hoffnung: »Der Tumor war ganz klein. Den haben sie ganz weggekriegt.« Ilse setzte diese Imaginationen zwei weitere Therapiestunden fort. Zu Hause war sie zu nervös, um es selbständig zu tun. Ihrer Tochter, die bald wieder besucht werden wollte, erzählte Ilse von ihren Imaginationen und erhielt nachträglich die Bestätigung, was sie tat, sei gut.

Einige Wochen später war die Tochter kurzfristig ins Krankenhaus eingeliefert worden, da sie tagelang an hohem Fieber litt und sehr geschwächt war. Dies geschah zwischen zwei Therapiestunden. Als Ilse wieder zur Stunde kam, war die Tochter zwar aus dem Krankenhaus entlassen worden, aber noch erschöpft. Nun war es wohl an der Zeit, dachte ich, dass die Tochter spirituelle Stärkung erhielt. So erklärte ich Ilse in kurzen Worten Sinn und Zweck der schamanischen Reise in die untere Welt, und zwar ohne diese Begriffe zu verwenden. Ich sagte wohl sinngemäß, es wäre gut, wenn Ilse ihrerseits Hilfe hätte, um sich als Helferin für ihre Tochter zu betätigen. Dazu sollte Ilse einen Weg aus der Alltagsrealität nehmen, um ein Wesen zu treffen, das genügend Abstand und Wissen hat. Sie sollte sich also einen Platz in der Natur suchen und durch ein Loch in der Erde kriechen. Sie würde durch einen Tunnel kommen und voraussichtlich in eine lichtvolle Landschaft treten. Dort könnte sie den richtigen Helfer für sich finden. Gegebenenfalls würde auch ein für die Tochter zuständiges Helferwesen auf sich aufmerksam machen. Wenn es ein Tier wäre, könnte es ein Wesen sein, das ihrer Tochter Kraft zutragen wollte. Sie sollte es dann der Tochter bringen.

Ilse nahm motiviert die vorgeschlagene Reise auf sich. Es geschah nicht ganz das, was von mir vorgeschlagen wurde, aber es sollte im weiteren Verlauf sehr hilfreich sein. Sie kam zu einem in der Nähe liegenden Fluss, wo sie bisweilen spazieren geht. Dort fand sie ein Loch in Ufernähe vor und kroch hinein. Es roch modrig. Dennoch fühlte sie sich entspannt und überließ sich dem Fortgang der Dinge. Es war sehr hell, wo sie aus dem Tunnel trat. Ein älterer Herr mit Glatze und langem Bart wartete auf sie. Er wirkte sehr vertrauenswürdig. Sie sagte ihm, sie brauche Hilfe für ihre Tochter. Er zeigte sich gleich bereit dazu und gab ihr den Ratschlag, mit ihrer Tochter »viel an die frische Luft zu gehen« und sie zum Laufen zu animieren. Die Tochter sollte Geduld haben, es würde alles gut werden, sagte der Mann.

So begann eine für Ilse sehr bedeutungsvolle Helferbeziehung. Sie entsprach in der Entstehung nicht unbedingt den Vorstellungen traditioneller Schamanen. Es lohnt sich aber nicht, darüber zu diskutieren. Der praktische Effekt zählt. Ein wenig von Ilse und ihrem Helfer war früher schon erzählt worden (s. Kap. 13). Ilse trug in der Begegnung mit ihm mehr und mehr ihre Sorgen vor. Auch berichtete sie ihm die Unglücke ihres Lebens in Einzelheiten, die sie über die Jahre immer wieder grüblerisch nacherlebt hatte, ohne Frieden zu finden. Ihrem Geisthelfer, dem Vertrauten, wie sie ihn nannte, gelang es, ihr den Frieden wiederzugeben.

Wie ich hoffe, wird diese für die Psychotherapie etwas ungewöhnliche Behandlungspraxis gut als uns allen prinzipiell zugängliche Möglichkeit verstanden, unsere Sorgen in innere Aktivitäten umzuwandeln, die zumindest nicht schaden. In diesem Sinne können in imaginativer Hilfestellung Geübte ihre Erfahrungen an jene weitergeben, für deren Wohl sie sich eingesetzt haben. So kommen wiederum die von einer Krankheit oder einem Problem Betroffenen selbst in die Lage, etwas für sich zu tun, soweit sie dies wollen und vermögen. Motivierend und Sinn gebend mag auch wirken, was früher schon besprochen wurde. Das Leiden an einer Erkrankung hat häufig initiierenden Charakter. In der Psychotherapie sollte dies, wenn möglich, einen eigenen Fokus erhalten. Durch die Unterstützung von inneren Helfern bzw. Geisthelfern werden das Initiationserlebnis und dessen Verstehen sicherlich begünstigt. Zudem eröffnet sich in einem solchen Vorgang eine größere Wertschätzung von seelischen Begabungen, die dem Wohl von Mitmenschen zugewandt sind.

Aus den beiden Geschichten geht hervor, dass gerade die Hilflosigkeit gegenüber dem leidenden Mitmenschen (den leidenden Mitgeschöpfen überhaupt) krank machen kann. Es wirkt zudem schlüssig, dass es uns dann besser geht, wenn wir einander etwas Gutes tun können, natürlich soweit es erbeten oder willkommen ist. In den Religionen dieser Welt ist diese sorgende Haltung für einander von großer Bedeutung, wodurch auch das Gebet für einander seinen Stellenwert hat. In der schamanischen Haltung begegnen wir wohl dem Kern dieser – dem Gebet innewohnenden – geistig-seelischen Kraft und ihres Rückhalts im Universum.

21

Die Hilfe der Symbole

Das Wort Symbol hat seinen Ursprung im dem altgriechischen Begriff *symballein*, was wörtlich zusammenwerfen bedeutet. Gemeint war der Vorgang des Zusammenfügens z. B. einer zerbrochenen Tontafel. Wenn die Teile aneinander gefügt wurden, war zu erkennen, dass sie zusammengehörten. So gab man sich ein greifbares Beweisstück, das passende Teil war wie ein Ausweis für den Besitzer. Solche Symbole wurden auch in Familien vererbt, die Verbindung unter einander wurde durch das Zusammenfügen der Teile erneuert.

Darin lässt sich ein wesentlicher Aspekt zum Verständnis von Symbolen erkennen. Mit ihrem Gebrauch werden *passende* Verbindungen gesucht und gehandhabt. Dies ist von jeher auf die Vermittlung zwischen konkreter, realer Erfahrungsebene und geistiger wie psychischer Sphäre übertragen worden. So sind Symbole Sinnbilder eines Gehalts, der in der konkreten Erfahrung nie ganz aufgeht und von ihr auch nicht gänzlich kontrollierbar ist. Ein Symbol kann nur sein, was in eigenständiger Existenzweise akzeptiert wird, eben als das Besondere einer bewusst gestalteten Beziehung zwischen Menschen und geistigen Gehalten. Wird ein Symbol in sprachliche Definitionen gedrängt und inhaltlich festgelegt, wird es zum einfachen Zeichen.

Das nach Wissen und Kontrolle drängende menschliche Bewusstsein entnimmt dem Symbol, was es für sich benutzen kann. Es formuliert den Gehalt und bringt dabei den symbolischen Inhalt in eine seinem Bewusstsein gemäße sprachliche Form. Als Symbol ist es dann aber tot, wie C. G. Jung es drastisch ausdrückt.[1] Doch es kommt auf die Lebendigkeit des Symbols an, wenn wir an seiner Bedeutungstiefe, seiner Vielfältigkeit, Kraft und Verwandlungsfähigkeit teilhaben wollen.

In der Psychologie gibt es häufig die Sichtweise, das Symbol sei etwas, das *außerhalb* des menschlichen Selbst bestehe, und zugleich Ausfluss oder Ausdruck von psychischen Vorgängen, also von etwas *Innerlichem*. Das können Gefühle und Gedanken sein. Es können unbewusste Kräfte und Abläufe (Triebe, Konflikte, Abwehrmechanismen etc.) sein. Gebräuchlich ist die Auffassung C. G. Jungs, das »Wesen des Symbols« bestehe darin, »dass es an sich einen nicht im Ganzen verständlichen Sachverhalt darstellt und nur intuitiv dessen möglichen Sinn andeutet. Die Schaffung eines Symbols ist nicht ein rationaler Vorgang; denn ein solcher vermöchte nie ein Bild hervorzubringen, welches einen im Grunde genommen unerfassbaren Inhalt darstellt. Das Verständnis des Symbols fordert eine gewisse Intuition, die den Sinn dieses geschaffenen Symbols annähernd erkennt und diesen dem Bewusstsein einverleibt.«[2] Weiterhin behauptet Jung, dass erst die Zuführung von Energie durch die entsprechende Aufmerksamkeit des

[1] Jung 1986, S. 516   [2] S. 111 f

Menschen dem Symbol die Möglichkeit gibt, sich »dem Bewusstsein anzunähern«.[1] Hierbei spielt die Einstellung des Bewusstseins eine ausschlaggebende Rolle. Das heißt folglich, erst wenn sich der Mensch auf das Symbol als Symbol einlässt und von dessen gänzlicher Unterwerfung unter rationale Kategorien absehen kann, profitiert er von der entsprechenden Erfahrungsebene, die ihm ja auch *so nur* erhalten bleibt.

Das Symbol wirkt weiter in seinem geistigen Ursprung, wenn wir seine *Lebendigkeit* anerkennen, besser noch, gefühlsmäßig und gedanklich erfahren. Das geht nur mit unserem Verzicht auf eine Besitz ergreifende Rationalität. Diese ist wohl zu unterscheiden von unserer Fähigkeit, die Vorgänge des Lebens zu verstehen und uns in sie gestaltend hineinzubegeben. Auch das beinhaltet eine rationale Fähigkeit, die aber will nicht alles Leben unterwerfen. Das Symbol muss mit anderen Worten jenseits der Zeichenlogik bleiben *dürfen*, um uns weiterhin inspirieren zu können. Oder wie Jung es formuliert: »Lebendig heißt ein S.[ymbol] aber nur dann, wenn es ein best- und höchstmöglicher Ausdruck des Geahnten und noch nicht Gewussten auch für den Betrachtenden ist. Unter diesen Umständen bewirkt es unbewusste Anteilnahme. Es hat lebenerzeugende und -fördernde Wirkung.«[2]

Von diesen Annahmen geht der therapeutische Umgang mit Symbolen aus, der zur Inspiration und Stärkung für denjenigen wird, der die Symbole um Hilfe ersucht. Deutlich zu unterscheiden ist diese Anschauung von der Definition gewisser Analogien, woraus dann eine Deutung psychischen Geschehens gemacht wird. Dies ist aus dem analytischen Verfahren Sigmunds Freud bekannt, in dem das symbolisch Ausgesagte mit sich gewissermaßen identisch ist. Ein Turm z. B. sei unbewusst ein Penis. Natürlich kann das so psychologisch Erkannte in den Gehalt des Symbols eingehen, es kann sogar eine sehr kraftvolle psychische Wirkung bedeuten. Doch wird es durch schlichte Gleichsetzung zu einem sinnhaft festgelegten, vom seelischen Fluss *getrennten* Gegenstand. Die dinghaft bemühte Analogie scheint sich dem rationalen Anliegen unterzuordnen. Wir bleiben dann an der Oberfläche der Zeichen und bevorzugen ihre abstrahierende Funktion gegenüber dem Fühlen und Intuieren.

Die *Lebendigkeit* der Symbole ist verbunden mit dem, was mit »Hilfe der Symbole« gemeint ist. In der Therapiepraxis tauchen Symbole auf mehreren Ebenen auf, z. B. im Traum, in Imaginationen, in selbst gewählten kreativen Ausdrucksformen, etwa dem Malen oder Töpfern, im Erzählen und der Wahl von Wortbildern usw. Dies alles kann genutzt werden, um Einblick in das psychische Geschehen zu bekommen und Kräfte der Einsicht und Stärkung zu mobilisieren. Aus der schamanischen Sicht bekommen die Symbole zusätzliche Aufwertung, da sie nicht nur in die Geistsphäre vermitteln, sondern auch den Geist dessen anziehen oder sogar beinhalten, was in der symbolischen Form zum Ausdruck kommt.

Hier tut sich natürlich ein kontrovers behandeltes Thema auf, dem ich nicht nachgehen kann. Nur soviel kann ich dazu sagen: Das Symbol ist eben nur als Lebendiges hilfreich, sodass es in seinem eigenen Geist wirken kann. Wenn Menschen von einem Gegenstand oder einem Vorgang sagen, er sei ja nur symbolisch, dann verleugnen sie, ob bewusst oder nicht, welcher Geist hierbei zur Wirkung kommt oder kommen kann. Vielleicht handelt es sich dabei um etwas, was längst keine geistige Kraft mehr besitzt bzw. befördert. Anders ist es mit symbolischen Vorgängen, die regelmäßig gehandhabt werden, deren Kraft aber von aufgesetzten Inhalten abgedrängt wird und dem Unbewussten anheim fällt. Dies geschieht z. B. zunehmend mit der Weihnachtszeit und dem Weihnachtsfest, das die meisten Menschen in seiner Kommerzialisierung zwar durchschauen, aber dennoch rituell beibehalten. Dadurch ergibt sich ein unlösbares,

[1] S. 120 [2] S. 518

spannungsgeladenes Paradox, das wirkliche Probleme erzeugt, weil der Symbolkomplex wirkt, in seiner Energie aber nicht vom Bewusstsein erkannt wird. Es fehlen also die angemessenen Erlebnisformen, in die sich seine Kraft ergießen kann. Folglich gibt es einen Energiestau.

Den therapeutischen Umgang mit Symbolen habe ich von Maria-Elisabeth und Gerhard Wollschläger erlernt.* Sie bieten auf der Grundlage des psychodynamischen Verständnisses den Gebrauch konkreter Symbole sowohl zu diagnostischen als auch zu therapeutischen Zwecken an. Das erneuernde Element ist hierbei zweifellos das greifbare und veränderungsoffene Handhaben symbolischer Gegenstände und Bilder. Es sind meist Fotos, Postkarten, Zeitungsausschnitte u. ä., sowie Gegenstände aus der Natur, kunsthandwerkliche Stücke oder figürliche Darstellungen.

Psychologisch gesehen hat der Benutzer die Möglichkeit, die Symbole als Projektionsfläche seiner psychischen Zustände, seiner Einsichtsfähigkeit und Wünsche, seiner Schwächen und Stärken oder seiner Handlungsfähigkeit zu benutzen. Spirituell gesehen kann er das Symbol als eigenständigen *Träger* von Wissen erleben, dessen Beziehung zu dem anstehenden Problem beobachtet, eingefühlt oder erkannt wird. Beide, die psychologische wie die spirituelle Wahrnehmung, wirken nach meiner Beobachtung ineinander. Sie müssen aber gegebenenfalls auseinander gehalten werden können, um dem Symbol nicht eine Autorität zuzumuten, die es gar nicht haben möchte. Oder um nicht Projektionen Vorschub zu leisten, in denen sich ein Mensch selbst etwas vormacht und notwendige Verantwortung von sich weist. Oder um das Symbol vor psychologischer Überfrachtung und damit Entleerung zu schützen.

Ich benutze dieses Konzept so, dass der einem Symbol innewohnenden Geist respektiert und um Hilfe gebeten wird. Die Symbole können nicht manipuliert oder belogen werden. Sie sind in dem Moment, da ihre Hilfe gefragt ist, von sich aus in ihrer Potenz gegenwärtig. Die Absicht bzw. das Anliegen der Fragesteller und Hilfesuchenden bringt die Energie mit, die dem Symbol eine Aussagekraft oder eine erbetene Unterstützung ermöglicht. Im Grundmuster funktioniert das wie auf einer schamanischen Reise, nur dass eben nicht der Trance-Zustand und eine andere Wirklichkeit absichtlich aufgesucht werden. Es ist zugestandenermaßen eine ganz naive Vorgehensweise, aber von erstaunlicher Wirksamkeit. Dem liegt eine einfache Bewusstseinsverschiebung zugrunde, die besagt, das Symbol ist von einem geistigen Inhalt bzw. von geistiger Kraft beseelt. Es ist Träger eines Geistes. Er benutzt es, um uns zu helfen. Auf der Grundlage dieser Vorstellung können sich Patient und Therapeut optimal öffnen, natürlich soweit es Ängste, Hemmungen und Einwände zulassen. Diese Grundlage muss aber gar nicht formuliert werden. Der Hinweis, zu den Symbolen zu gehen und sie bei dem anstehenden Anliegen auf sich *wirken zu lassen,* reicht völlig aus. Die Betonung liegt auf beidem: wirken *und* lassen. Sie sind Grundmodalitäten von Einsicht und Heilung.

Letztlich wollen wir alle, dass uns geholfen wird. Das ist naiv, wir regredieren mit dieser Einstellung in einen kindlichen, magisch-mythischen, ja mystischen Erlebnisbereich. Wir gehen eine oder mehrere Stufen tiefer in unserer Bewusstseinsanlage. Die Naivität aber ist ein Grundprinzip des Schamanismus. Sie paart sich mit einer sehr praktischen und lebensschlauen Einstellung. Wie schon gesagt, zuerst geht es immer um Kraft, dann sieht man weiter. Die naive Haltung zaubert gewissermaßen aus den Symbolen Ergebnisse und Unterstützungen hervor, die mitunter sehr überraschend geschehen. Dies kann natürlich nur deshalb sein, weil dem jeweiligen Symbol keine rationale Kontrolle aufgezwungen wird. Es kann aus seiner Vieldeutigkeit, seiner Bedeutungstiefe, seiner Wandlungsfähigkeit und immer auch aus seiner Vermittlung zu spiritueller

*s. a. Wollschläger und Wollschläger, 1990

Kraft heraus auf die Menschen einwirken, die sich ihm widmen. Geschieht dies, tritt der Mensch meist in eine leichte Trance und blendet zeitweise seine Umgebung aus. Es kann (und wird auch meist) ein ähnlich dialogisches Geschehen zustande kommen, wie in den Imaginationsgeschichten illustriert worden ist. Und genauso kann sich mit der Zeit die selbständige Symbolarbeit des Patienten durchsetzen, wobei der Therapeut immer mehr sympathisierender Beobachter und Zeuge ist, der sich nur noch sparsam mit Fragen oder Hinweisen in die Symbolisierung einschaltet. Wahrscheinlich wird er hauptsächlich dafür gebraucht, im Gespräch vorab zu klären, um welches Leiden oder Problem es jetzt geht und welches Anliegen daraus erwächst. Für Personen, welche diese spirituelle *und* psychotherapeutische Praxis noch nicht kennen gelernt haben, mag es erstaunlich klingen, dass bereits in der ersten Therapiestunde durch Symbolkraft sowohl Entlastung und Stärkung als auch notwendige Einsicht entstehen können. Vielleicht wird dies mit folgender Geschichte plausibel:

Josef, so soll der etwa vierzigjährige Mann hier heißen, hat eine langjährige Suchtkarriere hinter sich und war einige Monate vor Therapiebeginn aus langfristiger stationärer Behandlung entlassen worden. Dort hatte er sich zwar körperlich erholt und war auch psychisch wieder zu Kräften gekommen, stand nun aber fast hilflos und voller Versagensangst in seinem Lebensalltag. So fürchtete er jede Aktivität, die ihn in die Normalität zurückbringen könnte. Es falle ihm sehr schwer, sagte er, ungeschützt durchs Leben zu gehen. Aber das kenne er schon seit seiner Kindheit. Nun beginne demnächst ein Existenzgründer-Seminar seitens des Arbeitsamtes. Die Betreuerin der Suchtberatungsstelle ermutigte ihn zur Teilnahme. Es bleibe ihm ja auch nichts anderes übrig, im Grunde aber fühle er sich damit völlig überfordert, da er jedem Menschen mit Angst begegne. Und was passiere wohl mit ihm, wenn er in einem Seminar sitze. Er würde zittern, schwitzen und womöglich in seiner Hilflosigkeit losheulen.

So wie ich Josef damals erlebte, fand ich seine Selbsteinschätzung realistisch. Ich bat ihn, sich Hilfe bei den Symbolen zu suchen. Und zwar für seinen Schutz. Er schaute mich fragend an. Ich zeigte auf die drei Regale die auf der anderen Seite des Zimmers, etwas weiter hinten, an der Wand stehen und die Symbolhelfer einigermaßen aufgereiht enthalten. Josef zögerte. Ich sagte zu ihm, die Symbole schürften tiefer in Hilfskräften der Seele und würden an heilsame Wirkungen heranreichen, die uns – zumindest momentan – im Gespräch alleine nicht zugänglich wären.

Er stand auf und ging vorsichtig in Richtung der Regale. Er wirkte so zögerlich, dass ich auch aufstand und ihn zu den Symbolen begleitete. Das ist quasi meine Art von Rückendeckung, wenn sich Patienten gegenüber den Symbolen unsicher fühlen. »Sehen Sie«, sagte ich, »das sind meine Helfer, das ist mein Medizinschrank. Sie können sich davon etwas aussuchen.« Das fand er offenbar überzeugend und begann, die Symbole zu betrachten. Ich kehrte derweil wieder auf meinen Stuhl zurück. Er kam bald mit einigen Fotokarten zurück und setzte sich. Ich bat ihn, die Symbole vor sich auf den Boden zu legen und auf sich wirken zu lassen. Er ließ sich Zeit. Ich spürte, wie die Spannung aus ihm wich.

Die Symbole, die er vor sich aufreihte, waren vier Bilder. Das erste zeigte einen dicken Elefanten, auf dem Hintern sitzend. An seiner rechten Seite hockt ein Mädchen auf einer niedrigen Sitzgelegenheit. Es lehnt sich an den Elefanten und legt seinen linken Arm um den Rücken des Elefanten. Ein Bild von liebenswürdigem, ja naivem Vertrauen. Das zweite Bild zeigt eine Abendstimmung an einem Fluss mit einer erblassenden rosa Sonne hinter den Bäumen. Im dritten Bild richtet sich eine Schlange drohend zur halben Größe auf. Das vierte Bild zeigt die Tonskulptur einer geöffneten Hand, die sich schützend um ein Kind wölbt.

Während Josef diese Bilder betrachtete, begann er zu weinen. Ich fragte, welche Bilder ihn zum Weinen brächten. Der Elefant und die Hand würden ihn so sehr rühren. »Das ist Geborgenheit«, meinte er. »Das kenne ich nicht. Danach habe ich mich immer gesehnt.« Die Schlange stehe für Verteidigung, das könnte er nicht, fügte er an. Da wies ich ihn darauf hin, *er* müsste das ja auch nicht können. Er könnte doch die Schlange bitten, sein Schutztier zu sein. Josef schaute mich prüfend an. Ich schaute ernst zurück. Er lächelte. Dann lächelte ich auch. Er hatte verstanden. Meine Erklärung machte Sinn, er dürfte durchaus die Schlange um Schutz bitten, er müsste es ja niemandem erzählen. Auch mein Hinweis, dass Schlangen äußerst patente und aufmerksame Helfer seien, und er könnte diese hier im Geiste mitnehmen, schien ihn zu überzeugen. Schließlich sagte ich, an seiner Stelle würde ich nachspüren oder mir innerlich vorstellen, dass die Schlange dabei wäre. Er würde es schon merken, wenn dies der Fall sei. Und ich an seiner Stelle würde das Seminar nur *mit* der Schlange besuchen. Am Ende fragte ich ihn noch danach, wie das zweite Bild, der Sonnenuntergang am Fluss, auf ihn wirkte. Er schaute wieder auf die Bilder und meinte, dies sei »so etwas wie Sehnsucht, ein weiter Blick, sehr schön, die Harmonie auch.«

Erst einen Monat später konnten wir uns wiedersehen. Josef sagte, jenes Erstgespräch hätte ihn lange beschäftigt. Er hätte ohne Erfolg zu analysieren versucht, was mit ihm geschehen wäre. »Ich glaube, mein Verstand steht mir im Wege«, meinte er. Das Existenzgründer-Seminar wäre ein »wahres Highlight« gewesen. Er hätte seine Angst zum großen Teil ablegen können, außerdem hätte er dort bereits mögliche Kunden kennen gelernt. Er erlebe die Schlange als »eine höhere Macht«. *Sie* wäre zu ihm gekommen, nicht er zu ihr. Nun besuchte er sie selbständig mit seiner inneren Vorstellung auf ihrem Platz in der Natur und zwar nachts vor dem Einschlafen.

Diese Geschichte zeigt auch, dass die Symbolhelfer probate Wegbereiter für Reisen in die innere Erfahrung sind. In der Tat lassen sich beide Wege zu Helferwesen gut miteinander verbinden. So zeigt sich, dass die Symbole potenzielle Vermittler in die Geistsphäre sind. *Und* es zeigt sich, dass sich die helfende Kraft der Symbole potenziert, wenn beide Wahrnehmungsweisen, die der Psychotherapie und die der schamanischen Spiritualität ein Bündnis eingehen. Sie müssen einander ja nicht heiraten.

Es mag erklärungsbedürftig sein, dass die von außen kommende Hilfe häufig als die wirksamere erlebt wird. Wo doch die Psychologie darauf drängt, alle psychischen Zustände in die eigene Persönlichkeit zurückzubeordern. Ich fürchte, bei allen psychologischen Erklärungen, die hierfür anstehen, es wird sich nichts an dem psychischen Tatbestand ändern, dass die meisten Menschen aus sich ›herausgehen‹, um von außen Hilfe zu bekommen. Eine wichtige Rolle spielt dabei die schlichte Tatsache, wie sehr wir von Lebensbeginn an auf Beziehungen angewiesen sind. Von einem anderen Menschen etwas Lebenswichtiges zu bekommen, ist unsere erste Erfahrung. Hinzu kommt unvermeidlich die Begegnung des Ichs mit sich selbst, also mit dem Wissen oder Ahnen eigener Unzulänglichkeiten.

Instinktiv, so scheint es, suchen wir nach Hilfe außerhalb unserer zeitlichen Persönlichkeit, da wir in unseren Leiden und Problemen auch unseren Schwächen und Begrenzungen begegnen. Auch dann, wenn wir in aufgeklärter Manier den Symbolgehalt als Projektion des Psychischen verstehen, drängt es uns schließlich, unseren Sinnen gemäß hinauszugehen und schöpferisch zu sein. Der Einsicht und Kraft, die wir mit Hilfe der Symbole gewonnen haben, soll greifbar und fühlbar Gestalt gegeben werden. Wir treten also aus uns heraus und erschaffen etwas, das uns den erlebten Geist der Wandlung widerspiegelt. Es ist ein Verhalten, ein Erleben, eine Geste, Worte usw., die eine andere Seite von uns präsentieren. Dass wir dann gewandelt sind, zeigt sich im

Echo der Umwelt, insbesondere in den Reaktionen der Mitmenschen. Ein junger Mann, der aus seiner jahrelangen Depression erwachte, sagte mir, an dem Tag, als er sich dessen klar wurde, hätte er festgestellt: »Ich lächele und die Leute lächeln auch.«

Es ist bereits erwähnt worden, dass Ekstase eigentlich ein Heraustreten meint. Die eben angedeutete Wandlungsfähigkeit ist eine Variante der Ekstase insofern, als wir durch Wandlung aus einem erstarrten Erlebensmuster hinausgehen und eine andere Welt des Erlebens aufsuchen. So besehen ist das Leben, das sich in den Fluss seelischen Seins und damit in die Wandlungspotenz unseres Daseins begibt, ekstatisch. Symbole sind in dieser Sicht Wandlungspräsente der Seele. Sie geben einen Schub. Der Mensch, der dem richtigen Symbol begegnet und es wirken lässt, kommt in Bewegung.

Die Hilfe der Symbole erstreckt sich auf alles, was uns als problematisch oder leidvoll begegnen kann. Die in der Psychotherapie meist zur Veränderung drängenden Inhalte betreffen das Familien- und Partnerschaftsleben, das Selbstbild und die soziale Identität, das Berufsleben, die Anfälligkeit für Krankheiten, die Sorgen, belastende Gefühle und Gedanken im Alltag und nicht zuletzt destruktive Kräfte. Die Symbole können neben der Einzelbehandlung in verschiedenen Bezugsrahmen wie die Behandlung von Familien- und Paarproblemen, Supervisionen und Gruppentherapien, Coaching und Team-Beziehungen und manches mehr eingesetzt werden. Die jeweils anhängigen Probleme, Einsichten und Veränderungsmöglichkeiten stellen sich in konkreten Symbolen greifbar dar. Dafür muss ein entsprechend gefächerter Vorrat an Symbolen im therapeutischen Angebot sein.*

Aus der schamanischen Warte ist hervorzuheben, dass Symbole potenzieller Helferwesen, wie Abbildungen von Tieren, weisen Alten, Bäumen, Natur, Landschaften etc. zur Genüge vorhanden sein sollten. Auch muss auf Darstellungen von Energieformen wie Meeresbrandung, Wolkenwirbel, Vulkan, Feuer etc. zur Kontaktaufnahme mit dem Krafterleben geachtet werden. Im Prinzip stellt jedes individuell bedeutsame Symbol einen Helferzugang dar. In jedem Symbol, auch wenn es etwas Unangenehmes, Quälendes oder Konfliktreiches anspricht, ist die Macht der Hilfe angelegt. Sie muss sich nicht in ein konventionelles, erwartbares Gewand kleiden, schon gar nicht aus schamanischer Sicht. Im Gegenteil, es kann die geistige und psychische Herausforderung sein, die Auseinandersetzung mit sich selbst, die der Weg seelischer Kraftentfaltung hervorbringt. Dann liegt es an einem selbst, das erkannte Wachstum der eigenen Persönlichkeit anzunehmen und zu gestalten. Eine einfache Geschichte mag dies illustrieren:

Torsten ist in der zweiten Hälfte der Dreißig. Er suchte die Psychotherapie auf Anraten seines Hausarztes auf. Er litt über Jahre unter wiederkehrendem Mangel an Vitalität und hatte dabei den Eindruck, dass er sich selbst fremd erlebte. Er sagte: »Ich komme dann überhaupt nicht zu mir durch.« Er befand sich vor einer Trennung von seiner Freundin. Er wusste, dass er sich an sie klammerte. Sie war warmherzig und bemüht, seinen Wünschen zu genügen. Aber sie brauchte auch Kraft für sich selbst und ihr Kind, das aus einer früheren Beziehung stammte. Torsten spürte seismographisch, wenn seine Freundin Distanz brauchte, auch wenn es nur ein bisschen mehr als normal war. Er wusste, seine Empfindlichkeit hatte mit den psychischen Prägungen seines Lebens zu tun. Aber wie konnte er aus dem Stimmungskeller herauskommen, wenn er Distanz wieder als Kränkung erlebte und sich in sein Schneckenhaus zurückzog.

Er war bei Tante und Onkel aufgewachsen, da seine Mutter durch eine Krankheit vier Monate nach seiner Geburt schwer behindert worden war. Torsten wuchs in dem Wissen auf, dass seine Herkunftsfamilie eine andere war. Sein Vater und seine Geschwister behielten stets den Kontakt zu ihm. Er nahm auch an ihren Festen teil. Im

---
*s. Wollschläger und Wollschläger, S. 21 ff

Haus von Tante und Onkel gab es eine Haushälterin, die sich ihm mit wahrhaftem Interesse zuwandte. Ansonsten aber blieb er stets eine zusätzliche Belastung für Tante und Onkel, die ein Geschäft hatten und dort ihre Kraft hineinsteckten. Es fehlte Torsten an nichts Wichtigem, nur eben am Wichtigsten, an Liebe. Damit kam er zurecht, indem er emotionale Rückzüge probte. Er blieb unerfahren darin, Bedürfnisse auszudrücken. Er erlebte nicht nur sich selbst, sondern auch seine private Umwelt mit Misstrauen, jeder Zeit bereit, sich gekränkt zurückzuziehen. War es soweit, dann war er mit all seinen Gefühlen wie in einem Gefängnis. Er war auch wütend auf sich selbst, dass er das nicht ändern konnte. Die andere Seite von ihm war freundlich, hilfsbereit und durchaus auch kontaktbereit.

Er hatte sich von seiner Freundin getrennt und fühlte sich wie ausgelaugt. In einer neuen Beziehung, die zwei Monate später begann, fürchtete er, dass sich die bisherigen Erfahrungen und sein Leiden daran wiederholten. Zunächst erlebte er große und verlässliche Nähe zwischen sich und seiner neuen Partnerin. Als die erwartete kritische Situation kam, zog er sich wieder zurück und schmollte. Er hatte trotz einer fiebrigen Erkältung seine Freundin zu einem Fest begleitet. Diese aber nahm die Gelegenheit wahr, sich mit ihren alten Bekannten zu unterhalten. So rutschte Torsten seinem Gefühl nach schnell in die Rolle eines Außenstehenden. Er litt unter dem Kampf, der in ihm herrschte: »Ich habe einen Kampf geführt«, sagte er, als wir darüber Klarheit suchten, was mit ihm los war. Ich bat ihn, bei den Symbolen Hilfe zu suchen, um seinen Kampf zu verstehen.

Er nahm ein Bild heraus, das ein erwartungsvoll und zugleich hilflos wirkendes nacktes Mädchen zeigt. Es sitzt auf einem Bett. Hinter ihm rechts ist ein riesiger Schatten, den sein Körper wirft.* Torsten betrachtete lange das vor ihm auf dem Boden liegende Symbol. Was es ihm sage, fragte ich ihn. »Kümmere dich um mich«, meinte Torsten und weiter: »Ich benehme mich wie ein Kind. Jemand nimmt mich in den Arm und tröstet mich.«

Vierzehn Tage später besprachen wir wieder seinen inneren Kampf. Es lief darauf hinaus, dass er mehr Beweglichkeit brauchte, um *selbst* gewünschte Nähe zu seiner Partnerin herzustellen. Ja, aber das sei unheimlich schwer, gab er zu. Und erneut wurden die Symbole bemüht. Dieses Mal nahm er drei Karten aus dem Regal. Die erste zeigt zwei rasierte Männerköpfe, die einen Stapel Bücher in der Waagrechten zwischen ihren Köpfen halten. Wie es aussieht ist alleine der Druck, den die Köpfe gegen die Bücher und damit gegen einander ausüben, die Kraft, die das Kunststück ermöglicht. Die zweite Karte war wieder das Munch-Bild der vorherigen Stunde und die dritte ein Foto von einem älteren Paar am Sandstrand. Der Mann trägt die Frau huckepack. Sie scheinen das beide lustig zu finden.

Ich bat Torsten, seinen inneren Kampf durch die Symbole sprechen zu lassen. Er deutete auf die dritte Karte und sagte: »Schau, es geht doch!« und dann auf die Karte mit dem Munch-Bild: »Voller Misstrauen ist das, es sagt: Nee, es stimmt nicht. Ich glaub' es nicht. Warum soll *mir* das Gute widerfahren.« Das erste Symbol sei sein innerer Kampf, meinte Torsten. Hierauf bat ich Torsten, nach einem weiteren Symbol zu suchen, das ihm helfen würde. Wie würde er nun sein Anliegen formulieren? Er dachte eine Weile nach und meinte dann: »Zeigt mir, wie ich der linken Seite (das nackte Mädchen) helfen kann!« So tauchte ein viertes Symbol auf. Auf diesem Foto ist eine Skulptur aus zwei Gestalten zu sehen, die sich über einen Abgrund hinweg einen Arm zustrecken und die Hände halten. »Sie verbinden sich eigentlich«, kommentierte Torsten das Bild. »Das Engelchen reicht dem Teufelchen die Hand und sagt: Komm, ich zeig' dir

*Edvard Munch: Pubertät; s. Abb. S. 74

den Weg. Sonst wirst du nie die Harmonie in dir finden... Eine innere Stimme in mir sagt, es ist besser so... Dieses Bild ist in mir.«

Wie sich weiter ergab, war das tatsächlich so. Die Symbole blieben in ihm. Oder er erlebte es, dass sie als inneres Bild wieder zu ihm kamen, wenn es in der Partnerbeziehung nach seinem früher Leid schaffenden Muster kritisch wurde. Dies hatte zur Folge, dass er sich dazu durchringen musste und konnte, seine Gefühle und Wünsche anzusprechen. Die psychische Gegenwart der Symbole wird als Kraft *sui generis* erlebt. Darin auch ist ihre bedeutende Hilfestellung begründet. Sie sind potenziell ständige Begleiter und nehmen so den Charakter von Helferwesen an. Schamanisch betrachtet sind sie also konkrete Träger der Fähigkeiten spiritueller Wesenheiten. Dies entspricht dem eigentlichen Gehalt von Symbolen: Vermittlung in die Sphäre des Nicht-Materiellen, der Psyche *und* des Geistes.

Im therapeutischen Gebrauch von Symbolen sind zwei Hauptaspekte hervorzuheben. Erstens sollten Symbole mit großem Vertrauensangebot, reichem Wissen und guter Kraft auftreten. Zweitens sollte diesen die Möglichkeit gegeben werden, dem Patienten mit Rat und Tat zur Seite zu stehen. Das bedeutet, wenn ein Symbol auftaucht, das starke Anziehungskraft ausübt, dann bedarf es einer aufmerksamen Kommunikation mit ihm, um herauszufinden, welche Hilfen es anbietet. Auf diese Weise entstehen gewissermaßen Hierarchien und Spezialisierungen. Es gibt meist wenige Kernsymbole, die das vitale Interesse unterstützen, nämlich Kraft zu haben und die betreffende Person zu schützen. Daneben gibt es häufig Symbole übergeordneten Wissens. Auch sie können therapeutische Kernsymbole sein.

Schamanisch betrachtet sind Symbole Ausdrucksformen spiritueller Helferkräfte. Insofern werden sie auch angesprochen, wenn es darum geht, Antworten auf bedrängende Fragen zu finden. Bei aktuellen Anliegen können die Kernsymbole auch die Aufgabe übernehmen, die für das Verständnis des augenblicklichen Problems hilfreichen weiteren Symbole ausfindig zu machen. Die Frage an den Patienten, die zu einer solchen Bewusstseinshaltung führen kann, wäre etwa: »Welche Symbole würde jetzt das Symbol X (das betreffende Kernsymbol) zum Verstehen Ihrer Situation heraussuchen?« Dies wäre sozusagen der indikative Schritt. Die hierbei gefundenen Symbole werden betrachtet. Die von ihnen ausgehende Information wird besprochen. Die Kernsymbole werden gebeten, hierzu Stellung zu nehmen. Ist das Gefühl noch vorhanden, dass weitere Hilfe gebraucht wird (häufig geht es hier um die praktische Umsetzung), kann die Frage formuliert werden: »Welche Symbole würde das Symbol X nun zu Ihrer Hilfe oder Unterstützung heraussuchen?« Wenn schließlich alle augenblicklich wichtigen Symbole auf dem Boden liegen und der Stand der Dinge ausgesprochen ist, kann nach der Anordnung der Symbole gefragt werden. Zum Beispiel so: »Liegen die Symbole so richtig, wie sie jetzt da liegen. Oder wäre eine andere Anordnung jetzt aussagekräftiger/ hilfreicher?« Auch bei diesem Schritt können zur Not die Kernsymbole befragt werden. Meist wird dann ein Fokus sichtbar oder ein Fokus wird von einem anderen getrennt. Ebenso verhält es sich mit den Helfersymbolen: Welches ist für welches Problem zuständig? Schließlich geraten wesentliche Symbole mehr ins Zentrum der Anordnung, andere kommen an den Rand oder verlieren an Bedeutung und werden sogar weggelegt.

Dieses äußerst kreative Verfahren ist für jede Überraschung gut. Und zwar sowohl methodisch als auch inhaltlich. Was ich eben in Kürze dargestellt habe, ist bereits eine schöpferische Abwandlung dessen, was ich von dem Ehepaar Wollschläger gelernt habe. Die Beweglichkeit in der Symboltherapie führe ich auf die Symbole selbst und auf zunehmende Öffnung des Betrachters für ihre Hilfe zurück. Die Symbole ›durchschauen‹

gewissermaßen die Situation, über die Klarheit zustande kommen soll. Ich erlebe sie als direkte Wiedergabe des seelischen Erlebnisflusses, von dem der Patient und der Therapeut getragen sind, jeder in seinem Selbst und in seiner sozialen Rolle, gemeinsam aber in der Heilungsabsicht.

Der schamanische Schwerpunkt im Handhaben und Verstehen dieser Methode ist für mich so naheliegend, wie es nicht besser geht. Dies soll auch mit der folgenden Geschichte gezeigt werden. Hier spielt das Wiederentdecken seelischer Kraft eine wichtige Rolle, also die Rückkehr verlorener Seelenkraft:

Die Protagonistin dieser Geschichte ist Anfang vierzig. Sie heißt hier Roswitha. Ihre beiden Kinder waren im Behandlungszeitraum sechzehn und achtzehn Jahre alt. Der Vater der Kinder war von Roswitha schon viele Jahre geschieden und hatte eine neue Familie gegründet. Roswitha wiederum hatte seit beinahe ebenso vielen Jahren einen Lebenspartner, der mit ihr und den Kindern zusammenlebte. Roswitha war anfangs der Therapie häufig angespannt, wollte sich mit ihrer Situation auseinandersetzen und ihr zugleich aus dem Weg gehen. Sie wirkte auf mich eher ungeduldig. Sie sprach viel. Das erlebte ich zwar als sehr lebendig, aber auch wieder reguliert und gehemmt, kopflastig, wie man heute sagt. Sie nahm die Behandlung auf sich, weil sie einen Sinn im Leben erfahren wollte. Sie wusste, sie stand an einem Wendepunkt ihres Lebens. Vor wenigen Monaten war eine Krebserkrankung mit Operation und Bestrahlung behandelt worden. In der anschließenden Kur am Meer hatte sie Zuversicht aufgebaut, doch nach Hause zurückgekehrt, spielten sich die Dinge bald wieder so ein, wie sie vorher waren. Roswitha ackerte in Beruf und Haushalt, wollte alles penibel geordnet und sauber haben. Aber sie fühlte sich innerlich leer, leicht erschöpft und von ihrem Lebenspartner mit viel zu wenig Interesse, geschweige denn Nähe bedacht. Nach ihrer wiederkehrenden Schilderung war er zwar ein ruhiger, Sicherheit bietender Mann, aber ein stiller Eigenbrötler ohne soziale oder emotionale Wünsche, immer auf Distanz. Wenn Roswitha ihn zum Besuch eines Festes überreden konnte, blieb er immer am Rande des Geschehens, ein Fremdkörper. Darüber war sie sehr unglücklich. Es wurde ihr zu anstrengend, so intensiv um seine Aktivität zu werben und dann so oder so frustriert zu werden.

Roswitha hatte als erstes Symbol eine Karte vom einsamen Strand einer Nordseeinsel herausgesucht. Es sollte ihr Anliegen verdeutlichen, Ruhe und Kraft zu finden. Es zeigte und bestätigte, was sie in der Kur erfahren hatte. Dort war sie erstmals in ihrem Leben über viele Tage mit sich mehr oder weniger alleine gewesen und hatte alle Zustände und Sorgen auf ihre Strandspaziergänge mitgenommen. Das Meer war ihr Verbündeter geworden. Es gelang ihr allerdings nur wenig, sich mit ihrer Vorstellung an jenen Ort der Kraft zu begeben. Sie wehrte sich dagegen, da sogleich die Sehnsucht belebt wurde, und diese drängte sie in Konflikt mit den täglichen Aufgaben, deren Forderungen drohend gegenwärtig waren.

Wir sprachen viel darüber, wie sie sich entlasten und ihre Kinder sowie den Lebensgefährten in die häuslichen Aufgaben einbinden könnte. Wir sprachen über ihre Ängste und auch viel über ihre Hoffnungen und Zukunftspläne. Sie absolvierte eine zusätzliche Ausbildung, um die gewünschte berufliche Laufbahn zu erreichen. Wir sprachen über die Beziehung zu ihrem Partner. Es war zu erkennen, wie wenig sie ihn zu einer gewünschten Veränderung bewegen konnte. Aber sie war mit ihm emotional *verstrickt*. Dabei hatten neben der absurden Hoffnung, er würde ihr eines Tages nahe sein können und sie in ihren Bedürfnissen akzeptieren, ihre Gewissensansprüche einen großen Einfluss.

Bei der Auswahl der Symbole tat sich wenig. Es gab nur zwei Kernsymbole, eben den Meeresstrand und das Bild eines Löwen, der nüchtern und interessiert den Betrachter anschaut. Roswitha bat darum, die Symbole außer Acht zu lassen, sie würde sie ja gut kennen. Als es aber zu einem Gespräch über den Antrag auf Verlängerung der Psychotherapie kam und die Frage der Zielsetzung ihrer weiteren Behandlung anstand, erzählte sie leise und stockend, wie es nicht ihre Art ist, von einem sexuellen Missbrauch in der Pubertät. Ihr von der Mutter geschiedener Vater hatte sie anlässlich eines Besuchs bei ihm mit Gewalt zum Geschlechtsverkehr zwingen wollen. Sie hatte sich ihm entwinden können und war völlig verstört gewesen. Der Mutter hatte sie erst kürzlich davon erzählen können, so sehr hatte sie sich bislang geschämt. Der Vater hatte sie nach dem Vorfall überall schlecht gemacht und behauptet, er wäre von ihr nur enttäuscht. Es würde nichts Rechtes aus ihr. Dies lastete schwer auf Roswitha. Sie verstand, dass sie über viele Jahre mit absurden Anstrengungen beweisen wollte, dass sie kein schlechter Mensch sei. Die Absurdität war die Konsequenz der Selbstverurteilung, mit der sie den sexuellen Missbrauch und die Attacken des Vaters als inneren Fremdkörper (Täterintrojekt) akzeptiert und damit stets bestätigt hatte, sie würde nie der Liebe und Achtung wert sein.

Wenige Wochen später war ihre Enttäuschung über ihren Lebenspartner so intensiv geworden, dass sie in ärgste Konflikte geriet. Sie wollte sich von ihm trennen, aber jedes vernünftige Argument dafür schmetterte sie selbst wieder zurück. Sie würde Schuld tragen, versagen usw. Nun bat ich sie, es doch noch einmal mit den Symbolen zu versuchen, weil diese *nicht verstrickt* wären wie sie. Sie schaute mich fragend an, und ich nickte nur aufmunternd. Sie ging also zu den Regalen und ich formulierte nochmals ihr Anliegen, das sie vorgeschlagen hatte: »Wie komme ich aus meiner Verstrickung mit Y heraus?« Sie nahm nachdenklich das Löwenbild in die Hand, betrachtete es und legte es wieder zurück. Dann hielt sie eine andere Karte, die sie auch schon wieder zurücktun wollte. Ich bat sie, dieses Symbol doch mit zu ihrem Platz zu nehmen. »Wenn es nichts taugt, wird sich das schon zeigen.« Sie überwand sich offensichtlich und tat, wie von mir erbeten. Es handelte sich um das Foto von einem etwa acht, neun Jahre altem Kind, das auf Treppenstufen sitzt und leicht vorneüber gebeugt sehr deutlich jemandem etwas zuruft. Es könnte sowohl ein Junge als auch ein Mädchen sein. Das Kind strahlt für den Betrachter große Lebendigkeit, Lebensfreude und Kommunikationslust aus. Roswitha schaute das Bild lange an, dann fuhr sie sich mehrmals mit dem Handrücken über die Augen. Sie schien gar nicht aufschauen zu wollen. Die bisherige Spannung im Raum war einer Art wehmütiger Ruhe gewichen. Irgendwann fragte ich sie, was das Symbol ihr sagen würde. Aus ihrer gebeugten Haltung schaute mich Roswitha bekümmert und ernst an und sagte leise: »So *war* ich mal.« Und weiter: »Ich wünschte, ich könnte wieder so werden.« Was dann wäre, fragte ich, sie sollte ein Symbol dafür holen. Sie stand nun energischer auf und brachte ein Bild mit, auf dem junge Leute in lustiger Tischgesellschaft festgehalten sind. »So«, sagte sie. »So bin ich *eigentlich*. Und dann bin ich es doch nicht. Es ist schön, mit Leuten zusammenzusein, das kann ich gut, kein Problem. Aber diese Offenheit, diese Direktheit, dieses Leben... Wie soll das gehen. Sie merken doch, wie ich immer... (Auf das Foto von dem Kind zeigend, deutlicher als vorher:) Ja, das war ich mal. Irgendwie bin ich das ja noch, aber wie?«

Nach einigen Augenblicken fragte ich, ob sie Hilfe brauche, um etwas von dieser verlorenen Seite ihres Wesens wieder zu fassen zu bekommen. Sie nickte. »Fragen sie doch die Symbole, ob sich eines als Helfer anbietet«, schlug ich vor. Erneut ging sie zu den Regalen und fischte ohne zu zögern ein Foto heraus. Es war das Bild von zwei Fischadlern, die sich aufgeregt mit den Flügeln schlagend um etwas streiten. Sie platzierte das Symbol oberhalb des Kindes. Rechts neben dem Kind lag das Foto von den jungen Leuten. Was das Adlerbild an Hilfe anbieten würde, fragte ich. »Die können kämpfen, aber nicht so wie ich, dauernd für andere, so verkrampft oder für was weiß ich. Die kämpfen für sich, für das, was sie brauchen. Ich müsste kämpfen... Für mich. Die zeigen es.« Dieses Bild wäre ihr schon vorher aufgefallen, sie hätte aber nicht gewusst, wofür sie es brauchen sollte. Nun wüsste sie es, bemerkte sie. Ob denn der Löwe noch eine Bedeutung für sie hätte, wollte ich zum Schluss wissen. Roswitha schaute zum Regal, wo der Löwe einen exklusiven Platz hat und zu der Sitzgruppe rüberschaut. Sie nickte leicht und meinte, er sei wohl vorher wichtiger gewesen, er hätte ihr Rückstärkung gegeben.

Es ist unschwer zu ersehen, dass jene Stunde den Wendepunkt der Therapie bedeutete. In wenigen Wochen bemühte sich Roswitha um konkrete Lebensveränderungen. Natürlich hatte sich dies im Verlauf der Bemühungen um die Verbesserung ihres Lebensgefühls vorbereitet. Über den Zeitpunkt, wann ein solcher Wendepunkt sich ergibt, können wir nicht einfach willentlich und mit rationaler Konsequenz bestimmen. Ich bin mir allerdings sicher, dass die Hilfe der Symbole solche Augenblicke sensibel und mit der nötigen spirituellen Kraft in Zusammenarbeit mit unseren Bemühungen vorbereitet.

Mit dem Bild von dem aufgeweckten und temperamentvollen Kind begegnete Roswitha einer Wesensseite, deren Verlust mit der Trennung der Eltern einsetzte und durch den sexuellen Missbrauch zementiert worden war. In der Aufarbeitung jener Kindheits- und Jugendjahre fiel ihr nun auf, wie sehr sie sich um beide Eltern bemüht hatte. Sie war mehrfach zwischen beiden hin- und hergezogen. Sie hatte sich so sehr nach dem Zuspruch des Vaters gesehnt und nicht bemerkt, wie dieser sie für die Wiederherstellung seines Selbstwertgefühls benutzt hatte. Jedes Mal, wenn sie von einem Elternteil zum anderen gezogen war, hatte sie sich Schuld aufgeladen, was durch die Vorwürfe des jeweils verlassenen Elternteils genährt worden war. Und das hatte sich summiert. Erst mit dem Missbrauchstrauma war für sie Schluss mit ihren Bemühungen und ihren Phantasien, eine Verbindung zwischen den Eltern herzustellen, eine Hilfe für beide zu sein und so indirekt Wertschätzung und Beachtung zu finden.

In der Folge hatte sie Krieg mit der Mutter geführt, in desolaten Wohngemeinschaften gelebt und die Aufmerksamkeit des Jugendamtes hervorgerufen. Nach ein paar Jahren war sie ins Gegenteil verfallen und erwachsener als ein Erwachsener geworden, hatte ihren ersten Mann dominiert und so ins Abseits gedrängt. Schließlich hatte sie sich in kindlichem Sehnen nach Sicherheit einen Mann gesucht, der Ruhe und Stabilität verhieß. Dieses und noch mehr war innerhalb relativ kurzer Zeit schlüssig geworden.

Aus schamanischer Sicht war eine Seelenkraft zu Roswitha zurückgekehrt, die sie als jenes Kind verloren hatte, das sich mit allem Engagement den Eltern gewidmet und seine ursprüngliche Sicherheit und Spontaneität eingebüßt hatte. Der nächste Seelenverlust war das Missbrauchsleiden. Die tief eingeprägte Scham, die Selbstanklage und die Opferung vitaler Bedürfnisse bezeugen, dass sie einen wesentlichen Anteil seelischer Gesundheit *verloren* hatte. Verstrickungen in Paarbeziehungen hängen vielfach damit zusammen, dass irgendwann vor dem Eingehen dieser Beziehung Seelenkräfte durch Traumatisierung verloren gegangen sind und die persönliche Reifung von Betroffenen nicht mehr harmonisch fortschreiten konnte. Sie müssen sich mit dem Seelenverlust arrangieren und ihre Stabilitätsbemühungen den psychischen Fähigkeiten unterordnen, die übrig geblieben sind bzw. als Auffanglösungen gestaltet wurden. Meist sind beide Partner der Verstrickung von Seelenverlusten geprägt. Es ist dann oft und deutlich ein Leben, das als reduziert und meist kräfteraubend erfahren wird.

22

Die schamanische Praxis der Seelenrückholung

*Es kam der, den ich liebte,
der, den ich gerufen.
Um hier, ohne mir wehzutun,
ein Flussbett lieblichen Lichts in meiner
Brust zu graben
Und meine Seele schiffbar zu machen.*

Rafael Alberti, 1929

Die Seelenrückholung ist eine faszinierende Seite der schamanischen Behandlung seelischen Leidens. Ich halte sie für ist das Herzstück des schamanischen Heilungskonzepts, denn die Seele ist der Ort unserer wahren Kraft. Durch sie wird das Leben ermöglicht. Sie *ist* das Leben, soweit wir diesbezüglich überhaupt etwas Grundlegendes begreifen können. Im Begriff des Seelenheils ist die Kontinuität tausender Jahre therapeutischer Bemühungen wahrnehmbar und greifbar. Die archaische Methode der Seelenrückholung rückt die Wiederherstellung des Seelenheils als grundlegende Voraussetzung für Gesundheit und Lebenskraft an die zentrale Stelle therapeutischen Bemühens. Es erscheint mir sehr sinnvoll, die schamanische Behandlungsmethode der Seelenrückholung genauer zu betrachten und so eine Brücke zur modernen Psychotherapie zu bauen.

Die Praxis der Seelenrückholung entstammt der Grundidee, dass die Seele verloren gehen kann und die Ganzheit des betroffenen Menschen dann buchstäblich zerrissen ist. Der unter Seelenverlust Leidende ist demnach bei deutlicher Funktionseinschränkung oder Bewusstlosigkeit von anhaltender Vitalitätseinbuße oder vom Sterben bedroht.* Inbegriffen ist hierbei ein *dualistisches* Bild vom Menschen. Die schamanische Vorstel-

---

*Der Begriff Seelenverlust spielt in der psychologischen Terminologie keine Rolle, obwohl er in Verbindung mit dem subjektiven Leidenserleben sehr plausibel ist. Es scheint aber eine sehr starke Übereinstimmung mit der klinischen Beschreibung der Dissoziationsstörungen zu geben. Eine entsprechende Verbindung hat bereits C. G. Jung unter dem Titel »Verminderung der Persönlichkeit« hergestellt. Er ordnete Seelenverlust einer »primitiven Psychologie« zu. Dieser zufolge handele es sich um den »eigenartigen Zustand, der vom Primitiven durch das Abhandenkommen einer Seele erklärt wird«. Weiter schreibt Jung: »Nach [dieser] Auffassung wandert eine Seele ab, wie ein Hund, der einem in der Nacht entlaufen ist. Es ist dann die Aufgabe des Medizinmannes, die Entlaufene wieder zurückzuholen.« Nach Jungs Meinung trete der Verlust oft plötzlich ein und bewirke eine beträchtliche Störung des Allgemeinbefindens. Er erklärt es, wie er wörtlich sagt, »mit der Beschaffenheit des primitiven Bewusstseins…, welches nämlich nicht den festen Zusammenhalt unseres Bewusstseins besitzt. Wir verfügen über Willenskraft, der Primitive aber nicht.« Jung, 1985, S. 133

lung von der Seele führt das Leben des Menschen auf zwei Seelen zurück, deren Zusammenwirken auf Dauer unabdingbar ist. Eine Seele ist dem Erhalt und den Funktionen des Körpers zugeordnet. Die andere Seele ist frei beweglich und nicht auf den Körper fixiert. Schamanismusforscher sprechen deshalb von der Lebensseele, die den Körper am Leben hält und das Herz und die Organe arbeiten lässt, und von der freien Seele, die den Körper verlassen kann.[1] Wenn beide dauerhaft getrennt sind, fehlt dem Leben des Menschen die Basis. Dann hat sich eine entscheidende Seele(nkraft) vom Körper getrennt, der folglich dahinsiechen wird.

In den Vorstellungen der nordamerikanischen und der nordeurasischen Urbevölkerung ist die freie Seele des Menschen die nichtkörperliche Form seiner Existenz. Nach der dualistischen Seelenbetrachtung ist die freie Seele ein »schattenhaftes Abbild des lebenden, psycho-physischen Individuums, mit dem es in einer konstanten wechselseitigen Beziehung steht. Die freie Seele zeige sich, wenn der *körperliche* Mensch *nicht* als aktiv tätiges Wesen in Erscheinung tritt.«[2] Die freie Seele oder Freiseele »manifestiert sich dem Eigentümer oder anderen Leuten in inaktiven Zuständen des Eigentümers, wie im Traum, in der Ohnmacht, Trance.«[3] Die Erfahrungen dieser Zustände sind somit die Wirklichkeitsgrundlage für die Vorstellung von der Freiseele und ihrer Unterscheidung von der Körperseele. Die Erfahrung der freien Seele wird nochmals differenziert in eine primäre und eine psychologische Freiseele. Letztere ist ursprünglich eine Körperseele, tritt aber außerkörperlich auf.[4] Beide können beim Seelenverlust betroffen sein. Ebenso können Schamanen in beide Erfahrungsebenen wechseln, um die verlorene Seele zu finden und zurückzubringen.

Das dualistische Seelenbild trägt vor allem dem unabweislichen psychischen Geschehen Rechnung, das aus den unterschiedlichen Qualitäten des Bewusstseins unter den Bedingungen seiner Verschiebung hervorgeht. Es ist zuerst eine phänomenologische Betrachtung. Wie die Psychologie damit theoretisch umgehen kann, soll hier nicht diskutiert werden.[5] Vielleicht ist dafür die Beschreibung der Körperseele hilfreich. Wie Aake Hultkrantz[6] zeigt, kann sie in drei Seelen differenziert werden:

Erstens die Lebensseele, die als Organ- oder Funktionsseele des Körpers für die vitalen Grundlagen des individuellen Lebens verantwortlich zeichnet. In der Kraft dieser Seele wird sowohl das Bewusstsein der vegetativen Vorgänge gesehen als auch die bewusstseinsunabhängige Aktivität des Körpers. Letztere beinhaltet zudem auch den Aspekt der körperlichen Ordnung oder Störung bei verschiedenen Erkrankungen. Die Lebensseele ist die Kraftquelle, welche die Organe und das Individuum selbst mit Leben

---

[1] s. Hultkrantz, 1996, S. 178 [2] s. Hultkrantz, 1953, S. 242; *Übers. d. d. A.* [3] Paulson, 1958, S. 268 [4] S. 267 ff [5] Leider hat Jung die Leidensperspektive des Seelenverlusts als solche, die jeden Menschen gleich welcher Kultur treffen kann, nicht ins Auge gefasst. Er hätte ansonsten möglichen Gewinn aus seiner Symptombeschreibung für weitere therapeutisch wertvolle Rückschlüsse ziehen können. Immerhin verweist er auf die Möglichkeit, dass »gelegentlich auch dem Kulturmenschen Ähnliches zustoßen« kann. Jung bezieht sich dabei auf den Psychiater Pierre Janet, dessen Forschungsarbeiten die psychologische Bedeutung der Bewusstseinsspaltung bzw. Dissoziation für psychische Erkrankungen hervorgehoben hatten, die damals (19. Jh.) als Hysterie bezeichnet wurden. Janet sprach von diesem Zustand als *abaissement du niveau mental*. Die von Jung beschriebene Symptomatik auf der Grundlage des Seelenverlusts entspricht in Vielem der heutigen Beschreibung der Dissoziationsstörungen und ist bereits sehr prägnant: »Es handelt sich um ein Nachlassen der Bewusstseinsspannung, vergleichbar einem Barometerstand, der schlechtes Wetter verkündet. Der Tonus hat nachgegeben, was auch subjektiv empfunden wird, als Schwere, Unlust und Trübsinn. Man hat die ›Lust‹ verloren, und keinen Mut, sich an den Tag und sein Werk heranzuwagen. Man fühlt sich selbst wie ›Blei‹, weil nichts sich bewegen will. Das rührt daher, dass man *keine disponible Energie mehr besitzt*… Dieses wohlbekannte Phänomen entspricht dem primitiven Seelenverlust. Der Zustand der Unlust und Willenslähmung kann so weit gehen, dass die Persönlichkeit sozusagen auseinanderfällt und die Einheit des Bewusstseins aufhört; die einzelnen Teile der Persönlichkeit machen sich selbständig, wodurch sie der Kontrolle des Bewusstseins verloren gehen.« Jung, 1985, S. 133 f; *Hervorh. d. d. A.* [6] S. 148–248

und Aktivität erfüllt. Prägnant gilt unter den Angehörigen des Stammes der Bella Coola die Behauptung: »Ohne Leben ist der Körper eine träge Masse Fleisch.« Den Organen des Körpers können wiederum eigene Funktionsseelen zugeschrieben werden, was auch von praktischer Bedeutung für heilerische Beseelung eines geschwächten Organs wichtig ist.

Zweitens die Atemseele, die wahrscheinlich ihren Ursprung in der Lebensseele hat, und zwar durch die Bindung an den Atem, der zugleich ätherisch und von vitaler Notwendigkeit ist. Hier entsteht eine Fusion von zwei Konzeptionen, der Lebensseele und der Lebensessenz. Über die Atemerfahrung erlebt der Mensch sowohl die Dimension des Lebensstoffs – also des quantitativen Aspekts – als auch die dynamische Seite der vitalen Lebensgrundlage. Nach Hultkrantz[1] unterscheiden Oglala-Schamanen das *Ni* und das *Niya*. Das Ni ist das Leben des Menschen, sein Atem, der ihm Kraft gibt. Wenn das Ni geht, stirbt der Mensch. Das Niya ist der Geist, der dem Menschen bei der Geburt gegeben wird und Ursprung des Ni ist.

Drittens die Ich-Seele, die zuvorderst Grundlage des Bewusstseinsstroms ist, gewissermaßen das Zentrum des Denkens, des Wollens und Fühlens, also aller mentalen Vorgänge. Sie wird aber *nicht* als Ausdruck der dem Individuum eigenen Persönlichkeit angesehen, vielmehr als eine Seinsgrundlage *im* einzelnen Menschen, die ihn überhaupt mit Denken, Wollen und Fühlen ausstattet. Mit Ich-Seele ist meist gemeint, was das englische *mind* fasst, den Sitz der mentalen Fähigkeiten. Die Ich-Seele hält u. a. die ›Geschenke‹ des Verstehens und der Erinnerung bereit. Der Verlust des Erinnerungsvermögens ist aus dieser Sicht in erster Linie dem Verlust der Ich-Seele zuzuschreiben.

Die Heilungsbehandlung durch Rückholung der Seele ist im nordamerikanischen Raum offenbar selten geworden oder hat ihre Bedeutung in den spezifischen Kulturen ganz eingebüßt. Als Beispiel mag gelten, was Aake Hultkrantz von seiner Untersuchung bei den Schoschonen erzählt. Noch in den fünfziger Jahren hätten Heilungen stattgefunden, die dem Rückholen der Seele galten, so erzählten die Leute. »Heute fürchten aber die Medizinmänner solche Trance-Reisen eher.« Der Gewährsmann Hultkrantz', John Trehero, sagte ihm: »Wir Medizinmänner schaffen das heutzutage nicht mehr.« Und weiter erklärte er: »Versuchte ich auf diese Weise zu heilen, so würde mir der Geist meine Medizin erst recht verderben.« Hultkrantz verstand diese Bemerkung so, dass Trehero »die spirituelle Sanktion fehlte, mit dieser Methode zu arbeiten.« Vielmehr würde Trehero zu dem *Blitzgeist* (seinem Geisthelfer oder Verbündeten in der Geistwelt) beten, er möge die verlorene Seele zurückholen (und dem Medizinmann übergeben). Wäre diese Bemühung erfolgreich, würde letzterer die Seele durch den Nacken in den Kranken pusten.[2] Entsprechend kann die Aktivität des Schamanen in zwei Stufen aufgeteilt werden. Er »schickt seinen Hilfsgeist, die Seele .. zu holen.« Wenn dies keinen Erfolg zeitigt, macht er sich selbst auf den Weg, die Seele zu suchen und zurückzubringen.[3]

Stanley Krippner bekam folgende Geschichte einer Seelenrückholung im Trance-Zustand von Beteiligten zugetragen: Der durch ein Buch von Doug Boyd[4] bekannt gewordene indianische Medizinmann Rolling Thunder wurde von Verwandten einer komatösen Kranken um Hilfe gebeten. Sie hatte ihr Bewusstsein infolge eines schweren Autounfalls verloren, bei dem sie und ihre Mitfahrerin aus dem Auto geschleudert worden waren. Die andere Frau war dabei ums Leben gekommen. Da die Kunst der Ärzte zunächst nicht weiterführte, wurde Rolling Thunder erlaubt, sich ans Bett der Kranken zu begeben. Er diagnostizierte Seelenverlust (soul loss) und stellte fest, das Koma würde andauern, bis die Seele der Kranken wiedergefunden wäre. »Er schloss

[1] S. 161 [2] Hultkrantz, 1996, S. 180 [3] Uccusic, 1991, S. 159 [4] Boyd, 1986

seine Augen, ging auf die Suche nach der verirrten Seele und fand sie, auf einem Felsen sitzend, in der Nähe des Unfallortes.«[1] Nun fragte er sie, ob sie nicht mit ihm ins Krankenhaus zu ihrem Körper zurückkommen wolle. Die Seele aber reagierte ablehnend, denn sie wollte noch auf ihre Freundin warten, woraufhin sie der Medizinmann über den Tod der Freundin informierte. Diese wäre nun beim Großen Geist, aber sie (die Seele der Komatösen) würde zurückerwartet, ihre Zeit zum Sterben wäre noch nicht gekommen. Erneut wehrte sich die Seele. Da rief Rolling Thunder (seine Verbündeten) die Winde herbei, damit sie die Seele der Frau von ihrem Standort weg ins Krankenhaus und in den zugehörigen Körper bliesen. Gleich darauf öffnete die Kranke ihre Augen. In einem baldigen Gespräch mit dem Arzt beschrieb sie den Unfall, und wie beide Frauen aus dem Auto geschleudert worden waren. Sie wären dann durchs Feld gegangen und die Freundin hätte angefangen zu schweben. Lächelnd hätte diese ihr »Goodbye« zugerufen. Die Zurückgebliebene hätte geantwortet, sie würde auf sie warten, was sie ja auch getan hätte, und zwar lange. Aber dann wären starke Winde gekommen und hätten sie vom Felsen geweht. Und dann wäre sie in jenem Krankenzimmer aufgewacht. Ironischerweise war Rolling Thunder kurz nach dem Aufwachen der Kranken von einer (wohl über seine Aufgabe und Art der Behandlung uninformierten) Krankenschwester aus dem Zimmer geschickt worden. Sie hatte angenommen, er wäre eben nur eingeschlafen.

Über eine verbürgte Heilung durch Rückholung der verlorenen Seele weiß Hultkrantz zu berichten. Wie die Geschichte zu verstehen ist, war der in Trance behandelnde Schamane Morgan Moon derjenige, der das Kunststück zu Stande gebracht hatte, ein offenbar totes Mädchen aus dem Stamm der Crow wieder zum Leben zu erwecken. Die Schwester des Schamanen hatte bereits den Tod festgestellt, da muss Morgan Moon die Seele wahrgenommen haben, denn er sagte, die Seele hätte das Mädchen »zeitweilig verlassen«. »Er berührte das Kind oben am Kopf und strich ihm über den Scheitel. Das Kind schlug die Augen auf und blickte sie an. Seine Seele war dicht beim Körper und trat durch die Schädeldecke wieder ein.«[2] Wie sich zeigte war das Kind wieder vollständig gesund. Hultkrantz weist aber darauf hin, der Schamane hätte einen gefährlichen Seelenausflug unternehmen müssen, wäre die Seele des Mädchens nicht ganz in der Nähe gewesen.

Als Methode wäre also die schamanische Reise indiziert, um in der nichtalltäglichen Wirklichkeit unter Mithilfe des Hilfsgeistes bzw. der Verbündeten die verlorene Seele aufzuspüren und zurückzubringen. Die Gefährlichkeit hängt damit zusammen, wohin der schamanische Behandler reisen muss und ob bzw. wie und warum die verlorene Seele dort festgehalten wird.

Mircea Eliade gibt eine relativ harmlose Geschichte einer schamanischen Heilung wieder, bei der er sich auf einen Bericht bezieht, der im Anschluss einer Forschungsexpedition (unter anderem) zu dem sibirischen Volk der Jukagiren von Waldemar Jochelson verfasst worden war. Er hatte eine schamanische Seance miterlebt und beschrieben. Aus dem Text von Eliade gehen leider keine Details über die Krankheit und den Kranken hervor. Es handele sich, wie er bemerkt, um ein klassisches Szenario. Der Schamane hatte demnach seine Schutzgeister herbeigerufen und sich einverleibt. Daraufhin war aus seinem Mund die Mitteilung zu hören, die Seele des Kranken hätte sich zum Reich der Schatten gewandt. Die Angehörigen (offenbar alarmiert) machten dem Schamanen durch Zurufe Mut (er sollte stark sein), woraufhin dieser sich hinlegte und die Reise für den Kranken auf sich nahm. Lange Zeit blieb es dann ruhig, bis der Schamane durch Bewegungen seine Rückkehr anzeigte. Dann wurden ihm von jungen Mäd-

[1] Krippner, 1989, S. 387; s. a. Elsensohn, 2000, S. 238 f   [2] Hultkrantz, 1996, S. 180

chen die Beine massiert. Bald ganz zurückgekehrt fügte er die Seele wieder in den Körper des Kranken ein. Schließlich sandte er, zur Tür gewandt, seine Hilfsgeister wieder fort. Dann erzählte er der Versammlung, was er erlebt hatte.

»Begleitet von seinen Hilfsgeistern war er den Weg gegangen, der zum Reich der Schatten führt. Er kam vor ein kleines Haus und traf auf einen Hund, der zu bellen anfing. Eine alte Frau, die Hüterin des Wegs, kam aus dem Haus und fragte ihn, ob er für immer gekommen sei oder nur für einige Zeit. Der Schamane gab ihr keine Antwort und sagte zu seinen Geistern: ›Hört nicht auf die Worte der Alten! Geht weiter auf eurem Weg!‹ Bald danach kamen sie an einen Fluss, an dem ein Boot lag; auf dem anderen Ufer bemerkte der Schamane Zelte und Menschen. Der Schamane bestieg das Boot und überquerte den Fluss, immer in Begleitung seiner Geister. Er traf die Seelen der toten Verwandten des Kranken und als er ihr Zelt betrat, entdeckte er dort auch die Seele des Kranken selbst. Da die Verwandten sie ihm nicht herausgeben wollten, sah sich der Schamane gezwungen, sie mit Gewalt mitzunehmen. Um sie ungefährdet auf die Erde zurückzubringen, atmete der Schamane die Seele des Kranken ein und verstopfte sich die Ohren, sodass sie nicht entkommen konnte.«[1]

Der Schamane muss offenbar in einer starken psychischen Verfassung sein, um sich über die Grenze des Lebens hinauswagen zu können. Von einer schwierigen, Angst einflößenden Reise berichtet Sandra Ingerman, eine amerikanische Psychologin und Psychotherapeutin. Ihre ersten Behandlungen im Sinne der Seelenrückholung hatte sie ohne entsprechende Lektionen eines schamanischen Lehrers unternommen. Sie war nämlich auf schamanischen Reisen für Klienten von ihren spirituellen Verbündeten zu Seelenkräften geführt worden, deren Verlust den Leiden der Klienten zu Grunde lag. Auf Geheiß ihrer Geisthelfer brachte sie diese Seelenkräfte zu den betreffenden Personen zurück. Dadurch waren heilende Veränderungen bei diesen bewirkt worden. Bis zu jenem Zeitpunkt war Ingerman also nichts von der traditionellen Methode der Seelenrückholung bekannt. Sie hatte lediglich den Rat und die Initiative ihrer Geisthelfer akzeptiert und etwas getan, was vielleicht in einem naiven Sinn plausibel war, aber in ihrem schamanischen Konzeptdenken noch keinen Platz hatte. Erst als sie von Michael Harner darüber aufgeklärt worden war, dass sie hiermit so schamanisch aktiv war, wie es besser gar nicht geht, akzeptierte sie ihre Erfahrungen als originäre Bestandteile schamanischer Praxis.[2]

Ebenfalls durch ihre Geisthelfer angeregt stellte sich Ingerman der Aufgabe, Seelen auch »aus dem Land des Todes« zurückzuholen. Hierfür bereitete sie sich zwei Jahre mit schamanischen Reisen vor. Unterstützung erhielt sie von ihrem Hilfsgeist, einer schönen Waldgöttin, »die immer in Blau gekleidet war, mit langem, goldenem Haar«, und die Aufgabe angenommen hatte, »mir mit meinem Herz zu helfen«, so Ingerman, da es ihre »verwundbare Stelle« war, und sie ob dieser Schwäche »sofort gesehen und getötet« würde. In jener Vorbereitung hatte Ingerman immer wieder »Herzbehandlungen« seitens ihres Hilfsgeistes bekommen, bis sie »ein solides Goldherz« erworben hatte. Drei andere ihrer Schutzgeister lehrten sie, wie sie heimlich in die nichtalltägliche Wirklichkeit wandern und sich unsichtbar machen konnte. Und sie musste auch lernen, sich notfalls zur Wehr zu setzen, falls sie von bedrohlichen Geistkräften angegriffen würde. Schließlich erhielt sie für ihre Reise ins Land der Toten »einen burgunderfarbenen Mantel«.[3]

So vorbereitet behandelte Ingerman eine Frau namens Diana, die chronisch an den psychischen Folgen einer Vergewaltigung im Jugendalter litt und sich durch eine Seelenrückholung die Rückkehr der verlorenen Seelenkräfte erhoffte. Es zeigte sich,

[1] Eliade 1975, S. 238 f   [2] s. Zumstein, 2001, S. 103   [3] Ingerman, 1998, S. 140

dass Ingerman gut vorbereitet war. Da sie auf ihrer Suche ins Land der Toten geriet, musste sie das »Wesen einer Toten annehmen«, sie musste ihr »Licht verstecken« und ihren »Kopf hängen lassen«. Die verlorene Seele war zwischen den grauen Gestalten schwer zu erkennen, weil sie deren Form angenommen hatte. Nur die feste Absicht hat die Schamanin schließlich zu der richtigen Seele geführt. Ingermans Frage, ob das Wesen, das neben ihr auftauchte, Diana sei, wurde mit einem Nicken beantwortet. Ingerman nahm das Mädchen unter ihren Mantel, der beide unsichtbar machte, so dass sie unbeachtet davonschlüpfen konnten. Entspannung trat aber erst ein, als beide die *Tore des Todes* passiert hatten. Bis dorthin hatte sie das Mädchen hinter sich herziehen müssen, da es so kraftlos war. Ingerman war von einem Wächter, der die Form eines Skeletts hatte, ins Land der Toten begleitet und wieder per Boot zurückgebracht worden. An den Ausgangspunkt, den Kraftort zurückgekehrt, erfuhr Ingerman nach einigen Erholungsaktivitäten von ihrem Krafttier, dass der Verantwortliche jener Vergewaltigung »verbittert und selbst missbraucht worden war«.[1] Er hätte mit der Vergewaltigung Macht über das Mädchen erleben wollen, um seinen eigenen Zustand zu kompensieren. Er hätte die Seele des Mädchens genommen und dann ins Land der Toten fallen gelassen, als er nichts Gutes von seiner Tat hatte.

Schließlich fragte Ingerman die Seele des Mädchens, ob sie bereit sei, nach Hause zurückzukehren. Als die Zustimmung erteilt wurde, konnte die Seele eingeblasen werden. Ingerman tut dies über dem Herzen und dem Scheitel.

Ingermans Berichte lesen sich spannend, wie ein Fantasy-Roman und geben so therapeutische Arbeit unterhaltsam wieder. So war und ist es auch traditionell Aufgabe der Schamanen, nämlich die mitfühlende und unterstützende Familie oder Sippe anzusprechen und sie in einen spannenden und durchaus riskanten Ablauf einzubeziehen. Das Hervorrufen von Spannung und ihre Lösung waren bzw. sind demnach wesentlicher Bestandteil des Heilungsvorgangs. Die Teilhabe der Bezugsgruppe des Kranken erfasst auch die Teilnehmer der Seance und wirkt sowohl unterhaltend als auch harmonisierend und stärkend. In den traditionellen Gemeinschaften erbrachte die Sippe nicht selten auch ein Löseopfer, etwa durch Schlachtung eines Tiers.

In manchen Gesellschaften war der ganze Clan zu Beginn der Heilungssitzung damit beschäftigt, die Seele des Kranken zurückzurufen. Erst wenn dies keinen Erfolg zeitigte, musste der Schamane auf die Suche nach ihr gehen und – wie bei den Teleuten – ins Totenreich hinabsteigen. Auch bei den Burjäten von Alarsk war dieses Prozedere üblich. Sie hatten allerdings noch eine Besonderheit für die Orientierung der zurückgebrachten Seele. Neben dem Kranken lag ein Pfeil, von dessen Spitze ein roter Seidenfaden zu einer Birke vor der Jurte führte. Durch diesen Faden konnte die Seele zum Kranken gelangen. Ihre Rückkehr wurde von einem Pferd angezeigt, das neben der Birke von jemandem gehalten wurde und bei Ankunft der Seele zitterte. In der Jurte lagen auf einem Tisch reizvolle Artikel wie Tabak, Schnaps oder Kuchen bereit. Der Schamane übernahm im Beisein der Angehörigen das Rufen, bei dem alle einzeln zitiert wurden, die auf die Rückkehr der Seele hofften. Währenddessen flossen viele Tränen, und der Schmerz der Teilnehmer wurde vom Schamanen angesprochen und an die besagte Seele adressiert, z. B. so: »Deine... lieben Kinder rufen dich mit Weinen und Heulen: Vater, wo bist du? ... Höre auf ihr Rufen und komme bald her!« Auch die Pferde wurden zitiert, denn sie warteten ebenfalls auf ihren Herrn.[2]

Bei den Samen, die für europäische Bedingungen spät christlich missioniert wurden und sicherlich auch noch bis ins 19. Jahrhundert schamanisiert haben, konnten solche Sitzungen nur stattfinden (und erfolgreich sein), wenn alle Männer und Frauen, alte

[1] S. 143   [2] Eliade, 1975, S. 210

und junge, sowie alle Verwandten zusammengerufen worden waren.[1] Zudem mussten die Teilnehmer Reinigungsriten vornehmen und eine Zeremonialkleidung anlegen. Nachdem der Schamane (samisch: *noaidi,* das heißt, jemand, der auf besondere Weise mit Göttern und Geistern in Kontakt treten kann) mit dem Trommeln und Singen begonnen hatte, stimmten die Anwesenden ein und erzeugten so zusätzliche akustische Stimulation. Es wird angenommen, dass im Gesang Tierstimmen dargestellt wurden. Auch der uns bekannte Juoik-Gesang soll hierin seinen Ursprung haben. Mit dem Gesang verband sich die Ankunft der Schutzgeister, also nicht nur die des Schamanen, sondern auch die der Teilnehmer. Demnach war es die spirituelle Macht des versammelten Kollektivs, die hinter dem Schamanen stand und ihn beflügelte. Dieser bewies die Wirkung der Ekstase, indem er ohne Verletzung nach Glutstücken im Feuer griff oder sich in Arme und Hände schnitt. So zeigte er sich gewappnet. Auch er musste ins Totenreich und mit dessen Herrin Jámie-akka um die verlorene Seele verhandeln, die von dieser gefangen gehalten wurde. »Dabei konnte der Schamane auf heftigen Widerstand stoßen, so dass er mitunter gezwungen war, mit Unterstützung seiner Hilfsgeister um die betreffende Seele zu kämpfen oder sie mit List und Schnelligkeit wieder zu entführen.«[2] Die Rückkehr des Schamanen in seinen Körper deutete sich durch wieder einsetzende Atmung und Bewegungen an. Schließlich berichtete er von seiner Reise und ihrem Ergebnis, also auch von dem anstehenden Opfer. Dieses musste unter Umständen Jámie-akka gebracht werden, um einen Ausgleich für die Seele zu schaffen, die ihrem Einfluss entwunden wurde.

Wie aus diesen Darstellungen zu ersehen ist, waren schamanische Reisen mitunter Heldenreisen, die um der Gesundheit eines Mitmenschen willen unternommen wurden und lebensbedrohliche Risiken für den Schamanen beinhalten konnten. Weiterhin ist sehr auffällig, wie die Familie, die Sippe oder Siedlungsgemeinschaft sich in das Heilungsritual einbezog, ja einbeziehen (lassen) musste. Die gemeinsame Heilungsaktion zeigt uns das enorme seelisch-dynamische Engagement der Beteiligten. Auch wenn es Jahrtausende lang als Ritual stattfand, ist doch davon auszugehen, dass seine Kraft nicht in Routine veräußerlicht wurde. Dafür sprechen die Gefährdung des Schamanen, die Spannung sowie die Unterhaltung und nicht zuletzt das bestätigende Gemeinschaftserleben. Aus der heutigen Sichtweise betont Paul Uccusic die soziale Unterstützung, die ein Mensch braucht, um die Rückkehr von Seelenteilen lebensdienlich erfahren zu können. Das Umfeld des Betreffenden sei »sorgfältig in Hinsicht auf Unterstützungsmöglichkeiten zu überprüfen, denn gerade in der Zeit unmittelbar nach dem Zurückholen der Seele braucht er Zuspruch und Hilfe.«[3] Es ist unfraglich verstehbar, dass die Rückkehr von Seelenkräften seitens der nahen menschlichen Umwelt unterstützt und begrüßt werden sollte.

Wie kommt es aus schamanischer Sicht zum Seelenverlust? Bei der Besprechung des nordamerikanischen Schamanismus gibt Eliade einen guten Überblick über entsprechende Erfahrungen:

❖ Träume können »die Flucht der Seele verursachen«;
❖ Tote, die nicht in die für sie zuständige Wirklichkeitsebene gewechselt sind, können »eine andere Seele mit sich nehmen«;
❖ die Seele eines Kranken kann sich »weit weg von seinem Körper« verirren.[4]

Mit Blick auf die Ureinwohner der Amazonas- und Andengebiete erwähnt Eliade die dort verbreitete Vorstellung, Krankheit sei eng mit dem Verlust der Seele verbunden, »die sich verirrt hat oder von einem Geist oder Wiedergänger entführt wurde«. Verbun-

[1] Kasten, 1991, S. 62 [2] Kasten, 1991, S. 63 [3] Uccusic, 1991, S. 164 [4] Eliade, 1975, S. 288 f

den sei diese Vorstellung oftmals mit der »Theorie von der Einführung eines magischen Gegenstandes in den Körper des Kranken«, also eines geistigen Fremdkörpers.[1] Das heißt, hier tritt noch die zweite Säule schamanischer Diagnostik in Kraft, nämlich die Erfahrung, dass ein pathogener ›Gegenstand‹ in den Körper des Kranken eingedrungen ist. Folglich muss neben der Seelenrückholung noch das Entfernen des Eindringlings erfolgen. Dies geschieht meist durch Heraussaugen.

Der Seelenverlust kann demnach auch auf eine Erkrankung zurückgeführt werden, die von einer Ursache *außerhalb* des leib-seelischen Ganzen des Kranken herstammt. Andererseits kann Seelenverlust auch durch freiwillig bzw. absichtlich herbeigeführten Kontroll- bzw. Bewusstseinsverlust verursacht werden. Hultkrantz erwähnt Beobachtungen bei den Ojibwa-Indianern, die das Thema Rausch und Trunkenheit mit Seelenverlust in Verbindung bringen. Sie behaupten, dass sich die Seele eines Betrunkenen »in einem gewissen Abstand von ihm auf[hält], so dass er nur aus Körper und Schatten (Körperseele) besteht und sich später an nichts erinnert, was ihm in betrunkenem Zustand begegnet ist.«[2] Demnach ist hier ein Mensch für die Trennung seiner Seele vom Körper selbst verantwortlich. Auch wird die Körperseele als Konfliktfeld wahrgenommen. Z. B. kann sich eine bereits bestehende Krankheit verschlimmern, wenn ein Teil der Körperseele nicht beim Kranken bleiben will, sondern anderen Intentionen (etwa zu wandern oder zu jagen) folgt.

Uccusic differenziert zur Diagnose des Seelenverlusts in körperliche und seelische Traumatisierung bzw. Einwirkungen. Erstere seien Unfälle, Stürze, Schläge, Stöße, Stich- und Schussverletzungen, Gewalttätigkeiten, Folterungen, auch Operationen und Vollnarkosen. Letztere seien »mit negativen Affekten beladene Vorkommnisse wie lautes Schreien, Beschimpfungen, Züchtigungen« (erlebt als seelische Grausamkeit), ebenso Vergewaltigungen und sexueller Missbrauch. Als »Minischock« bezeichnet Uccusic das Aus-dem-Schlaf-gerissen-Werden.[3] Es gebe Kulturen, in denen das Wecken eines schlafenden Schamanen ein schweres Vergehen sei. Als weitere Ursache für Seelenverlust kann starkes Schmerzerleben angesehen werden, insbesondere wenn es anhält und über die Grenze des Ertragbaren geht.

Ein besonderes Szenario des Seelenverlusts erwähnt Krippner. Rivalisierende Schamanen vermögen einander die Seele gefangen zu nehmen, wenn sie auf einer spirituellen Reise beschäftigt, im Traumzustand oder in der Rückholung der Seele eines Kranken engagiert sind. So könnten in Träumen tödliche Zweikämpfe unter verfeindeten Schamanen stattfinden.[4]

Auch in partnerschaftlichen Beziehungen bzw. in Verliebtheitszuständen kann es zum Seelenverlust kommen. Die liebende Verschmelzung nach dem Motto: »Ich schenke dir mein ganzes Herz«, ist unter Umständen per se sogar ein beabsichtigter Seelenverlust, wird aber erst in der aufkommenden Paardynamik (Nähe-Distanz-Geschehen) spürbar und gegebenenfalls leidvoll. Hieraus können Verstrickungen mit den bekannten Leidenszuständen entstehen. Ähnliches gilt für die Beziehung zwischen Eltern und Kindern, wo durch das Verschenken von Seelenanteilen ein ursprünglich vielleicht sogar lebensnotwendiges seelisches Füreinander zur Verstrickung mit hinderlichen Auswirkungen für die beiderseitige Autonomieentwicklung und Ablösung führen kann. Das ursprüngliche Verschenken der Seele zeigt sich, wenn es nicht mehr lebensdienlich ist und als vitale Bindung anhält, als Seelenverlust und gerade in Verstrickungen als Abhängigkeitserleben nach dem Motto: »Ich komme von dir nicht los«; oder dramatischer als Seelendiebstahl: »Du lässt mich nicht los«; oder gar: »Du hast mein Herz gestohlen.« Diese schamanische Sicht-

[1] S. 313 f [2] Jenness, zit. n. Hultkrantz, 1994, S. 68 [3] Uccusic, 1991, S. 156 [4] Krippner, 1989, S. 388

weise erscheint sehr archaisch, wirkt aber zeitlos und auch heute plausibel – angesichts der entsprechenden Leidenszustände.[1]

Thematisch naheliegend ist hier auch der Seelenverlust, wie er beim Tod eines nahen Menschen erlebt werden kann. Ein Teil der Seele des Weiterlebenden kann mit der Seele des Verstorbenen fortgehen. Auch umgekehrt kann sich ein Sterbender so sehr an Zurückbleibende klammern, dass seine Seele Teile dort zurücklässt und ihr Übergang in das Totenreich nicht bzw. nicht gänzlich gelingt. Hier setzt traditionsgemäß eine weitere Aktivität des Schamanen ein, er wird zum Psychopompos, zum Seelengeleiter.[2]

Weiter zu betrachten sind die Auswirkungen von böswilligen Aktionen gegen einen oder mehrere Menschen wie Mobbing, Stalking und Bullying. Sowohl das Rechtssystem als auch die medizinisch-psychologische Krankheitswahrnehmung tun sich schwer, diese Tatbestände ernst zu nehmen. Unsere Pflicht ist, auch die Täter und ihren Motivationshintergrund nüchtern kennen zu lernen und Hilfe anzubieten. Aus schamanischer Sicht ist es wahrscheinlich, dass die Täter selbst an Seelenverlust leiden und dies mit sadistischer Kraftentfaltung und/oder aggressiver Besitzergreifung kompensieren wollen.

Hier eröffnet sich ein Problembereich, der wieder auf die Invarianz des Themas verweist, die schwarze Magie. Sie ist mitunter Aktionsraum beabsichtigten Seelendiebstahls. Zwielichtige Schamanen wurden und werden beauftragt, anderen die Lebensessenz zu entreißen oder sie auszulaugen. Die schwarze Magie repräsentiert gewissermaßen die Schattenseite der Bewusstseins- und Seelenmanipulation, die nicht nur Heilern, sondern auch Zauberern und nach beiden Richtungen offenen Medizinleuten zugänglich ist (Medizin im Sinne von spiritueller Kraft und Manipulation psychischer Energie). Schamanen, die im Zuge der Initiation ihre Geisthelfer zu unterwerfen gelernt haben, könnten für böswillige Manipulationen offener sein als solche, die sich in einer auf Mitgefühl bauenden, kooperativen Haltung befinden und hierin die Basis ihrer Aufgabe und der spirituellen Unterstützung durch die Hilfsgeister sehen.

In ihrer der zeitgemäßen Psychologie angenäherten Untersuchung des Seelenverlusts betont Ingerman den traditionellen Standpunkt: »Aus der schamanischen Perspektive betrachtet ist eine der Hauptursachen für Krankheit der Verlust der Seele.« Seele ist für Ingerman vitale Essenz oder das Prinzip des Lebens. Seelenverlust sieht Ingerman »oft ... [als] Resultat von Traumata, wie sie Inzest, Missbrauch, Unfälle, Krankheiten, Fehlgeburten, Abtreibungen, der Stress eines Kampfes oder auch Suchtverhalten darstellen.« Die treibende Kraft für den Seelenverlust, der sich als Abtrennung eines Teils unserer Lebensessenz erklären lässt, ist die Absicht zu überleben. »Ein Teil von uns geht weg, um nicht den vollen Schmerz abzubekommen.«[3] Dies betont auch Uccusic, vertieft aber den Motivationshintergrund durch den Hinweis: »Ein Teil der Persönlichkeit möchte das Entsetzliche, das Grauenhafte, *unzerstört* überdauern – deswegen verlässt es den Menschen und geht irgendwohin.«[4]

Wie wirkt sich Seelenverlust aus? Detaillierte Berichte über die Seelenverlustsymptomatik in der Perspektive des traditionellen Schamanismus sind Mangelware. Dies rührt wohl daher, dass sich die Forscher hauptsächlich um Rituale und Verhaltens- bzw. Erklärungsweisen der indigenen Heiler und nicht um die Kranken gekümmert haben. Wenn aus der Schamanismusforschung überhaupt Bemerkungen über die Patienten gemacht werden, betreffen sie Bewusstseinsverlust bzw. Bewusstlosigkeit oder Vitalitätsverlust und Schwächezustände. Anders verhält es sich mit Ingermans Ausführungen. Sie lesen sich teilweise wie Beschreibungen der Symptomatologie des posttraumatischen Belastungssyndroms. Das Erleben des Betroffenen ist geprägt von dem Gefühl, »ein Teil von ihm [sei] gestorben«, bildhaft gesagt, »Licht sei aus unserer Exis-

[1] Ingerman, 1998, S. 124 ff   [2] Uccusic, S. 193 ff   [3] Ingerman, 1998, S. 23 f   [4] Uccusic, 1991, S. 157

tenz gewichen... wir fühlen uns wie Schlafwandler«. Weiterhin betont Ingerman das Erleben von vitaler Schwäche und das Verfangensein in einem destruktiven Muster, das aufgrund der empfundenen Machtlosigkeit nicht überwunden werden kann. Auch Kränklichkeit bzw. chronische Krankheit, hier bezogen auf Reaktionen des Kindes auf Missbrauchserfahrungen, treten auf. Das subjektive Selbsterleben wird bruchstückhaft und signalisiert im Sinn der Dissoziation die »Abtrennung ganzer Persönlichkeitssegmente vom Hauptstrom des Bewusstseins«. Dies kann »zu Gefühlen der Fremdartigkeit und der Entpersönlichung führen«.[1]

Als weitere Zeichen für Seelenverlust erwähnt Ingerman das Auftreten von Gedächtnislücken, chronische Depression und körperliche Erkrankungen (infolge abnehmender Immunaktivität). Die durch Seelenverlust hinterlassene Leere wird mit Krankheit aufgefüllt. Schließlich erwähnt Ingerman noch das Koma als extremstes Beispiel für Seelenverlust.[2]

Ingerman weist darauf hin, dass außerkörperliche Erfahrungen im Zusammenhang mit Krankheiten und Unfällen vielen Menschen bekannt seien und auch weniger dramatische Verletzungen des leib-seelischen Erlebens das Gefühl erzeugen können, dass ein Teil der Person für kurze Zeit aus dem Bewusstsein entschwindet. Der Begriff Schock beschreibt dies. Normalerweise erholt sich das Integritätsgefühl wieder. Aber aus Gründen, die wir nicht verstehen würden, schaffe es zuweilen ein Teil unseres Selbst, der uns verlassen hat, nicht mehr, zu uns zurückzufinden.

---

[1] Ingerman, 1998, S. 25 f   [2] S. 27

23

Seelensuche und Seelenrückkehr in der Psychotherapie

Sandra Ingermans Beschreibungen ihrer Praxis der Seelenrückholung sind sehr einfühlsam und geradezu verführerisch plausibel. Sie sagt etwas Grundlegendes, was die Psychotherapie ansprechen muss: »Wenn wir nach unseren verlorenen Teilen Ausschau halten, dann kostet uns das einen großen Teil unserer psychischen Energie. Wir tun dies unbewusst, und wir tun dies auf unterschiedliche Weise, indem wir Träume und Tagträume erzeugen, indem wir mit unzähligen spirituellen Techniken experimentieren, indem wir Beziehungen schaffen, die unsere fehlenden Teile auf uns zurückspiegeln.«[*]

Eigentlich, so wäre daraus zu schließen, beschäftigen wir uns – eben unbewusst – hauptsächlich mit der Frage, wie werde ich wieder vollständig? Das klingt dramatischer als es normalerweise ist. Aber dann, wenn sich ein Teil des psychischen Erlebens, der seelischen Kraft, die mit diesem Erleben einhergeht, unter extremen Leidensbedingungen aus dem Hier und Jetzt verabschiedet, sind wir nicht mehr ganz. Wir können dann nur das einsetzen, was an seelischer Kraft übrig geblieben ist. Nur was übrig geblieben ist, steht für das zur Verfügung, was Psychotherapeuten neuerdings Coping-Mechanismen nennen. Ingermans schlichter Hinweis, die Psychotherapie könne nur mit den Seelenteilen arbeiten, die zur Verfügung stehen, ist bedenkenswert. Mit Coping ist die Entwicklung und Bestätigung von emotionalen und gedanklichen Mustern gemeint durch die der Seelenverlust wettgemacht (kompensiert) werden soll. Psychotherapie ohne Rückkehr von verlorenen Seelenkräften ist im besten Fall eine Optimierung der Fähigkeiten im Status quo.

Das Coping dient grundsätzlich dem Erhalt des individuellen Lebens. Was früher aus psychoanalytischer Sicht als Abwehrmechanismen bezeichnet wurde, sind aus der Wahrnehmung des Seelenverlusts zunächst *Schutzmechanismen*. Der ursprünglichste Schutzmechanismus ist die Abspaltung, die Flucht der vom Trauma am meisten betroffenen Bewusstseinsinhalte. Die Psychologie spricht davon, dass abgespaltene Bewusstseinsinhalte unbewusst geworden seien. Aus schamanischer Sicht ist wesentlich, was alles an *Seelenkraft* mit den dissoziierten Inhalten verbunden ist und somit nicht mehr dem Leben zur Verfügung steht. Abspaltung als Selbstschutz bedarf – psychologisch betrachtet – allerdings weiterer Manöver, z. B. sozialen Rückzug, Verleugnung körperlicher und sinnlicher Bedürfnisse, Selbstverletzungen oder dazu gegenteilig Allmachtsphantasien bzw. Hass- und Zerstörungsimpulse. Auch Bewusstseinsstreuungen von

[*]Ingerman, 1998, S. 22 f

widersprüchlichen Erlebnisebenen wie im Fall der multiplen Persönlichkeit sind wahrscheinlich Strategien, das Selbst zu schützen und handlungsfähig zu bleiben. Es handelt sich insgesamt um Strategien, die psychische Stabilität im Umgang mit dem Selbsterleben sowie mit der menschlichen und weltlichen Umgebung möglich machen. Es sind *Stabilisierungsmechanismen*. Die Entwicklung solcher Strategien ist kreativ. Sie findet Unterstützung aus dem Begabungsreservoir des Selbst, aus den Lebenskonzepten der jeweiligen Kultur und natürlich aus der zur Verfügung stehenden Seelenkraft.

Das Leben unter den Zeichen der Traumatisierung ist ein Über-Leben, dies umso mehr, je häufiger und tiefer verletzend Traumatisierungen geschehen. Schutzmaßnahmen sind auch Verteidigungsmaßnahmen, das heißt, sie laden sich mit Aggressionsbereitschaft auf. Schwere Verletzungen des Selbstwertgefühls können zu scharfen Attacken gegen den faktischen oder vermeintlichen Verletzter führen. Es gibt viele Konstellationen der Verteidigung des Selbst, auch solche, die immense Verletzungen und Schäden in der Welt anrichten. Die Aufladung des Erlebens und Handelns mit unsäglicher Aggression bedient sich allerdings meist der Identifikation mit dem Täter bzw. mit den Umständen der Traumatisierung, wodurch ein falsches, fremdes »Objekt« den psychischen Raum einnimmt und Handlungen der betreffenden Person gegen das machtlos und unwert erlebte eigene Selbst provoziert. Die Ursache hierfür dürfte in dem Bedürfnis liegen, an Macht und überlegener Kraft psychisch Anteil zu haben, auch wenn sich diese gegen das Selbst richteten. Das Selbst ist gewissermaßen »verlassen« worden zu Gunsten einer anderen Macht, die an dessen Stelle tritt, also den psychischen Raum »besetzt«.

Die Art und Weise, wie sich der einzelne Mensch im Leben Halt gibt und seine Fähigkeiten lebendig werden lässt, ist ein Zeiger für die vitalen Grundlagen, die er zur Verfügung hat. Wir können uns selbst analog dem Gärtnerwissen betrachten, nach dem alle Pflanzen Zeiger für die Bedingungen sind, die den Ort ihres Wachstums ausmachen. Boden und Wetter sind die ersten Bedingungen, die uns dazu einfallen. Die naturnahe Landwirtschaft ermöglicht sehr rasch den Blick für diese Bedingungen. Sämtliche Erkenntnisse in diesem Bereich lassen sich gehaltvoll als Analogien für das Wohlergehen des Menschen verwenden, so auch die Schutzmaßnahmen, die der einfühlsame Gärtner für die gehegten Pflanzen unternimmt.[1]

Durch die Psychotraumaforschung ist der Schwerpunkt der Ursachenbetrachtung für psychische Erkrankungen wieder gelandet, wo die modernen therapeutischen Konzepte herstammen, nämlich bei der Wahrnehmung der sogenannten Dissoziation, also der Abspaltung leidvoller Erlebnisinhalte aus dem Bewusstsein.[2] Diesen grundlegenden Schutzmechanismus zu würdigen, bedeutet für den Therapeuten, sich einzufühlen. Er wird zum Assistenten und Vermittler; Assistent in der Herstellung und Bereithaltung von Ideen, Erklärungen, Imaginationen und Ritualen; Vermittler von Wertschätzung und einer Einstellung, an Leidensbesserung festzuhalten und das leidende Selbst gegen krankmachende Gedanken und Handlungen zu verteidigen. Und schließlich ist er sich nicht zu schade, seinen Patienten darin zu bestärken, sich der inneren Krankmacher (Introjekte) zu entledigen. Dass ein traumatisierter Mensch sich mit seinem Trauma konfrontieren solle, damit er den von ihm angerichteten Schaden (Integration) akzeptieren kann, wird zweitrangig und bleibt ein Kann.

Zuerst die Seelenkraft, sagen die Schamanen. Die Psychotherapie nähert sich dem. Ihre modernen Vertreter neigen dazu, die emotionale Stabilisierung der Patienten als

---

[1] Die industrielle Landwirtschaft ist übrigens eine kompensierende Bearbeitungsart, sie ist ein strategisch ausgeklügeltes Coping nach dem – als Fortschritt missverstandenen – Verlust natürlicher Wirkungszusammenhänge. Auch die uns zur Nahrung dienenden Lebewesen können Seelenverlust erleiden. Ganz zu schweigen von dem Bauern, der sich den Zwängen industrieller Produktion ausgesetzt sieht. [2] s. hierzu Venzlaff, Dulz und Sachsse, 2004

grundlegenden Schritt zu sehen. Diese muss auch immer wieder hergestellt werden, wenn sich krank machendes psychisches Geschehen wieder eingeschlichen oder tyrannisch breit gemacht hat. Das Ziel der Stabilisierung ist, Kontrolle über das innere Erleben zu bekommen. Die unberechenbaren destruktiven Forderungen und Vorstellungen, die dem inneren Erleben entstammen, müssen sich einschränken lassen. Inwieweit sich von außen kommende Destruktivität beeinflussen lässt, ist natürlich genauso zu beachten.

Es ist bemerkenswert, wie sich Schamanen und Therapeuten näher kommen. Die Dissoziation, bislang ein sehr kritisch bewerteter »pathologischer« Vorgang, wird zum Bezugspunkt einer empathischen Wertschätzung. Die Fähigkeit zum Dissoziieren hat die Potenz von Phantasie und Kreativität zum Partner.[*] Die Dissoziation ist aus therapeutischer Sicht auch das, was auf Grund der schamanischen Initiation als erfahrene geistige Wirklichkeit entsteht. Es handelt sich um wirklich erlebte Kräfte, die helfenden Einfluss auf das eigene und auf das Leben anderer nehmen. Die bisweilen leidvolle oder sogar lebensgefährliche Initiation von Schamanen, wie sie oben an einigen Beispielen geschildert ist, *wirkt* traumatisierend, entreißt dem erlebenden Ich seinen gewohnten Halt, zerstückelt im Wortsinne das Selbstbild und den gewohnten Bezug zur Welt. Dies begründet auch die psychologische und körperliche Bedrohlichkeit der schamanischen Leidenseinweihung, in der die Gradwanderung des Erlebens auch zum Tod oder zu bleibenden Schäden führen kann. Es zeigt zugleich das unvermeidliche Angewiesensein auf Hilfe von außen, die sich mit Mitgefühl und entscheidender Helfermotivation einstellen muss, um dieses Leben und seine Integrität soweit wie möglich zu retten, zu erneuern und die betroffene Person gegebenenfalls über die bisherigen Fähigkeiten hinauszuführen. In der schamanischen Initiation wird diese Hilfe von Wesen gewährleistet, die außerhalb der alltäglichen Wahrnehmung existieren und wirken.

Es wäre ein sinnvolles Unterfangen, das Phänomen der Zerstückelungsinitiation mit den Erkenntnissen der Psychotraumatologie abzugleichen. Eine hierbei entstehende Hypothese wäre, dass es nur zweitrangig vom Glaubenssystem abhängt, ob und wie die erlebte Initiationsgewalt geschieht. In der Zerstückelung geschieht sie ja durch Geistmächte. An vorderer Stelle wäre wahrscheinlich die Beobachtung, dass es dem menschlichen Bewusstsein gar nicht anders möglich ist, als schwere Verletzungen des Selbst als *von außen kommend* zu erfahren. Dies hätte bedeutsame Auswirkungen auf jegliches Heilungskonzept. Die erfolgreiche Behandlung bedarf dann *immer* einer ebenfalls von außen erwirkten Hilfe, die in ihrer Kraft der Schadensquelle mindestens ebenbürtig ist. Das mitgestaltende und engagierte Patienten-Selbst würde sich in einem vertrauensvollen Verhältnis zu der von außen kommenden Hilfe erleben. Diese Dynamik des Helfens legt nahe, die schamanische Sicht ernst zu nehmen, nach der die entscheidende Hilfe von außen kommt und in der letztlich die überlegenen Geistkräfte der Heilung vermittelt werden.

Wahrscheinlich begegnen wir hier einer archetypischen Konstellation, an der wir auch in der Psychotherapie nicht vorbeikommen. Das Ich, das sich nicht aus dem verletzten oder erkrankten Selbst nach außen um Hilfe wendet, kann sich nur im eigenen Kreis drehen. Erst wenn psychisch-geistige Impulse mit der Kraft der Heilung auf den Plan treten, kommt für das Ich die Entlastung. Die Konsequenz daraus ist, eine wie auch immer gestaltete Hilfe zu erschaffen oder anzurufen, die nicht mit dem überforderten Ich identisch ist. Hierbei dient der Therapeut aber nicht mehr als überlegener Helfer, sondern als Begleiter und Unterstützer des schöpferischen Vorgangs. Im Schamanismus freilich übernimmt die Heilerperson selbst den Kontakt zu den Hilfsquellen,

[*] s. a. Sachsse, 2004, S. 200 ff, 216 ff u. 228 ff

die außerhalb der Ich-Kräfte sind. Wahrscheinlich sind die anspruchsvollen Rollenvorstellungen über den Experten-Psychotherapeuten unbewusst befrachtet mit der archaischen Stellung des Schamanen im Heilungsvorgang – allerdings unter Verlust seiner spirituellen Vermittlerfunktion.

Die Plausibilität der Seelenrückholung verändert den therapeutischen Gesichtswinkel unweigerlich. Wenn die Schutzmechanismen als solche gewürdigt werden, entspricht das einem Perspektivenwechsel. Wenn man mit Hilfe der Metapher des Seelenverlusts nach dem Befinden von Kranken fragt, werden häufig Formulierungen benutzt wie: »Ja, als ob meine Seele verloren gegangen ist.« – »Ja, das ist wirklich so, ich fühle mich leer, meine Kräfte sind woanders.« – »Keine Ahnung, was aus meiner Kraft geworden ist, hier, bei mir ist sie jedenfalls nicht, das ist klar.« – »Ich fühle mich so erschöpft, dass das wohl so sein muss mit dem Verlust von Seelenkraft.« – »Seit Monaten, ja Jahren versuche ich, wieder zu Kräften zu kommen, ich renne von einem Arzt zum anderen, es wird einfach nicht wieder.« – usw. Die gängige Redewendung auf die Frage, wie es einem gehe: »Muss ja«; kann als prägnante Bezeichnung eines depressiven, kraftarmen Selbst gesehen werden. In ihr vermag sich auch das untergründige Gefühl gut mitzuteilen, dass man gerade so zurechtkommt, ohne Aussicht auf Besserung.

Insofern sind die Metaphern Rückkehr der Seele bzw. der Seelenkräfte oder einfach nur Rückkehr der Kraft hilfreich, um die Besserung des Befindens zu beschreiben. Es rückt den vitalen Erlebnisstandpunkt in die Aufmerksamkeit. Entsprechende Formulierungsangebote des Therapeuten bei gegebenem Anlass sollten sein dürfen. Hiermit wird sicherlich die Sensibilität für die eigenen Kräfte verbessert. Auch graduelle Einschätzungen der Rückkehr von Kraft sind therapiefreundlich, z. B. mit der Formulierung: »Wie hoch ist der Prozentsatz, zu dem ihre Kraft jetzt bei / in Ihnen ist?«

Schamanisch betrachtet entspricht der Fokus auf die seelische Kraftwahrnehmung der Hinwendung zu verlorenen Seelenteilen, die gesucht oder deren Rückkehr ersehnt wird. Es wird so eine energetische Angel ausgeworfen, von deren Leinenende vernehmlich und gut sichtbar die Suche nach verlorenen Kräften ausstrahlt. Es kommt häufig vor, dass unter solchen Bedingungen in der Psychotherapie Seelenkräfte zurückfließen. Diese haben wiederum andere Seelenteile im Gefolge, mit denen erstere energetisch verbunden sind. Die Verbindung von verlorenen Seelenkräften unter einander ist durch eine ähnliche Art vorgegeben, wie das Selbst verletzt worden ist. Nicht selten ›weiß‹ ein verlorener Seelenteil, wo ein anderer umherirrt oder sich verbirgt.

Wenn Seelenteile spürbar zurückgekehrt sind, ist das Anlass für ein Fest. Das ist von alters her so. Die mageren Feierlichkeiten der Psychotherapie lassen keine großen Aktivitäten zu. Aber immerhin sind aus der bisherigen Darstellung zwei Wege angemessen. Einmal kann der Patient seiner Zufriedenheit und Freude folgen und sich der zurückgekehrten Seelenkraft in einem Tagtraum zuwenden. In dieser Begegnung kann er darum bitten, diese Seele in ihrer ganzen Leuchtkraft oder in ihrer ganzen Symbolkraft wahrnehmen zu können. Weiterhin kann er mit ihr verschmelzen, was ja praktisch mehr als Sinn macht, jetzt, da der verlorene Seelenteil wieder zurückgekehrt ist. Und schließlich kann er im Anschluss das, was er von der Seelenkraft wahrnehmen konnte, malen. Weiteren kreativen Integrationswegen sei kein Stein in den Weg gelegt. Er kann ein Gedicht oder eine Erzählung schreiben, ein Lied singen, einen Tanz tanzen. Dies alles und mehr kann dem neuen Stand der Dinge gewidmet sein.

Zum Zweiten kann die *Symboltherapie* eingesetzt werden, um dem Gefühl der Kraft, ihrer möglichen Gestaltungsform und dem, was sie an Lebensperspektiven mit sich bringt, Ausdruck zu verleihen. Auch kann es notwendig sein, ihr Schutzwesen, Verbündete im besten Sinne, an die Seite zu geben. Ihre Wirkung soll sich in einem geschützten Erleben vertiefen und ausbreiten können. Überhaupt ist die Entdeckung eines Lebensraums wesentlich, der genug Nahrung und Bestätigung für den zurückgekehrten Seelenteil anbietet. Dazu zählt die Überprüfung der bestehenden sozialen Verhältnisse. Wenn es in den Wirkungsbereich der zurückgekehrten Kraft reicht, sollte z. B. die Lösung aus einer oder mehreren Beziehungen möglich sein, von wo bisher psychische Fremdkörper aufgenommen oder aufgeladen worden sind.

Manche Lebensveränderungen, die dem Betreffenden möglich erscheinen, können sehr gefährdet oder bedrohlich aussehen. So kann man mutlos werden und glauben, man habe keine Chance oder die zurückgekehrte Seelenkraft komme wieder abhanden. Wenn sich das Gefühl eines erneuten Verlustes der Seelenkräfte einstellen sollte, kann eine neuerliche Rückholung erfolgen. Meist sind diese Kräfte nicht mehr weit entfernt. In der schamanischen Wahrnehmung halten sie sich bisweilen abwartend in der körperlichen Nähe der Betreffenden auf. In *verstrickten* Beziehungen sind Rituale hilfreich, um den Ansatz einer Lösung in die Wege zu leiten. Dies kann allerdings zur auffälligen Gegenwehr des Beziehungspartners führen. Es ist dann zu klären, ob noch persönliche Kräfte dessen, der sich lösen möchte, bei dem früheren Partner sind. Oft muss ernsthaft und ehrlich angeschaut werden, ob man noch Dank oder eine Gegenleistung schuldet. Wie schon mehrmals erwähnt, sollten bei der Bearbeitungen all dieser Fragen die Helferwesen einbezogen sein. Befinden wir uns im schamanischen Erlebnisrahmen, werden hierdurch Inspiration oder sogar tatkräftige Unterstützung ermöglicht.

Es gibt auch die *aktive* Seelensuche und Seelenrückholung, fast so, wie es aus dem traditionellen Schamanismus bekannt ist. Bald nachdem die erste Niederschrift von Sandra Ingermans Erfahrungen mit der Seelenrückholung erschienen war, gab es Hinweise in der schamanischen Subkultur der USA, dass sich Leser des Buchs selbständig und ohne menschliche Assistenz auf die Suche nach verlorenen Seelenteilen machten. Die berichtete Erfolgsquote lag wohl nicht sehr hoch. Ingerman jedenfalls warnte vor dieser Praxis.[1] Mittlerweile hat sich das Bild differenziert. Dies auch, weil Ingerman mit vielen Psychotherapeuten in Kontakt steht, die ihrerseits mit der Seelenrückholungspraxis Erfahrungen sammeln. Allerdings ist die spontane Rückkehr von verlorenen Seelenkräften durchaus möglich, und zwar nicht nur im therapeutischen Rahmen. Die Lebensbedingungen können derart günstig sein, dass eine betroffene Person »sich wieder findet«.

Aus der Schamanismusforschung ist dieser Sachverhalt ebenfalls bekannt. So schreibt Paulson: »Auch der Kranke vermag zuweilen aus eigenen Kräften seine Seele zurückzuschaffen, wie wir es z. B. bei den Finnen und Burjaten hörten. Die Burjaten versichern nachdrücklich, dass eine erfahrene Person auch selbst ihre verlorene Seele herbeirufen und retten kann. Auch die Finnen haben es verstanden, nach Verlust der Freiseele (*haamu*) am gleichen Platz, wo der Verlust (Kothaus-Krankheit) geschah, die Seele wieder zurückzurufen. Es handelt sich in solchen Fällen offenbar um verschiedene psychoneurotische Störungen, die von besonders willensstarken Personen selbst geheilt werden können.«[2] Folgendes Beispiel mag dies illustrieren:

Bertram war mit seiner Freundin in einer kleinen Stadt des Südens, nahe einem großen Gebirge. Er hatte langweilige Ferien erwartet und wäre lieber im Norden am Meer gewesen. Dort hätte er ruhig und in leicht depressiver Entspannung am Strand gelegen, wäre vom Liegen schön dösig geworden und hätte abends den Sonnenuntergang genossen. Nun fuhren sie herum und fanden ein Quartier. Tags darauf wollte die Freundin per Seilbahn einen Berggipfel besuchen und er musste mit, ob er wollte oder nicht. Oben angekommen, wanderten sie den Grad entlang zu einem Nachbargipfel, die Frau demonstrativ singend, Bertram mürrisch.

[1] mündliche Mitteilung von Sandra Ingerman [2] Paulson, 1959, S. 303

Doch Bertrams Stimmung änderte sich, er wusste nicht warum. Als sie auf dem Gipfel ankamen, hatte er richtig Lust, das Panaroma zu betrachten. Er lobte die Freundin, die an das Fernglas gedacht hatte. Das Essen schmeckte. Bertram war in guter Stimmung. Als sie den Weg zurück gingen, redete er mehr als sonst. Er erzählte aus seiner Kindheit, von Bergtouren mit seinen Eltern, vom Schweizer Käse und der Milch auf den Almen. Die Freundin fragte erst sich selbst, dann Bertram, wie es käme, dass er nun guter Laune sei, ob ihm die Bergtour plötzlich gefiele. Bertram wusste nur als Antwort, es könnte sein, dass dies von seinen Erinnerungen bewirkt würde.

Die Ferien der beiden waren insgesamt gesehen doch ganz schön geworden. Wochen später besuchten sie Bertrams Eltern, erzählten und zeigten die Fotos vom Urlaub. Der Vater sagte: »Da waren wir schon!« So stellte sich heraus, dass Bertram als Kind mit seinen Eltern genau die gleiche Tour schon einmal gemacht hatte. Die Mutter bemerkte etwas spitz zum Vater: »Damals hast du einen Sonnenstich bekommen.« Später in der Küche erzählte die Mutter Bertram, der Vater wäre damals mit einem Hubschrauber vom Berg geholt worden. Der Almwirt hätte gedacht, der Vater, der auffällig leiden konnte, hätte einen Herzinfarkt. Bertram erinnerte sich nun sehr nebulös daran. Aber ein komisches Gefühl überkam ihn doch. Das wich aber bald.

Wenn man als Kind den Eindruck haben muss, der Vater liege im Sterben, kann es geschehen, dass die Situation seelisch unerträglich wird. In Bertrams Fall war das so. Ein Teil von ihm, der die Berge bezwang, war dort oben geblieben und er hatte ihn nun (unbeabsichtigt) wiedergefunden. Seine Freundin hatte unbewusst die glückliche Vermittlerin gespielt. Ein positives Gleichnis übrigens für die seelischen Hilfen, die Partner einander geben können.

Die psychotherapeutische Arbeit mit dem inneren Kind ist ein nahe liegender Erlebnisrahmen, in dem die Rückkehr verlorener Seelenkräfte geschehen kann. Die hochgradige Aufmerksamkeit für Szenen und Gefühle der Kindheit, für Erinnerungsspuren, für Schmerzen und Verletzungen, aber auch für freudige oder lustvolle Erfahrungen ziehen geradezu abgewanderte Kräfte an. Psychologisch würden wir von Verdrängung, Abspaltung oder Verleugnung sprechen, um den psychischen Vorgang dieser Entfremdung zu kennzeichnen. Bei mancher Einsicht in verloren Geglaubtes ist der Ausdruck Vernachlässigung angebracht. Irgendwie wissen wir, dass diese unsere Wesensseite schon lange in der Versenkung verschwunden ist und von uns kein Leben mehr bekommen hat. Auch solche Seelenteile können verloren gegangen sein. Oft sind sie irgendwie in der Nähe, wir können sie aber nicht einfach wieder installieren. Wir müssen uns ihnen aktiv zuwenden und sie zurückholen. Sie kommen erst zurück, wenn wir uns um sie bemühen. Die Arbeit mit dem inneren Kind ist dafür eine gute Plattform. Allerdings bedarf sie eines wesentlichen Ziels. Wir sollten irgendwann aus der Phase herauskommen, in der wir *nur* den Kontakt zum inneren Kind praktizieren. Wenn es möglich ist, die Fähigkeiten und Kräfte dieses Kindes anzunehmen, dann sollte es auch möglich sein, mit ihm *eins* zu werden. Wir sind dann beides in einem, der Erwachsene und das Kind. Das gilt auch für alle anderen Methoden, die der Einsicht in die verschiedenen aktuellen oder prägenden Anteile unserer Persönlichkeit gelten. Wenn sie in dieses *eine* individuelle Leben gehören, dann ist das so. Wenn wir entdecken, dass ein bisher uns zugehörig gedachter Teil woanders hingehört, dann soll er dorthin gehen.*

Kinder erleben Seelenrückholung eher ungebrochen, sie nehmen sie meist, wie sie kommt. Erwachsene hingegen glauben in der Regel, den Vorgang verstehen zu müssen, in ein rationales Erklärungskonzept einbauen zu können. Die Psychologie kann dabei helfen. Sie bietet gerade als Arbeit mit dem inneren Kind einen energetischen und zu-

*zur Arbeit mit dem inneren Kind s. Reddemann, 2001; Esslinger, 2004; Sachsse, 2004

gleich plausiblen Weg der Zusammenfügung einander entfremdeter Persönlichkeitsseiten. Es macht überzeugend Sinn, den Erwachsenen zu bitten, nun, da er sich mit seinem Kindesschicksal besser auskennt, Verantwortung dafür zu übernehmen, dass die Kinds*kräfte*, die zugehörigen Phantasien und Begabungen, eine Plattform in der Realität bekommen. Die Möglichkeiten, welche die Realität hierfür bietet, brauchen eine Wahrnehmung, die beides vereint, Beweglichkeit und Kreativität des Kindes und Anpassungs- wie Abgrenzungsfähigkeit des Erwachsenen. Irgendwann in einer von Heilungsmotivation getragenen Psychotherapie kommt der Punkt, wo das verantwortliche Erwachsensein angenommen wird, und wenn es Jahre dauert, auch wenn das erlebte Erwachsensein in äußeren Kategorien betrachtet nicht perfekt ist. Entscheidend ist der subjektive Wunsch, nicht mehr das eine *oder* das andere zu leben, sondern beides in einem zu haben und für das *Ganze* Sorge zu tragen. Wenn beide, Erwachsener und inneres Kind, trotz bestens geübten Kontakts weiterhin getrennte Wege gehen, stimmt etwas nicht.

Wie sich in der Arbeit mit dem inneren Kind eine Seelenrückholung anbieten kann, soll in der folgenden Geschichte gezeigt werden:

Von Birte und deren Unterstützung durch die Großmutter ist schon erzählt worden. Der Anlass ihrer Psychotherapie war ja jenes Festkleben an einem Mann, der ihr nicht gut tat. Trotz besseren Wissens war sie nicht von ihm losgekommen. Rief er sie an, ging sie gleich auf sein Kontaktangebot ein, obwohl er sie ein paar Tage zuvor vielleicht grob weggeschickt oder beleidigt hatte. Mehrmals hatte sie mit Unterstützung der therapeutischen Einsichten und auf Grund wiedergefundener Kräfte den Versuch gemacht, sich endgültig von ihm zu lösen. Doch nach einigen Wochen bedurfte es nur eines Anstoßes und sie traf ihn wieder, um sich die nächste Verletzung abzuholen.

Als dies wieder einmal geschehen war und sie verzweifelt meinte, ihr wäre nicht zu helfen, sie könne einfach nicht ertragen, verlassen zu werden, konnte das Kindesschicksal offen angesprochen werden. Birte hatte immer Angst um ihre Großmutter. Diese war ja herzkrank und hatte Anfälle, zu deren Behandlung der Notarzt gerufen werden musste. Dann hatte Birte vor dem Bett der Oma gesessen und gebetet: »Bitte, bitte, lieber Gott, mach dass sie mich nicht verlässt!« Mit jedem Anfall wurde ihre Angst bestätigt. Das ging lange so, denn die Großmutter wurde trotzdem sehr alt. Aber Birte hatte sonst keine Person, die sich ihrer annahm. Die Eltern waren mit ihrer Arbeit, ihren Frustrationen und Streitigkeiten und mit der Bestrafung schwacher Schulleistungen ihrer Kinder beschäftigt. Der Vater war Gewohnheitstrinker mit gelegentlichen, sehr bedrohlichen Aggressionsdurchbrüchen.

Birte sagte also: »Es ist dieses Kind in mir, das so unvernünftig ist und nicht merkt, was es jedes Mal anrichtet, wenn ich diesen Mann treffe.« Ich bat Birte, das Kind in ihr zu fragen, was es will. »Liebe. Es will Liebe«, meinte sie im Ton der Verzweiflung. »Was soll ich machen? Es überkommt mich, ich kann mich nicht dagegen wehren. Es ist eine schlimme Sehnsucht.« Nun schlug ich vor, dieses innere Kind nicht abzulehnen, da es sonst nichts dazulernt, sondern ihm wertschätzend und verständnisvoll zu begegnen. Ich bat Birte, nach Symbolen zu suchen, und zwar für das innere Kind sowie für die Absicht, es zu akzeptieren und zu unterstützen. Birte ging bereitwillig darauf ein und suchte drei Bilder aus. Das erste Bild zeigt ein Mädchen von vielleicht acht Jahren. Es steht wie hilflos da und schaut furchtsam auf den Betrachter. Das zweite Bild ist das Foto vom Löwen, das schon in anderen Geschichten eine Rolle spielte. Das dritte Symbol ist das Bild von einem schwarzen Panther, der geduckt und in voller Spannung auf den Beterachter blickt. Birte sah sich die Bilder nicht lange an, sie verstand schnell. Das Mädchen sei verschüchtert, ängstlich und alleine gelassen. Es brauche Schutz, meinte ich und forderte Birte auf, das Mädchen Schutz für sich suchen zu lassen. Sie fand zwei weitere Symbole. Das eine war das Bild der in Ton plastizierten menschlichen Hand, die sich schützend einem Kind zuwendet, das andere von einem Mädchen, das von einer Hand hinter ihm am Rock fest gehalten wird. Anhand dieser Symbole erklärte Birte, sie habe das Bedürfnis, für das Mädchen zu sorgen. Sie möchte es zurückhalten, damit es keine weiteren Verletzungen verursacht. Sie erkannte, dass sich ihre Probleme nicht lösen würden, wenn das Mädchen nicht akzeptiert würde. In den Bildern vom Löwen und dem Panther erlebte Birte den Schutz, den sie als Kind von sich als erwachsener Person bekommen kann.

Eine Woche später berichtete Birte, dass sie ihre entfernt wohnenden Geschwister getroffen hätte. Es wäre viel über den Vater und seine Gewaltausbrüche gesprochen worden. Sie könnte verstehen, wie verängstigt sie als Kind war. Sie möchte für dieses Kind sorgen. Ich fragte sie, wie sich das anfühle. Irgendwie wäre es sehr traurig, sich so von sich selbst getrennt zu erleben. So sollte das aber nicht bleiben, meinte sie. Das war mein Stichwort, ihr vom möglichen Seelenverlust zu erzählen. Die Kraft des Kindes könnte fort sein, das Ahnen seines Verlusts aber könne sie immer wieder in die Arme des Mannes treiben, von dem sie sich versprechen würde, die Leerstelle in ihrer Seele aufzufüllen. Das innere Kind, um das sie sich kümmern möchte, sei das verängstigte Kind, aber seine Seelenkraft wäre womöglich gar nicht da, sondern nur das Leidensmuster, das seine Flucht aus einer schlimmen Realität hinterlassen habe. Birte wurde nachdenklich. »Und was kann ich da machen«, fragte sie. Was sie gerne tun würde, fragte ich zurück. »Natürlich möchte ich die Seelenkraft des Kindes finden, wenn das geht. Es gehört ja schließlich zu mir.« So schlug ich ihr vor, wieder zu ihrem Ferienhaus in Spanien – ihrem inneren Ort des Geschütztseins – zu gehen und dort nach der verlorenen Kraft zu rufen. Wenn diese Mädchenseele sie hören könnte und kommen möchte, würde sie schon kommen. In der Imagination gäbe es keine unüberbrückbaren Räume. Daraufhin entspannte sich Birte und betrat ihre innere Welt. Im Folgenden wird wieder die Mitschrift zitiert:

B.: An diesem Ort bin ich angekommen... Ich habe geistig gerufen... Da steht auch ein kleines Mädchen an der Pforte und möchte rein. Es hält sich an den Stäben fest und guckt durch, ob jemand da ist. Irgendwie hat sie das Gefühl, dass die Pforte sich ihr nicht öffnen will. Sie sieht aber das schöne Haus mit den Blumen und den wunderschönen Garten. Sie möchte gerne rein, aber sie traut sich nicht. Sie weiß nämlich nicht, ob sie willkommen ist. Und sie hat auch ein bisschen Angst, da rein zu gehen. Aber sie möchte gerne da hinein. Sie ist ganz hilflos...

Th.: Können Sie etwas für sie tun?

B.: Hm... Ich denke, das Mädchen muss sich bemerkbar machen.

Th.: Machen Sie ihm Mut!

B.: Ich sage ihr, geh ruhig. Die Tür wird sich dir öffnen... Und die Tür öffnet sich und das Mädchen geht rein und findet dann den wunderschönen Ort. Das sieht alles ganz friedlich aus.

Th.: Gehört das Mädchen zu Ihnen?

B.: Mhm... das gehört zu mir... Es fühlt sich da ganz wohl... Aber plötzlich kommt Einsamkeit auf, obwohl der Garten so schön...

Th.: Was könnten Sie unternehmen?

B.: Ihm sagen, dass es nicht schlimm ist, dass es nicht einsam sein muss. Es sind ja

Menschen da. Und es ist auch nicht alleine, denn *ich* bin ja da. Ich sage zu ihm, wir machen es uns ganz gemütlich. Uns geht's gut. Wir müssen uns keine Sorgen machen... Aber irgendwie glaubt es mir nicht... Es sitzt da auf dem Stuhl, ganz angespannt.

Th.: Was braucht es?

B.: Ich brauche Vertrauen, sagt es. Ich muss wissen, dass es stimmt, was du mir sagst... Und ich sage zu ihm, du kannst mir vertrauen... Langsam lehnt es sich zurück. Jetzt wird es etwas entspannter... Es fühlt sich jetzt auch ganz wohl... Es scheint mir zu glauben... Jetzt steht es auf und fühlt sich irgendwie ganz frei... Mhm, es fühlt sich sehr wohl...

Th.: Fragen Sie es, was bringst du in mein Leben, wenn du zurückkehrst.

B.: Zuversicht, Liebe, mehr sagt es mir nicht... Freude... Sogar ein bisschen Übermut... mehr erfahre ich nicht...

Th.: Was würden Sie ihm sagen?

B.: Dass ich dass gerne annehme und dass es bei mir bleiben soll.

Th.: Sagen Sie es ihm.

B.: Bleib einfach bei mir, ich brauche dich...

Th.: Ist es einverstanden?

B.: Ja!

Th.: Dann bitten Sie darum, dass es mit Ihnen verschmilzt.

B.: Mhm... Das geht ohne Worte... Ja, (flüsternd:) jetzt ist es bei mir. (Es folgt ein längeres friedliches Schweigen, dann atmet Birte tiefer durch, bleibt aber weiter in Trance. Schließlich sagt sie:) So ist es gut.

Nach der Rückkehr in die Realität lächelte Birte über das ganze Gesicht und sagte: »Das gibt's doch nicht. Schön ist das.«

Ein halbes Jahr später war Birtes Vater nach einigen Wochen Krankheit verstorben. Noch einmal gewannen Verängstigung und Verlassenheit die Oberhand und trieben sie dem Mann zu. Dieser hatte angerufen, als ob er sich kümmern wollte. Er hatte aber, wie mir schien, letztlich ihre geschwächte Situation ausgenutzt. Dann hatte er sie in einem Wutanfall geschlagen, als ob er Birtes neue, alte Kraft hinter ihrer Hilfsbedürftigkeit gespürt hätte. Er hatte sie aus seiner Wohnung geworfen. Dieser Gewaltakt war der Schlusspunkt jener unseligen Verstrickung. Seither hat Birte genug Kraft, um ihr Leben selbst zu gestalten.

Wie schon einmal erwähnt, bedarf es auch des günstigen Zeitpunkts, um eine Seelenrückkehr zu ermöglichen. Es darf nichts übereilt werden. Es gibt auch den ungünstigen Zeitpunkt, in dem die bisherigen Coping-Mechanismen eine Veränderung ablehnen. Der betroffene Mensch könnte dann das Gefühl haben, dass ein heilender Kraftgewinn eigentlich unmöglich ist. Oder es fühlt sich für ihn so an, als ob etwas in ihm gegen den »ganzen Zauber« revoltiert, sodass er nur der Stimme vertraut, die sagt, das sei alles Einbildung, oder, was soll eine Seelenrückkehr, ich bin auch so zurechtgekommen und habe treu gedient. Es ist ähnlich wie im Gleichnis vom verlorenen Sohn. Darin kehrt bekanntlich der Sohn nach Irrfahrten, auf denen er sein Erbteil verprasste und dann beinahe verhungerte, nach Hause zurück. Schon von weitem sieht ihn sein Vater und eilt ihm entgegen, um ihn in die Arme zu schließen. Nun ordnet der Vater ein großes Fest an. Da wird der andere Sohn, der von seiner Fleißarbeit auf dem Feld zurückkehrt, ärgerlich und klagt: »So viele Jahr schon schufte ich für dich. Jeden Auftrag habe ich erfüllt. Mir hast du niemals auch nur ein Böcklein gegönnt, wenn ich mit Freunden feiern wollte. Aber kaum taucht dieser da wieder auf, dein Sohn, der sein Vermögen mit Huren durchgebracht hat, da schlachtest du für ihn das Mastkalb.« Der Vater antwortet ihm: »Aber mein Sohn, du bist doch immer bei mir, und alles, was mir gehört, ist auch dein Besitz. Du solltest dich freuen und mitfeiern, denn er, dein Bruder, war tot und ist wieder lebendig, er war verloren und wurde wiedergefunden.«[1]

Dies ist natürlich eine religiöse Parabel, aber sie hat doch vieles von der seelischen Betrachtung an sich, in der die Ganzheit das Gesundungsziel ist. Der Verlust von Seelenkräften macht den Hausherrn, psychologisch wohl das Selbst, leidend. So ist es nicht verwunderlich, wie Freude aufkommt, wenn die Kräfte zurückkehren. Aber die stabilisierenden, auf ihre Art bemühten und fleißigen psychischen Arrangements sind plötzlich weniger gefragt und sollen sich sogar mitfreuen, dass sie nun nicht mehr die erste oder einzige Geige spielen. Hier fühlt sich der Ich-Anteil zurückgesetzt, der sich mit den Stabilisierungsmechanismen identifiziert und sie mitorganisiert. Insofern zeigt das Gleichnis deutlich, das Selbst muss stark genug sein, um in positive, lebensdienliche Veränderungen hineingehen zu können, um das Ich und die bisherigen Schutzmechanismen, überhaupt die Kunst des Überlebens, wissen zu lassen, dass sie ihre Arbeit nicht umsonst verrichtet haben. Es bedarf bei aller Freude über neue Perspektiven auch der Würdigung dessen, was das Überleben angesichts der prägenden Traumatisierung ermöglicht hat.

Es gibt Ausschlusskriterien für Seelenrückholung. Es ist davon abzuraten, auf diesem Wege eine blühende Psychose zu behandeln. Auch macht es keinen Sinn, Seelenkräfte zur Entlastung von einer zerstörerischen Suchterkrankung zurückzuholen. Paranoide Wahrnehmungsmuster, soweit sie einen Menschen unter ihrer Kontrolle haben, sollten auch nicht so behandelt werden. Auch bei aggressiv getönten Verstrickungen, in denen gegenseitige Mord- oder Gewaltimpulse vorrangig sind, besteht keine Indikation. Ebenso sind sado-masochistische Verstrickungen erst bei genauer Untersuchung eine Option für Seelenrückholung. In all den Fällen, wo durch eine Seelenrückholung die Verstärkung des von Betroffenen oder anderen beklagten Leidens sicher ist, braucht gar nicht an sie gedacht zu werden.

Im Übrigen legt die traditionelle schamanische Erfahrung nahe, in jedem Fall zunächst eine Reise zu den Verbündeten zu machen, um sie nach der Möglichkeit einer Heilungsmaßnahme zu fragen. Im psychotherapeutischen Geschehen kann dies im Tagtraum erkundet werden. Nach meiner Ansicht kann auch auf die Hilfe von Helfersymbolen vertraut werden. Zumindest leisten sie ihren Beitrag, um die Notwendigkeit einer beabsichtigten Seelensuche zu ergründen.

Wie Ingerman erklärt[2] ist die probate Vorgehensweise meist eine Aufgabenteilung zwischen Psychotherapeuten und schamanischem Praktiker. Schon oft haben Psychotherapeuten Patienten auf einen möglichen Seelenverlust aufmerksam gemacht und sie – den rechten Zeitpunkt vorausgesetzt – zu Ingerman geschickt. Häufig kamen die Psychotherapeuten sogar mit zur schamanischen Aktion. Ein geeigneter Zeitpunkt ist es, wenn eigentlich alle wichtigen Einsichten über den inneren Konflikt und die schädigenden Lebensaspekte erarbeitet sind, sich aber keine durchgreifende Besserung eingestellt hat. Gleichwohl erlebt sich der Betroffene vom Leiden so motiviert, dass er eine Besserung ersehnt. Nun treten er und sein Therapeut auf der Stelle.

Eine andere Situation für Seelenrückholung kann sich ergeben, wenn eine kürzliche Traumatisierung zur Psychotherapie geführt hat. Es ist gut möglich, dass der Schock

---

[1] Lk. 15, 11–32; zit. n. d. Bibel-Ausgabe von Klaus Berger und Christiane Nord [2] mündliche Mitteilung

noch vorherrscht und die Coping-Strategien erst im Entstehen sind. Vorausgesetzt, der Betroffene ist nicht schon vorher ein- oder mehrmals traumatisch verletzt worden. In einem solchen Fall muss erst die Stabilität gefördert werden, damit die zurückgeholte Seelenkraft nicht in eine zersplitterte Psychodynamik geworfen wird.

In der schamanischen Reise werden ja die Verbündeten nach ihrer ›Diagnose‹ und den angezeigten Hilfsmaßnahmen gefragt. Vielleicht tun sie auch kund, dass sie sich selbst um die Problematik kümmern. Wenn eine verlorene Seele angetroffen wird, muss sie im Übrigen mitzukommen bereit sein. Für die Kooperation im Dreieck Patient/Klient, Psychotherapeut und schamanischer Praktiker ist letztlich immer entscheidend, ob die Geisthelfer eine spirituelle Behandlung sinnvoll finden und wie sie geschehen kann.

Bei einer Schockreaktion, z. B. nach einem Unfall, nach erlittener Gewalt, einer Naturkatastrophe u. ä., ist immer an Seelenverlust zu denken, spätestens dann, wenn eine anhaltende depressive Stimmung beobachtet wird und sich Anzeichen von Müdigkeit und schwindender Lebenskraft ergeben. Häufig ziehen wir uns dann zurück, verspüren etwas Bleiernes, Leeres.

Die Psychotraumaforschung hat auch die Akutreaktionen untersucht und von den Langzeitreaktionen unterscheiden gelernt. Aus der schamanischen Sicht ergibt sich ohne Frage die Notwendigkeit, eine tiefer gehende Schockreaktion, die eindeutig psychische Folgen hat, auf den wahrscheinlichen Seelenverlust hin zu betrachten und in der schamanischen Reise den verlorenen, geflüchteten Seelenteil so bald wie möglich zurückzubringen. Die Folgen einer anhaltenden Depression mit den jeweils wahrscheinlichen Begleiterscheinungen wie Immunschwäche, rasche Erschöpfung, Schlafstörungen, Albträume, Isolation, Konzentrationsschwäche und vieles mehr, was sich auf Grund des Kraftverlustes ergeben kann, können durch rechtzeitig erfolgte Seelenrückholung eingeschränkt werden. Dies kann sogar eine spontane Besserung bewirken.

Die spontane Heilung nach Rückkehr der verlorenen Seelenkraft konnte ich in einem Fall direkt miterleben. Die betroffene Person behandelte sich selbst, ich hatte ihr lediglich den Vorschlag dafür gemacht und ihr auf der Seelensuche in eigener Sache gezielt Rückendeckung gegeben. Diese Geschichte will ich erzählen:

Agnes, damals vierundzwanzig Jahr alt, hatte sich bei einer tätlichen Auseinandersetzung an ihrem Arbeitsplatz das rechte Ellenbogengelenk gebrochen. Die Auseinandersetzung war lebensbedrohlich gewesen. Sie war seit einigen Wochen krankgeschrieben und sehr verunsichert. Sie arbeitete in einem Wohnheim für psychisch kranke und behinderte Menschen. Der Mann, der sie so zugerichtet hatte, war im Verlauf seiner psychischen Erkrankung mehrmals akut psychotisch gewesen und dann auch körperlich aggressiv geworden. In jener Auseinandersetzung hatte er sie angespuckt und sie auf den Kopf und den Arm geschlagen. Mit dem Arm hatte sie sich schützen wollen. Ansonsten war sie hilflos. Der Heimbewohner hatte sie angebrüllt, er werde sie totschlagen. Ein anderer Heimbewohner war dazwischen getreten und hatte sich vor Agnes gestellt, um sie zu schützen. Ihr Hausarzt hatte ihr empfohlen, sich an einen Psychotherapeuten zu wenden, um das traumatische Ereignis besser zu verarbeiten.

Agnes sagte: »Es ist fast einen Monat her, aber es sitzt noch sehr tief. Ich stand total unter Schock.« Wie sie weiter berichtete, kam es noch schlimmer für sie. Einen Tag nach der Gewalttat gab es in der Familie einen Unfall mit Todesfolge. Die kleine Nichte von Agnes' Freund hatte sich mit dem Riemen des Fahrradhelmes stranguliert. Das war der nächste Schock. Seither konnte Agnes nicht mehr alleine sein, weil sie ein unterschwelliges Angstgefühl erlebte, das sie bisher nicht kannte. Als sie drei Wochen nach der Gewalttat den betreffenden Heimbewohner in Begleitung ihrer Vorgesetzten im Krankenhaus besuchte, hatte sie den Eindruck, dass er sich nur widerwillig bei ihr entschuldigte. Sensibel nahm sie wahr, wie wenig ihm seine Tat Leid tat. Auch das Wissen darum, dass er aus einer Familie stammt, in der strukturelle Gewalt vorherrscht, konnte keine Hilfe für sie sein. Agnes hatte in ihrem Leben noch keine Gewalttat erlebt. Sie war bislang eine lebensfrohe Frau bei bester Gesundheit. Auf meine Frage, was sie von einer psychotherapeutischen Behandlung erwarte, sagte sie, sie möchte »gestärkt aus dieser Misere hervorgehen«, sie wolle nicht mit einer Vogel-Strauß-Politik reagieren.

Als wir uns nach gut einer Woche wiedersahen, beschrieb sie ihren Zustand mit: »Es geht so.« Sie könne in letzter Zeit schlecht zuhören. »Das ärgert mich«, sagte sie, »weil es eine Fähigkeit ist, die ich sehr an mir geschätzt habe.« Ich versuchte ihr zu erklären, dass der Abzug der Aufmerksamkeit aus der Umwelt ein Selbstschutz wäre. Dieser Rückzug wäre wohl von einem Gefühl begleitet, als ob sie nicht ganz bei sich wäre. Agnes stimmte zu und meinte: »Ich möchte wieder die Alte sein. Ich möchte wieder ich selbst sein. Die kleinen Freuden wieder erleben.«

Nun schien es mir wichtig, dass Agnes Kraft und Sicherheit erlebte. So schlug ich ihr vor, sich in ihrer Vorstellung auf einen Platz in der Natur zu begeben, wo sie sich wohlfühlen könnte. Das tat sie. Sie entspannte sich ein wenig und glitt in ihr inneres Erleben. Sie ging einen Weg durch den Wald und kam auf eine Wiese, wo ihr Pferd stand. Mit ihm ritt sie eine Weile. Sie erlebte das recht intensiv, auch mit anderen Sinnen. Sie hörte die Vögel singen und roch den modrigen Geruch des Waldes. Sie hörte die Kaugeräusche des Pferdes. Es ging ihr gut da. Dies ermutigte mich, sie gleich auf mögliche Helferwesen aufmerksam werden zu lassen. So sagte ich: »Wir brauchen jetzt einen direkten Weg zu der Heilkraft der Seele. Lassen Sie ein Wesen auftauchen, das Ihnen hilft.«

Daraufhin erschien ein glitzernder Nebel. Agnes sollte ihn ansprechen, schlug ich vor: »Wer bist du? Kannst du dich zeigen?« Ein Einhorn, meinte sie. Sie möchte es fragen, ob es ihr seelischer Helfer sei, sagte ich. Wie Agnes sah, nickte das Einhorn ihr zu. Nun war ich meinerseits voller Vertrauen, dass Agnes auf dem richtigen Weg der seelischen Heilung war und die Zeichen gut standen für die Suche nach dem verlorenen Seelenteil. Das folgende Geschehen zitiere ich aus meinem Protokoll:

Th.: Sprechen Sie nun die Bitte aus: Führe mich zu dem Teil, den ich verloren habe!

A.: Ich gehe durch den Wald. Jetzt stehen wir vor einem See. Mehr geschieht jetzt nicht.

Th.: Halten sie Kontakt zum Einhorn.

A.: Der Seelenteil ist unten im See. Es schüttelt den Kopf. Jetzt ist noch nicht der Zeitpunkt.

Th.: Fragen Sie, wie Sie an das Verlorene herankommen.

A.: Ich soll im See danach suchen. Aber es geht nicht, weil ich Angst habe zu tauchen und zu schwimmen.

Th.: Kann das Einhorn helfen?

A.: Es sagt, ich soll das alleine machen.

Th.: Fragen Sie, ob es einen Helfer fürs Tauchen und Schwimmen gibt.

A.: Den gibt es, aber er ist nicht da… Das Einhorn geht weg… Es sagt, dass es diesen Helfer holen will… Es kommt jetzt zurück zum See mit einem Mann auf seinem Rücken. Der Mann hat mir gesagt, dass wir jetzt zusammen in den See springen müssen.

Th.: Haben Sie Vertrauen zu ihm?

A.: Nicht wirklich.
Th.: Wie können Sie Vertrauen bekommen?
A.: Ich müsste auf den Grund schauen können.
Th.: Bitten Sie darum!
A.: Jetzt sind wir reingesprungen...
Th.: Sie wissen beide, dass Sie das Verlorene suchen.
A.: Ich habe jetzt eine kleine Sonne in meiner Hand.
Th.: Schön.
A.: Der Mann hat gesagt, ich soll den Rest alleine machen.
Th.: Was machen Sie mit der Sonne?
A.: Die habe ich in die Tasche gesteckt.
Th.: Fragen Sie das Einhorn, was Sie machen sollen, damit die Seele wieder ganz zu Ihnen gehört.
A.: Ich soll immer an sie denken...
Th.: Bevor Sie sich verabschieden, fragen Sie, ob das Einhorn ein bleibender Helfer ist.
A.: Ja, es sagt, ich soll immer an den Platz kommen, wenn es mir schlecht geht.
Th.: Gut. Bedanken Sie sich bitte und kommen Sie dann hierher zurück.

Als wir über das eben Erlebte sprachen, meinte Agnes: »Das war sehr schön. Ich bin gespannt, wie das wird. Ich bin überrascht, dass das so ging.« Ich überlegte laut, das wäre wie im Märchen, und Agnes stimmte zu. Daraufhin waren wir beide eine Weile ruhig, jeder hing seinen Gefühlen und Gedanken nach. In meinem Protokoll war noch hinzugefügt: »Ich verzichte auf jegliche Interpretation, gebe nur den Hinweis, dass Agnes einer uralten Erfahrung der Menschen nachgegangen ist, die zur Heilung führt.«

Gut eine Woche später sahen wir uns wieder. Agnes war wie ausgewechselt, hatte Farbe im Gesicht und ihre Augen blitzten. »Mit geht's gut«, sagte sie, »seit drei, vier Tagen.« Sie überlegte, ob sie noch weiter im Heim arbeiten wollte. Klar war ihr, dass sie sich nicht mehr so einschüchtern lassen wollte. Sie war bei der zuständigen Geschäftsstelle der Krankenkasse, die ihr die Fahrt zum Krankenhaus nicht bezahlen wollte. Sie sollte auch kein Schmerzensgeld einfordern können, hieß es, derartige Gewalterfahrungen wären ihr Berufsrisiko. Sie hatte dem Sachbearbeiter mit juristischen Schritten gedroht. »Ich hatte nicht mehr dieses Herzklopfen, das hat mich ganz überrascht. Sobald ich unsicher wurde, habe ich an mein Einhorn gedacht.«

Allerdings hatte sie noch »ein mulmiges Gefühl« bei dem Gedanken, bald wieder arbeiten zu gehen. Wir besprachen ihr Anliegen, das aus dem mulmigen Gefühl hervorging. Es lautete schließlich: »Ich möchte die gewonnene Selbstsicherheit mit in die Arbeit nehmen.« Damit verband Agnes ein persönliches Problem, das sie schon lange zu beheben versuchte. Sie nähme sich nämlich schnell Sachen zu Herzen. Sie würde schwer an Kritik tragen. »Ich möchte halt von allen Menschen geliebt werden.«

Wir sprachen darüber, was dies für ihre Arbeit und für den Wunsch nach mehr Selbstsicherheit bedeuten würde. Agnes war die Verbindung aus mangelnder Selbstsicherheit und unterschwelliger Opferrolle gleich klar. So schlug ich noch einmal einen Tagtraum vor, in dem sie ihr Anliegen mit ihrem Seelenhelfer besprechen sollte.

»Ich stehe auf der Wiese und warte auf das Einhorn... Das Einhorn ist jetzt da... Ich habe das Einhorn gefragt, wie ich das ändern kann, wie ich zur Arbeit gehen soll... Es hat gesagt, ich soll mich nicht für alles rechfertigen, sondern nur sagen, was ich will, was ich nicht will und den Meinungen von bestimmten Leuten nicht so viel Beachtung schenken... Es hat mir angeboten mitzukommen.« Bei dieser Imagination habe ich mich nicht mehr eingemischt. Agnes fand es »erstaunlich, wie die Verbindung funktioniert. Mir war nicht klar, dass das wirklich geht.«

In der Folgezeit erlebte sie sich wieder als die Alte mit dem kleinen Zusatz, dass sie der Selbstsicherheit und dem Erleben innerer Kraft viel mehr Beachtung als zuvor gab. Sie brauchte keine weitere Psychotherapie, weil es ihr gut ging, sagte sie am Telefon.

Ich hoffe, dass es Verständnis findet, wenn ich die Tagtraumreisen von Agnes nicht interpretiere. Hinsichtlich der therapeutischen Methode ist offensichtlich, dass ich einen Teil Führung im Dienst der Seelensuche übernommen habe. Ich war sozusagen dran geblieben und habe der Angst von Agnes nicht nachgegeben. Dahinter steckten gewiss auch eigene Erfahrungen mit der schamanischen Reise zur Seelenrückholung. Die Verbündeten der nichtalltäglichen Wirklichkeit testen bisweilen den Besucher ihrer Region, ob er mutig genug ist, ob er etwas taugt, ob er es ernst meint. Die Berichte von schamanischen Reisen aus der alten Zeit sind voll von Heldentaten, Prüfungen und bisweilen auch unvermeidlichen Gegenleistungen. Psychodynamisch gesehen war der Mann, der mit Agnes in den See sprang, wahrscheinlich eine psychische Repräsentanz des konkreten Therapeuten. In der Tat ist ja dessen Begleitung im Dialog aktiv. Schamanisch betrachtet, ist er mit seiner geistigen Absicht bereits Teil des Geschehens. Wenn er dann noch Anweisungen gibt oder Vorschläge macht, ist er unweigerlich ein energetischer Bestandteil des Tagtraumgeschehens. Insofern stimmt die Annahme seiner psychischen Repräsentanz. Andererseits muss respektiert werden, dass die wirkliche Erfahrung *nicht* der Therapeut macht. Die wirkliche psychische Arbeit hatte Agnes gemacht, und sie hat es gut gemacht. Schließlich muss auch die Hilfe des Einhorns gewürdigt werden. Es hat wohl wahrgenommen, dass Agnes der Sache nicht ganz traute und unsicher war. Doch hat es letztlich den Mann herbeigeholt, der die Seelensuche fortsetzen half.

In einer traditionellen schamanisch geprägten Gemeinschaft wäre Agnes nicht selbst auf Seelensuche gegangen. Das hätte der zuständige Sippenschamane gemacht und die Angehörigen wären Zeugen und Unterstützer gewesen. Das ist ein gewaltiger Unterschied zur modernen Psychotherapie, in welcher der Patient in einer Art Balance aus Suggestion und (erklärender, deutender, ermutigender) Begleitung einerseits und Zurückhaltung bzw. Nichteinmischung andererseits behandelt wird. Nie käme ein moderner, staatlich zugelassener Psychotherapeut auf die Idee, die verlorene Seele seiner Patienten irgendwo im geistigen Universum zu suchen. Dennoch tut er dies in indirekter Weise, indem er die Suche der Patienten nach ihrer verlorenen (Seelen-) Kraft mitgestaltet und aufmerksam mitträgt.

24

Die Geschichte einer Seelenrückholung

*B*evor ich die Geschichte einer Seelenrückholung schildere, die ich selbst in der Rolle des schamanischen Praktikers unternommen habe, möchte ich einige Überlegungen aus Sicht der psychodynamischen Theorie einfügen, um mögliche Fragen aus der Perspektive des Therapeuten anzusprechen. Der Psychotherapeut in mir sagt, ich begebe mich auf ein glattes Parkett, weil ich mit der Seelenrückholung die allgemeine Vorstellung von der professionellen Haltung eines Psychotherapeuten in Frage stelle.

Die schamanische Behandlung eines kranken oder leidenden Menschen erfordert von der Person, die in der Heilerrolle ist, Aktivität. Sei es, dass durch Fragen oder Beobachtungen die Symptome und mögliche ursächliche Zusammenhänge erfasst werden sollen. Sei es, dass eine schamanische Reise unternommen wird, um Ursachen und notwendige Behandlungsaktivitäten herauszufinden oder anderweitiges Wissen zu erwerben, das zur Besserung bzw. Heilung notwendig ist. Sei es, dass die heilende Initiative der Geisthelfer erbeten wird oder ihre Hilfe für Handlungen des Schamanen gebraucht wird. In der Seelenrückholung ist dieses Rollenmuster gut überschaubar. Die Entscheidung dafür, eine verlorene Seele in der nichtalltäglichen Wirklichkeit zu suchen und dem Klienten/Patienten zurückzubringen, fällt am sichersten, wenn die Geisthelfer entsprechende Hinweise geben und den Schamanen auch zu unterstützen bereit sind.

Die Schamanen scheinen viel aktiver als Psychotherapeuten zu sein. Letztere praktizieren je nach therapeutischer Methode mehr oder weniger deutlich in Distanz und Zurückhaltung gegenüber ihren Patienten. Dennoch greifen auch sie durch ihre Deutungen und Erklärungen des Leidens und seiner ursächlichen Zusammenhänge in das Leben der Hilfesuchenden ein. Es gibt vielerlei Einflussnahmen im psychotherapeutischen Prozess. Selbst das klassische psychoanalytische Szenario, das den Patienten assoziativ erleben, darüber sprechen und sich selbst besser verstehen lässt, ist durch die Persönlichkeit des Analytikers und seine Reaktionen voller subtiler, bisweilen spontaner, meist aber wohl überlegter Einflussnahmen. Metaphorisch ausgedrückt, ist in jedem Fall der Psychotherapie ein gefühlsbezogener und gedanklicher *Raum der Heilung* notwendig, in dem sich Leidender und Behandler begegnen, um die Möglichkeiten und Kräfte der Heilung zu sondieren. Ein solcher Prozess führt im Erfolgsfall dazu, dass sich der Patient unterstützt, aufgehoben und gefördert fühlt. Er kann auf diese Weise notwendige Einsichten gewinnen, alternative Lebensmöglichkeiten erproben und verdrängte oder konflikthafte Erlebnisse in die bewusste Erfahrung integrieren.

Natürlich kann ein Schamane auch Gespräche über Leiden und ihre Ursachen führen. Er kann Hinweise und Empfehlungen geben bzw. Verordnungen machen, die eine

Besserung des Leidens in Aussicht bringen. Praktisch gesehen sind die Unterschiede zwischen einem im heilenden Sinne geschickt handelnden Schamanen und einem professionellen Psychotherapeuten unwichtig. An der archaischen Rollenkonstellation und ihren Wirkungen auf Grund der Konsultation eines erfahrenen Behandlers hat sich seit Jahrtausenden wohl nichts geändert. Wäre da nicht diese eigenständige, für Außenstehende ominöse schamanische Reise in die nichtalltägliche Wirklichkeit und die Behandlungsmethode, die darauf aufbaut. Das Problem ist sicherlich, wie diese Methode im theoretischen Bau der Psychotherapie verstanden oder erklärt werden kann.

Aus der psychodynamischen Sichtweise hat jeder Behandlungsvorgang eine unbewusste Beteiligung des Erlebens und zwar seitens aller Beteiligten. Man könnte daraus schließen, dass der Schamane das Unbewusste absichtlich aufsucht, um dortige Erfahrungen für den Patienten therapeutisch nutzbar zu machen. Weiter reicht die psychodynamische Erklärung zwar nicht, sie kann aber all das in sich vereinen, was zur Betrachtung und Erklärung des Unbewussten und seines Verhältnisses zum bewussten Erleben von vielen Fachleuten zusammengetragen worden ist. Und das ist so viel, dass es kaum zu überblicken ist. Hervorheben möchte ich hier eine wertschätzende Auffassung des Unbewussten. Sie hatte eigentlich seit Sigmund Freud schon immer einen Platz in der Psychologie. Doch blieb das zugleich ambivalent. Es gab und gibt wechselnde Einschätzungen des Unbewussten, dessen Einfluss auf das Leben auch für Leid, Zerstörung, Chaos usw. verantwortlich sein kann.

Die Untersuchung der menschlichen Psyche und ihrer Bewusstseinsebenen hatte Sigmund Freud zur Unterscheidung von Primär- und Sekundärvorgang geführt. Zwei Aspekte waren damit verbunden: Erstens suchte Freud eine systematische Trennung zwischen den *Ebenen* der gesamten menschlichen Bewusstseinskonstruktion (topische Sichtweise), d. h. im Primärvorgang (oder Primärprozess) sah er das »System Unbewusst« und im Sekundärvorgang (-prozess) das »System Vorbewusst-Bewusst«. Zweitens wollte er die Beobachtung psychischer Energie und ihrer möglichen Gesetzmäßigkeit theoretisch zuordnen (ökonomisch-dynamische Sichtweise). Im Primärvorgang kann sich hiernach die psychische Energie frei bewegen. Sie kann ohne Hindernisse Vorstellungen besetzen, d. h. alle möglichen Erlebnisbereiche erschließen, wenn keine Zensur vorhanden ist. Dafür wäre der Sekundärvorgang zuständig. Unter seiner Obhut ist die Energie gebunden und bekommt eine kontrollierte Form. Die energetische Besetzung von Vorstellungen ist dadurch in sich stabiler. Dies ist im Übrigen nach Freud die psychisch-energetische Grundlage der Fähigkeit des Menschen, einen stabilen Realitätssinn zu erwerben und zu bestätigen. Der Sekundärvorgang ist also dem Realitätsprinzip, der Primärvorgang dem Lustprinzip zugeordnet. Die Unterscheidung zwischen Primär- und Sekundärprozess sowie Lust- und Realitätsprinzip wird als Gegensatz bezeichnet.*

In der wertschätzenden Perspektive des Unbewussten wird die beschriebene Gegensätzlichkeit relativiert. Hierbei bekommen die Regieanweisungen und Aktivitäten des Primärvorgangs entsprechend seiner Beweglichkeit auch positive und förderliche Aspekte zugesprochen. In der Spannung zwischen der optimistischen und pessimistischen Perspektive ergibt sich, wie ich meine, ein konstruktives Dilemma. Aus psychoanalytischer Sicht muss das wahrnehmende und handelnde Ich dem Es so viel Macht und Einfluss nehmen, wie ihm möglich ist. (»Wo Es war, soll Ich werden.«) Zugleich braucht das Ich aber die Potenz und Kreativität des Primärprozesses, also die Angebote der Es-Instanz, um seine Einengungen und Erstarrungen lösen zu können, die insbesondere durch Über-Ich-Maßnahmen geformt werden. Wir müssen demnach das Unbewusste kontrollierend beobachten, aber auch darauf achten, was aus ihm an Impulsen etwa in

*s. Laplanche und Pontalis, 1972, S. 396 ff

Träumen, Symbolisierungen oder im unwillkürlichen Vorstellungserleben geschieht. Beide Haltungen brauchen einander, zumindest wenn wir aus therapeutischer Sicht argumentieren. Die Einkehr in innerseelische Erfahrungsmodi (insbesondere Imaginationen und Trance-Reisen) dient dann als Vermittlungsglied. Eine prägnante Formulierung benutzt Hanni Salvisberg: »Durch das Eintauchen in die Gefühlswelt der Imagination gelangt der Träumer zu Daten, zu denen er sonst nur schwerlich Zugang hätte und mit deren Verknüpfungen und symbolischer Darstellung ein progressiver Erkenntnisprozess eingeleitet und durchgeführt wird.«[1] Die psychologische Theorie braucht ein Konzept, das dem Imaginierenden Vertrauen in seiner Hinwendung zu primären Inhalten gestattet. Ein solches Konzept anerkennt im Primärvorgang »organisierende Prinzipien im Dienste der Integration der Persönlichkeit«.[2]

Die Anwendung solcher Überlegungen auf die schamanische Reise und Heilungspraxis ist legitim und aus der Sicht der Psychologie notwendig. Diese Arbeit ist unumgänglich, wenn wir nicht in oberflächlichen Interpretationen und Bewertungen hängen bleiben wollen. Auf der Ebene des Primärvorgangs muss, psychologisch gesehen, die Fähigkeit unterschwelliger Wahrnehmungen angesiedelt sein, wie sie etwa in der Seelensuche und -rückholung erkennbare und plausible Formen bekommt. Der Primärvorgang ist demnach auch die Erfahrungsebene, welche die psychischen Inhalte einer schamanischen Reise bereithält, die der Alltagswahrnehmung und ihrer realitätskonformen Geregeltheit entgehen. In den Primärprozess eintauchend, ist es mit Übung und Fokussierung grundsätzlich möglich, Informationen über das Leiden anderer Menschen zu bekommen und daraus Schlüsse für die Behandlung zu ziehen. Aus der schamanischen Sicht freilich zählen solche theoretischen Erwägungen wenig oder gar nichts. Vielleicht zählen sie als Wege des Lernens oder als Initiation, durch die Psychotherapeuten mit der Zersplitterung ihrer Gedankenformen konfrontiert werden können, bis sie modern-sokratisch sagen: Nichts Gewisses weiß man nicht.

Dieses recht schmale Brett psychologischer Erklärungen nutzend, will ich mich erneut zum Sprung in die schamanische Wahrnehmung begeben. Bei dieser Seelenrückholung trat ich nicht als Psychotherapeut auf, sondern als schamanischer Praktiker. Beides halte ich formal streng getrennt.[3] Die von Sandra Ingerman vorgeschlagene Trennung beider Behandlerrollen macht auf jeden Fall Sinn. Der schamanische Praktiker bewegt sich auf der spirituellen Ebene, der Psychotherapeut auf der Ebene der Verstehens und Veränderns psychischer Inhalte. Dass beide Ebenen einander in ihrer Wirkungen sehr nahe kommen können und auch Überschneidungen erfahren, sollte aus den Ausführungen der vorherigen Kapitel deutlich geworden sein.

Die Geschichte handelt von meiner schamanischen Reise für Sara. Ihr war von einer Sozialarbeiterin während eines Klinikaufenthaltes geraten worden, sich um eine Seelenrückholung zu bemühen. Sara war in spirituellen Dingen bewandert und erhoffte sich auf diesem Wege eine Besserung ihrer leidvollen Situation. Sie war in der Nähe ihres Wohnortes auch in psychotherapeutischer Behandlung. Ich erzähle die Geschichte hier, wie ich sie damals aufgezeichnet habe, nämlich als würde mir jemand zuhören. Wie schon früher bemerkt, ist das Erzählen von Geschichten, die den Geschehnissen

---

[1] Salvisberg, 1997, S. 77 [2] Fosshage, 1983, zit. n. Salvisberg, S. 76 [3] Das heißt, ich enthalte mich im therapeutischen Geschehen direkter schamanischer Behandlungsaktivität. Bis jetzt wurde sie auch kaum gewünscht. In wenigen Fällen habe ich sie angeregt, als der Therapieverlauf und die spirituelle Haltung des/r Betreffenden eine schamanische Seelenrückholung nahe legte. Im Bedarfsfall würde ich den Wunsch eines Patienten nach einer solchen Behandlungsform achten. Es könnte dann sinnvoll sein, die Sehnsucht nach der verlorenen Seite des persönlichen Lebens zu thematisieren und symbolisch oder imaginativ aufzusuchen. Die Seelenrückholung selbst müsste eine andere kundige bzw. befähigte Person ausführen, wenn sie im Rahmen des psychischen Reintegrationsgeschehens nahe liegt.

auf schamanischen Reisen entstammen, ein wichtiger Teil traditioneller schamanischer Praxis. Es dient sowohl dem Miterleben, der Wirksamkeit und der Wertschätzung als auch der gemeinschaftlichen Unterhaltung.

Sara spricht leise, leise, doch gut verständlich. Sie ist etwa Ende Vierzig und wirkt von vielem Mühen ausgezehrt, was sich in ihr Gesicht, vielleicht auch in die hagere Gestalt eingegraben hat. Sie regt mich mit der unprätentiösen, sparsamen Schilderung ihres Leidens zu großem Respekt an. Das wirkliche Leiden sei noch nie behandelbar gewesen, sagt sie. Sie spricht von ganz tiefer Traurigkeit und Schamgefühl. Die seit einem Jahr mit Unterbrechungen laufende Psychotherapie nötigt ihr das Gefühl auf, dass sich alles wiederhole. Immer wieder ging sie für gewisse Zeit in die psychiatrische Klinik, um der Lösung ausweichen zu können, die sie lange zur Behandlung ihrer Depression benutzt hatte: Alkohol.

Sie erzählt vom Elternhaus. Beide Eltern waren Alkoholiker. Dessen ungeachtet waren es sieben Kinder, die sie aufziehen mussten. Das Ganze hatte viele Züge von Unordnung und Mangel, die dem sozialen Umfeld nicht verborgen blieben. Früh begann die Scham in Sara zu wirken. Alles außerhalb der Familie wurde zur angstvollen Quälerei.

Die Sozialarbeiterin hatte Sara zu mir geschickt. Sara hatte sich in einem Behindertenheim als Betreuerin aufgearbeitet und bis zur völligen Erschöpfung der inneren und bisweilen äußeren Anforderung zur Selbstopferung nachgegeben. Das war vor einem Jahr. In der Erschöpfung machte sich das Versagensgefühl tyrannisch breit und forderte Konsequenzen. Sara ging in den Wald und nahm dort eine Menge Tabletten. Gerade noch rechtzeitig, um ihr Leben zu retten, wurde ihr Körper von Reitern entdeckt. Nach drei Tagen im Koma wachte sie auf. Und direkt von der Intensivstation kam sie ins psychiatrische Krankenhaus.

»Die Ängste begleiten mich mein Leben lang. Immer dieses Rotwerden.« Seit zehn Jahren will sie sich davon heilen, besuchte alle möglichen Angebote, von Gesprächsgruppen über Taiji-Kurse bis zu Meditationsübungen. »Die Gruppentherapie war reines Durchhalten«, sagt sie. Ich kann nur bestätigend nicken, das kenne ich, denke ich mir. Und dann kommt Freude auf. In ihrer sympathischen bescheidenen Art sagt sie: »Manchmal habe ich das Gefühl, dass da etwas sehr Schönes ist bei mir, wie eine Gnade, da kriege ich eine Gänsehaut. Da erlebe ich ganz tiefe Dankbarkeit.« Mir auch nicht unbekannt, denke ich.

Sara wünscht sich, dass ich eine schamanische Reise für sie mache und versuche, Hilfe für sie zu bekommen. Das ist ihr gerade deshalb wichtig, weil sie langsam die Rückkehr ihrer Lebensgeister fühlt, aber auch ordentlich Kraft und Zuversicht braucht, wenn sie bald in eine mehrmonatige stationäre Suchttherapie aufbrechen muss. Ich will für sie auf die Reise gehen, das ist klar. Wir haben lange miteinander gesessen und gesprochen und vertagen uns auf eine Woche später.

Dann sitzen wir zum zweiten Mal beisammen. Sara war zwischenzeitlich bei einer homöopathisch behandelnden Ärztin, die ihr ein Mittel zur Förderung von Geborgenheitsgefühlen gegeben hatte. Und Sara hat vom Putzen und Aufräumen geträumt, davon, dass sie Dinge in Ordnung bringt, die schief gelaufen sind. Und sie hat im Traum Zwillinge geboren. Einen Tag vorher hat sie von einer schicken Frau geträumt, die alte Sachen auf dem Flohmarkt verkauft hat und nun über einen Topf voller Münzen verfügt. Lächelnd fragt Sara: »Geld ist doch auch Energie, oder?« Ich kann nur zustimmen.

Der Psychotherapeut in mir weist darauf hin, dass Sara wahrscheinlich schon lange ihr Äußeres vernachlässigt hat und dass es für ihre Selbstachtung gut wäre, sich mehr darum zu kümmern. Sara lächelt und nickt. Die Träume sind ein gutes Zeichen, sage ich zum Ende des Gesprächs. Altes und Unbrauchbares wird verkauft und Energie kommt zurück.

Wieder eine Woche später richten wir uns auf die schamanische Behandlung ein. Dazu passt Saras Traum von letzter Nacht: »Ein schönes zartes Wesen ist mir begegnet. Es fühlte sich heute Morgen so an, als ob eine Entscheidung fällig sei, in welche Richtung es weiter geht. Ich nehme wohl an, ich sollte mich liebevoll annehmen.« Außerdem, so erzählte Sara, könnte sich eine Perspektive für die berufliche Neuorientierung ergeben. Die Krankenkasse hätte den Vorschlag unterbreitet, sie könne die geplante Rehabilitationsmaßnahme mit praktischen Erfahrungen in einem Wunschberuf verbinden.

Dann wenden wir uns der schamanischen Reise zu. Welches Leiden ist das wichtigste und wird das Mitgefühl der Geisthelfer anrufen, um diesen Praxisraum in eine heilende Stätte zu verwandeln? »Das Schlimmste war seit Kindheit dieses Schamgefühl, ich bin gehänselt worden, sodass ich mich immer versteckt habe.« – »Und wofür wollen Sie heilende Kraft«, frage ich Sara. »Mut und Vertrauen bekommen«, meint sie. Dann legt sich Sara auf die Couch und ich zünde eine Kerze an. Ich halte eine glühende Salbei-Nadel mit den Fingern und rufe die heilenden Kräfte aus den vier Himmelsrichtungen und vom Himmel selbst und von der Erde. Die Kräfte kommen geschwind und durchströmen mich. Vertrauensvoll begebe ich mich auf die Reise.

Meine erste Konzentration gilt den Krafttieren. Der Schwan, mein erstes Krafttier, begrüßt mich schon auf dem Teich. »Für Sara«, sage ich. Er verbindet sich mit mir. Ich tauche in den Teich ein. Nach einem längeren Weg durch Dunkelheit trete ich in die untere Welt und gelange zu einer sehr alten Frau, einer Urmutter, die zwischen Bäumen und Sträuchern sitzt, ein Neugeborenes eingewickelt in eine rötliche Decke auf dem Schoß liegen hat und liebevoll mit den Händen hält. Sie streckt mir den Säugling sofort entgegen und sagt, hier ist sie, nimm sie mit. Das Kind kommt mir rasch entgegen und tritt förmlich in mich hinein, wo es wie hinter meinen Augen in der Stirn verweilt. Auf meine Frage an die Alte, was seine Trennung von Sara bewirkt hatte, sagt sie im Anflug von Ungeduld, das sei jetzt nicht mehr wichtig. Ich argumentiere, dass ich den früheren Verlust dieser Seelenkraft Sara plausibel machen will.

Herrschaft, es war Herrschaft, sagt die Alte und belässt es dabei. Ich vermute, dass war schon im Mutterleib, Sara hatte Angst vor dem, was sie schon von dort aus erlebte. Die Alte widerspricht meiner Vermutung nicht. Ich nehme an, ich habe es richtig verstanden. Ich höre mit dem Trommeln auf und kehre mit meinem Bewusstsein in den Praxisraum zurück. Ich blase die Seelenkraft, wie ich sie innerlich sehe, in den neben mir liegenden Quarzkristall. (Diesen benutze ich als Behältnis für die verlorenen Seelenteile, die ich auffinde und zurückbringen will. Am Ende der Prozedur werde ich alle nun zurückkehrenden Seelenteile mit jeweils einem Atemstoß Sara einhauchen.)

Nun schaut mich die Eule, ein weiteres meiner Krafttiere, mit ihren großen Augen an. Sie hat Seelenkraft aus dem Mädchenalter Saras in sich aufgenommen und lässt sie nun für mich sichtbar und innerlich greifbar aus sich hervorquellen. Mit einer kurzen Vision werde ich in die Zeit zurückversetzt, als das Mädchen Sara seine ersten Wochen in der Schule erlebte. Unüberhörbar ist in meinen Gedanken: Scham, Scham, Scham! Jetzt aber, da ich nach seiner wahren Kraft frage, steht das Mädchen kräftig im Körper, stämmig in den Beinen und mit ernstem, festem Blick vor mir und schaut mich an. »Willst du dorthin zurück, wo du eigentlich herkommst. Du wirst gebraucht. Es soll ein besseres Leben werden, weißt du«, sage ich zu dem Mädchen. Es nickt und ich komme mit ihm geschwind in die Alltagsrealität, um auch diesen Seelenteil dem Kristall zur vorläufigen Aufbewahrung zu übergeben.

Dann kehre ich in die Dunkelheit zurück und rufe nochmals meine Helfer. Da war der Selbstmordversuch, das Koma. Ist seither Kraft verloren gegangen? Ich trete wieder in die untere Welt. Der Schwan erwartet mich. Er fliegt los, zieht mich mit. Wir landen in einem Wald, es ist düster. Da ist jemand, ich spüre es und rufe: Zeige dich, wenn du Saras Kraft bist! Zeige dich, du wirst gebraucht!

Ein Teich taucht auf. Ich blicke auf Seerosen im dunklen Wasser, ein melancholischer Blick, mit dem Anflug von Verlassenheit und dem Wunsch nach Trost. »Wer bist du, dass du mich so fühlen lässt? Zeig dich, zeig deine wahre Kraft«, sage ich in die Szene hinein. Mein Blick fällt auf ein zartes weibliches Wesen, das tanzt und dabei mit beiden Händen einen weißen Schleier hält. Die Bewegungen sind fließend und von vollkommener Leichtigkeit. »Wenn ich zurückkehre, möchte ich so tanzen«, vernehme ich von diesem Wesen. Erneut kehre ich, nun mit diesem Seelenteil in meinem Herzen, zurück ins Praxiszimmer und blase ihn in den Kristall.

Nochmals kehre ich zu meinen Helfern zurück und frage, welches Krafttier wird ihr helfen, mit diesen Seelenkräften eins zu werden und sie in ihrem Leben zur Wirkung zu bringen? Die Alte taucht wieder auf und hat nun ein Schweinchen auf dem Schoß. Das ist noch nicht glaubwürdig, sage ich. Das Schwein bekommt dunkle Borsten springt auf und wird zu einer großen Wildsau, die mich frontal konfrontiert. Beeindruckend. Es ist kein Eber, hat aber trotzdem kräftige Hauer. Ja, das ist sie, die Hilfe, sage ich dankbar und blase sie in den Kristall.

Nachdem ich diese Kräfte aus dem Kristall über Herz und Scheitel eingeblasen und die neue Einheit mit der Rassel versiegelt habe, bitte ich Sara, liegen zu bleiben und sich den Eindrücken hinzugeben, die von dieser Erfahrung ausgehen. Ich trommle und erlebe mich zärtlich singen. Schließlich höre ich damit auf, es ist gut, sagt ein zufriedenes Gefühl. Und dann mache ich eine Lampe an. Sara setzt sich auf. Sie schaut mich ernst und offen an. Ich erzähle von der schamanischen Reise und beschreibe, wie ich die verlorenen Seelenkräfte gefunden habe und wie beeindruckend schön und überzeugend sie sich für die Rückkehr bereit gemacht haben. Es war beim zweiten und dritten Mal, als ich zu suchen begonnen hatte. Die Kraft der Seelenteile war in der Nähe zu spüren, ein wichtiger Anlass, nicht so schnell aufzugeben und darauf zu bestehen, dass sich die Kraft zeigte und zwar so deutlich wie möglich. »Ja, das Verstecken«, sage ich. Sara lächelt. Die Schulzeit war grauenvoll, kommentiert sie den Bericht über meinen Eindruck von dem Mädchen, das den Schulranzen auf dem Rücken hatte. Sie erzählt mir, dass sie sich, als ich schließlich für sie trommelte und sang, tanzend erlebte, gerade so wie die von mir beschriebene Seelenkraft es vorgemacht hatte. »Sie wirkt schon«, sage ich, »das Einswerden geschieht bereits.«

So endet die Aufzeichnung. Als ich ein gutes Jahr später an die Abfassung dieses Buches ging, war die Reise für Sara in meinem Gedächtnis hängen geblieben, weil sie schon in der Vorbereitung ereignisreich und von Träumen und Synchronizitäten begleitet war. Auch dass die Geschichte hier geschrieben ist, verdankt sie einer Synchronizität. Ich hatte nämlich von ihrer Veröffentlichung eigentlich Abstand genommen, aber an dem Tag, als ich das vorhergehende Kapitel verfasste, kam mit der Post ein Brief von Sara. Das war ein halbes Jahr, nachdem ich sie angerufen hatte, weil ich ihre Erlaubnis für eine Veröffentlichung erfragen wollte. Diese hatte sie mir zwar erteilt, aber, wie gesagt, hatte ich darauf verzichten wollen. In ihrem Brief schrieb sie unter anderem, dass sie als Säugling einige Tage ins Krankenhaus verbracht worden war, weil sie die Flaschennahrung nicht bei sich behalten hatte. Der Seelenteil des Schulmädchens hätte in ihr am meisten Aufmerksamkeit erweckt. Sie schrieb: »Ich wollte nicht lesen lernen, saß mit meinem Buch im Garten und habe Vögel und andere Tiere beobachtet und viele Nackenschläge dafür kassiert. Dieses Bedürfnis ist ganz stark wieder da, all die Dinge in der Natur wahrzunehmen.« Weiter schrieb sie: »Die Verbindung zum Hier und Jetzt [hat sich] verändert. Es fühlt sich an wie geerdet sein und das Schönste ist, es fühlt sich an wie erwachsen werden.« Zum Seelenteil der tanzenden Frau meinte sie in ihrem Brief: »Es ist manchmal ein Tanzen in mir, ich weiß nicht, wie ich es anders beschreiben soll. Es fühlt sich schön und leicht an.«

Nun beschloss ich doch, von jener schamanischen Reise zu erzählen. Ich bedankte mich telefonisch bei Sara für ihren Brief. Wir unterhielten uns noch eine Weile. Dabei sagte sie, die Besserung in ihrem Befinden sei in Schritten verlaufen. Immer wieder mal wäre ihr aufgefallen, wie sie sich veränderte. Es wäre langsam, fast unmerklich und doch feststellbar gewesen. Und dann eines Tages war es ihr gewiss: »Mit einem Mal ist da etwas, das vorher nicht war. Vorher habe ich es mit dem Kopf gemacht, jetzt habe ich es erfahren.«

Die Wirkungen der Seelenrückholung können so oder ähnlich erlebt werden. Es sind genauso gut spontane Erlebnisse der Besserung und Kräftigung möglich. Es kann sich auch als sinnvoll erweisen, die Seelenrückholung nach wenigen Wochen zu erneuern. Es ist nämlich durchaus möglich, dass sich die zurückgebrachten Seelenkräfte nicht ›einwurzeln‹ konnten. Dafür gibt es viele Gründe, die darzustellen hier zu weit führen würde. Sandra Ingerman hat viele Fragen im Zusammenhang mit der Seelenrückholung gut lesbar und sorgfältig besprochen. Auf ihr Buch sei nochmals hingewiesen.

Zu den von mir angewandten Techniken seien zwei Hinweise eingefügt. Im Verlauf einer schamanischen Reise, die der Seelenrückholung gilt, habe ich mir die Zwischenlagerung einer gefundenen Seelenkraft angewöhnt, um mich auf eine weitere Seelensuche oder andere Informationen/Aktivitäten konzentrieren zu können. Ganz dem schamanischen Verständnis entsprechend ist ein gefundener Seelenteil etwas so Wertvolles, dass er auf jeden Fall in ein sicheres Gefäß oder Kraftobjekt gegeben werden muss, falls Unsicherheit darüber besteht, ob er festgehalten werden kann. Die Erlebnisse auf einer schamanischen Reise können durch ihre Vielfältigkeit die Imago und Kraft eines Seelenteils beeinflussen. Deshalb bringe ich diesen so schnell wie möglich an einen sicheren Ort. Der Kristall ist ein solcher.[1] Andererseits ist es möglich, dass ein gefundener Seelenteil noch zu einem anderen führt, da zwischen beiden eine energetische Verbindung besteht. Es gilt wieder die Erfahrung, sich den für die Seelenrückholung zuständigen Verbündeten anzuvertrauen. Die Art, die zurückgebrachte Seele einzublasen, habe ich aus den Lektionen Sandra Ingermans übernommen. Es gibt auch andere Arten des Überbringens, z. B. auf die Weise, dass die Seele mit der Hand auf den Kopf des Klienten gelegt, in seinen Nacken geblasen oder mit einem Steinchen gegen seine Brust geworfen wird. Die Überbringung mit dem ausgestoßenen Atem, und zwar durch die zum Kanal geformten Hände, ist für mich aus drei Gründen plausibel. Sie entstammen der Verbindung zwischen der Atem- und der Lebensseele, wie sie von Aake Hultkrantz überzeugend beschrieben wurde:

»1. Der Atem ist ein Vermittler[2] des Lebens, ätherisch und doch konkret. Aus diesem Grund ist er eine gute Basis für die Lebensseele. Die Erfahrung, die durch die Lebensseele auf dem Wege der Identifizierung mit dem Atem zustande kommt, macht sie wahrscheinlich, zumindest in einigen Fällen, für die gedankliche Interpretation und Einordnung in Überzeugungen akzeptabel.

2. Der Atem ist eine besser definierte Realität als andere Konzeptionen des Lebensstoffs. Er ist niemals identisch mit einem Organ. Die Vereinigung zwischen Seele und Lebensstoff verdichtet sich demnach in der Vorstellung der Atemseele.

---

[1] s. auch Uccusic, 1991, S. 195   [2] oder eine Grundlage; im Orig. *conception:* a) Empfängnis; b) Begreifen, Begriff, Vorstellung; c) Entwurf

3. Als ein Zeichen *(symptom)* des Lebens wird der Atem leicht eine Quelle des Lebens in der populären Anschauung. Wenn das Atmen aufhört, stoppt auch der Lebensmotor.«[1]

Ein wesentlicher heilpraktischer Aspekt muss noch angedeutet werden. In der Seelenrückholung geht es nicht um Aufsehen erregende und Beweis führende Hellsichtigkeit, was die jeweils traumatisierende Situation als solche anbelangt. Natürlich ist es möglich, dass der schamanische Praktiker mit den faktischen Abläufen visionär konfrontiert wird. Auch ist es gut möglich, dass er die Verstörung und den Schmerz des vom Trauma betroffenen Menschen wahrnimmt oder als emotionales Erleben mitbekommt. Was er aber dem Klienten zurückbringt, ist *nicht* das faktische Geschehen und auch *nicht* die psychische Verschreckung, die Panik bzw. Schockreaktion. Es sind *nicht* die Langzeitwirkung und die Coping-Strategien. Vielmehr ist es die *Seelenkraft* als solche, der gesunde und unzerstörte Teil der persönlichen Kraft, der mit der Flucht des leidenden Selbstanteils abgewandert war. Insofern wird die Erzählung von der schamanischen Suche nach der verlorenen Seele nicht mit Horrorgeschichten befrachtet, die sogar eine Wiederholung des Traumas (Re-Traumatisierung) provozieren können, sondern sie wird erfüllt mit den Bildern und Signalen der gesunden Kraft sowie ihren Wünschen oder Vorschlägen für ein gutes Leben.

Natürlich ist im Übertragen der zurückkehrenden Seelenkraft entsprechend darauf zu achten, dass beim Einblasen nicht das Bild des Traumas vorherrscht. Vielmehr wird die Imago des gesunden Seelenteils überbracht. Will der schamanische Praktiker sicher gehen, dass er die fehlende Kraft überbringt, dann kann er auf seiner schamanischen Reise die wiedergefundene und zur Rückkehr bereite Seele bitten, sich ihm in voller Schönheit und Kraft zu präsentieren. Häufig ist das der Betreffende in dem Alter, als die Traumatisierung geschah, allerdings noch nicht davon gezeichnet. Vielleicht zeigt sich der jeweilige Seelenteil auch in starker leuchtender Gestalt oder in einer symbolischen Form (z. B. als Sonne, als Energiesymbol, als Blüte etc.), womit die ursprüngliche Kraft und Gesundheit zum Ausdruck kommen. In jedem Fall ist der Vorgang überaus positiv und hoffnungsvoll.[2]

Am Anfang dieses Kapitels wies ich darauf hin, dass der Schamane bzw. schamanische Praktiker sich direkt und aktiv für heilende Wirkungen einsetzt. In der Seelenrückholung überschreitet er deutlich die Grenzen, die einem modernen Therapeuten durch sein professionelles Selbstverständnis auferlegt sind. Für ihn gilt in vielerlei Hinsicht der Anspruch der Zurückhaltung und der Überprüfung seiner Interventionen, so besonders, ob er ein persönliches Problem und dessen Bearbeitung mit der Situation des Patienten und den hier angezeigten therapeutischen Hilfen vermischt, ohne sich dessen bewusst zu sein. Nicht nur deshalb findet die persönliche Haltung der Therapeuten gegenüber Patienten sehr aufmerksame Beobachtung in Theorie und Praxis, in Psychoanalyse und Tiefenpsychologie als Untersuchung der Gegenübertragung. Allerdings kann die Gegenübertragung auch sehr wertvolle Inspirationen für den Heilungs- bzw. Erkenntnisvorgang zu Tage fördern und – sinnvoll umgesetzt – den therapeutischen Prozess effektiver machen.

Die schamanische Praxis der Seelenrückholung nimmt dem Patienten aus moderner psychotherapeutischer Sicht gewissermaßen die Arbeit ab. Dieser sollte vielmehr *selbst* zu den Quellen seiner Kraft zurückfinden und sie für ein besseres Leben aktivieren. Somit würde er im positiven Fall der kindlicher Erwartungs- bzw. Abhängigkeitshaltung

---

[1] Hultkrantz, 1953, S. 181 [2] entsprechende Hinweise verdanke ich Sandra Ingerman und Carlo Zumstein in Seminaren über Seelenrückholung

entwachsen und mit *eigenen* Fähigkeiten eine wünschenswerte psychische Basis für das Leben schaffen. Der Therapeut ist in diesem Rahmen Begleiter der im heilenden Sinne wirksamen Suche nach persönlichen Ressourcen, Einsichten und Veränderungen. Er ist zugleich mit seiner fokussierten Haltung ein Vermittler zu der Erfahrungsebene, die sich für den Heilungsvorgang öffnen kann. Dies vermag schamanisch betrachtet auch die spontane Rückkehr verlorener Seelenteile zu begünstigen. Es kann aber auch zu ersten Kontakten zwischen dem am Verlust Leidenden und den verlorenen Seelenteilen führen, ohne dass ein haltendes Zusammenkommen beider geschieht. Dies zu erklären, scheint mir eher eine psychologische Aufgabe zu sein, wiewohl es auch schamanisch zu betrachten ist. Ich kann hier nicht näher darauf eingehen. Entscheidend ist jedoch, dass in heilender Absicht zumindest ein Kontakt zu den verlorenen Kräften des persönlichen Lebens entsteht und den therapeutischen Prozess inspirieren bzw. intensivieren würde.

In der obigen Geschichte spricht Vieles für diese Interpretation. Der in der Heilungsintention praktisch notwendige Schritt schien aber noch zu fehlen. Wie nämlich kann die ersehnte energetische Hilfe zur Vereinigung mit den verlorenen Seelenkräften zustande kommen? Möglicherweise geht es dann nicht ohne die ursprüngliche schamanische Methodik.

25

Über Honorar, Kraft und Gleichgewicht

»**G**eld ist doch auch Energie«, hatte Sara gesagt. Recht hat sie. Im einfachen Modus der Wahrnehmung von Energie, der wirksamen Kräfte also, erzeugt jede Aktivität Folgen, so auch die Behandlung bzw. Heilung kranker Menschen. Damit die Kräfte aber nicht versiegen, müssen sie in ihrem Reservoir immer wieder erneuert, gesammelt und im Grunde auch wertgeschätzt werden. Das bedeutet, es muss mehr oder weniger regelmäßig auf *Ausgleich* der genutzten Kräfte geachtet werden. Übertragen wir diesen Gedanken auf die Behandlung von Kranken. Übertragen wir das Wissen um den notwendigen Ausgleich auch auf die Situation der Behandler. Dabei spielt eine erhebliche Rolle, auf welcher Ebene der Ausgleich subjektiv getätigt und erfahren wird.

In dieser Betrachtung erscheint es sinnvoll, drei Ebenen auseinander zu halten: die materielle, die psychische und die spirituelle. Natürlich sind diese einander verbunden, und sie halten jeweils Ausdrucksformen energetischer Vorgänge bereit. Hier sind wir beim Kern des Anliegens. Heilerische Behandlung ist ein Vorgang von Kraft. Dabei ist von jeher der Grundsatz zu beachten, dass in solchen Prozessen (und nicht nur in diesen) darauf geachtet werden muss, Geben und Nehmen in Balance zu halten. Wird dies vernachlässigt, dann entsteht auf der einen Seite Kraftverlust und auf der anderen Seite Schuld. Diese Begriffe sind jetzt nicht im herkömmlichen Sinne moralisch gedacht, vielmehr in einem ursprünglichen und zugleich sehr nüchternen Sinne, nämlich dem Gesetz des Lebens selbst folgend. Jedem Leben ist Kraft gegeben. Wird sie eingesetzt, ohne dass sie ein Äquivalent erbringt, dann führt dies zur Entkräftung und zum Absterben. Allerdings muss der Ausgleich nicht auf der gleichen Ausdrucksebene erfolgen wie der Krafteinsatz, das heißt, die ausgleichende Kraft bedarf nicht derselben Formen wie die gebende Aktivität – sofern das Einverständnis hierfür vorliegt.

Hierzulande ist durch Gesetze und finanzielle Organisation geregelt, dass bestimmte Psychotherapieverfahren und darin ausgebildete bzw. zugelassene Personen einem Honorarsystem zugeordnet sind. Dieses sichert im definierten Rahmen die materielle Existenz der Therapeuten ab, und zwar im verlässlichen Verhältnis zur erbrachten Leistung. Viele Therapeuten, die heute gesetzlich zugelassen sind, kennen noch die Situation, als die rechtlichen Voraussetzungen der Psychotherapie einen minderen Status gegenüber ärztlichen Leistungen einräumten. Die Konsequenz daraus war, dass klinisch erfahrene Psychologen sowohl von der Delegation bzw. Notwendigkeitsbescheinigung durch Fachärzte, als auch von der Einsichtsfähigkeit jeweiliger Krankenkassen abhängig waren.

In jener Zeit konnte man als niedergelassener Psychologe viel über Geld, Machtinteressen und Abhängigkeit lernen. Man konnte auch bemerkenswerte Erfahrungen machen, welches Verhältnis Menschen zu ihrem Geld und ihrer Gesundheit haben. Zum Beispiel war eindrucksvoll, ob und wie Menschen, die nach Psychotherapie verlangten, bereit waren, diese auch selbst zu entlohnen. Es gab Personen, die am Arbeitsplatz Überstunden machten oder noch einen zusätzlichen Job annahmen, um dem Therapeuten ein Honorar zu bezahlen, die waren allerdings selten. Dann gab es welche, die das Honorar aushandelten, manche eher weich und nachgiebig, andere hart und in Verteidigung ihrer Finanzen, mitunter durchaus geschickt oder sogar erpresserisch. Und schließlich gab es manche, die keinen Heller zahlen wollten, eher würden sie ihre Erkrankung weiter in Kauf nehmen. Es gab gut verdienende Leute, die ihrer Krankenkasse sogar einen Prozess oder ihren Wechsel zu einer anderen Kasse androhten, falls sie keine finanzielle Bewilligung erteilte. Dabei wäre es im häuslichen Etat kaum aufgefallen, einmal pro Woche hundert Mark zu zahlen. Einmal kam ein Anwalt in die Praxis, der natürlich nach dem Honorar fragte. »Was, so wenig! Sie haben aber günstige Tarife«, meinte er offenherzig. Dann waren da Leute, die am Existenzminimum knabberten und mit Ach und Krach fünfzig Mark für eine Stunde zusammenbrachten. Einmal hatte eine Patientin beim besten Willen kein Geld übrig. Aber sie brauchte die Therapie derart dringlich, dass sie anbot, unseren Kindern Pullover zu stricken. Auch so etwas kann funktionieren. Eine andere Frau wurde vom Sozialamt drangsaliert. Es gehörte zu ihrem Leiden, dass sie alle sozialen Vorkommnisse sehr misstrauisch wahrnahm. Damit löste sie überall Antipathie aus. Die Behandlung ihrer finanziellen Bedürfnisse im Amt war garstig, eigentlich sadistisch. Schließlich war sie so klamm, dass ich es für therapeutisch erforderlich hielt, ihr Geld zu leihen. Oh ja, sie entlohnte mich. Auf einer anderen Ebene, denn sie gab mir nicht nur das geliehene Geld zurück, sondern erreichte eine berufliche Ausbildung, die zu Anfang der Therapie völlig undenkbar gewesen war. In gewissem Sinne ist der Erfolg einer Behandlung auch ein Teil des Ausgleichs therapeutischer Bemühungen.

Dann gab es auch jene, die Geld schuldig blieben, weil sie die an sie gezahlte Kostenerstattung der Krankenkasse verausgabten, statt davon ihre Therapierechnung zu begleichen. Es gab auch Leute, die einfach wegblieben und auf kein Mahnschreiben reagierten. Ich lernte, dass mich ein gerichtliches Vorgehen mehr Kraft kosten würde, als auf das ausstehende Honorar zu verzichten.

›Gekostet‹ haben mich diese Menschen auf jeden Fall, aber all diese interessanten und manchmal auch abenteuerlichen Erfahrungen lehrten mich, dass Honorieren als wesentlicher Teil des therapeutischen Geschehens angesehen werden muss. Heute, unter der Bedingung geregelter Honorierung, drückt sich die Kraft des Ausgleichs anders aus. Was früher an Geben und Nehmen ausgehandelt oder wie auch immer bewusst gemacht wurde, muss jetzt auf anderen Ebenen stattfinden und dort auch erfahrbar werden. Es ist zu vermuten, dass die Frage des Ausgleichs von Leistung und Gegenleistung verstärkt in der therapeutischen Begegnung behandelt wird, also auf der psychologischen Ebene. Damit rücken materielle Bedingungen in den Hintergrund, was Vor- und Nachteile hat.

Ganz sicher ist die Gewährung von Psychotherapie für jeden Menschen ein sozialer Fortschritt. Andererseits verstellt die Institutionalisierung den Blick für die energetische Situation in einer Therapie. Der drohenden Beliebigkeit in der Wahrnehmung einer Behandlung wird bisweilen ein größerer Satz an schriftlichen Vereinbarungen zwischen Therapeut und Patient entgegengestellt. Das dient der Motivation, der Ordnung und dem Schutz. Ich glaube, wir müssen sorgfältig die Vorgänge des Kraftausgleichs beobachten, nicht im Sinne der zwanghaften Aufrechnung, sondern in dem Erleben, wo Kraftverlust, Ausbeutung und Schuld entsteht. Wir müssen auch überprüfen, wie die Symptome des inneren Ausgebranntseins therapeutischer (und anderer sozialer) Dienstleister mit unangemessener Honorierung *und* Wertschätzung zu tun haben.

Die Problematik des Ausgleich muss auch aus Patientensicht überdacht sein. Es ist gut möglich, dass sich eine Person einem Behandler anvertraut und emotionale Distanz erntet. Wie leicht können die professionelle Haltung, die ökonomischen Zwänge oder die psycho-physische Verfassung eines Therapeuten (oder eines anderen Heilberuflers) zu unangemessenen oder schwachen Leistungen führen, durch die der Schmerz und die Not der Leidenden in ein Loch fallen. Das ist Kraftvergeudung. Schmerz und Not sind ja Wege oder Formen der Kraft, wie Schamanen sagen würden. Sie tragen die Suche nach Heilung in sich. Insofern kann ein dargelegtes Leiden seine Kraft nicht für heilende Einsicht oder Veränderungen freigeben, sondern bleibt in sich bestätigt bzw. in der eigenen Dynamik wirksam.

Eine Variante der Kraftentfaltung in jeglicher Krankenbehandlung ist die Demonstration von Selbstbewusstsein. Angeblich wünschen sich moderne Ärzte den selbstbewussten, kritischen und mitdenkenden Patienten. Aber das nachfragende, bisweilen kompetente Verhalten von Patienten kann zu einer Belastung für den Behandler und dessen Beziehungsfähigkeit in seiner Arbeit werden. In die Auseinandersetzungen zwischen Ärzten und Patienten um die richtige Diagnose und Behandlung fließt mitunter sehr viel psychische Energie. Wenn diese in einem Streit verbleibt, steht sie nicht unbedingt der Besserung des Leidens zur Verfügung. Es wird häufig übersehen, dass die kritische Opposition sowie das anklagende Leiden von Patienten Kraft anbieten, deren Wertschätzung an sich bereits erste heilende Schritte zu ermöglichen vermag.

In der Psychotherapie, insbesondere einer solchen, die psychodynamisch orientiert ist, werden die psychischen Kräfte, die in die therapeutische Beziehung einfließen, differenziert, klärend und – wenn sinnvoll – wertschätzend betrachtet. (Die fachliche Bezeichnung hierfür ist Analyse der Übertragung und Gegenübertragung.) Schamanisch gesehen ist sowohl der Heilungsauftrag als auch die Kooperation der Beteiligten von wesentlichem Belang. Beide sind notwendige Zentren psychischer Kraftentfaltung. In diesem Sinne haben die Beteiligten bessere Chancen auf Heilungserfolg, wenn über Auftrag und Zusammenarbeit Einigung erzielt wird. Da der psychotherapeutische Vorgang meist über Monate und Jahre verläuft, nützen Verabredungen und Festlegungen zu Anfang der Therapie im weiteren Verlauf nichts, wenn es nicht immer wieder zur Erneuerung des Auftrags und der Kooperation kommt. Auch deren Neubetrachtung und Veränderung stellen dann jeweils eine Erneuerung dar. Psychotherapien können sich unnötig in die Länge ziehen und sogar – therapeutisch betrachtet – in Wirkungslosigkeit versanden, wenn dieser Punkt nicht beachtet wird. Dies hat auch bedeutenden Anteil in der energetischen Wirkung von Honorar und Ausgleich. Der Behandler etwa bekommt Geld, an dessen Berechtigung er zweifeln würde. Der Patient zweifelt seinerseits und muss es zugleich verdrängen, wenn die Beziehung, die Therapie genannt wird, fortgeführt werden soll. Es ist also für Patient und Behandler essenziell, sich zu fragen, was in der Therapie mit den psychischen Kräften der Beteiligten, letztlich mit deren persönlicher Lebenskraft, geschieht.

Schamanen und Medizinleute aus nativen Kulturen haben unterschiedliche Einstellungen zur Honorierung ihrer Arbeit. Die meisten aber vertreten folgende Ansicht: Ob sie nun bettelarm sind und ihre Klienten auch, wie etwa in Nepal,[1] oder ob sie feste Honorarsätze haben, wie es z. B. von tuvinischen Schamanen berichtet wird,[2] in *jedem*

[1] s. Büscher 1999   [2] Böhm, 2005

Fall muss ein *Ausgleich* für die schamanische Bemühung geschaffen werden. Der Sinn dessen ergibt sich im Kern allerdings nicht aus materiellem Interesse, sondern weil der Schamane als Vermittler geistiger Kräfte angesehen wird. Nicht der Schamane würde durch mangelnden Ausgleich brüskiert, sondern eben die Geister. Die Schamanen fürchten die Rache der Geister, wenn ihre Bemühungen ohne Gegenleistung bleiben. Insofern sind die Opfergaben oder Opferrituale verständlich, die in schamanischen Praktiken zum Teil sehr bedeutsam sind. Natürlich bleibt es dem Schamanen oder seinen Klienten überlassen, über Geld oder andere Werte zu verhandeln. Häufig stehen die ›Preise‹ schon fest und die Klienten rechnen damit. Ist der Heiler als mächtig bekannt, ist er sicher auch eine gefürchtete Autorität, die Böses über einen bringen könnte, wenn man den Gegenwert seiner Arbeit nicht angemessen erbringt.

Ein solches Ausgleichssystem hat gewiss seinen Rückhalt in den Überzeugungen und Wertschätzungen, die in der jeweiligen Sippe dem schamanischen Wirken entgegengebracht wird. In der Beachtung des Ausgleichens einer Heilungsarbeit bestätigt sich ja auch die Überzeugung, dass diese eine Wirkung hat. Das ist ein entscheidender Faktor, den wir in unserem Gesundheitssystem viel mehr bedenken müssten. Mit Blick auf den einzelnen schamanischen Heiler sollte im Übrigen kein Idealismus aufkommen. Es gibt auch welche mit sehr manifesten materiellen Interessen. Aber dort, wo das Volk sowieso arm ist, ist auch nicht viel zu verdienen. Im Übrigen ist in allen Kulturen die offene oder unterschwellige Überzeugung vorhanden, das Heilwesen dürfe nicht der Bereicherung dienen.

Eine Person, die durch Heilungsarbeit sehr reich wird, ist stets im Verdacht, ihre Patienten bzw. Klienten auszubeuten. Hier kommt auch der Instinkt zum Tragen, der uns das Gesetz eines gerechten Ausgleichs spüren lässt. Nach der Überzeugung vieler spiritueller Heiler nährt derjenige, der um des materiellen Reichtums willen seine Fähigkeiten einsetzt, das Risiko, diese zu verlieren. So sagt der indianische Medizinmann Rolling Thunder: »Bei uns wird behauptet, dass ein Medizinmann, der seine Dienste verkauft oder seine Fähigkeit – wie auch immer – kommerzialisiert, seine Kraft verliert«. Selbstbewusst meint er weiter: »Meine Medizin ist immer unkommerziell und auf einem hohen Niveau. Wenn irgendwelche Forderungen erhoben werden, Bindungen betroffen sind oder Bedingungen gestellt werden, dann kann die Heilung offensichtlich nicht funktionieren.« Daraus schließt Rolling Thunder die Berechtigung seiner Praxis, ein Geschenk anzunehmen, falls es sein Patient von sich aus gibt.[*] Ich darf anmerken, dass der Wunsch, für eine erhaltene Heilungsarbeit von sich aus etwas zu geben, gerade im spirituellen Rahmen so gut wie selbstverständlich ist. Falls es Klienten drängt, eine Gegenleistung zu erbringen, dann können sie ja auch auf Spenden für Hilfsprojekte in unserer Welt hingewiesen werden.

Vom energetischen Standpunkt aus existieren Heilungswirkung und Ausgleichs-›zahlung‹ in einer unausweichlichen Verbindung. Dass die Therapeuten in Aus- und Fortbildungsveranstaltungen kaum auf diesen Zusammenhang achten, ist ein Symptom dafür, wie wenig wir von Kraft verstehen. Ursprung dieser machtvollen Verbindung ist die Erfahrung der Urvölker, von den Bedingungen dieser Erde völlig abhängig zu sein. Obwohl das Faktum dieser Abhängigkeit in der industrialisierten Welt unverändert fortgilt, gibt sich das kollektive Bewusstsein ignorant und abspaltend. Milch und Brot kommen aus dem Supermarkt, nicht mehr von Kühen oder vom Feld. Ganz zu schweigen von der mangelnden Würdigung des Bauern, dessen Arbeit unsere Nahrung ermöglicht. Auch die Tatsache, dass man Elektronik nicht essen kann, hindert fast niemanden daran, ihre inflationären Produkte für ein hohes Gut zu halten. Um es kurz zu

---

[*] Rolling Thunder 1999, S. 31; *Übers. d. d. Autor*

fassen, Konsum ist heute die bevorzugte Form unserer Lebenskraft (»Konsumkraft«). Das Bewusstsein, unsere Existenz den Gaben der Erde zu verdanken, ist nachweislich (nicht ideologisch!) sehr schmal geworden, so schmal, dass keine Vision mehr nötig ist, um sich die Folgen auszumalen.

Betrachten wir noch einmal die Urvölker. Für alles, was ihnen die Erde als Nahrung und Sicherheit anbot, wurden Opfer erbracht. Für jedes Tier, das erjagt und gegessen wurde, gab es ein repräsentatives Ritual, in dem der Geist des Tieres geehrt wurde. Alle nahrungs- und kraftspendenden Pflanzen erhielten Würdigung. Ihr Geist war erlebter Begleiter. Und so wurde es auch mit den Kräften des Lebensraums, des Ortes, des Wetters usw. gehandhabt. Wenn heute Menschen der industrialisierten Welt solche spirituelle Erfahrungen herbeiwünschen, z. B. an Schwitzhüttenritualen teilnehmen, dann schwingt sicherlich auch die archetypische Sehnsucht mit, sich bittend wie dankend an die sorgenden Geistkräfte unseres Daseins zu wenden. Auch die christlichen Religionen in unseren Breiten bieten immer noch, wenn auch bei abnehmender kollektiver Glaubenskraft und unübersehbaren Überzeugungsschwächen, eine Plattform für diese Absichten an.

In den altehrwürdigen Opfern und Ritualen drückt sich den meisten von uns ein schwer zugängliches Bewusstsein aus. Wir kennen den Vorgang schon, allerdings wenig in seinem Wesenskern, der den harmonisierenden Ausgleich der Kräfte meint. Dies wirkt so, als liefen wir vor etwas davon. Aber irgendwann werden wir damit konfrontiert. Um einen gesunden, kraftvollen Weg gehen zu können, müssen wir etwas dafür hergeben. Was das ist, muss jeder für sich beantworten. Insofern ist das Opfern auch eine Ausgleichszahlung, nun aber in erster Linie als psychischer Vorgang. Er findet natürlich materiell oder körperlich Niederschlag, z. B. in Abkehr von einer Abhängigkeit, im Herschenken von Besitztümern oder in der Änderung von Einstellungen bzw. Verhaltensweisen. Rolling Thunder hat dies so ausgedrückt:

»Um gesund zu werden, muss man etwas aufgeben. Sogar westliche Medizindoktoren werden dir immer raten, etwas aufzugeben, wenn sie gut sind. Es könnten Kuchen oder Zucker oder Süßigkeiten oder eine andere kleine Sache sein, aber du musst etwas aufgeben, wenn es dir wieder gut gehen soll. Die Leute sollten dies wahrnehmen. Es könnte Aggression oder Gewalt sein, wenn der Patient sich so fühlt, dass er bestimmte Leute ablehnt oder dass er Krieg gegen jemanden führen will. Es könnte Gier sein. Das erste, was die Leute tun müssen, wenn sie gesund werden wollen, ist, bei sich selbst zu schauen und herauszufinden, was es ist, das sie falsch gemacht haben.«[*]

Das klingt zwar nach archaischer Sündenproblematik und kann *so* nicht auf jeden Leidenden angewandt werden, doch enthält es die grundsätzliche Thematik, die in der Gesetzmäßigkeit der Kraft steckt. Sie ist letztlich unpersönlich und ohne moralische Ansprüche, macht aber das Leben möglich. Aus der Sicht derer, die Kraft mit Bewusstsein erleben, ist sie wie ein Geschenk, ein Angebot, etwas – hoffentlich Sinnvolles – aus ihr zu machen.

Kranke Menschen, die Gewalt erlitten haben, sind im Sinne des psychischen Ausgleichs darauf angewiesen, dass das Verbrechen an ihrer Seele oder ihrem Körper wiedergutgemacht wird. Deshalb gibt es die archetypische Forderung nach Wiedergutmachung. Sie wird in allen Rechtssystemen berücksichtigt. Selbst wenn diese fehlerhaft und korrumpiert sind, auf der psychischen Ebene, wo nichts ungeschehen gemacht werden kann, ist das Gesetz des Ausgleichs immer wirksam. Wer Mitmenschen oder Mitgeschöpfe zum Opfer macht, ist solange an seine Tat gebunden, bis er eine Wiedergutmachung geleistet hat. Die Wiedergutmachung ist gewissermaßen

[*]Rolling Thunder, 1999, S. 31; *Übers. d. d. Autor*

ein Fundament der Harmonie. So auch, meine ich, ist die für unsere Verhältnisse hart klingende Forderung zu verstehen, dass man etwas Ausgleichendes *tun muss*, um sich wohlzufühlen. Es ist mehr als eine anerzogene und verinnerlichte Instanz des Über-Ichs, die hier wirkt. Es ist ein universelles geistiges Gesetz. Eine Interpretation dessen findet sich in der östlichen Karma-Lehre wieder, aber im Grunde setzen sich alle spirituellen und religiösen Glaubensordnungen mit der unausweichlichen Gerechtigkeit auseinander, die dem Leben aus einem rational unerreichbaren Kern zu Grunde gelegt erscheint.

Für behandlungsbedürftige Menschen, die Gewalt durch andere erlitten haben, ist es aus energetischer Sicht unabdingbar, dass die Tat gesühnt wird und der Täter eine Wiedergutmachung leistet. Die Verletzung muss einen Namen, einen Körper und ein Bewusstsein bekommen. Es ist ein großes Handicap, wenn so gut wie nie eine Wiedergutmachung wie Reue über die Tat, Mitgefühl, Bitte um Vergebung, finanzieller Schadensersatz etc. stattfindet. Es ist zwar nicht sicher, wie stark eine *ehrliche und ernst gemeinte* Wiedergutmachung seitens der Täter die Psychotherapie von vergewaltigten oder sexuell missbrauchten Personen fördern würde, aber es scheint mir sehr plausibel, dass eine solche Wiedergutmachung, in welcher Form auch immer, von positivem Einfluss wäre. In nativen Kulturen, deren gemeinschaftliche Integration moralisch gepflegt und in spiritueller Absicht rituell unterstützt wurde bzw. wird, können sehr deutliche Regeln für die Handhabung von Wiedergutmachung beobachtet werden.

Während sich hierzulande die gesetzlich anerkannten und zugelassenen Behandler einer geregelten Bezahlung ihrer Dienste erfreuen, sind jene, die sich zur Heilungsarbeit berufen fühlen, aber außerhalb des rechtlichen Zulassungs- bzw. Honorierungssystems stehen, der Beliebigkeit und sogenannten Freiheit des Marktes ausgeliefert. Ganz schnell ist da von kritischer Seite, teils zu Recht, teils zu Unrecht, von »Abzockerei« die Rede. Persönlich tendiere ich zum bewährten Modus vieler nativen Kulturen. Dort nämlich sind die Schamanen und Medizinleute seit Tausenden von Jahren auf ihrer eigenen Hände Arbeit angewiesen, um ihr Leben und das Leben ihrer Familie abzusichern. In den einfachen Gesellschaften sind sie Bauern, wie ihre Mitmenschen, oder Handwerker, Fischer und ähnliches. Ihre Heilerpraxis muss zusätzlich stattfinden.

Dies kann auf unsere Kultur übertragen werden. Muss man einer Berufung zur schamanischen Praxis folgen, ist es unpraktisch, diesem Abenteuer noch den Anspruch des Geldverdienens aufzusetzen. Das Diktat des Geldes ist ein schlechter Bundesgenosse, wenn die Seele für einen Mitmenschen auf Reisen geht. Zu leicht gerät man unter Erfolgsdruck und macht sich und anderen etwas vor. Die Ursprünglichkeit der spirituellen Behandlung bekommt dann unnötig esoterische Erklärungen und Phantastereien zugesetzt, was ein schlechter Dienst für die Klienten ist. Der Behandler selbst wird davon auch nicht gesünder. Weil er sich ›verkaufen‹ muss, läuft er Gefahr, sich seiner Berufung zu entfremden.

Die Beweglichkeit der Lebensenergie erlaubt es, dass der Ausgleich der Heileraktivität auf körperlichem, seelischem und spirituellem Weg erfolgen kann. So ist das Gesundbleiben oder das Krafthaben eine durchaus erstrebenswerte Ausgleichserfahrung. Eine andere Art der Balance von Geben und Nehmen ist die fortschreitende Gestaltung des Selbst als Kristallisation heilender, schöpferischer und inspirierender Kraft. Dies mündet potenziell in eine Geistesverfassung, die von starker Autonomie und zugleich weitreichender Integrationsfähigkeit getragen ist. Die Schrecken dieser Welt verlieren zusehends ihren Zwang über einen Menschen, welcher der Heraushebung oder Verteidigung seines Ichs weniger bedarf. Ein anderer Ausgleich besteht darin, dass die Person in der Heilerrolle an den Erfolgen des Patienten teilnimmt. So besehen kann die Bewältigung von Angst, Verzweiflung und Depression ebenso für den Behandler eine heilende Wirkung zeitigen. In den Leiden seiner Patienten begegnet er vielleicht seiner eigenen Krankheit, vielleicht auch einer Erkrankung im Kreis seiner Angehörigen.

Im Hinblick auf die Reduktion der Heilungsarbeit auf ihr erfahrbares spirituelles und psychisches Wesen hat mich die Geschichte eines Mannes sehr zum Nachdenken gebracht:

Während einer Kalifornien-Reise mit meiner Familie vor vielen Jahren stellte sich mir beim Kramen in einem Antiquariat ein Büchlein in den Weg. In diesem führen der namhafte Psychoanalytiker J. Marvin Spiegelman und sein Freund Arwind U. Vasavada, ebenfalls Psychoanalytiker, einen Dialog über Hinduismus und die Psychologie C. G. Jungs. Vasavada ist Inder. Er war in die USA gezogen, um dort zu leben und zu arbeiten. Seinem spirituellen Lehrer, seinem Guru schrieb er über die Jahre Briefe. Als er ihn schließlich besuchte, sprach der Guru wie folgt zu ihm: »Erinnerst du dich an die Zeit, als du ein Kind warst, hilflos in jeder Weise? Ist nicht für dich gesorgt worden? Für dich wird immer gesorgt, wenn du dich einfühlst in das Vertrauen, das du als Kind hattest. Hilflos und ohne Arbeit, du wirst dich nicht verloren fühlen. Sei einfach Nichts. Um wirklich Nichts zu sein, sei frei von allem Ehrgeiz und Begehren. Du hast so lange gearbeitet, als du in Indien warst – bis zum Alter deines Rückzugs. Natürlich hättest du auch nicht mehr gearbeitet, wenn du geblieben wärst. [Vasavada war im Rentenalter] Also arbeite dort nicht, sondern diene statt dessen. Fordere kein bestimmtes Honorar; akzeptiere, was [dir] freiwillig und glücklich gegeben wird.«[1] Vasavada zeigt ein tiefes spirituelles Verständnis seiner therapeutischen Tätigkeit. Er hatte festgestellt, dass sich seine hinduistische Haltung und die Psychotherapie gut vereinten. So, wie er seinen Guru verstand, sah er in dessen Weg keinen Unterschied zu dem seines europäischen Lehrers C. G. Jung. Beide widmeten sich der Seele: Seelenarbeit oder Seelen-Machen *(soul-making)*. Nachdem er in die USA zurückgekehrt war, verwirklichte Vasavada den Auftrag seines Gurus. Die ersten Jahre fielen finanziell schlecht aus, bis sich schließlich von selbst wieder der alte wirtschaftliche Status einstellte. Rückblickend erfreute ihn das. Aber in der Zeit der Verarmung war er nicht erfreut.

Als seine Tochter heiratete und er nicht mehr für ihr Leben zahlen musste, kam eine tiefe Depression über ihn. Wofür war er noch da? Alles psychologische Wissen verließ ihn. Nur die Behandlungsstunden selbst in ihrer eigenen Seelendynamik hatten Substanz. Die Arbeit kam von »der Seele selbst«. In Zeiten der Armut sah er, wie sehr er von den Mitmenschen abhängig war. »Tatsächlich half es mir, das grundsätzliche Vertrauen in mir und meine Abhängigkeit vom Universum zu entdecken.[2] Vasavada erkannte, wie er in seiner Ich-Identität als Analytiker Gewissheit und Sicherheit dadurch zu verstärken suchte, dass er kontrollierte und sich daran klammerte, was immer ihm das Gefühl von Wichtigkeit und Sicherheit gewähren würde. Er hätte die Welt fragmentiert, sowohl innen wie auch außen, und zwar durch diese Selbst-Wichtigkeit, behauptete er. Seine Ausführungen führen zu der Feststellung: »Seelenarbeit ist wertvoll in sich selbst; sie kann nicht mit Geld aufgewogen werden. Wenn ich sie mit Geld ausgleiche, erschaffe ich eine Hierarchie von Werten, Unterscheidungen, Trennungen und Teilungen in mir und in der Welt. Ich vergesse den einmaligen Wert jedes Individuums und meiner selbst. Im Geben und Empfangen des individuellen (äquivalenten) Werts verliert sich die Seele im Austauschen einer toten Sache – Geld.«[3]

Diese Bemerkungen sind Zeugen hinduistischen Glaubens und in ihrem fundamentalen Anspruch eine – für unsere Verhältnisse – verrückt klingende Herausforderung. Und doch kann sie sehr berührend sein. Spiegelman, der Freund Vasavadas, bemerkte,

[1] Spiegelman und Vasavada, 1987, S. 178   [2] S. 183   [3] S. 184; *alle Übers. d. d. Autor*

dass ein neben ihm sitzender Kollege Tränen in den Augen hatte, als Vasavada seine Überlegungen einem Fachpublikum vortrug.

Die Erlebnisse Vasavadas in seinem Rückzug auf die Kraft der Seele kann so verstanden werden: Er *opferte* seine Identität als etablierter und insofern abgesicherter Psychoanalytiker, dessen berufliche Bestätigung in der westlichen Kultur vor allem das Honorargefüge und der soziale Status sind. So näherte er sich einer archetypischen Situation, in der nur noch die seelisch-geistigen Kräfte zur Geltung kamen, die seines eigenen Lebens wie die seiner Klienten. Es ist eine sehr alte Einstellung, die Kern aller mystischen Traditionen ist. Sie ist dem Heilwesen aus spiritueller Sicht zu Grunde gelegt. Die archetypische Situation des Heilens ist nicht Manipulation, die, wie auch immer, etwas Nachweisliches zeigt oder hervorbringt. Der Ursprung des Heilens ist das, was wir heute als Glaube bezeichnen. Eigentlich ist der Glaube eine Wirklichkeitserfahrung, hat aber nur noch diesen Kann-Aspekt des empirisch Unkontrollierbaren, den Placebo-Effekt, die (wertende) Unterstellung der Suggestion usw.

Im Geist des Archeypus ist der Kern angelegt, dass Heilung aus der Erinnerung einer ursprünglichen überindividuellen Ganzheit und einem Einssein mit den universellen Kräften hervorgeht. Das ist im individuellen Bewusstsein nicht rational begreifbar. Gleichwohl ist es als sehnsuchtsvolle Spur vorhanden. Aus dieser Sicht *dient* die menschliche Heilerperson dieser Erinnerung. Sie *überbrückt* die Trennung des Menschen von den heilenden Kräften des Universums. Allein die das Bewusstsein füllende Absicht und die daraus hervorströmenden Inspirationen sind das Behandlungswerkzeug. Es ist das ursprüngliche Gebet. Das ist spirituelle Kraft.

26

Der schamanische Kreis

Angesichts des Niedergangs traditioneller spiritueller Überzeugungen bemerkt Joan Halifax, die angerufenen und verehrten Götter würden bald sterben. Wir seien Zeugen dessen. Und weiter schreibt sie: »Und so wenden wir uns noch einmal um. Wir werden uns unseres lebenden Erbes bewusst, vielleicht zum letzten Mal. Wir erforschen die Lebenswege, die uns von Heiler-Priestern aus der Erdgeschichte überliefert sind, um ihre Traditionen kennen zu lernen und Zugang zu finden zu der Abstammung der ursprünglichen Visionen, die vielleicht zu einem Ende kommen – oder vielleicht erneuert werden in einer Form, die jetzt noch nicht ganz erkannt wird.«[*]

Ich glaube, unserem technisierten Bewusstsein ist die Wahrnehmung offen, dass die Menschen Hilfe von mitfühlender Seite nötig haben, und zwar von außerhalb ihres engen, ich-bezogenen und rationalistischen Zustands. Auch glaube ich, dass die Psychotherapie, so sehr sie sich in den Optionen des Technischen und rational Erklärbaren zu definieren sucht, eine unabsehbar große Offenheit in sich trägt, die zu erkennen eben entsprechender Hilfe bedarf. Damit ist nicht die Behauptung verbunden, Schamanismus gewähre diese Hilfe. Aber er steht immer noch bereit, um uns Impulse auf dem Weg zu Kraft und Heilung zu geben.

Der Kreis dieses Buches schließt sich. Ich hoffe, dass er viel Inspirierendes in sich trägt. In jeder Lektüre begegnen Leserinnen und Leser einander und tragen mit den individuellen Formen ihres Erlebens zu einem gemeinschaftlichen Geist bei. Hier spricht die Seele mit. Das Einander-Wahrnehmen in diesem Geist ist eine Aktivität der Seele. So werden auch Konzepte des Heilens auf subtile Weise einander zugeführt. In manchen Augenblicken taucht blitzartig der Gedanke auf, die Seele erschaffe die Therapien, indem sie das alles zur Gänze ausnützt und als Kanal verwendet, was ihr die aktuelle Dynamik des menschlichen Bewusstseins anbietet. Und es erscheint zugleich die Folgerung, das Bewusstsein sei ein Kind der Seele, als Mutter und Vater unserer Psyche und dann des individuellen Selbst.

Wir sind es in unserem Verständnis der Psychologie gewöhnt, Psyche zu untersuchen und zu formen. Wir erschaffen, behaupten und verändern uns im Er-Leben. So sind wir Schöpfer in einem unendlichen Beseeltsein. Zeugen der Seele. Psychologie ist eigentlich der Weg der Seele.

Im wohl ältesten Symbol der Menschheit, dem Kreis, finden sich letztlich alle ein. Wir können der Verbundenheit zwar trotzen, uns isolieren, das Leben missbrauchen oder zerstören und was auch immer tun, um ein Profil des Getrenntseins zu prägen. Letztlich fließt all das wieder zurück in das Gefäß der Unendlichkeit.

[*]Halifax, 1982, S. 31; *Übers. d. d. Autor*

Der schamanische Kreis ist Abbild *und* Kraftort der Seele. Es sind viele Bewusstseinsräume erschaffen, aber wieder verlassen worden im Lauf der Menschheitsgeschichte. Dies ist heute so und wird so bleiben. Das Christentum ist gerade mal zweitausend Jahre alt, der moslemische Glaube etwas jünger, der buddhistische etwas älter. Wie können wir angesichts dieser winzigen Zeitspannen überhaupt Dogmen erschaffen und sie sogar mit fundamentalistischer Einstellung durchzusetzen versuchen? Vielleicht wird die Relativität zeitlicher Gültigkeit auch den Schamanismus treffen. Dass er nachweislich mindestens seit dreißigtausend Jahren existiert, ist gewiss kein Beweis irgendeiner größeren Gültigkeit. Eine Religion im engeren Sinne ist er ja auch nicht. Vielleicht ist das aber sein wesentlicher Vorteil. Allerdings ist eine Zeitspanne von dreißigtausend Jahren schon ein Indiz für Zähigkeit, die ihresgleichen sucht. Der Schamanismus ist vergleichbar den Behausungen, die sich die Menschen seit Jahrtausenden erbauen, um in ihnen Schutz und einen Ort der Ruhe und Gemeinschaft zu finden. Untersuchungen darüber, wie jeweilige Glaubenssysteme aus schamanischen Quellen gespeist wurden, lohnen sich bestimmt. Auch und gerade im Christentum, vielleicht im Rahmen biblischer Glaubensinhalte, sicherlich aber im Hinblick auf mystische Erlebnis- und Ausdrucksformen.

Über den Tellerrand schauend, müssen wir auch in den Wissenschaften anerkennen, wie sich altes schamanisches Wissen immer wieder bestätigen lässt. Wenn wir uns die Bemühungen der modernen Psychotherapie anschauen, dann staune ich darüber, wie viele Facetten sie – gut hundert Jahre alt – schon aufweist, dass ich glaube, es hat sich eine enorm kreative Kraft Bahn geschaffen. Ich wundere mich natürlich nicht darüber, dass auch hier schamanisches Wissen Bestätigung bekommt. Und sei es auch nur, dass Behandlungsmethoden wie die Imagination oder das psychologische Verstehen von Krankheit zunehmend Bezüge zum Schamanismus nahelegen. Es bedarf keiner besonderen Vision, um zu behaupten, dass wieder viele diese Quelle alten Heilungswissens nutzen werden.

Wenn im schamanischen Kreis die Trommeln geschlagen und die Rasseln geschüttelt werden, wenn die Kraftlieder erklingen und der Geist der Heilerahnen sich einfindet, dann entsteht ein Raum von großer spiritueller Kraft. Wenn der Tanz der Krafttiere getanzt wird und die Verschmelzung mit ihnen greift, verlässt das Ich für begrenzte Zeit seinen Haushalt und ist Teil größerer Zusammenhänge. Wenn ein Mensch auf schamanische Reise geht, akzeptiert er seine Grenzen und braucht sich nicht unnötig in Definitionen seiner selbst auf. Er verlernt, geistiger Kraft skeptisch zu begegnen oder sich ihrer zu schämen. Es ist die Reise der freien Seele außerhalb der Grenzen von Raum und Zeit. So ist es auch die Reise in die Seele, die Mitte und Kraft des individuellen Seins und der Mittler zu den Kräften jenseits der begrenzten Persönlichkeit.* Die Seele erreicht so viel leichter das Mitgefühl derer, die wir unsicher als Geister bezeichnen. Vergleichsweise viel schwerer hätte es das an seine Rationalität gebundene Ich, und wahrscheinlich wären seine Bemühungen auch umsonst, gäbe es da nicht die zuvor beschriebenen Brücken.

Um dies alles hoffnungsvoll abzurunden, möchte ich von einer Geburtstagsfeier erzählen. Heike, die Teilnehmerin einer schamanischen Trommelgruppe, überließ mir diesen von ihr verfassten Bericht. Darin schreibt sie:

Wir hatten wieder unsere schamanische Trommelgruppe und dieses Mal war es für mich eine ganz besondere: Es war mein Geburtstag. Das bedeutet, dass ich mich in die Mitte legen darf und alle anderen setzen sich mit Trommeln und Rasseln im Kreis um

---

*»Reise in die Seele« ist die spontane Definition einer Patientin angesichts ihrer ersten imaginativen Erlebnisse

mich herum. Etwa zehn Minuten lang wird dann für mich getrommelt und gerasselt, für Kraft, gute Gedanken, für meine Wünsche, für das, was ich brauche. So liege ich nun in der Mitte, zugedeckt, damit mir warm ist. Die anderen beginnen zu trommeln. Das Trommeln ist sehr stark, sehr kraftvoll. Ich höre tiefe und helle Töne und alles im gleichen Rhythmus. Die Töne tragen mich, erheben mich. Ich werde ganz leicht. Ich schließe die Augen, wandere in Gedanken zu meinem Kraftplatz. Kaum bin ich angekommen, reißt mich das Trommeln mit. Es zeigt sich eine Spirale. Sie geht im Kreis, ganz kraftvoll, mit jeder Kreisdrehung wird alles kraftvoller und stärker. Ich spüre diesen starken Kreis, den Lebenskreis, den ich durchschreite. Mal werde ich rechts herum gewirbelt, ich folge der Spirale. Sie strebt auf. Sie ist die Spirale des Lebens. Dann folge ich der Spirale links herum. Der Kreis öffnet sich, es geht zurück zum Ursprung. Durch das Trommeln spüre ich diese starke Kraft des Kreises der Spiralen. Jemand ist da, eine Stimme, sie sagt: »Das ist der Grund, warum so viele Völker tanzen, warum sie sich im Kreis drehen. Der Kreis ist ein Symbol der Kraft. Durch das Tanzen des Kreises tanzen wir den Kreis oder auch den Tanz des Lebens. Wir kommen in unsere Kraft, finden unsere Mitte.« Dann hört das Trommeln auf, langsam kehre ich in meinen Körper zurück. Er fühlt sich jetzt ganz schwer an. Das Trommeln, die Schwingung, klingt noch nach. Ganz langsam, im Schneckentempo, fange ich an, mich wieder zu bewegen, wieder ganz anzukommen, kraftgeladen und mit Dankbarkeit im Herzen, diese starke Lebenskraft spüren zu dürfen.

Mit diesen letzten Zeilen möchte ich auch die Schamanen und schamanischen Praktiker unserer Zeit würdigen und Dankbarkeit dafür zeigen, dass der Geist des Schamanismus sichtbar lebendig ist.

Dank

Dass dieses Buch zustande kam, ist vielen Menschen zu danken: Namentlich meiner Frau Christa, die mich in vielen Gesprächen zum Thema Schamanismus als erfahrene Therapeutin inspiriert und mir auf diese Weise geholfen hat, den Blick für die Grenzen der klinischen wie der spirituellen Sichtweise zu schärfen. Auch danke ich ihr für die sorgfältige Korrektur des Manuskripts. Nicht minder danke ich allen, in deren Seminaren ich das schamanische Reisen üben und in seiner Anwendung erlernen konnte, allen voran Paul Uccusic und Sandra Ingerman. Ebenso danke ich den Patientinnen und Patienten meiner Therapiepraxis. Sie haben mich vieles gelehrt, was ich sonst nicht hätte lernen können. Dasselbe gilt für die Klientinnen und Klienten meiner schamanischen Bemühungen. Ein weiteres Dankeschön gilt den Teilnehmerinnen und Teilnehmern der von mir geleiteten Seminare. Durch ihre Erlebnisse und Berichte konnte ich an ihrem Staunen und Lernen teilhaben. Überhaupt, Dank geht an alle schamanischen Kreise, an denen teilzunehmen ich Gelegenheit hatte und habe. Die Trommelgruppe, der ich angehöre, hat mich den Kreis der Schamanen immer wieder real erfahren lassen.

Ebenso danke ich den Lehrerinnen und Lehrern der katathym-imaginativen Psychotherapie, deren Seminare ich besuchte und besuche. In dieser Therapieform erkenne ich viele entscheidende methodische Bezüge zum Schamanismus. Ein großer Dank gilt Maria-Elisabeth und Gerhard Wollschläger, ihrer Herzlichkeit und Lebensklugheit. Ihre Seminare haben mich zum Geist der Symbole geführt. Ohne die Hilfe der Symbole würde ich mir heute kaum eine therapeutische Behandlung mehr zutrauen.

Ein herzlicher Dank gilt dem Verleger Günter Kieser für seine zurückhaltende und vertrauensvolle Begleitung in der Zeit der Niederschrift und das sorgfältige Lektorat. Ebenso herzlich danke ich Paul Uccusic für Tipps und Fachliteratur.

Ein besonderer Dank gilt den Orten im Hochgebirge, in anderen Berglandschaften, in Wäldern, an Seen und in Städten, wo überall ich Seminare erlebte und schamanisiert habe. Der Geist dieser Orte hat mich bisweilen geprüft, aber nie im Stich gelassen. Ich danke dem Bertahof für seine Schönheit, Güte und Fruchtbarkeit. Zuletzt, aber nicht wenig, danke ich meiner Familie für die Heimat unter Menschen, die sie mir schenkt.

Literatur

Achterberg, Jeanne: Der verwundete Heiler. Transformierende Erfahrungen in der modernen Medizin. In: →Doore, Gary (Hrsg.), S. 168–183

Achterberg, Jeanne: Gedanken heilen. Reinbek bei Hamburg 1990

Assagioli, Roberto: Psychosynthese und transpersonale Entwicklung. Paderborn 1992

Bahrke, U.; Rosendahl, W. (Hrsg.): Psychotraumatologie und katathym-imaginative Psychotherapie. Lengerich 2001

Barnes, Mary: Meine Reise durch den Wahnsinn. München 1973

Benedetti, Gaetano und Peciccia, Mauricio: Integriertes Bilderleben in der Therapie der Psychosen. In: →Bahrke, U; Rosendahl, W. (Hrsg.), S. 173–188

Berger, Klaus; Nord, Christiane (Übers.): Das Neue Testament. Frankfurt/Main und Leipzig 1999

Böhm, Andrea: Im Reich der Geister, Götter und Schamanen. GEO, März 2005, S. 80–107

Bongartz, W. und Bongartz, B.: Hypnosetherapie. Göttingen/Bern 1998

Boyd, Doug: Rolling Thunder. München 1986

Brosse, Jacques: Mythologie der Bäume. Düsseldorf und Köln 2001

Büscher, Wolfgang: Unterwegs in magischen Welten. GEO, September 1999, S. 30–46

Campbell, Joseph: Der Flug der Wildgans. München 1994

Campbell, Joseph: Der Heros in tausend Gestalten. Frankfurt/Main und Leipzig 1999

Castaneda, Carlos: Das Feuer von innen. Frankfurt 1985

Castaneda, Carlos: Die Lehren des Don Juan. Frankfurt 1973

Castaneda, Carlos: Eine andere Wirklichkeit. Frankfurt 1975

Cautela, Joseph R. und McCullough, Leigh: Verdecktes Konditionieren. Eine lerntheoretische Perspektive der Vorstellungskraft. In: →Singer, Jerome L.; Pope, Kenneth S. (Hrsg.), S. 291–322

Cowan, Eliot: Pflanzengeistmedizin. München 1994

Cowan, Tom: Die Schamanen von Avalon. Kreuzlingen 1998

Doore, Gary (Hrsg.): Opfer und Ekstase. Freiburg 1989

Eliade, Mircea: Die Religionen und das Heilige. Frankfurt 1986

Eliade, Mircea: Schamanismus und archaische Ekstasetechnik. Frankfurt/Main 1975

Elsensohn, Susanne: Schamanismus und Traum. Kreuzlingen/München 2000

Erikson, Erik H.: Jugend und Krise. Stuttgart 1974

Erikson, Erik H.: Identität und Lebenszyklus. Frankfurt 1971

Esslingen, Katja: Aussöhnung mit dem Inneren Kind. In: →Sachsse, Ulrich (Hrsg.), S. 201–207

Evans-Wentz, W. Y. (Hrsg.): Das Tibetanische Totenbuch. Düsseldorf und Zürich 1971

Findeisen, Hans; Gehrts, Heino: Die Schamanen. München 1993

Fischer, Gottfried; Riedesser, Peter: Lehrbuch der Psychotraumatologie. München 2003

Flatten, Guido et al.: Posttraumatische Belastungsstörung. Stuttgart/New York 2004

Foster, Steven; Little, Meredith: Vision Quest. Braunschweig 1991

Franz; Marie-Luise von: Beruf und Berufung. In: Eschenbach, Ursula (Hrsg.): Die Behandlung in der analytischen Psychologie. 1. Halbband, Fellbach-Öffningen 1979, S. 14–32

Friedrich, Adolf; Buddruss, Georg: Schamanengeschichten aus Sibirien. Berlin 1987

Gaup, Ailo: The Shamanic Zone. Eigenverlag des Autors (Three Bears Publishers) 2004

Grimm, Brüder: Kinder- und Hausmärchen. 1857

Gur, Batya: Denn die Seele ist in deiner Hand. München 2005

Halifax, Joan: Die andere Wirklichkeit des Schamanen. Freiburg 1999

Halifax, Joan: Shaman. London 1982

Harner, Michael: Der Weg des Schamanen. Genf 1994

Harner, Michael: Schamanistisches Counseling. In: →Doore, Gary (Hrsg.), S. 255–267

Hoppal, Mihaly: Schamanen und Schamanismus. Augsburg 1994

Hultkrantz, Aake: Conceptions of the Soul Among North American Indians. Stockholm 1953.

Hultkrantz, Aake: Schamanische Heilkunst. München 1996

Hüther, Gerald: Bedienungsanleitung für ein menschliches Gehirn. Göttingen 2002

Hüther, Gerald: Die Macht der inneren Bilder. Göttingen 2004

Ingerman, Sandra: Die schamanische Reise. Kreuzlingen/München 2004

Ingerman, Sandra: Soul Retrieval. San Francisco 1991 (Deutsch: Auf der Suche nach der verlorenen Seele. Kreuzlingen 1998)

Jung, C. G.: Die Archetypen und das kollektive Unbewusste. Olten 1985

Jung, C. G.: Die Dynamik des Unbewussten. Zürich 1967

Jung, C. G.: Geleitwort und psychologischer Kommentar zum Bardo Thödol. In: →W. Y. Evans-Wentz (Hrsg.), S. 41–56

Jung, C. G.: Psychologische Typen. Olten 1986

Kalweit, Holger: Der Stoff aus dem die Seele ist. Burgrain 2004

Kalweit, Holger: Die Welt der Schamanen. Frankfurt/Main 1988

Kast, Verena: Imagination als Raum der Freiheit. Olten 1988

Kasten, Erich: Schamanismus der Samen. Fragen zur Variation eines religiösen Vorstellungskomplexes. In: →Kuper, Michael, S. 57–76

Kottje-Birnbacher, Leonore; Ulrich Sachsse; Eberhard Wilke (Hrsg.): Imagination in der Psychotherapie. Bern 1997

Kottje-Birnbacher, Leonore: Einführung in die katathym-imaginative Psychotherapie. In: Imagination 4/2001, Wien

Krippner, Klaus: Der geistig-spirituelle Aspekt in der Traumatherapie mit der KiP. In: →Bahrke, U.; Rosendahl, W. (Hrsg.), S. 100–107

Krippner, Klaus: Neue Wege in der Behandlung der posttraumatischen Belastungsstörungen mit der KIP. In: Imagination, 24. Jahrgang, Nr. 2/2002, S. 24–37

Krippner, Stanley; Scott, Patrick: Zwischen Himmel und Erde. Dusslingen 1987

Krippner, Stanley: The Use of Dreams in Shamanic Traditions. In: Hoppal, Mihaly und von Sadovszky, Otto (Hrsg.): Shamanism, Past and Present. Part 2, Budapest (Ethnographic Institute)1989, S. 381–391

Kuper, Michael (Hrsg.): Hungernde Geister und rastlose Seelen. Berlin 1991

Laing, Ronald D.: Phänomenologie der Erfahrung. Frankfurt/Main 1973

Laplanche, J.; Pontalis, J.-B.: Das Vokabular der Psychanalyse. Frankfurt/Main 1972

Le Roux, Francoise; Guyonvarc´h, Christian-J.: Die Druiden. Engerda 1996

Leuner, Hanscarl (Hrsg.): Katathymes Bilderleben. Bern, Stuttgart, Toronto 1990

Leuner, Hanscarl: Lehrbuch des katathymen Bilderlebens. Bern, Stuttgart, Toronto 1987

Müller-Ebeling, Claudia; Rätsch, Christian; Storl, Wolf-Dieter: Hexenmedizin. Aarau, 2002

Neue Testament, Das. Übers.: Berger, Klaus; Nord, Christiane, Frankfurt/Main und Leipzig, 1999

Pattee, Rowena: Ekstase und Opfer. In: →Doore, Gary (Hrsg.), S. 32-53

Paulson, Ivar: Die primitiven Seelenvorstellungen der nordeurasischen Völker. Stockholm 1958

Peterich, Eckart; Grimal, Pierre: Götter und Helden. Olten und Freiburg 1982

Plotkin, Bill: Soulcraft. Uhlstädt-Kirchhasel 2005

Pogacnik, Marko: Elementarwesen. München 1995

Ratey, John J.: Das menschliche Gehirn. Düsseldorf und Zürich 2001

Revenstorf, D. und Peter, B. (Hrsg.): Hypnose in Psychotherapie, Psychosomatik und Medizin. Berlin/Heidelberg/New York 2001

Riedel, Ingrid: Die weise Frau. Olten 1989

Rolling Thunder: Rolling Thunder Speaks. San Diego, Santa Fe 1999

Rosenberg, Lutz: Kraftquellen und Ressourcen in der KB-Therapie. In: Imagination 20, S. 5–36. Wien 1998

Roth, Erich: Trance – Alles nur Neurochemie? In: Schamanismus, Nr. 1/2005, S. 1–3

Sachsse, Ulrich (Hrsg.): Traumazentrierte Psychotherapie. Stuttgart 2004

Sachsse, Ulrich; Reddemann, Luise: Katathym-imaginative Psychotherapie in der Behandlung traumatisierter Patientinnen. In: →Kottje-Birnbacher, L.; Sachsse, U.; Wilke, E. (Hrsg.), S. 222–228

Sachsse, Ulrich: Therapeutische Arbeit mit dem Inneren Kind. In: →Sachsse, Ulrich (Hrsg.), S. 207-216

Salvisberg, Hanni: Von der amodalen Wahrnehmung zur katathymen Imagination. Gedanken zur Progression des Primärprozesses. In: →Kottje-Birnbacher, L.; U. Sachsse; E. Wilke (Hrsg.) 1997, S. 73–79

Scharfetter, Christian: Der spirituelle Weg und seine Gefahren. Stuttgart 1999

Simonton, O. Carl; Matthews Simonton, S.; Creighton, J.: Wieder gesund werden. Reinbek bei Hamburg, 1992

Singer, Jerome L.; Pope, Kenneth S.: Imaginative Verfahren in der Psychotherapie. Paderborn 1986

Sölle, Dorothee: Leiden. Freiburg 1993

Sölle, Dorothee: Mystik und Widerstand. München 1999

Spiegelman, J. Marvin; Vasavada, Arwind U.: Hinduism and Jungian Psychology. Phoenix, Arizona 1987

Stepanova, Nadja: Wir können diese Wahl nicht treffen, wir werden ausgewählt. In: Shamanism & Healing; Newsletter, München 01/2005, S. 2–5

Ullmann, Harald: KIP und Hypnose in Konkurrenz – Gemeinsamkeiten und Unterschiede. In: Imagination 2/2005 (Wien)

Uccusic, Paul: Der Schamane in uns. Genf 1991

Venzlaff, Ulrich; Dulz, Birger; Sachsse, Ulrich: Zur Geschichte der Psychotraumatologie. In: →Sachsse, Ulrich (Hrsg.), S. 5–29

Vogt, Anna und Drury, Nevill: Das Vermächtnis der Traumzeit. München 1998

Walsh, Roger N.: Der Geist des Schamanismus. Olten 1992

Winnicot, D. W.: Vom Spiel zur Kreativität. Stuttgart 1987

Wollschläger, Maria-Elisabeth; Wollschläger, Gerhard: Der Schwan und die Spinne. Bern 1998

Zumstein, Carlo: Schamanismus. Kreuzlingen/München 2001

Dr. Winfried Picard (1948), Dipl. Psychologe, verheiratet und Vater dreier erwachsener Kinder, ist psychologischer Psychotherapeut. Er arbeitete als klinischer Psychologe über zehn Jahre in der ambulanten und stationären Psychiatrie. Seit 1989 ist er in eigener Praxis tätig. Nach der Genesung von einer lebensbedrohlichen Erkrankung widmete er sich spirituellen Fragen menschlichen Leidens und ihrer Berücksichtigung in der psychologischen Behandlung. Seit Anfang 1990 beschäftigt er sich mit den Erfahrungen und Methoden des Schamanismus. Er erkennt seine Arbeit in geistiger Kontinuität dieses uralten Bemühens um Heilung. Als Fakultätsmitglied der Foundation for Shamanic Studies (FSS) leitet er Seminare zur Einführung in den Schamanismus und dessen Methoden (www.fss.at). Winfried Picard erlebt die Nähe zur Natur und ihre Fruchtbarkeit als wesentliche Kraftquelle. Er lebt und arbeitet mit seiner Frau auf einem Resthof in Norddeutschland.

Lutz Rosenberg (1941), Dipl. Psychologe, Mitbegründer der DFT (Deutsche Fachgesellschaft für tiefenpsychologisch fundierte Psychotherapie), Ausbildung in Psychoanalyse, katathymen Bilderleben und Psychodrama, Dozent, Supervisor und Lehrtherapeut in tiefenpsychologisch fundierter Psychotherapie.

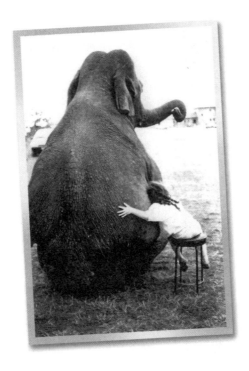

Felix von Bonin (Hrsg.)
Schamanismus und Märchen
224 Seiten, Festeinband
ISBN 3-88755-230-X

Wilfried Ehrmann
Handbuch der Atem-Therapie
400 Seiten, Festeinband
ISBN 3-88755-050-1

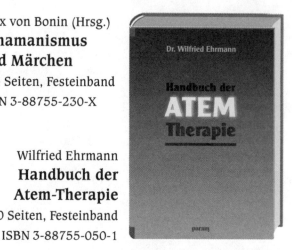

Felix von Bonin (Hrsg.)
Schamanismus und Engel
160 Seiten, Festeinband
ISBN 3-88755-229-6

G. Kieser, F. v. Bonin
Heil-Trance für Kinder
256 Seiten
ISBN 3-88755-267-9

Jacob Oertli
Schamanismus und Beruf
192 Seiten, Festeinband
ISBN 3-88755-244-X

Martin Schmid
Entdecke Deine Vision
64 Karten, Begleitbuch
ISBN 3-88755-078-1

www.param-verlag.de